— 서울대학교 아시아태평양법 총서 4 —

# 중국법 강의

정영진 · 강광문 편저

박영사

# 머리말

이 책은 중국법을 소개한 개론서이다. 한국에서는 중국법 관련 입문서나 중국의 전문 법률을 다룬 저작들이 이미 많이 출간되어 있다. 그럼에도 불구하고 이러한 책을 만드는 가장 큰 이유는 근래에 중국법이 많이 바뀌었고 새로운 법률이 속속 제정되고 있기 때문이다. 특히 최근에 중국 민법전(中华人民共和国民法典)이 통과되어 2021년부터 시행되고 있다. 또한 2018년의 헌법 개정 및 일련의 입법을 통하여 새로운 국가감찰제도가 도입되었고 공직자범죄에 대한 수사체계가 근본적으로 변화하였다. 이러한 중국법제의 새로운 움직임을 한국 독자들에게 소개할 필요가 생긴 것이다.

2017년에 중국법을 배우기 시작한 학부생이나 법학전문대학원생들을 위한 개론서인 『중국법 강의』(강광문·김영미, 박영사)를 출간한 적이 있다. 이를 토대로 이번에는 새로운 집필자가 대거 참여하였고 책의 분량도 크게 늘었다. 기존 집필자인 강광문(제1장과 제2장), 김영미(제9장) 외에, 영산대학교 정이근 교수님, 경찰대학교 김성수 교수님 및 인하대학교 정영진 교수님이 각각 제3장(행정법), 제6장(민법), 제8장(기업법)을 담당하였다. 그 외 한국에서 활약하시는 두 분의 중국변호사님이 참여하셔서 중국의 형사법제(장지화 변호사님)와 민사소송법제(이창범 변호사님)를 소개하였다. 이처럼 중국법 전문가들의 참여로, 책의 분량은 물론 책의 내용도 크게 풍성해졌으리라 믿는다. 이 자리를 빌려 책 출간에 참여해주신 집필진 여러분께 감사의 말씀을 드린다.

이 책은 서울대학교 아시아태평양법연구소에서 기획·발간하고 있는 「서울대학교 아시아태평양법 총서」 제4권으로 간행되었다. 서울대학교 아시아태평양법연구소는 2012년에 설립된 국내 최초의 아시아태평양법학 전문 연구소이다. 연구소는 현재 아시아태평양 지역 국가들과의 법적교류, 국내외 학술대회의 개최 및 각종 연구서, 논문 등의 발간을 통해 아시아태평양법 연구의 허브로 발돋움하고자 노력하고 있다. 이 책의 출간은 아시아태평양법연구소의 전폭적인 지원 아래에 이루어졌다. 이재민 소장님을 비롯한 연구소 소속 여러 교수님들께 감사드린다.

마지막으로, 책 출간을 맡아주신 박영사의 조성호 이사님 및 책임편집장이신 한두희 선생님께 감사의 말씀을 드린다.

2022년 12월
강광문
저자를 대표하여

# 차례

## 제2장 헌법__강광문

### 제1절 중국 헌법 개관

### 제2절 권리 보장

제3장 행정법__정이근

제1절 행정법 일반론

## 제5장 형사소송법__장지화

## 제6장 민법＿김성수

### 제1절 민법과 민법전

### 제2절 총칙(제1편)

## 제8장 기업법_정영진

# 제9장 사법해석과 지도성안례__김영미

## 제1절 중국 최고인민법원의 사법해석

## 제1장

# 서론: 중국에서 법과 법치[1]

강광문(서울대학교 법학전문대학원 교수)

# 제1절
# 중국에서 법의 용법과 개념

2012년 시진핑체제 수립 이후 중국공산당과 정부는 여러 차례 법치 또는 의법치국(依法治国)을 강조해왔다. 2020년에 중국공산당은 이른바 '의법치국공작회의'를 개최하고 이 회의에서 국가주석 겸 중국공산당 총서기인 시진핑이 중요한 연설을 하였다고 언론에서 보도한 바 있다.[2] 그렇다면 여기서 말하고 있는 법 또는 법치는 무엇을 의미하는가? 현대 중국에서 말하는 법과 법치는 서양의 법과 법의 지배 또는 법치주의와 비교하면 어떤 특징을 가지고 있고 이러한 특징은 어떻게 형성되었는 가? 이하 제1장의 내용은 주로 이러한 질문에 답하고자 한다.

## Ⅰ. 현대 중국에서 법의 용법

우선, 중국에서 법의 용어가 일반적으로 어떻게 사용되고 있는지에 대하여 살펴보자. 현행 중국 헌법 제5조는 이렇게 규정하고 있다. '중화 인민공화국은 의법치국을 실행하고 사회주의 법치국가를 건설한다.' 그 리고 중국의 모든 핵심 권력을 독점하고 있는 중국공산당의 헌법이라고

---

1) 이하 이 책의 제1장과 제2장의 내용은, 필자(강광문, 김영미 공저)가 출간한, 『중국법 강의』(박영사, 2017년) 제1장-제3장을 수정·보완하여 작성한 것이다. 이 부분의 내용 이 앞의 책과 대부분 중복되어 기술되어 있다는 점을 밝혀둔다.

2) 习近平, 坚定不移走中国特色社会主义法治道路, 为全面建设社会主义现代化国家提供 有力法治保障(2020).

할 수 있는 「중국공산당 정관(章程)」에도 비슷한 규정을 두고 있다. '중
국특색의 사회주의 법제체계를 건설하고 사회주의 법치국가를 건설하
고' 이를 위해서는 '의법치국과 이덕치국(以德治国)을 서로 결합하여야
한다.' (총강 부분).

중국 헌법과 위의 중국공산당 정관에서 말하는 의법치국은 법에 의
해 나라를 다스린다는 것이고 법치국가는 오랫동안 중국 사회주의 법제
건설의 기본목표였다. 이는 이하의 16자 방침에서 집중적으로 나타난
다. '有法可依, 有法必依, 执法必严, 违法必究.' 이 방침은 중국공산당이
개혁개방 정책의 채택을 처음으로 공식화한 1978년의 이른바 11기3중
전회에서 나온 것으로, 이후 중국공산당의 정책문서나 법학 교과서에는
물론 언론에도 자주 등장하는 문구이다. 그 뜻은 '의거할 수 있는 법이
있어야 하고, 법이 있으면 반드시 그에 의거해야 하고, 법의 집행은 반
드시 엄격해야 하며, 법을 어기면 반드시 추궁해야 한다'는 것이다. 즉
사회주의 법제건설을 완성하기 위해서는 개인이나 공산당의 정책에 의
한 통치가 아니라 법에 의한 통치가 이루어져야 하고 입법의 체계화와
함께 엄정하고 공정한 법의 집행과 준수를 실현하여야 한다.

2012년 중국공산당은 위의 16자 방침을 수정한 신16자 방침을 제시
하고 이를 중국 법치국가 건설의 새로운 목표로 삼았는데, 바로 '科学立
法, 严格执法, 公正司法, 全民守法'이다. 이는 '과학적으로 입법하고, 법
의 집행은 엄격히 하고, 사법을 공정히 하며, 전 인민이 법을 준수해야
한다'라는 내용이다. 다시 말해 중국 공산당과 정부 입장에서는 입법을
과학적으로 하고 법집행을 엄격히 해야 하는 한편, 인민들은 그러한 법
을 잘 준수해야 한다는 것이다. 여기서 법은 공산당과 국가가 만들어내
는 것이고 법을 지켜야 하는 대상은 인민이다.

마지막으로, 중국공산당은 2014년에 「의법치국을 전면적으로 추진
함에 있어서 중대 문제에 관한 결정」[3)에서 사회주의법치국가 건설에
관한 7가지 중요한 사항을 제시하였는데, 그 구체적인 내용으로부터

'법'의 중국식 사용법을 일부 엿볼 수 있다.

① 중국 특색의 사회주의 법치의 길을 가는 것을 견지하고 중국특색
의 사회주의 법치체계를 건설한다. ② 헌법을 핵심으로 하는 사회주의
법률체계를 정비하고 헌법의 실시를 강화한다. ③ 의법행정을 강력히 추
진하고 법치정부의 건설을 가속한다. ④ 사법(司法)의 공정을 보장하고
사법의 공신력(公信力)을 제고한다. ⑤ 전 인민의 법치관념을 증강하고
법치사회의 건설을 추진한다. ⑥ 법치공작대오(法治工作队伍)의 건설을
강화한다. ⑦ 의법치국을 전면적으로 추진할 것에 대한 공산당의 영도를
강화하고 개진(改进)한다.

## Ⅱ. 현대 중국에서 법의 정의

중국의 법학 사전이나 법학 교과서에서는 법에 관해 대체로 다음과
같이 정의(定義)하고 있다. '국가가 제정하거나 승인한 것으로 통치계급
의 의지를 체현하고 국가 강제력으로 시행되는 행위규범체계'(『法学词
典』, 1980), 또는 '국가가 제정하거나 승인한 것으로 인간의 권리, 의무,
권력을 규정하고 국가 강제력으로 시행되며 사람들의 행위를 조정하는
규범체계'(『中国大百科全书(法学)』, 2006), 또는 '법은 국가가 제정하거나
인정하고 국가강제력으로서 그 시행을 보장하는, 권리와 의무를 그 내
용으로 하고 특정한 물질적 생활조건이 규정하고 있는 통치계급의 의지
를 반영한, 통치계급에 유리한 사회관계와 사회질서의 확인과 보호를
그 목적으로 하는 행위규범체계'(『新编常用法律词典』, 2012) 등이다. 이러
한 법의 정의에서도 알 수 있듯이, 법은 ① 사회관계를 조정하는 행위
규범이고 ② 국가가 제정하거나 인정하고, 국가 또는 지배계급의 의지

---

3) 中共中央关于全面推进依法治国若干重大问题的决定(2014).

를 체현하며 ③ 권리와 의무에 관한 규정들로 구성되고 ④ 국가강제력
으로 그 시행이 보장된다.

1980년대 이후 중국의 대표적인 법학이론 교과서에서도 법에 대해
비슷한 정의를 내리고 있다. '법은 국가가 제정하거나 인정한, 국가강제
력이 그 실시를 보장한, 통치계급 즉 국가정권을 장악한 계급의 의지를
반영한 규범체계이고, 이러한 의지의 내용은 통치계급의 물질생활조건이
결정하고, 사람들의 상호관계 속의 권리와 의무를 규정함으로써 통치계
급에 유리한 사회관계와 사회질서를 확인하고 보호하며 발전시킨다.'[4]

위와 같은 법의 정의에 대해 중국의 모든 학자들이 동조하는 것은
아니지만 이것이 지금까지 중국 학계의 주류적인 관점을 대표한다고 할
수 있다. 중국 교육부 주도하에 만들어진 법학이론 교과서에서는 법의
특징으로 ① 행위규범을 조정하는 규범이자 ② 국가전문기관이 제정,
인정하고 해석하며 ③ 권리와 의무를 주요 내용으로 하고 ④ 국가강제
력에 의거하여 일정한 절차에 따라 실시된다는 점을 열거하고 있다. 또
한 법의 본질로는 ① 법의 의지성(意志性)과 규율성 ② 법의 계급성과
공동성(共同性), 즉 사회성 ③ 법의 이익성과 정의성(正义性)을 제시하고
있다.[5]

이러한 '법'의 사용법과 정의에서 알 수 있듯이, 현재 중국에서 이해
하고 있는 법은 국가가 입법을 통해 만든 강제력을 가진 행위규범이다.
따라서 국가는 더욱 유효한 통치의 실현을 위해 우선 입법을 통한 성문
법률의 체계화를 추구하고 법의 집행을 엄격히 해야 한다. 중국에서 법
은 사회관계 속의 권리와 의무를 규정하고 있지만, 그 본질은 지배계급
의 의지를 반영할 수밖에 없고 지배계급에 유리하게 작동할 수밖에 없
다. 그리고 중국 정부 입장에서는 입법과 법의 집행을 통한 의법치국을
실현해야 하지만 한편으로는, 인민들의 준법의식을 고취하여야 하고 의

---

4) 孙国华 · 朱景文, 『法理学』, 中国人民大学出版社(1999), 50-54면.

5) 张文显主编, 『法理学』, 高等教育出版社(1999), 50면.

법치국과 함께 이덕치국을 결합시킬 필요가 있다. 여기서 법은 주로 국가 입법을 통해 제정된 것이고 어디까지나 치국의 수단인 것이다.

## Ⅲ. 중국식 법 개념의 형성

위와 같은 현대 중국에서의 법에 대한 이해는 어떻게 형성되었고 이러한 법 개념의 원류를 어디서 찾을 수 있을까? 중국 특유의 법 이해에는 적어도 두 가지 사상적 계보의 영향이 있다. 전통적인 중국의 법사상과 1949년 이후 소련을 통해 들어온 마르크스주의의 법 이해가 바로 그것이다.

### 1. 중국의 전통적 법 개념

#### 가. 형벌로서의 법

근대 이전 중국에서 법이라고 하면 형벌을 의미하는 경우가 많았고 '법'과 '형(刑)'은 서로 대체되어 사용되기도 하였다. 지금으로부터 약 2,000년 전인 1세기경에 출간된, 역사상 첫 한문·한자학 사전인 『설문해자(說文解字)』에서는 법을 다음과 같이 풀이하였다.

法, 刑也. 平之如水, 從水; 廌以觸不直者, 去之, 從去(법은 형이다. 물처럼 평평하기에 '수(水)'자를 따른다. 해태(廌)가 접촉하게 하여 정직하지 않은 자를 제거하기에 '거(去)'자를 따른다.)

여기서 해태는 죄의 유무를 판가름하는 짐승으로서 거짓된 자는 뿔로 받아 제거하여 처리하는 신수(神獸)라고 한다. '平之如水' 부분에 관한 해석에 대해 학자들의 의견이 갈리고 있지만, 법이 예로부터 우선적으로 형을 의미한다는 해석에 있어서는 견해가 일치하고 있다. 2012년에 출간되는 고대 중국어 사전에서도 법의 첫 번째 의미를 '법률 또는 형법'이라고 풀이하고 있다(『古代汉语词典』, 2012).

중국에서 초기 성문법의 편찬에 관해 남아있는 가장 오래된 문서인 「尚书·吕刑」에서는 법의 출현에 대해서 아래와 같이 기술하고 있다.

苗民弗用靈, 制以刑, 惟作五虐之刑曰法(묘족인들이(당시 소수민족 집단) 명령을 따르지 않아 다섯 가지 가혹한 형을 만들었는데 그것을 법이라 불렀다).

이 문헌은 중국에서 법의 탄생에 대한 설명으로 자주 인용되는데 여기서 법은 형벌의 총합이라는 뜻으로 쓰이고 있다. 「여형」 이전에 상나라 법률서인 「탕형(汤刑)」, 그 전에 하나라의 성문법 총서인 「우형(禹刑)」이 있었다고 전해지는데, 이 세 성문법서의 명칭에서도 알 수 있듯이 중국 초기의 성문 법률의 명칭에는 모두 '형(刑)'자가 들어가 있다. 그 후 기원전 5세기경에 전국시기 위나라에서 편찬된 성문법전은 「법경(法经)」으로 불리다가 「한률(汉律)」 이후의 법전들은 「당률(唐律)」, 「대명률(大明律)」과 같이 '율(律)'로 불렸다. 이처럼 법은 형과 더불어 율과도 비슷한 의미로 쓰였다.

## 나. 법과 예

형벌의 의미를 강하게 나타내는 법은 애당초부터 예와 상대되는 개념으로 이해되었다.

禮不下庶人, 刑不上大夫(예는 서인들에게 미치지 않고 형은 사대부에게 이르지 않는다). 「礼记·曲礼」

이러한 형으로서의 법은 예와 더불어 군주나 정부가 통치의 수단으로 제정한 규범들이다.

法者, 憲令著于官府, 刑罰必于民心, 賞存乎慎法, 而罰加乎奸令者也 (법이란, 관청에 법령을 공포하고 형벌이 민중의 마음속에 뿌리내리게 하여 법을 지키는 자를 장려하고 법령을 위반한 자를 처벌하는 것이다). 「韓非子·定法」.

法者, 編著之圖籍, 設之於官府, 而布之於百姓者也(법이란, 책자에 적어놓고 관청에 놓아두고 백성들에게 반포하는 것이다). 「韓非子·难三」

고대 중국의 법 개념은 그 후 큰 변화 없이 근대에까지 이르게 된다. 즉, 중국에서 법은 전통적으로 ① 강제성을 갖는 사회규범이고 그 주요 기능은 형벌에 있고 ② 법은 군주가 제정한 것이고 군주 의지의 표현이며 ③ 위정자 입장에서 법은 도덕이나 예에 비해 한 단계 낮은 통치수단이라고 할 수 있다. 따라서 고대 중국에서 법은 형이나 강제적 규정이라는 비교적 좁은 의미를 가지고 있으며 통치의 수단이라는 면이 강하게 인식되어 왔다.

## 다. 고대 중국에서 법의 개념

중국의 전통적 법사상은 일반적으로 유가와 법가의 결합으로 형성되었다고 한다. 시기적으로는 진시황(秦始皇, BC 259-210)의 전국 통일과 그에 이은 한나라를 거치면서 중국 전통 법사상의 기본적인 특징은 대체로 결정되었다. 이 두 학파는 예를 중요시하는지 아니면 법을 중요시하는지, 덕에 의한 교화인지 아니면 형에 의한 처벌인지, 인치인지 아니면 법치인지 등의 면에서 서로 견해가 대립하긴 하지만 법 이해에서는 여러 가지 공통점을 가지고 있다(유가와 법가의 법사상에 관해서는 아래 '제

2절 I.중국의 전통적인 법사상' 부분 참조).

우선 유가나 법가 모두 법을 일종의 수단으로 보는, 법에 대한 도구
론적 이해를 명확히 하고 있다. 법은 통치의 목적이 아니라 수단이라는
것이다. 나아가서 법은 군주나 위정자의 통치를 위해 필요한 강제 수단
으로서 그 상대는 민, 즉 백성이다. 그밖에 법 개념에 대한 이해에 있어
서 법을 형벌과 거의 동일시한다는 점에서 유가와 법가는 큰 차이가 없
다. 또한 법은 권력을 통제하는 보다 상위의 질서라고 하는 관념 대신
에, 권력이 만든 것이 바로 법이라는 실증주의적 법 이해가 고대 중국에
서 지배적이다.

## 2. 마르크스주의의 법 이해

중국은 19세기 중반 서양의 압박에 의해 문호를 개방한 후 100여 년
의 내전 상황과 혼란기를 거치다가 1949년에 중국공산당 영도 하의 사
회주의 정권을 수립하게 된다. 중국공산당이 표방하는 사회주의와 공산
주의 이론은 주로 소련을 거쳐 중국에 수입된 것이고 그것이 마르크스
(Karl Heinrich Marx, 1818-1883)나 엥겔스(Friedrich Engels, 1820-1895)의 원
래 취지와는 거리가 있다는 점이 종종 지적되고 있지만, 1949년 이후
중국의 각종 정책과 이론, 특히 법학을 포함한 사회과학이 마르크스주
의 이론의 절대적인 영향을 받아 왔다는 점 또한 부정할 수 없다.

### 가. 마르크스주의 법 이해의 특징

마르크스주의의 법 이해의 특징은 아래와 같은 세 가지 점으로 개괄
할 수 있다.

#### 1) 법의 이데올로기성

마르크스의 유물론 사상에 의하면 법은 종교나 철학, 도덕과 마찬가

지로 경제기반, 즉 생산력 수준과 생산관계에 의해 규정되는 상부구조에 속하므로, 한 사회의 법은 그 사회의 생산관계를 반영하는 이데올로기에 불과한 것이다. 다음은 마르크스의 유물론 사상을 설명할 때 자주 인용되는 문단이다.

> 내가 도달했고, 일단 획득한 후에는 나의 연구의 지침으로 된 일반적인 결론은 다음과 같이 간략히 표현할 수 있다. 사람들은, 그들 생활의 사회적 생산에 있어서 일정한, 필연적인, 그들의 의지로부터 독립된 관계 즉, 그들의 물질적 생산력의 특정한 발전단계에 상응한 생산관계를 맺는다. 이러한 생산관계의 총합은 사회의 경제구조, 즉, 법률적인, 정치적인 상부구조가 그 위에 세워지고 특정한 이데올로기가 그에 상응하는 현실적 기초를 구성하게 된다. 즉 물질생활의 생산양식이 모든 사회적, 정치적, 경제적 생활과정을 결정짓는다. 인간의 의식이 그들의 존재를 결정하는 것이 아니라 반대로 인간의 사회적 존재가 인간의 의식을 결정한다. 사회의 물질적 생산력은 일정한 발전단계에서는 기존의 생산관계 또는 생산관계의 법적인 표현인 소유관계와 충돌하게 된다. 이로써 이러한 관계는 생산력의 발전형식에서 생산력의 질곡으로 변하게 된다. 그러면 사회혁명의 시기가 도래하게 된다. 경제 기초의 변화에 따라 거대한 상부구조 전체가 천천히 또는 빠르게 변화하게 된다(마르크스, 『정치경제학비판 서문』, 1859년. 한국어 번역은 최인호 외 번역, 『칼 맑스/프리드리히 엥겔스 저작선집』 참조, 일부 수정. 이하 같음).

마르크스주의에 따르면, 생산관계가 상부구조를 결정하는 한편, 생산관계의 형식은 생산력의 발전에 따라 변화해야 한다. 따라서 물질이 의식을 결정하지 의식이 물질생활을 결정하지 않고, 사람들의 이념이나 개념체계가 사람들의 생활조건에 따라 사회관계에 따라 사람들의 사회적 존재에 따라 변화한다. 예컨대 부르주아의 법은 부르주아의 생산관

계에 의해 결정되고 봉건사회의 법은 봉건적 생산관계에 의해 결정되는
동시에 그러한 생산관계들을 각각 반영하고 은폐한다. 그러므로 법적
관계는 국가의 형식과 마찬가지로 그 자체로서 이해할 수 없거니와 이
른바 인류정신의 일반적인 발전법칙에 따라 이해할 수도 없고, 법은 국
가형식과 마찬가지로 어디까지나 물질적 생활관계에 의해 결정되는 것
이다.

## 2) 법의 계급성

다음으로, 마르크스주의에 따르면 법은 '국가의지의 표현'이라는 형
식을 취하고 있지만 본질적으로는 그 사회 지배계급의 의지를 반영하고
있다. 생산관계에서 지배적 힘을 가진 계급이 정신세계도 지배하게 됨
으로써 법을 포함한 이념체계는 그 사회에서 지배적 지위를 차지하고
있는 계급의 의사를 반영할 수밖에 없다.

> 지배계급의 사상은 모두 각 시대에서 지배적 지위를 차지하는 사상이
> 다. 한 계급이 사회에서 지배적 지위의 물질적 역량을 차지하면, 동시에
> 그 사회의 지배적인 정신적 역량을 차지한다. 물질적 생산수단을 지배한
> 계급이 동시에 정신적 생산수단을 지배한다. ······ 지배적 지위를 차지한
> 사상은 지배적 지위를 차지한 물질관계의 이념적 표현에 지나지 않고
> 사상의 형식으로 표현된 지배적 지위의 물질관계에 불과하다. 따라서 이
> 것이 바로 한 계급을 지배계급으로 만드는 관계들이 관념상 표현된 것이
> 고, 동시에 이는 이 계급의 지배적 사상들이다(마르크스, 『독일이데올로
> 기』, 1845-1846).

지배계급은 항상 자신의 관념들에 보편적 형식을 부여하고 자신만
의 특수한 이익을 공동체 전체의 이익이라고 주장한다. 봉건사회의 귀
족들이 명예나 충성을 강조하듯이 부르주아 계급은 자유나 평등을 보편

적 가치로 승격시켜 고취한다. '소유권의 절대성'이나 '계약의 자유'와 같은 법학 개념들도 결코 보편적인 것이 아니라 특정한 역사단계에 존재하는, 특정의 물질소유관계를 반영하는 이념들에 지나지 않는다.

이러한 특수한 이익에 보편적 형식을 부여하는 역할을 국가가 담당한다. 따라서 법은 국가라는 형식적 허울 하에 표현된 지배계급의 의지라고 정의할 수 있다. 지배계급은 항상 국가라는 형식을 통해 자신들의 의지나 이익을 포장하게 되고, 법률은 바로 이러한 계급관계와 국가의 지를 반영한 일반적인 표현 형식이다.

## 3) 법의 역사성

법의 미래에 관해, 마르크스주의의 역사철학에 따르면 국가의 소멸과 함께 법 역시 소멸될 것이라고 본 듯하다. 지금까지의 인류 역사는 항상 계급투쟁의 역사이고 폭력 장치로서의 국가는 이러한 계급투쟁을 반영한 형식이므로, 미래에 계급투쟁이 소멸됨에 따라 국가도 소멸되고 이와 함께 계급투쟁을 반영한 이데올로기들도 소멸된다는 것이다.

현재까지의 모든 사회의 역사는 계급대립의 운동 속에서 움직여왔다. 이러한 대립은 각 시대에 서로 다른 형식을 취하고 있다. 그러나 계급대립이 어떠한 형식을 취하든 간에 사회 일부 구성원의 기타 구성원에 대한 착취는 각 시대에 공통된 사실이다. 그러므로 각 시대의 사회이데올로기는 그 형식이 천차만별이지만, 항상 일정한 공통된 형식 속에서 움직인다. 이러한 형식, 이러한 이데올로기적 형식은 오로지 계급대립이 완전히 소멸한 후에야 소멸된다(마르크스, 『공산당선언』, 1848년).

마찬가지로 엥겔스는 자신의 『가족, 사적 소유와 국가의 기원(Der Ursprung der Familie, des Privateigentums und des Staats)』(1884년)에서, 국가는 인류역사상 처음부터 있었던 게 아니고 계급과 함께 나타난 것으

로서 사회발전이 일정한 단계에 이르면 계급과 함께 소멸한다고 역설하
고 있다. 즉, 미래에 계급투쟁이 없어지면 계급투쟁의 산물인 국가 역시
그 존재의 필요성을 상실할 수밖에 없다는 것이다.

그러므로 국가는 항상 있었던 것이 아니다. 국가가 필요하지 않고 국
가나 국가권력이 무엇인지 몰랐던 사회들이 있었다. 경제 발전이 일정한
단계에 이르러 사회가 계급으로 분열되면서, 국가는 이러한 사회적 분열
로 인하여 필요하게 된 것이다. 우리는 현재 빠른 걸음으로 모종 어떠한
생산 발전 단계, 즉, 이러한 계급들의 존재가 더 이상 필요하지 않게 될
뿐만 아니라 그 존재가 오히려 생산의 직접적인 장애가 되는 단계로 나
아가고 있다. 계급은 그것이 애초에 필연적으로 발생했던 것처럼 필연적
으로 소멸할 것이다. 계급의 소멸과 함께 국가도 필연적으로 소멸할 것
이다. 생산자들의 자유롭고 평등한 연합에 기초하여 생산을 새롭게 조직
하는 사회는 전체 국가기구를 그것이 응당 가야 할 곳으로, 즉 물레나
청동도끼와 나란히 진열하게 될 고대박물관으로 보낼 것이다(엥겔스, 『
가족, 사적 소유와 국가의 기원』, 1884년).

따라서 지배계급의 의지의 표현이고 생산관계에 의해 결정되는 이
데올로기로서의 법도 국가와 마찬가지로 영원하지 않고 언젠가는 소멸
될 것이며 적어도 현재와 같은 형태로서의 법은 불필요하게 될 것이다.

## 나. 사회주의 국가에서 법의 개념

앞서 본 바와 같이 마르크스주의가 주장한 법의 이데올로기성, 법의
계급성 및 법의 역사성은 중국을 포함한 기타 사회주의 국가들의 법 이
해에 큰 영향을 미치게 된다. 중국에서는 특히 1949년 이후 한동안 헌
법 등 성문법의 제정, 법학을 포함한 사회과학 이론의 형성에 있어서 소
련의 영향이 절대적인 시기가 있었다. 법 개념에 한하여 보자면, 당시

중국의 법학 교과서나 사전에서는 오랫동안 소련의 대표적인 법학자 비신스키의 다음과 같은 법의 정의를 그대로 답습했다.

> 법은 입법의 형식으로 확정된 지배계급의 의지를 반영한 행위규범 및 국가정권이 인정한 풍속, 관습과 공공생활규범의 총체이다. 국가는 지배계급에 유리한 조화로운 사회관계와 질서를 보호하고 공고히 하고 유지하기 위해 강제력을 통해 그 시행을 보장한다.[6]

이렇듯 전통적 중국 법 의식의 토대 위에 사회주의 법이론의 영향이 더해져, 현재 중국의 법사상 속에는 법의 계급성과 도구론적 의식, 입법에 대한 중시, 특히 중국공산당이 중심이 되는 정부가 주도하여 법제도를 구축해야 한다는 의식, 법치와 덕치의 결합 필요성 등의 특징들이 보인다.

---

6) 葛洪义主编『法理学教程』中国政法大学出版社2004), 63면에서 재인용.

# 중국에서 법치

## Ⅰ. 중국의 전통적인 법사상

위에서 언급했듯이, 중국의 전통적 법사상 또는 고대 중국의 이른바 정통법률사상은 대체로 유가와 법가의 법사고의 결합이라고 볼 수 있다.

### 1. 유가의 경우

유가의 시조인 공자(BC 551-479)는 중국 역사상 가장 영향력 있는 사상가로 평가받고 있다. 중국의 전통적 법사상 역시 그와 그의 제자들에 의해 만들어진 이른바 유가학파의 정치와 법 이해로부터 큰 영향을 받게 된다.

치국, 즉 나라를 통치하기 위해서는 양(養), 교(敎), 치(治)의 세 가지 방식이 있으며, 양과 교의 수단으로 덕과 예가 있고 치의 수단으로는 정(政)과 형이 있는데, 덕과 예를 위주로 하고 정과 형을 보조로 해야 한다는 것이 공자 정치사상의 핵심이다.7) 또한 위정자는 법과 제도로 민을 강제하는 것보다 자신이 먼저 본을 보이는 게 중요하고, 권력이나 형벌을 남용하기보다 덕과 예를 통해 교화하는 것이 중요하다고 하였다. 노

---

7) 蕭公权, 『中国政治思想史(上册)』, 商务印书馆(2013. 초판은 1940), 69면.

나라 대부인 계강자(季康子)가 올바른 정치에 관해 묻자 공자는 '政者, 正也. 子帥以正, 孰敢不正(정치란 바름입니다. 그대가 바름으로써 앞장서면 누가 감히 바르지 아니하겠습니까)'「论语·顔淵」이라고 답했다. 또한 '其身 正, 不令而行, 其身不正, 雖令不從(자신이 바르면 명령하지 않아도 행해지고 자신이 바르지 못하면 비록 명령하더라도 따르지 않는다)'「论语·子路」라고 하였다. 이는 일종의 현인통치의 사상으로 그 후 맹자(BC 372-289) 등에 의해 한층 발전되었고, 훗날 유가는 법치에 비해 인치 또는 인치주의를 중시한다고 평가받게 된다.

통치에 있어서 형벌로서의 법의 역할에 대해 공자는 이렇게 주장하고 있다. '道之以政, 齊之以刑, 民免而無恥, 道之以德, 齊之以禮, 有恥且格(백성을 정치의 힘으로 통솔하고 형벌로써 바로잡으려 하면 백성들은 구차히 형벌을 면하지만 부끄러워함이 없다. 덕으로써 이끌어주고 예로써 통치하고 예를 통하여 바로잡아주면 백성들은 부끄러워함이 있고 또한 바른 사람이 될 것이다)'「论语·爲政」. 즉, 법이나 형벌은 필요할 때 사용되어야 하지만 가장 이상적인 통치수단은 아니고 덕과 예가 한 수 위라는 것이다. 여기서 예라 함은 군신, 부부, 장유 등의 구별을 기반으로 한 사회규범의 체계이고, 모든 사람이 자신의 사회적 지위에 걸맞은 예에 따라 행동한다면 사회는 평화롭고 안정적으로 된다는 것이다.

이처럼 유가는 덕에 의한 교화와 더불어 예치(礼治)를 우선시한다. 그러므로 이러한 덕이나 예에 비해 법은 부차적인 의미를 지니는 데 불과하다. 따라서 공자를 대표로 한 유가의 법사상의 핵심은 법보다 예를 중시하는 예치의 사상, 우선 덕으로 나라를 다스려야 한다는 덕치의 사상, 정치는 사람에 달려있다는 인치의 사상으로 구성되어 있다고 할 수 있다.

## 2. 법가의 경우

반면, 유가를 비판한 법가는 덕의 교화를 통해 사회질서를 유지할 수 있다는 점을 부정하였고 위정자 한 사람이 솔선수범함으로써 통치를 잘 할 수 있다는 것을 신뢰하지 않았다. 따라서 치국에 필요한 것은 사람에 의한 통치가 아니라 객관적이고 통일적인 규칙에 의한 통치라고 하였다. 법의 집행에 있어서도 신분, 귀천이나 인간관계에 따라 차별하지 않고 법을 통일적으로 적용할 것을 요구하고 필신(必信. 신용 중시), 유상(有常. 한결같음), 무사(无私. 사익 부정)를 특히 중시하였다.8)

인간은 이기적이고 항상 이익을 추구하고 손해를 회피하는 습성이 있기 때문에 상벌을 명확히 하여야 하고 사회질서의 유지를 위해서는 중형도 불가피하다고 주장하였다. 전국시기 법가의 대표주자로 알려진 한비자(BC 280-233)는 엄형의 필요성에 대해 다음과 같이 설명한다.

夫嚴刑者, 民之所畏也; 重罰者, 民之所惡也. 故聖人陳其所畏以禁其邪, 設其所惡以防其奸, 是以國安而暴乱不起. 吾以是明仁義愛惠之不足用, 而嚴刑重罰之可以治國也……無威嚴之勢, 賞罰之法, 雖堯舜不能以爲治. 今世主皆輕釋重罰嚴誅, 行愛惠, 而欲霸王之功, 亦不可幾也. 故善爲主者, 明賞設利以勸之, 使民以功賞而不以仁義賜; 嚴刑重罰以禁之, 使民以罪誅而不以愛惠免. 是以無功者不望, 而有罪者不幸矣(엄형은 백성이 두려워하는 바이고 무거운 처벌은 백성이 싫어하는 것이다. 그래서 성인들은 그들이 두려워하는 바를 펼쳐놓음으로써 사악함을 금하고 그들이 싫어하는 바를 설치함으로써 간사함을 방지한다. 이리하여 나라가 편안해지고 폭란은 일어나지 않는다. 나는 이로써 인의나 사랑, 은혜만으로는 다스리는데 부족하고 엄중한 형벌만이 나라를 다스릴 수 있음을 알게 되었다 …… 위엄 있는 권세와 상벌의 법이 없다면 요순이라도 나라

---

8) 萧公权, 전개서, 202면.

를 다스릴 수 없다. 지금 세상의 군주들은 모두 중형, 엄벌을 경시하고
사랑과 은혜를 베풀면서 패왕의 대업을 이루고자 하는데 이는 불가능한
것이다. 따라서 뛰어난 군주는 상을 분명히 하고 이익을 설정하여 유도
함으로써 백성들에게 그들이 쌓은 공으로써 상을 받게 하고 군주가 베
푸는 인의를 통해 받게 해서는 아니 된다. 엄형과 중벌로 금함으로써 백
성들이 죄로 인하여 처벌받게 하고 군주의 사랑과 은혜로 죄를 사면 받
지 않게 한다. 이렇게 함으로써 공이 없는 자는 상을 기대하지 않게 되
고 죄를 범한 자는 요행을 바라지 않게 된다.「韓非子·奸劫弑臣」.

　　당연히 법가에서 주장하는 법에 의한 국가 통치나 법치는 어디까지
나 군주를 위하고 군주의 권력을 강화하기 위한 것이지 군권을 제한하
거나 국가권력을 제어하기 위함이 아니다. 군주가 주체이고 법률은 군
주의 더 나은 통치를 위한 도구에 불과한 것이다. 법가가 말하는 이른바
의법치국도 법의 지배를 의미하기보다 법에 의거한 통치를 뜻함으로써
법은 지배자의 통치를 실현하는 수단에 불과하고 그것은 결국 인치의
일종에 속한다고 볼 수 있다. 다만 법가는 그러한 군주의 인치를 실현함
에 있어서 법의 기능을 중시한다는 점에 그 특징이 있다.

## Ⅱ. 중국식 법치의 특징

　　법치 또는 법의 지배의 개념도 복합적이다. 서양법 전통에서 법의
지배에는 대체로 인간의 지배에 대한 이성의 산물인 법의 지배를 의미
하는 '이성의 우위'사상, 군주보다 법이 더 우월하고 군주는 법에 복종
해야 한다는 '상위법(higher law)' 사상 및 법은 시민에 의해 수립되고
시민에 의한 통치권을 위임받은 통치자를 기속한다는 '시민주권'사상이
내포되어 있다.[9] 특히 서양 중세의 법 관념에 따르면, 법은 무엇보다 기
존 질서에 내재하고 있는 필연의 표현이고 정당한 권리 또는 특권의 총

체로 인식되었다. 법은 만들어지는 것이 아니라 발견되어야 하는 존재이다. 주권이나 절대주의 권력의 개념이 아직 생소한 중세 유럽에 있어서 법은 권력에서 파생된다기보다 권력이 법에 종속되어 있다고 이해되었다. 즉 국가권력은 법질서 또는 법이 지배하는 질서의 일부분이고 법질서를 실현하는 수단이지 그 반대가 아니다.

　이러한 법의 개념 및 법의 지배의 관념에서 보면, 현대 중국에서 이해하는 법 및 법치의 개념은 다음과 같은 특징을 보이고 있다.

## 1. 법의 정의에서의 실증주의적 경향

　법을 실체적 가치와 결부하여 정의하면서 정당한 법이 무엇인지, 악법은 법의 자격이 있는지를 논쟁해온 서양에 비해 중국의 경우 법의 개념 자체는 크게 문제가 되지 않았다. 고대 중국에서는 법을 대체로 형벌과 동일시하면서 위정자에게 필요한 통치수단의 일종으로 이해함으로써 법은 국가가 위로부터 아래로 지시한 강제조치로 이해되었다.

　이러한 실증주의적 경향은 1949년 이후 마르크스주의 이론의 영향으로 한층 강화되었다. 즉, 법은 지배계급의 의지를 숨긴, 국가의지의 표현이고 국가강제력으로 그 실현이 보장되는 규범체계이다. 국가가 필요하면 언제든지 법을 만들어 시행할 수 있다. 이는 입법을 중요시하는 성문법 중심주의와도 연계된다.

## 2. 법과 국가권력의 관계에서의 도구론적 이해

　위의 법의 정의에서도 알 수 있듯이 현대 중국에서는 법을 통치나 사회 관리의 수단으로 이해하는 경향이 강한데, 이 역시 법에 대한 중국

---

9) 김정오 외, 『법철학: 이론과 쟁점』(제3판), 박영사(2021), 173면.

의 전통적 이해와 마르크스주의의 법 이론과 연관된다. 형벌로서의 법
은 교화수단으로서의 덕과 함께 국가권력의 필요에 따라 적절히 사용되
어야 한다. 즉, 사회가 혼란스러울 때는 법으로 엄격하게 통치하고 사회
가 평화로울 때는 예나 덕으로 관용을 베풀어야 한다고 여겼다. 또한 법
을 물질생활에 의존하는 상부구조의 일부로, 지배계급의 통치를 수호하
는 이데올로기 체계로 인식하는 마르크스주의적 법 해석은 이러한 법에
대한 도구론적 이해를 더욱 강화시킨다.

　이와 같은 법의 도구론적 이해로 인해서, 국가권력이 법질서에 종속
되고 법질서의 일부로 이해되는 것이 아니라, 국가권력 자체가 목적이
되고 법은 국가권력을 위한 수단으로서 국가권력에 전적으로 의존하게
된다.

## 3. 법치에 대한 중국식 이해

　따라서 중국에서 법치의 대상은 민 즉 백성들이다. 그러므로 중국에
는 여전히 백성을 법으로 통치해야 한다는 개념이 강하게 남아있다. 그
러한 의미에서 법치는 덕치나 인치와 상대되는 개념이다. 이른바 Rule
of Law가 주로 국가권력을 제어하기 위한 것이고 권력자를 그 대상으
로 한다면 중국의 법치는 이와 내용상 일정한 차이가 있다. 인민의 준법
정신을 강화하고 법을 엄격하게 집행하여 인민에 대한 법 교육을 강화
하는 것이 아직 중국에서는 법치의 중요한 내용들로 인식되고 있다.

　그러므로 국가권력을 객관적인 규범에 종속시킴으로써 힘의 지배가
아닌 법의 지배를 실현하고자 한 서양의 법치에 대해, 중국의 법치주의
는 이른바 덕치주의나 예치주의와 상대되는 개념으로 이해되어 왔으며
국가의 법을 통한 지배를 의미하였다. 즉, 서양의 법치 개념에 있어서
법이 권력과 긴장관계에 놓여있는 데 비해, 중국식 법치 개념에 있어서
의 법은 도덕이나 예와 상대되는 지배수단으로 이해되어 왔다.

## Ⅲ. 중국에서 법학

　　근대 이전에 중국에는 법학이 존재하였는가? 물론 중국에서도 성문
법 즉 율의 조문을 해석하고 각종 법률용어의 뜻을 명확히 하는 학문이
예로부터 존재하였다. 이를 중국에서는 율학(律学)이라고 불렀다. 중국
법제사 연구에 따르면, 율학이라는 학문은 서한 시기에 탄생하였고 동
한 시기에 그 전성기를 맞이하였으며, 그 주요 임무는 법률조문에 대하
여 주해를 가하는 것이다. 구체적으로, 고대 중국의 율학에는 다음의 내
용이 포함되었다고 한다. ① 법률 개념, 용어의 해석 ② 법률 조문에 대
한 설명 ③ 법률 조문의 편성 역사에 대한 고찰 ④ 법률원리의 논의 ⑤
법률지식의 홍보 ⑥ 각 왕조의 법률 조문의 비교.10) 또한 전국시기 이
후 율박사(律博士)라는 관직이 설치되고 일부 율학자의 해석은 황제의
허가를 받아 그 권위성이 인정되고 법률과 동일한 효력을 가지기도 하
였다고 한다. 율학의 성과는 당나라에 편성된 「당률소의」에서 집중적으
로 반영되었다.

　　이러한 중국 율학의 성격에 관하여, 이를 법학의 일종으로 봐야 한
다는 주장이 일부 있지만 율학을 근대 이후 서양에서 도입된 법학과 근
본적으로 다른 학문으로 보는 견해가 일반적이다. 특히 중국의 정통 지
식인이나 사대부들은 대체로 법률해석에 관련한 이론을 '하찮은 학문
(末学)'으로 간주하고 법률을 연구하는 학문을 중요시하지 않았다. 결론
적으로, 고대 중국에서는 법에 관한 체계화되고 이론화된 학문으로서의
법학은 존재하지 않았다고 할 수 있다. 따라서 현재 중국에서 말하는 법
학은 19세기 중반 이후 직접적으로 또는 일본을 거쳐 간접적으로 서양
으로부터 도입되어 점차 형성되어 온 것이다. 그리고 1949년 이후 중국
의 법학은 소련의 영향을 강하게 받았고 1980년대 이후에는 다시 서양

---

10) 沈岚, "中国古代律学浅论", 舒国滢, 『法学的知识朴系』, 商务印书馆(2020), 21면 각주1
　　에서 재인용.

각국 법학을 참조하여 발전하게 된다.11)

　　현재 중국에는 법학원 또는 법률과(法律系)를 설치한 대학이 600개 넘는다고 한다. 법학 연구자의 연구단체로는 중국공산당과 정부에 소속되어 있는 중국법학회(中国法学会)가 있고 이 법학회 산하에 다시 헌법학연구회, 민법학연구회와 같은 55개의 전공별 학회 및 3000개가 넘는 각급 지방법학회가 설치되어 있다. 법학연구 간행물의 경우 대표적으로 중국법학회가 주관하는『中国法学』과 중국사회과학원 법학연구소에서 발행하는『法学研究』가 있다.

---

11) 중국 율학에 관한 위의 논의는 张中秋,『中西法律文化比较研究』(第五版), 法律出版社 (2019), 251-269면의 내용 참조.

제3절

# 중국 법제사

중국 법제의 발전 역사에 관해서는 크게 근대 이전 중국(19세기 중반 이전), 근대 중국(19세기 중반-1949), 사회주의 중국(1949년 이후)으로 구분하여 간략히 살펴본다.

## I. 근대 이전 중국의 법제사

### 1. 중국법의 기원

일반적으로 중국 고대의 법은 전쟁에서 비롯되었다고 알려져 있다. 고대 사회에서 가장 중요한 두 가지 행사가 전쟁과 제사인데, 형과 예는 이러한 공동체 활동에 필요한 기본적인 규범체계이다. 중국에서 법은 처음에는 전쟁포로를 처벌하기 위하여 설치한 각종 형벌로서 출현하였다. 흔히 '刑起于兵, 兵刑不分(형벌은 전쟁에서 비롯되고, 전쟁과 형벌은 불가분의 관계다)'라고 설명한다.

그 후 각종 형벌이 분화되어, 5형이라 불리는 형벌체계가 출현하였다. 5형은 중국의 각 시대별로 서로 다른 내용을 담고 있는데, 하나라와 상나라 때의 5형에는 묵형(墨刑. 이마에 글자를 새기고 먹칠함), 의형(劓刑. 코를 벰), 비형(剕刑. 발꿈치를 벰), 궁형(宮刑. 거세함) 및 대벽(大辟. 사형에 처함)의 5가지가 포함된다. 5형의 기초 위에서 서주 시기에 9형이 생겨났다.

고대 중국에서 법은 주로 상술한 형벌을 가리켰으며, 대부분의 경우 법과 형을 구분하지 않았다. 법률은 일반적으로 형서(刑书)의 형식으로 출현하였다. 예를 들어 하나라의 「우형」, 상나라의 「탕형」이 있다(「우형」과 「탕형」의 원본은 유실되었고 「우형」과 「탕형」의 진위 및 그 성격에 관해서는 논쟁이 있다).

법과 대비되는 개념으로서 예는 제사에서 비롯되었다. 예의 본뜻은 제사에 쓰이는 제물과 기구로서, 귀신과 조상님께 제사를 지내는 의식이다. 후에 예는 생활을 구체적으로 규범화하는 각종 관습과 규정으로 확대된 개념으로 이해되었다.

## 2. 중국 법제의 형성

하나라와 상나라 시기의 발전을 거치면서 주나라 이후 중국 상고시기의 법률제도는 점차 완전해졌다. 우선 법원(法源)으로 보자면, 주공(周公)이 주도적으로 제정한 「주례」와 주나라 목왕(穆王) 시기에 제정한 「여형」이 그 시대의 예와 형의 발전 수준을 각각 대표한다.

구체적인 형벌은 상술한 5형 외에도, 속형(赎刑. 돈이나 물품으로 벌을 대신함), 편형(鞭刑. 채찍으로 때림), 복형(扑刑. 매를 때림), 유형(流刑. 귀양을 보냄) 등이 출현하였다. 형벌의 적용원칙 중에는 이미 현대 형벌제도와 유사한 여러 제도가 출현하였다. 예를 들어, 감경처벌을 규정한 3유법(三宥之法)의 원칙이 있는데, 즉, 오인하였거나 과실에 의한 경우이거나 상황을 인지하지 못한 경우에 용서해준다는 것이고, 미성년자와 노인에 대해서는 관용원칙(矜老恤幼)을 시행하여, 80세 이상의 노인과 7세 이하의 미성년자는 처벌하지 않는다. 또 죄가 의심스러운 경우에는 경감하여 처벌하고, 같은 죄라도 경우에 따라 다르게 처벌하는 등의 원칙도 주나라 법제에서 이미 생겨났다.

사법제도에 관해 보자면, 최고 통치자인 주왕, 즉 주나라의 천자가 국가의 최고 재판관으로 되어 각종 쟁송에 대한 최종 결정권을 갖는다. 중앙에는 전문 사법기관인 사구(司寇. 주나라 때 형벌과 경찰을 담당하는 관리. 대사구와 소사구로 구분)를 설치하여 중앙 사법 권력을 관장하고 행사하였으며, 지방에는 각급 사사(士师), 즉, 향사(乡士)와 수사(遂士)를 설치하여 법령과 형벌 관련 업무를 처리하게 하였다.

각종 쟁송의 해결 절차는 대체로 옥(狱. 주로 형사사건 관련)과 소(诉. 재산분쟁 관련)로 나뉘었는데, 이는 서주시기에 이미 형사소송과 민사소송을 구분하기 시작하였다는 것을 보여 준다. 원고가 고소하려면 일정한 소송비용을 납부하여야 했는데, 형사사건에서는 균금(钧金), 민사사건에서는 속시(束矢)라고 불렀다. 안건 심리 시 증거와 증언 채취에 대해서는 소위 5청(五听)이라는 심리방식에 의하여 진행하였다. 증언자나 피의자의 말을 듣고, 얼굴색을 관찰하고, 호흡소리를 듣고, 말귀를 잘 알아듣는지 테스트하고, 눈동자의 움직임을 관찰하는 것 등이 5청의 내용이다. 또한 당사자에게 판결을 선고하는 것을 독국(读鞫)이라 불렀고, 상소하는 것을 걸국(乞鞫)이라 하였다.[12]

## 3. 중국 법제도의 체계화

### 가. 춘추전국 시기(BC 770-221)의 법제

춘추전국 시대는 중국 고대 역사상 중요한 변혁기다. 중국 문화의 성격과 특징이 이 시기에 기본적으로 확정되었다. 법제의 발전에 대해서 보자면 각국이 성문법을 공포하여 실시하기 시작하였고 법제가 체계화되었으며 유가와 법가를 포함한 각종 법사상 역시 이 시기에 출현하였다.

BC 536년에 정나라는 중국 역사상 첫 번째 성문법을 공포하였다.

---

12) 王立民主编, 『中国法制史』(第二版), 上海人民出版社(2007), 50-52면.

당시 재상이었던 자산(子产, BC585?-522)이 법률조문을 솥(鼎)에 주조하는 방법으로(铸刑书) 범죄의 유형과 처벌 방법을 구체적으로 정하였다. 나중에 기타 제후국들도 이를 모방하여 잇달아 성문법을 제정하여 외부에 공포하였다.

전국시기의 위나라는 이회(李悝. BC455-395)의 주관 하에 「법경(法经)」을 제정하였는데, 이는 비교적 체계적이고 온전한 성문 법전이었다(그 원본은 유실되어 현재 전해지지 않음). 후세의 문헌에 따르면, 그 내용으로는 정률, 잡률과 감률이 포함되어 있는데, 정률은 재산범죄를 처벌하는 도법(盗法)과 신변안전·사회질서와 관계되는 적법(贼法), 범인의 수감과 심리와 관계되는 수법(囚法)과 범인을 추적하여 붙잡는 포법(捕法)으로 나뉜다. 이 밖에 잡률에서는 초범과 도적(盗贼) 이외의 범죄를 규정하였고 감률에는 주로 형법총칙과 관계되는 내용이 포함되었다.

전국시기의 또 다른 강국인 진나라는 유명한 정치가 상앙(BC390-338)의 지휘 하에 입법을 시작하였다. 상앙은 「법경」의 기초 위에 「진율(秦律)」을 제정하였다. 이후 고대 중국의 성문법은 대부분 '율'로 명명하였다. 이하에서는 당나라를 중심으로 고대 중국의 주요 법률제도의 개요를 간단히 소개해 본다.

### 나. 당(AD 618-907)의 법제

당은 중국 역사상 가장 번성한 시기라고 할 수 있다. 중국 문화는 당나라 때 최고봉에 이르렀으며, 당나라는 당나라 이후의 중국 역사 발전에 뿐 아니라 주변 각국에도 중대한 영향을 끼쳤다. 법률제도도 마찬가지이다.

당나라는 이전 왕조의 경험을 바탕으로 몇 차례 법전을 편찬하였는데 대표적인 것이 당고종(唐高宗) 때 제정된 「영휘율(永徽律)」이다. 이 법전은 총 12편 30권 502조로 구성되고, 12편은 각각 명례(名例. 총칙부분), 위금(卫禁. 황제와 궁전의 경위 등과 관계되는 규정), 직제(职制. 관료의 설치와 범죄 등과 관계되는 규정), 호혼(户婚. 호적과 혼인·가정 등과 관계되는 규정), 구고(厩库. 창고와 가축 등과 관계되는 규정), 천흥(擅兴. 군대 동원과 국방프로 젝트 등과 관계되는 규정), 적도(賊盜. 신변안전과 재산권 등과 관계되는 규정), 투송(斗讼. 싸움과 소송(告讼) 등과 관계되는 규정), 사위(诈伪. 사기와 위조 등과 관계되는 규정), 잡률(杂律. 기타 범죄), 포망(捕亡. 범인을 추적하여 붙잡 는 것과 관계되는 규정), 단옥(断狱. 범인을 수감, 심문 및 판결하는 규정)이다.

　당률 중의 형법은 5형을 위주로 한 바, 각각 태형, 장형(杖刑), 도형, 유형, 사형이다. 당나라 형사 법률의 특징 중 대표적인 것으로는 10악제 도(十恶制度)가 있다. 10악은 중점적으로 처벌과 단속을 요하는 10가지 범죄유형으로, 모반(谋反. 정권전복 범죄), 모대역(谋大逆. 황제의 종묘, 능묘 및 궁전을 파괴하는 범죄), 대불경(大不敬. 황제의 신변안전 및 존엄을 손상시 키는 범죄), 모반(谋叛. 나라를 배반하는 범죄), 악역(恶逆. 존속상해범죄), 불 효(不孝. 자손이 부모를 잘 대접하지 않는 등 불효를 야기하는 범죄), 불목(不 睦. 친족 간 상호상해범죄), 불의(不义. 상사 및 부권 침해범죄), 내란(内乱. 친 족 간 간음범죄) 및 부도(不道. 3인 이상 살해, 토막살해 등 수단이 잔인한 범 죄)가 있다.

　당나라의 기본 정치제도는 3성6부 제도이다. 중앙 사법기구로는 대 리시(大理寺), 형부(刑部)와 어사대(御史台)가 있다. 이 세 기관의 직책을 살펴보면, 대체로 대리시는 최고 심판기능, 형부는 중앙사법행정의 기 능, 어사대는 중앙행정감찰의 기능을 수행한다. 지방은 주와 현으로 구 분되었는데, 주자사(州刺史)와 현령이 지방의 최고 사법장관으로 되어 지방의 사법사무를 담당하였다. 법원(法源)으로는 기본 법률인 율 외에, 령(令), 격(格), 식(式)이 있었다. 령은 행정관리제도와 관계되는 규정이 고 격은 관리의 사무규칙이며 식은 관리의 공문서식을 규정하였다.

　다른 영역에서와 같이, 중국 고대의 법률제도는 당나라 때 매우 성 숙한 단계까지 발전하였다. 당률 역시 당시에 가장 선진적이고 완전한 성문 법전으로, 주변 지역에 큰 영향을 미쳤다. 고려, 일본을 포함한 주

변 국가는 당나라의 제도를 본보기로 삼고 이를 기초하여 각자의 행정
사법제도를 수립하였다.

### 다. 근대 이전 중국 법제의 일반적인 특징

중세 및 근대 서양의 법제도와 비교해보면, 위의 고대 중국 법제의
주요 특징을 다음의 세 가지로 요약할 수 있다. ① 성문법, 즉 법전은
이른바 '諸法合体 以刑为主(각 법이 한데 모여 있고, 형법이 중심이 됨)'의
형태를 취하고 있다. 따라서 중국 고대에는 일반적으로 형사법을 중시
하고 민사 관련 법은 상대적으로 경시하였다고 볼 수 있다. ② 법률내
용의 특징은 '礼法结合(예와 법의 결합)'으로 표현할 수 있다. 즉 예가 법
의 입법원칙이고 법은 예의 요구에 부응해야 한다는 것이다. ③ 사법제
도 면에서는 행정과 사법의 일원화이다. 이러한 사법체제 하에서 사법
은 행정에 종속되었고, 행정관리가 사법사무를 겸임하게 된다.13)

## Ⅱ. 근대 중국의 법제사

중국 역사에서 1840년부터 1949년까지는 전통적인 중국의 사회제
도, 관념이 서구열강의 압박과 침투 하에 근본적인 변화를 겪은 시기로
동란과 내전, 혁명이 끊이지 않은 시기이다. 19세기 중반부터 서양의 문
물·서적·관념들이 중국으로 대거 유입되기 시작하였는데 처음에는 선
교사, 상인을 통해서였고 나중에는 유학생과 해외시찰을 다녀온 관리를
통해서였다. 이로써 전통적인 중국의 법사상과 의식은 변화하기 시작하
였고 서양의 제도를 참조하여 각종 법제개혁이 시도되었다.

근대 중국의 역사는 일반적으로 중국 최후의 전제왕조인 청의 멸망
(1911)을 분기점으로 청말과 중화민국의 두 시기로 구분하지만, 법제의

---

13) 王立民主编, 전게서, 4면.

변화와 개혁에 있어서는 다음과 같이 네 가지 단계로 나누어 고찰할 수 있다.

## 1. 양무운동과 서양 법사상의 도입(1860-1890년대)

양무운동(洋务运动)은 19세기 중반 이후 중국에서 나타난, 서양의 선진적인 군사·과학기술을 도입하고, 신식 육해군을 육성하고, 각종 공광업과 철로를 설치하며, 대외무역을 발전시켜 자강과 구부(求富)를 실현하여 청 왕조를 수호하자고 한 일련의 활동들이다.

대표적인 인물로는 쯩궈판(曾国藩, 1811-1872), 리훙장(李鸿章, 1823-1901), 장즈둥(张之洞, 1837-1909) 등 청왕조 말엽의 힘 있는 지방 관리들이 있다. 양무운동의 핵심 구호는 '中学为体 西学为用(중국의 학문을 본체로 하고, 서양의 학문을 응용하자)'로, 중국의 '伦常礼教(인륜 및 전통적인 예의, 교리)'를 바꾸지 않는다는 전제 하에서 서양의 과학기술을 배우고 도입하자는 것이었다. 양무파의 주요 활동에는 공장 건설, 도로 정비, 신군 창설 외에, 외국어 전문학교인 동문관(同文馆)의 설립을 통한 외국 서적의 번역, 해외 유학생 파견, 신식 학교의 설립 등도 포함되었다.

이러한 배경하에서 중국의 전통적인 이념체계가 흔들리기 시작하고 서양의 최신 법률개념과 이론들이 중국에 점차 소개되었다. 우선 중국의 전통적인 화이질서(华夷秩序)의 관념이 무너지면서, 중국은 더 이상 문명의 중심으로 여겨지지 않았으며 중국 외에도 다른 강국들이 존재한다는 사실을 인식하게 되었다. 각국의 주권은 평등하므로 상호 대등한 만국공법, 즉 국제법의 적용을 받아야 하게 되면서 중국을 중심으로 하는 전통적인 조공체제는 무너지게 되었다. 『만국공법』(Henry Wheaton, 丁韙良 역, 1864)등 국제법 저서의 출판과 성행은 중국의 전통적인 국제질서관의 변화를 상징한다.

이 밖에 서구열강과의 조약체결, 영사재판권의 확립 등은 중국인들에게 근대 서양의 각종 사법제도를 배우고 이해해야 할 필요성을 제기하였다. 이러한 서양과의 접촉으로 전통적인 중국의 법제도에 대한 의문과 불신이 나타났다. 예를 들어 행정과 사법이 분리되지 않은 것이나 재판활동이 독립되지 않은 것 등이 중국 법제도의 문제점으로 지적되었다.

## 2. 무술변법과 법제개혁(1898년 전후)

청일전쟁의 실패와 러일전쟁의 충격은, 중국인들로 하여금 과학기술의 도입에만 의존해서는 부강과 독립을 실현할 수 없으며, 더욱 높은 차원에서의 제도 개혁이 필요하다는 인식, 즉 정치체제와 법률제도를 철저하게 변화시킬 필요가 있다는 점을 깨닫게 하였다.

캉유웨이(康有为, 1858-1927), 량치차오(梁启超, 1873-1929) 등의 인물이 주도한 무술변법(戊戌变法. 1898)은 평화적인 방식으로 개혁을 진행함으로써 중국의 현황을 바꾸고 국가의 자주와 부강을 실현하고자 한 시도였다. 그들은 새로운 정치와 변법을 주장하면서, 중국에 입헌군주제의 수립을 요구하고 군주전제에 반대하였으며 의회의 설립, 헌법제정, 삼권분립제도의 도입, 법률제도의 제정과 완비, 민권과 자유의 보장, 사법독립의 실현 등을 주장하였다.

비록 무술변법은 보수파의 진압으로 실패했지만, 이를 계기로 도입된 새로운 관념이 중국에서 유행하기 시작하였고 혁명과 개량, 입헌군주, 공화, 민권, 자유와 평등 등의 관념은 사람들의 주 관심사로 떠올랐다. 중국법제의 낙후성과 서양 법률제도의 선진성은 이미 부인할 수 없는 사실이 되었고, 정치체제와 법제의 개혁은 피해 갈 수 없는 역사의 큰 흐름이 되었다.

## 3. 청말 헌법 제정과 법률 개정 활동(1898-1911)

무술변법이 실패로 돌아간 후, 청 왕조 안팎의 우환이 심해지고 시대의 큰 변화가 임박하게 되자 청나라의 통치자들은 어쩔 수 없이 법률제도를 포함한 각종 정치제도의 개혁에 착수할 수밖에 없었다.

우선 제헌활동의 준비로서 1905년에 헌법시찰단을 해외 각국에 파견하고, 경사법률학당을 설립하고 과거제도를 폐지하였다. 1908년에는 「흠정헌법대강」, 「의회법요령」, 「선거법요령」을 제정하였고, 1909년에는 '예비입헌'을 할 것을 결정하고, 자의국(咨议局. 성 단위의 지방의회)과 자정원(资政院. 의회준비기구)을 설립하였으며 1910년에는 3년 뒤 국회를 소집할 것을 약속하고, 1911년에는 「헌법중대신조19조」를 공포하였다.

헌법 제정과 의회 개설 이외에, 청나라 정부는 성문법 제도의 정식 개혁, 즉 전면적인 법률개정 작업을 시작하였다. 1903년 법률개정관을 설립하고, 저명한 법학가인 선지아번(沈家本, 1840-1913)이 법률개정대신(修订法律大臣)을 맡았다. 이 기간에 다량의 해외 법률문헌과 성문 법률을 번역하였고, 외국 전문가를 법률고문으로 초빙하였는데, 특히 일본의 학자들이 중요한 역할을 하였다. 이 기간의 입법성과 중 대표적인 것으로는 「형사민사소송법」(미시행), 「대청형률초안」, 「대청상률초안」, 「대청민율초안」, 「형사소송률초안」, 「민사소송률초안」, 「법원편제법」, 「국적조례」 등이 있다.

이 시기의 법률개정활동을 통하여 중국은 근대 대륙법체계를 도입하기 시작하였고 이후 형성된 소위 6법체계의 형성을 위한 토대를 마련하였다. 그러나 이러한 부분적인 개혁조치와 노력도 청 왕조의 멸망을 돌이킬 수는 없었다. 1908년 자희태후(慈禧太后)와 광서제가 잇따라 사망하고 1911년 무창봉기가 발발하여 청 왕조는 멸망하였다.

## 4. 중화민국시기 제헌과 입법 활동(1911-1949)

이 시기의 중국 역사는 다시 남경임시정부, 북양정부와 남경국민정부의 3시기로 구분된다. 각 정권은 청말의 제헌과 법률 개정 활동을 계승하여 각종 성문법을 기초하고 제정함으로써 점차 근대 사법체제를 완비해 나갔다.

이 기간에 제정된 대표적인 헌법 문헌으로는 남경임시정부의 「임시정부조직대강」, 「중화민국임시약법」, 북양정부 기간의 「천단헌장」, 「중화민국약법」, 「중화민국헌법(1912-1928), 남경국민정부가 제정한 「중화민국훈정시기약법」, 「중화민국헌법초안」, 「중화민국헌법」(1928-1949) 등이 있다.

1947년에 공포된 「중화민국헌법」은 손문(1866-1925)의 삼민주의(三民主义. 여기서 三民은 즉 민족, 민권, 민생을 의미)를 지도사상으로 하여, 국민대회의 기초 위에, 독특한 5권분립(입법원, 행정원, 사법원, 감찰원, 고시원(考試院))제도를 채택하였다. 인민의 권리와 의무 부분은 기본적으로 당시 서양 각국의 내용을 참조하였다.

헌법과 더불어 기타 각종 성문법전의 연이은 제정과 반포로, 중국의 성문법체계는 기본적으로 완성되었다. 대표적인 입법성과로는 「형법」, 「형사소송법」(1928), 「민법」, 「민사소송법」(1929) 등이 있다. 이 입법과정에서, 중국은 주로 일본의 경험을 본보기로 삼아, 대륙법국가의 법률체제를 모방하였다. 근대 이후 중국이 법제체계를 수립하는 과정에서 영미법이 아닌 대륙법 국가의 법제를 상대적으로 많이 참조한 배경에 관하여, 중국의 어떤 학자는 다음과 같은 이유를 제시하였다. ① 유사한 국가주의 관념, 국가가 입법을 독점하는 전통 ② 법전화, 즉 성문법의 전통 ③ 영미법계와 같은 법관 집단의 부재 ④ 일본 메이지유신 성공의 영향.14)

---

14) 张晋藩, 『中国法律的传统与近代转型』(第三版), 法律出版社(2009년) 569면.

## Ⅲ. 사회주의 중국의 법제사

1949년 이후 중국의 사회주의법제의 발전은 대체로 다음의 세 단계로 구분할 수 있다. 소련의 경험을 본보기로 삼은 사회주의법제의 창립 단계(1949-1950년대 후반), 사회주의법제건설의 좌절과 혼란기(1950년대 후반-1978), 사회주의법제국가의 건설 시기(1978년 이후-현재까지)로 구분할 수 있다.

### 1. 사회주의법제의 창립 단계(1949–1950년대 후반)

1949년 사회주의정권 수립 이후 중국공산당은 「중공중앙 국민당육법전서의 폐기 및 해방구 사법원칙 확정에 관한 지시(中共中央关于废除国民党六法全书与确定解放区司法原则的指示)」를 공포하여 국민당정부 시기의 입법과 법제를 철저히 폐기하고 소련을 모방하여 사회주의법률체계를 수립할 것을 요구하였다.

1954년 제정한 첫 번째 사회주의 헌법전이 「중화인민공화국헌법」이다. '1954年宪法'이라고 불린 이 헌법은 주로 소련헌법 등 사회주의국가의 헌법을 참조하였다. 이 밖에 「전국인민대표대회조직법」, 「국무원조직법」, 「법원조직법」, 「검찰원조직법」 등의 기본법률도 제정되었다.

### 2. 사회주의법제건설의 좌절과 혼란기(1950년대 후반-1978)

1950년대 중반 이후 중국은 각종 정치투쟁에 휩쓸려 들기 시작하였고, 막 시작한 법제 정비사업도 어쩔 수 없이 중단되었다. 처음에는 반우파운동, 대약진운동이 있었고, 이어서 10년에 걸쳐 문화대혁명(文化大革命, 1966-1976)이 일어났다. 이 기간에는 계급투쟁론과 계속혁명론이 주도적인 이데올로기가 되었는데, 그 영향으로 각종 제도 수립이 파괴

되었고 중국사회 전체가 혼란기에 접어들었다.

　　법제 영역에서는 법률허무주의가 지배사상으로 대두하게 되었고, 이는 구체적으로 각종 입법사업과 법률초안 기초작업의 중단, 법학교육과 법학연구의 중지, 법원과 검찰원의 폐쇄로 나타났다. 소위 '砸爛公檢法(공안기관, 인민검찰원, 인민법원을 깨부수자)'이 당시 중국법제의 현황을 상징하는 구호 중의 하나였다.

## 3. 사회주의법제국가의 건설 시기(1978년 이후−현재)

　　1978년 중국공산당 제11기3중전회의 소집은 사회주의 중국이 또 다른 새로운 시대에 접어들었음을 알리게 된다. 중국공산당은 덩샤오핑(鄧小平, 1904-1997)의 지도하에, 개혁개방정책을 실시하고 세계를 향해 문호를 개방하기 시작함과 동시에 중국의 각종 제도를 개혁하였다.

　　법제 영역에서는 의법치국과 사회주의법제건설을 가장 중요한 목표로 삼았다. 이를 위하여 이른바 '有法可依, 有法必依, 执法必严, 违法必究(의거할 수 있는 법이 있어야 하고, 법이 있으면 반드시 그에 의거해야 하고, 법 집행은 반드시 엄격해야 하며, 법을 어기면 반드시 추궁해야 한다)'를 실현하기 위해 노력하였다.

　　1979년에 우선 「중화인민공화국형법」과 「중화인민공화국형사소송법」이 두 기본법이 제정되었고 1982년에는 새로운 헌법(소위 '82년 헌법')을 제정하였다. 이 밖에도 「혼인법」(1980), 「경제계약법」(1981), 「상속법」(1985), 「민법통칙」(1986), 「민사소송법」(1991), 「계약법」(1999), 「물권법」(2007) 등의 민사 관련 기본법률과 「국적법」(1980), 「병역법」(1984), 「의무교육법」(1986), 「행정소송법」(1989), 「여성권익보장법」(1992), 「노동조합법」(1992), 「예산법」(1994), 「교육법」(1995), 「행정처벌법」(1996), 「국방법」(1997), 「입법법」(2000), 「반국가분열법」(2005) 등 기타영역의 기본법률을 제정하였다.

최근 중국 법제의 발전에 있어서 가장 큰 성과로는「민법전(中华人民共和国民法典)」의 제정을 들 수 있다. 1949년 이후 중국은 1954년과 1962년에 두 차례 민법전을 편찬하고자 하였으나 실현하지 못하였다. 1979년 이후 중국은「민법통칙」을 먼저 제정하고 수요에 따라 다시 기타 단행 민사 법률을 제정하는 방식을 채택하였다. 1990년대부터 중국의 민법학자들은 하나의 통일된 민법전을 편찬하여야 한다고 잇달아 주장하며 각종 방안을 제시하였으나, 민법전의 체제와 내용을 둘러싸고도 논쟁이 일어나 민법전 개정 작업은 일시적으로 지지부진하게 되었다. 2012년 시진핑체제가 수립한 후 민법전의 입법 작업은 다시 가속화되었다. 일련의 준비 작업을 거쳐 2017년에「민법전 총칙」이 통과되고 드디어 2021년 5월 28일에 기존의 계약법, 불법행위법 등 기존의 각종 단행법을 통합한 민법전이 통과하여 반포되었다. 이 민법전은 2021년 1월 1일부터 시행되었다.

제2장

# 헌법

강광문(서울대학교 법학전문대학원 교수)

# 중국 헌법 개관

근대 이전의 중국에는 헌법이라는 개념이 없었다. 헌법(憲法)이라는 단어는 constitution의 번역어이며 19세기 말 일본을 거쳐 중국으로 유입되었다. 헌법과 마찬가지로 constitutionalism의 번역인 입헌주의(立憲主義)도 원래 서양에서 만들어진 개념이다. 헌법은 일반적으로 국가의 기본법이라 불리고 주로 국가의 기본제도, 국가기관 간의 권력배분 및 국민의 기본적 권리와 지위 등을 규정한다. 성문헌법의 역사는 서양에서도 길지 않다. 첫 성문헌법은 18세기 말 미국에서 출현하였고 1789년에 미국연방헌법이 시행되었다. 유럽 대륙의 첫 번째 성문헌법은 프랑스대혁명 이후 제정된 1791년의 프랑스헌법이었다. 이후 독일의 각 주, 유럽의 다른 지역에서도 잇달아 성문헌법이 제정되었다. 중국의 헌법사도 이러한 서양의 이념, 제도를 계수하는 데로부터 시작하였다.

## Ⅰ. 중국 헌법사

### 1. 1949년 이전 중국의 헌법사

19세기 중반 이후 중국은 서양의 압력 하에 어쩔 수 없이 문호를 개방하고 국가의 독립을 유지하고 자강을 실현하기 위해 각종 개혁을 단행하였다. 여기에는 정치제도와 법제의 개혁도 포함되었다.

1908년 청나라 정부는 중국 역사상 첫 근대 헌법적 성격을 지닌 공식문서인 「흠정헌법대강」을 반포하였다. 이 헌법대강의 내용은 주로 일본의 메이지헌법(1889)을 모방한 것이다. 1911년 청 왕조는 혁명세력의 압력 하에 「헌법중대신조19조(宪法重大信条十九条)」를 선포하고 입헌군주제의 채택, 국회의 설립과 내각의 조직 및 황제 권력에 대한 제한 등 사항에 동의하였다.

청나라 멸망 후 남경국민정부가 제정한 「중화민국임시약법」(1912)은 중국에서 처음으로 공화국체제를 규정한 헌법성 문건이며 그 내용은 손문의 헌정사상을 어느 정도 반영하였다. 1913년 북양정부는 「중화민국헌법초안」을 반포하였는데 이 헌법초안은 이른바 책임내각제를 도입하고 국회의 권한을 강화하였다.

1923년의 「중화민국헌법」은 중국 역사상 정식으로 공포된 첫 헌법전으로 알려져 있다. 국민당이 전국을 통일한 후 반포한 「중화민국훈정시기약법」(1931)은 헌정을 준비하는 단계인 이른바 '훈정시기(训政时期)'의 헌법강령으로, 여기에서는 헌정을 실시하기 전까지 국민당이 국민대회를 대신하여 최고 권력을 행사한다고 규정하였다. 1936년에 제정된 「중화민국헌법초안」에서는 '권력을 국민에게 돌려줄 것(还政于民)'을 요구하였고 국민대회를 국가의 최고 권력기구로 정하였다. 1947년 국민당정부가 정식으로 공포한 「중화민국헌법」은 주로 손문의 삼민주의의 사상과 오권헌법(五权宪法) 이론을 반영하였다.

## 2. 사회주의 헌법사

1949년 이후 사회주의 중국에서는 현재까지 1954년 헌법, 1975년 헌법, 1978년 헌법과 1982년 헌법 총 4부의 헌법전을 제정하였다(1954년 헌법을 제외하고는 형식적으로 헌법개정의 절차에 따라 제정됨). 1949년 이전 중국공산당은 1934년의 「중화소비에트공화국헌법대강」 및 1946년의 「섬감녕변구헌법원칙(陕甘宁边区宪法原则)」과 같은 헌법성 문건을 제정하여 공산당 통치 지역에서 시행하기도 하였다.

중국의 현행 헌법은 1982년에 전국인민대표대회에 의해 통과되어 현재까지 시행되고 있다. 일반적으로 1982년 헌법으로 불리는 이 헌법의 기본 구조와 주요 내용은 사회주의 중국의 첫 헌법전인 1954년 헌법에 크게 의거하고 있다. 또한 1954년 헌법은 당시 모든 사회주의 국가들의 모델이었던 소련의 헌법 및 기타 사회주의 국가 헌법을 주로 참조하여 제정되었다. 즉 마오쩌둥 등 중국 지도부가 소련의 사회주의 헌법제도를 참조하는 한편, 중국의 특수한 현실에 입각하여 사회주의중국의 헌법을 제정한 것이다. 예컨대 현행 헌법의 기본제도인 인민대표대회가 소련 헌법의 소비에트제도를 토대로 중국의 특수성을 감안하여 만들었다는 점에 대해 마오쩌둥은 다음과 같이 언급하고 있다.

우리는 자산계급의 의회 제도를 시행하지 않고, 프롤레타리아의 소비에트제도를 시행한다. 대표대회가 바로 소비에트이다. 당연히 내용상, 우리의 것은 소련의 프롤레타리아독재 하의 소비에트와는 구별된다. 우리는 노동자와 농민의 동맹을 기초로 한 인민소비에트이다. '소비에트'라는 외래어를 우리는 사용하지 않고, 인민대표회의라고 부른다. 소비에트는 러시아 인민이 창조해낸 것이고 레닌이 발전시킨 것이다. 중국에서 자산계급 공화국의 의회제도는 이미 부패하였다. 우리는 그것을 채용하지 않고 사회주의국가의 정권제도를 취한다(마오쩌둥, "中共七屆二中全会上的总结", 1949).

1982년에 제정된 이 헌법은 그 후 몇 차례 수정 조항을 추가해왔으나 기본적인 내용은 지금까지 그대로 유지하고 있다.

## II. 헌법의 개정, 해석 및 보장

### 1. 헌법의 제정과 개정

1954년 헌법제정 이전까지 사회주의 중국에서는 1949년에 통과된 「중국인민정치협상회의공동강령」이 국가기본법의 역할을 하였다. 이후 중국공산당과 중앙정부는 사회주의 헌법의 제정에 착수하였다. 1953년 에 중앙인민정부는 헌법 제정을 위한 헌법기초위원회를 설립하였다.

그 후 중국공산당이 헌법초안을 사전에 작성하여 위 헌법기초위원 회에 건넸고, 헌법기초위원회는 초안을 공개하여 사회 각계의 의견수렴 과정을 거쳐 중앙인민정부 및 전국인민대표대회에 제안하였다. 중국공 산당이 제안한 이 초안은 헌법기초위원회의 몇 차례 수정 및 중앙인민 정부의 심의 통과를 거친 후 전국인민대표대회에 정식으로 보고되어 1954년 9월 20일에 통과되었다.

현행 헌법에 따르면, 전국인민대표대회가 헌법개정권을 행사한다. 개 정절차는 대체로 헌법개정안의 제출, 헌법개정안의 심의 및 표결, 헌법 개정안의 공포 등의 3단계로 구분된다. 전국인민대표대회 상무위원회 또 는 1/5 이상의 전국인민대표대회 대표는 헌법개정을 발의할 권한이 있 다. 헌법개정안은 전국인민대표대회 전체대표의 2/3 이상이 찬성하여야 통과된다(헌법 제64조). 헌법개정안이 통과되면 중화인민공화국 주석이 공포한다.

현행 헌법은 1982년에 공포된 이후 1988년, 1993년, 1999년, 2004년 및 2018년 총 5차례 개정되었다.

중국에서는 헌법개정 시에는 「헌법수정안」을 통과하고 그 내용을 그 후의 헌법전에 반영하는 방식을 취한다. 예컨대 1988년 헌법 개정의 경우 그 수정안은 아래와 같은 2개의 조항으로 구성되었다.

제1조: 헌법 제11조에 다음과 같은 내용을 추가한다. '국가는 사영경

제가 법률이 규정한 범위에서 존재하고 발전하는 것을 허용한다. 사영경
제는 사회주의공유경제의 보충이다. 국가는 사영경제의 합법적인 권리
와 이익을 보호하고 사영경제에 대하여 인도, 감독 및 관리를 실행한다.'

　　제2조: 헌법 제10조 제4항의 '어떠한 조직 또는 개인도 토지를 침점,
매매, 임대 또는 기타 형식으로 불법으로 양도할 수 없다'를 '어떠한 조
직 또는 개인도 토지를 침점, 매매 또는 기타 형식으로 불법으로 양도할
수 없다. 토지의 사용권은 법률에 따라 양도할 수 있다'로 개정한다.

　　헌법수정안은 기존 헌법 조문의 내용을 개정, 추가 및 삭제할 수 있
을 뿐만 아니라 새로운 조항을 추가하거나 삭제할 수도 있다. 현행 헌법
1982년에 제정 시에는 총 138개 조항으로 구성되어 있는데 비하여
2018년 개정 후에는 총 143개 조항으로 늘어났다.

## 2. 헌법의 해석과 보장

　　헌법의 시행은 헌법해석과 분리될 수 없다. 헌법해석에 관하여, 중국
헌법은 전국인민대표대회상무위원회(이하 '전인대상무위원회'로 약칭)가 헌
법을 해석한다고 규정하고 있지만(헌법 제67조) 관련 절차 등에 관한 법
률은 아직 제정되어 있지 않다. 실제로 전인대상무위원회는 지금까지 구
체적인 사건에 대하여 공식적인 헌법해석의 절차를 개시하거나 형식상
'헌법해석'이라는 표현을 사용하여 어떤 헌법조항에 대해서도 해석을 시
도한 적이 없다. 현재 중국에서는 헌법해석기관으로서의 전인대상무위원
회의 역할을 강화하고 이른바 헌법해석절차메커니즘(宪法解释程序机制)을
실제로 작동시킬지에 대해서는 여러 가지 논의가 진행되고 있다.

　　물론 헌법의 최고규범성 및 국가기관의 헌법존중의무를 고려한다면
전국인민대표대회, 행정기관, 인민법원을 포함한 모든 국가기관은 법률
의 제정·집행·적용에 있어서 필연적으로 헌법에 대하여 각종 해석을

할 수밖에 없다. 전인대상무위원회를 헌법해석기관으로 규정한 위 조항
은 단지, 현행 헌법체제하에서는 전인상무위원회가 헌법해석에 관하여
최종 결정권을 가진다고 이해하여야 할 것이다.

헌법의 보장 및 위헌심사권에 관해 헌법은 별도의 규정을 두고 있지
않다. 일반적인 규정으로서 '모든 법률, 행정법규 및 지방성법규'는 헌
법에 저촉되어서는 안 되며, '모든 국가기관 및 무장역량(武裝力量), 각
정당 및 각 사회단체, 각 사업조직'은 반드시 헌법을 준수하여야 한다고
요구하고 있다(헌법 제5조). 아울러 전국인민대표대회 및 전인대상무위원
회가 헌법의 실시를 감독한다고 규정하고 있다(헌법 제62조, 제67조).

헌법 감독과 관련하여, 2000년에 제정한 「입법법」에서는 헌법에 위
반되는 행정법규 등의 처리절차에 대하여 부분적으로 규정하였다. 입법
법 규정에 따르면 국무원, 중앙군사위원회, 최고인민법원, 최고인민검찰
원 및 각 성급 인민대표대회 상무위원회는 행정법규, 지방성법규, 자치
조례 및 단행조례가 헌법이나 법률에 저촉된다고 생각하는 경우, 전인
대상무위원회에 이를 심사해줄 것을 서면으로 요구하고 상무위원회의
업무부서(工作机构)는 이를 관련 전문위원회에 송부하여 심사를 진행하
고 의견을 제시하도록 할 수 있다.

그 외 전국인민대표대회 전문위원회와 상무위원회의 업무부서는 심
사, 연구 과정에서 행정법규, 지방성법규, 자치조례 및 단행조례가 헌법
이나 법률에 저촉된다고 생각하는 경우, 제정기관에 서면으로 심사의견
과 연구의견을 제시할 수 있다. 제정기관은 2개월 내에 수정 여부에 대
한 의견을 연구·제시하여야 하고 전국인민대표대회 법률위원회 및 관
련 전문위원회나 상무위원회 사무기구에 보고하여야 한다(입법법 제99조,
제100조).

그러나 법률 및 기타 국가권력행위의 위헌심사의 절차 등 사항에 대
해서는 여전히 구체적인 규정이 없다. 학자들 사이에서는 향후 중국이
어떠한 방식으로 위헌심사제도를 도입해야 하는지에 관해서는 견해의

대립이 있다. 예를 들면 전문적인 헌법재판소를 설립하자는 의견, 인민
대표대회 내에 전문헌법감독기구를 설립하자는 의견, 현행 제도를 보완
하여 헌법감독기구인 전인대상무위원회를 명실상부한 헌법보장기구로
기능하게 하자는 의견 등이 있다.

제2절

# 권리 보장

## Ⅰ. 인권과 공민의 기본 권리

근대 이후 제정된 성문헌법은 일반적으로 통치구조 관련 규정과 함께 국민의 권리나 자유에 관한 규정으로 구성되어 있다. 중국 헌법도 제1장 총강에 이어 제2장 '공민의 기본 권리와 의무'에서 국민이 보장받는 각종 권리 및 의무를 열거하고 있다.

구체적인 조항의 내용을 살펴보면 중국 헌법은 '공민의 기본 권리', '공민의 자유 또는 권리'라는 표현을 사용하고 있다. 여기서 공민(公民)은 중국 국적을 가진 모든 자연인을 가리킨다. 한편으로 인권이라는 표현은 2004년 헌법개정을 통해 중국 헌법에 도입되었다. '국가는 인권을 존중하고 보장한다.'(제33조 제3항). 다만 중국 헌법에서 보장하는 공민의 기본 권리는 인간으로서 누구든지 누려야 하는 자연적 권리와는 차이가 있고 중국 헌법과 헌법학은 아직 소위 천부인권의 이념을 인정하지 않고 있다. 공민은 단지 '헌법과 법률에서 규정한 권리'(제33조)를 보장받는데 불과하다. 또한 현행 중국 헌법은 헌법재판소제도나 위헌심사제도를 규정하고 있지 않아 국민의 기본권리가 법률 등에 의해 실제로 침해되더라도 구제받을 제도적 장치가 마련되어 있지 않다.

헌법상의 권리 또는 기본권은 개인과 국가의 관계에 따라 크게 자유권, 사회권, 참정권으로 나눌 수 있다. 여기서 자유권은 대체로 개인의 국가로부터의 자유, 사회권은 국가를 통한 자유, 참정권은 국가로 향한 자유로 이해될 수 있다. 근대 서양 헌법의 권리보장은 개인을 출발점으로 하고 국가에 대항하여 개인이 보장받아야 하는 각종 자유권을 강조한다. 이에 비해 중국 헌법을 포함한 사회주의 헌법은 자유권을 헌법과 법률의 테두리 안에서 보장하는 한편, 국가로부터 보장받는 각종 사회권을 중요시하는 경향을 보인다. 예컨대, 중국 헌법은 노동력을 상실한 모든 공민에게 생존권을 보장하도록 규정하고 각종 취약계층의 권리보호와 이익보장에 대해서도 비교적 상세하게 규정하였다.

'중화인민공화국 공민은 고령·질병 혹은 노동능력을 상실한 경우 국가와 사회로부터 물질적 조력을 받을 권리가 있다. 국가는 공민이 이러한 권리를 누리도록 필요한 사회보험, 사회구제(社会救济) 및 의료위생 사업을 발전시킨다. 국가와 사회는 상이군인의 생활을 보장하고, 열사(烈士)의 가족을 구휼하며, 군인의 가족을 우대한다. 국가와 사회는 시각 장애인, 청각 장애인, 언어 장애인 및 기타 장애가 있는 공민의 노동, 생활과 교육이 잘 이루어지도록 도움을 준다.'(제45조). 이 밖에 중국 헌법은 노동자의 휴식을 할 권리, 퇴직 후 생활보장을 받을 권리, 부녀자 및 아동에 대한 특별 보호에 관한 조항도 두었다.

중국 헌법에서 규정한 공민의 기본적 권리는 구체적으로 평등권, 정치적 권리, 종교신앙의 자유, 인신의 자유, 사회경제적 권리, 문화와 교육 관련 권리 및 감독권과 청구권 등 7가지 유형으로 나눌 수 있다.[1]

## Ⅱ. 기본 권리의 구체적인 내용

### 1. 평등권

평등권은 모든 공민이 평등하게 권리를 향유하고 어떠한 차별적인

---

1) 宪法学编写组, 『宪法学』, 高等教育出版社/人民出版社(2011), 208면.

대우도 받지 않는 헌법적 지위이다. 물론 이러한 평등은 절대적인 개념
이 아니라 상대적 개념으로서 객관적인 상황에 기초한 각종 합리적인
구별은 인정된다.

평등권과 관련하여 중국 헌법은 '중화인민공화국 공민은 법 앞에서
모두 평등하다'는 일반적인 규정과 함께(제33조) 기타 구체적인 내용을 규
정하였다. 우선, 어떠한 개인이나 단체도 헌법과 법률을 초월한 특권을
가질 수 없다(제5조). 소수민족의 평등권에 관해서는, 각 민족은 모두 평
등하고 어떠한 민족에 대한 차별과 억압도 금지한다고 하였다(제4조). 그
외 '여성은 정치적·경제적·문화적·사회적·가정적 생활 등 각 분야에
서 남성과 대등한 권리를' 누리고 남녀 간에는 '동일노동 동일임금'을 시
행한다는 등 남녀평등의 조항을 두었다(제48조). 또한 종교를 믿는 공민이
나 종교를 믿지 않는 공민에 대한 차별을 금지하였다(제36조).

## 2. 정치적 권리

정치적 권리는 공민이 국가의 정치생활에 참여하는 각종 권리와 자
유의 통칭이다. 공민의 정치적 권리는 법에 따라 박탈할 수 있다. 중국
에서 형벌은 이른바 주형(主刑)과 부가형(附加刑)으로 나뉘는데 정치권리
의 박탈은 벌금, 재산의 몰수와 함께 형법이 규정한 3가지 부가형에 속
한다.

중국 헌법이 보장하는 공민의 정치적 권리에는 주로 선거권과 피선
거권 및 각종 참여·관리권이 있다. 중국법에 따르면, 선거권과 피선거
권을 행사하는 법정연령은 만 18세이다. 현급 인민대표대회와 향급 인
민대표대회는 유권자가 직접 선출하고 현급 이상 인민대표대회는 하급
인민대표대회가 선출한다. 이 밖에, 중국 헌법은 공민이 각종 국가사무
의 관리에 참여할 권리를 규정하였다. 구체적으로 국유기업의 직원과
집체기업의 직원은 기업의 관리에 참여할 권리가 있고 도시와 농촌의

주민은 그 지역의 자치조직에 참여할 권리가 있다(제2조, 제16조, 제17조, 제111조).

현재 중국에서는 언론·출판·집회·결사·데모(游行)·시위(示威)의 자유를 정치적 권리의 일부로 간주하고 있다. 헌법이 규정한 이러한 자유는 절대적인 것이 아니라 어디까지나 법률의 규정한 범위에서 공민에게 보장된다(제35조). 예컨대, 각종 출판활동은 「출판관리조례」와 같은 법규가 정한 절차를 따라야 하고 결사를 통해 만든 단체는 반드시 「사회단체등기관리조례」 등 법에 따라 사전에 등기하여야 하고 각급 민정부문(民政部门)의 관리, 감독을 받아야 한다.

## 3. 종교신앙의 자유

종교신앙의 자유는 중국헌법이 보장한 공민의 기본권리 중 하나이다. 중국에서 말하는 종교신앙의 자유는 공민이 종교를 신앙하는 자유와 종교를 신앙하지 않을 자유, 특정 종교를 신앙 또는 신앙하지 않을 자유 및 한 종교 내에서 특정 종파를 신앙 또는 신앙하지 않을 자유를 망라한다. 국가는 정상적인 종교활동을 보호하고 누구든지 종교를 이용하여 사회질서를 파괴하거나 공민의 인신건강을 손상하거나 국가의 교육제도를 방해하는 활동을 해서는 안 된다. 그 외 중국 국내의 종교 단체와 종교 사무는 외부 세력의 지배를 받지 않는다. 이는 중국 정부가 주장하는 이른바 종교활동 독자운영의 원칙이다(제36조).

## 4. 인신의 자유

중국 헌법이 보장하는 인신의 자유에는 공민의 인신 자유의 불가침, 인격존엄의 불가침, 주택의 불가침 및 통신의 자유와 통신비밀의 보장 등의 내용이 포함된다. 그중 인신 자유의 불가침은 어떠한 공민도 인민검찰원의 승인이나 결정, 인민법원의 결정을 거치지 않거나 공인기관의 집행에 의하지 않고서는 체포당하지 아니하는 권리이다. 또한 불법적인 구금, 기타 방식을 통한 불법적인 공민의 인신자유에 대한 제한이나 박탈은 금지되고 몸에 대한 불법적인 수색도 엄격히 금지된다(제37조).

인격의 존엄은 명예, 프라이버시권 등 개개인의 인격권과 밀접히 관련되는 헌법적 지위이다. 중국헌법에 따르면 공민의 인격존엄은 침해받지 않고 어떠한 방법으로 공민에 대하여 모욕, 비방 또는 무고, 모함하는 것은 금지된다(제38조). 중국에서 인격존엄의 구체적 내용에는 공민의 성명권, 초상권, 명예권, 영예권(荣誉权), 프라이버시권(隐私权) 등 권리가 포함된다고 이해되고 있다.

주택의 불가침의 주요 내용은, 공민의 주택에 대한 불법적인 침입 또는 불법적인 수색의 금지가 포함된다(제39조). 헌법규정과 함께 형사법에서는 불법적으로 타인의 주택을 수색하거나 주택에 침입한 자는 3년 이하의 유기징역 또는 구역(拘役)의 형에 처한다고 규정하고 있다. 마지막으로, 통신의 자유와 통신의 비밀의 보호는 공민이 서신, 전보, 팩스, 전화 및 기타 통신수단을 통하여 자신의 뜻에 따라 통신하고 타인의 간섭을 받지 않는 자유 및 권리이다. 중국헌법에 따르면 국가안전 또는 형사범죄의 수사의 필요에 따라 공안기관 또는 검찰기관이 법률이 정한 절차에 따라 통신에 대하여 검사(检查)하는 경우 외에 어떠한 조직이나 개인도 어떠한 이유로도 공민의 통신의 자유와 통신의 비밀을 침해해서는 아니 된다(제40조).

## 5. 사회경제적 권리

중국 헌법이 공민에게 보장하고 있는 사회경제적 권리에는 크게 재산권과 상속권, 노동권과 휴식권, 사회보장권이 포함된다. 그중 재산권은 공민 개개인이 노동 및 기타 합법적인 방식으로 재산을 취득하고 이를 점유, 사용, 처분할 수 있는 권리이다. 헌법이 보장하는 재산권에는 소유권은 물론 채권, 주권(股权), 각종 지식재산권, 토지승포경영권(土地承包经营权) 등 기타 재산적 권리를 포함한다. 사유재산 또는 사유재산권에 대하여 언급하지 않던 중국 헌법은, 2004년 개정을 통하여 공민의 합법적인 사유재산은 침범되지 않고 국가는 법률의 규정에 따라 공민의 사유재산권과 상속권을 보호한다는 규정을 추가하였다(제13조).

노동권은 헌법이 보장하는 노동의 능력을 가진 공민이 노동에 종사하고 노동보수를 취득하는 기본 권리이다. 중국 헌법은 노동을 공민의 기본 권리인 동시에 기본 의무라고 규정하고, 모든 노동력이 있는 공민의 영광스러운 책임(光荣职责)이라고 정하였다. 따라서 국가는 각종 방법을 통하여 취업 조건을 조성하고 노동보호(劳动保护)를 강화하며 근로 조건을 개선하고 생산을 발전시킨 기초 위에서 근로 보수와 복지 대우를 향상시켜야 한다(제42조). 한편으로 모든 노동자는 휴식의 권리를 가진다. 중국 헌법은 근로자에게 휴식의 권리가 있다고 하면서 근로자의 휴식과 휴양을 위한 시설을 확충해야 한다고 규정하였다. 노동법 등 법률에 따르면 근로자의 1일 노동시간은 8시간을 초과할 수 없고 매주 평균 노동시간은 44시간을 초과할 수 없다. 그 외 근로자는 공휴일(公休日), 법정명절휴일(法定节假日), 유급연차휴가(带薪年休假) 등 휴가제도의 적용을 보장받는다.

사회보장권은 공민이 자신의 존엄 있는 생활을 유지하기 위하여 국가에 일정한 급부를 청구하는 기본 권리이다. 중국 헌법이 보장하고 있는 사회보장권에는 다음의 내용이 포함된다. ① 공민이 연로, 질병, 근로능력을 상실한 경우에 국가와 사회로부터 물질적 도움을 받을 권리를 가진다. 이는 모든 공민이 일정한 조건하에서 향유하는 물질방조권(物质帮助权)이다. ② 시각장애인 등 장애가 있는 공민은 근로, 생활, 교육의 면에서 국가와 사회로부터 도움을 받을 권리를 가진다. ③ 국가와 사회는 장애를 입은 군인의 생활을 보장하고 열사의 가족을 구휼(抚恤)하고 군인의 가족을 우대한다. ④ 법이 정한 퇴직제도(退休制度)에 따라, 기업과 국가기관에서 퇴직한 정년 퇴직자의 생활은 국가와 사회로부터 보장받는다(제44조, 제45조).

## 6. 문화와 교육 관련 권리

헌법은 공민의 교육권과 과학, 문학과 예술 창작 및 기타 문화 활동에 종사하는 자유를 보장한다. 교육권, 더 정확하게는 교육을 받을 권리는 공민이 문화와 과학 등의 교육훈련을 받는 기본 권리이다. 국가는 청소년, 아동이 덕성, 지력 및 체력 등 면에서 전면적으로 발전하도록 양성한다. 중국 헌법은 교육받는 것은 공민의 권리인 동시에 의무라고 규정하고 있다(제46조). 현재 중국은 9년간 의무교육제를 실행하고 있다. 따라서 일정 나이에 이른 모든 아동 및 청소년은 9년간의 무상교육을 받을 권리를 가지는 동시에 그러한 교육을 반드시 받아야 한다.

그 외 공민은 과학연구의 자유, 문학과 예술 창작의 자유, 기타 문화 활동에 종사하는 자유를 가진다. 국가는 교육, 과학, 기술, 문학, 예술 및 기타 문화 사업에 종사하는 공민의 창조적인 업무에 대하여 격려하고 도움을 제공하여야 한다(제47조).

## 7. 감독권과 청구권

감독권은 공민이 국가기관과 그 종사인원(工作人員)에 대하여 감독, 비판, 건의하는 헌법상의 권리이다. 구체적으로는 비평·건의하는 권리, 고소·고발할 권리(控告·檢擧权) 및 탄원권(申诉权)이 포함된다. 이러한 공민의 탄원, 고소·고발에 대하여 국가기관은 사실을 조사하고 책임지고 처리하여야 하지 억압하거나 보복해서는 안 된다(제41조). 또한 모든 기관과 그 인원들은 반드시 인민의 지지에 의거하고 언제나 인민과 밀접한 관계를 유지하고 인민의 의견과 건의를 경청하며 인민의 감독을 받아야 한다(제27조).

청구권은 공민이 자신의 권리실현을 위하여 국가로 하여금 적극적인 작위를 요구하는 권리이다. 이 청구권에는 국가배상청구권, 국가보상청구권 및 재판청구권이 포함될 수 있다. 중국 헌법은 공민의 국가배상청구권을 보장하고 있다(제41조). 이 헌법 규정 및 1994년에 제정된 「국가배상법」에 따르면 국가기관과 국가기관의 종사인원이 공민, 법인 및 기타 조직의 합법적인 권리를 침해하여 손실을 초래한 경우, 공민 등은 법률 규정에 따라 국가배상을 받을 권리를 가진다.

## 8. 공민의 기본 의무

기본 권리 외에, 중국 헌법은 공민의 기본적인 의무에 대해서도 규정하였다. 그중 헌법이 단독 조항으로 명확하게 규정한 기본 의무는 다섯 가지이다. 즉 국가의 통일과 민족의 단결을 수호할 의무, 헌법과 법을 준수할 의무, 국가의 안전·영예와 이익을 수호할 의무, 조국을 수호하고 법에 따라 병역에 복무할 의무, 납세의 의무가 있다. (제52조-제56조).

이 밖에 중국 헌법은 공민의 노동의 의무, 교육을 받을 의무, 부부가 산아제한을 실시할 의무, 부모를 부양하고 미성년인 자녀를 교육할 의무, 성년인 자녀가 부모를 부양·부조(贍養·扶助)할 의무 등을 규정하였다(제42조, 제46조, 제49조).

## 제3절
# 통치구조

## Ⅰ. 중국에서 국체와 정체

중국 헌법에서 규정한 통치구조에 관해서는 이른바 국체(国体)와 정체(政体)로 구분하여 이해하는 방법이 있다. 여기서 국체는 중국의 국가성격을 일컫는 용어이다. 국가성격은 국가의 계급적 본질이고 사회 각 계급과 계층이 국가에서 차지하는 지위를 나타낸다. 국체에 관한 중국 헌법의 규정에 따르면, 현재 중국은 노동자 계급이 영도하고 노동자와 농민의 연맹을 기초로 하는 인민민주독재의 사회주의국가이다. 인민민주독재의 실질은 프롤레타리아독재이다.

국체에 대응하는 개념은 국가의 정권형식을 나타내는 정체이다. 현재 중국은 인민대표대회제도의 정권조직 형식을 취하고 있다. 한마디로, 국가의 모든 권력은 인민에게 속하지만 인민은 전국인민대표대회와 지방 각급 인민대표대회를 통하여 국가권력을 행사한다. 국가의 행정기관, 감찰기관, 재판기관, 검찰기관은 모두 인민대표대회를 통해 구성되고 인민대표대회에 대하여 책임지고 인민대표회의 감독을 받는다.

즉, 국체가 국가의 실질적 성격을 나타낸다고 한다면 정체는 국가의 형식적 통치방식을 보여주고 있다.

## 1. 중국공산당의 지위와 조직

중국의 국가성질 즉 국체는 중국공산당에 관한 헌법 등의 규정에 집중적으로 나타나 있다. 이에 따르면, 중국공산당은 중국사회와 중국인민을 지도하는 유일한 집정당이다. 중국공산당의 지도하에 사회주의 현대화건설을 실시하는 것은 국가의 근본적인 임무인데, 이는 중국공산당이 중국의 선진적인 생산력의 발전에 대한 요구를 대표하고 중국의 선진적인 문화의 나아갈 방향을 대표하며 중국의 가장 광범위한 인민의 근본적인 이익을 대표하기 때문이다. 동시에, 중국공산당은 중국 노동자 계급의 선봉대이자 중국인민과 중화민족의 선봉대이며 중국특색사회주의 사업의 핵심 지도자이기 때문이다(헌법 서문, 및 공산당정관).

이로써 중국은 현재 '노동자 계급이 영도하고 노동자와 농민의 연맹을 기초로 하는 인민민주독재의 사회주의 국가'이고 이러한 사회주의 제도는 중국의 근본제도이다. 또한 '중국공산당의 영도는 중국특색의 사회주의의 가장 본질적인 특징'이고 그 누구도 이 사회주의 제도를 파괴하는 것을 허용하지 않는다(헌법 제1조).

중국공산당의 조직체계를 살펴보면, 우선 중국공산당 전국인민대표대회 및 그로부터 탄생한 중앙위원회가 중국공산당의 최고영도기관이다. 5년에 한 번씩 개최되는 중국공산당 전국인민대표대회에서 중앙위원회와 중앙기율검사위원회가 선출된다. 중앙위원회의 전체회의는 최소한 매년 1차례 개최되고 중앙정치국, 중앙정치국상무위원회 및 중앙위원회 총서기를 선출하며 중앙정치국상무위원회의 제청에 따라 중앙서기처(中央书记处)를 중앙위원회에서 결정한다. 그 외 중앙위원회는 중앙군사위원회의 구성인원을 확정한다(공산당정관 제23조).

중국공산당 중앙정치국 즉 중공중앙정치국 및 그 상무위원회가 중앙위원회 전체회의의 폐회 기간에 중앙위원회의 직권을 행사한다. 약 25명 안팎으로 구성된 중앙정치국의 구성원이 전국인민대표대회, 국무

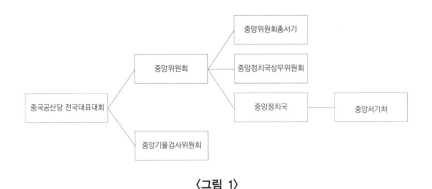

〈그림 1〉

원, 전국정치협상회의, 중앙군사위원회, 중공중앙 각 부처 및 각 지방에서 중요한 직무를 담당한다.

중국공산당 중앙정치국상무위원회는 중국공산당 중앙위원회의 전체 회의에서 선출하며 임기는 중국공산당 중앙위원회와 일치한다. '중공중앙정치국상위(中共中央政治局常委)'로 약칭되는 상무위원회의 구성원들은 중국공산당 중앙지도부의 주요 구성원이자 중화인민공화국과 중국공산당의 주요 영도자이다. 지금까지의 관례를 보면, 매기 중공중앙정치국상무위원회는 7인 또는 9인으로 구성되며, 각각 국가주석 겸 당중앙 총서기, 국무원 총리, 전인대상무위원회 위원장, 전국정치협상회의 주석, 중국공산당 서기처 서기 및 당교(党校) 교장, 중앙기율검사위원회 서기와 국무원 부총리 등 국가와 당의 요직을 담당한다.

## 2. 인민대표대회제도

헌법에 따르면 중국에서 전국인민대표대회가 전국 인민을 대표하는 최고 권력기관이다. 국가주석, 행정기관인 국무원, 사법기관인 최고인민법원과 최고인민검찰원 및 2018년 이후 도입된 국가감찰위원회는 전국인민대표대회에 대하여 책임을 지고 전국인민대표대회를 통하여 간접적

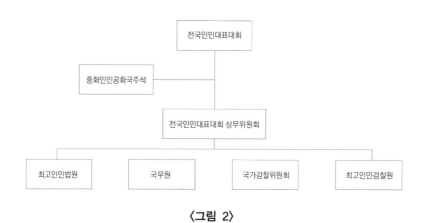

〈그림 2〉

으로 전체 인민에 대하여 책임을 진다. 또한 지방 각급 인민대표대회는 지방 각급 인민정부, 인민법원과 인민검찰원 및 감찰기관을 선출하고 그 업무를 감독한다.

전국인민대표대회가 행사하는 주요 권한에는 입법권, 주요 인사 임면권, 중요 사안 결정권 및 감독권이 포함된다. 구체적으로, 전국인민대표대회는 헌법을 개정하고, 형사·민사·국가기구 및 기타 기본법률을 제정하고 개정한다. 또한 전국인민대표대회 상무위원회의 구성원을 선출하고, 중화인민공화국 주석과 부주석을 선출하며, 국무원 총리, 국무원 부총리, 국무위원, 각 부처 장관, 각 위원회 주임, 감사원장(審計長) 및 비서실장의 인선을 결정하고 중앙군사위원회 주석을 선출하며 중앙군사위원회 기타 구성원의 인선을 결정하고 최고인민법원 원장과 최고인민검찰원 검찰장 및 국가감찰위원회 주임을 선출한다. 전국인민대표대회는 자신이 선출하거나 결정한 최고국가기관의 구성원을 해임할 권한이 있다. 전국인민대표대회의 폐회 기간에 전인대상무위원회가 그 직권을 행사하는데, 전인대상무위원회의 주요 권한으로는 입법권과 개헌권, 헌법과 법률의 해석, 헌법실시의 감독, 국무원, 최고인민법원과 최고인민검찰원 사무의 감독권 등이 있다(제62조, 제63조, 제67조).

인민대표대회의 선거는 직접선거와 간접선거를 서로 결합한 제도를 채택하고 있다. 전국인민대표대회, 성급인민대표대회, 시급인민대표대회는 그 직하급(下一級) 인민대표대회에서 선출하고, 현급인민대표대회와 향급인민대표대회의 대표는 유권자가 직접 선출한다(전국인민대표대회 및 지방인민대표대회 선거법 제2조). 전국인민대표대회와 지방 각급 인민대표대회는 유권자와 선거단위의 감독을 받고 유권자 또는 선거단위는 자신이 선출한 대표의 파면을 요구할 권한이 있다.

## 3. 경제제도

중국의 국가성격은 헌법에서 규정한 기본적인 경제제도에서도 구현되고 있다. 중국의 현행 기본경제제도는 '사회주의시장경제'라는 말로 정의할 수 있다. 사회주의시장경제는 사회주의와 시장경제라는 두 가지 서로 모순되는 것처럼 보이는 개념의 결합이다.

우선, 사회주의 경제제도는 주로 헌법에서 규정하고 있는 소유제형태에서 드러난다. 중국이 시행하는 생산수단의 사회주의공유제는 전민소유제 즉 국유경제와 집체소유제(集体所有制)로 구분된다. 그중 국유경제는 국민경제의 주축이 되는 부분으로 국가는 국유경제의 공고화와 발전을 보장하여야 한다.

농촌과 도시의 각종 합작경제(合作经济)는 집체소유제경제에 속한다. 삼림, 지하자원, 초원 등의 자연자원은 법률이 집체소유라고 규정한 것외에는 모두 국가소유이다. 토지의 소유는 두 가지로 구분되는데, 도시의 토지는 국가소유이고 농촌 및 도시 교외의 토지는 법률로 국가소유라고 규정한 것 외에는 집체소유이다(제6조-제10조).

한편으로 사회주의 초급단계에 놓여 있는 중국은 사회주의시장경제를 발전시키고 개혁개방을 시행하고 공업·농업·국방과학기술의 현대화를 실현하여야 한다. 이를 위해 '공유제를 주체로 하고 여러 종류의 소유제경제를 공동으로 발전시키는 경제제도'를 채택하고 개체경제(个体经济), 사영경제(私营经济) 등 각종 비(非)공유제경제 주체의 합법적인 권익은 법률에 의해 보장된다.

이 밖에 헌법은 공민의 합법적인 사유재산이 침해받지 않도록 보호한다. 이 조항은 2004년 헌법 개정의 주요 내용 중 하나로, 당시 사회주의헌법에서 사유재산을 보장해야 하는지 여부에 대하여 논란은 있었으나 최종적으로 헌법에 편입되었다. 토지의 이용에 있어서, 토지공유라는 전제 하에서 토지의 소유권과 사용권을 분리하는 제도를 시행한다. 즉 누구든지 토지를 빼앗거나 매매하거나 다른 형식으로 양도할 수 없으나, 토지사용권은 법률의 규정에 따라 합법적으로 유통될 수 있다. 마지막으로 외국기업 등의 중국 투자는 허용되고 그들의 합법적인 권익은 중국법에 의해 보장된다(제13조, 제18조).

## 4. 정당제도

위에서 보다시피, 사회주의 중국에서 중국공산당은 유일한 집권당이고 전국의 인민을 영도하여 사회주의를 건설한다. 중국공산당의 일당영도 외의 중국의 정당제도에 관하여, 헌법은 '중국공산당이 영도하는 다당협력과 정치협상제도(多党合作和政治协商制度)'를 규정하였다.

이는 일종의 중국식 다당협력제도이다. 중국공산당 외에 중국에는 현재 8개의 민주정당이 있는데, 각각 중국국민당혁명위원회(民革), 중국민주동맹(民盟), 중국민주건국회(民建), 중국민주촉진회(民进), 중국농공민주당(农工党), 중국치공당(致公党), 구삼학사(九三学社), 대만민주자치동맹(台盟)이다. 집권당인 중국공산당에 비해, 위의 민주정당들은 중국에서 참정당(参政党)의 지위를 가지고 있다. 이런 민주정당들은 주로 중국인민정치협상회의 제도를 통해 중국정치에 참여한다.

중국인민정치협상회의(흔히 '인민정협' 또는 '정협'으로 약칭)는 중국인

민의 애국통일전선조직(中国人民爱国统一战线的组织)이고 중국공산당이 영
도하는 다당협력과 정치협상에 있어 중요한 기구이며 중국정치에서 사
회주의 민주를 발휘하는 중요한 형식이다. 민주정당 외에 광범위한 무소
속 애국지사, 인민단체, 소수민족 인사 및 각계 애국지사는 정치협상회
의를 통하여 국가정치에 참여한다. 중국에서 인민정치협상회의의 기능은
'정치협상·민주감독·참정의정'이라는 말에서 집중적으로 구현된다.

## Ⅱ. 중국의 주요 국가기구

### 1. 국무원 및 지방 각급 인민정부

중화인민공화국 국무원, 즉 중앙인민정부는 최고 국가권력기관의 집
행기관이자 최고 국가행정기관이며, 총리·부총리·국무위원·각 부처
장관·각 위원회 주임·감사원장·비서실장으로 구성된다. 국무원은 총
리책임제를 시행한다. 국무원의 주요 직권으로는 행정법규의 제정, 법률
의안의 제출 및 기타 각종 행정권한이 있고 국무원은 전국인민대표대회
와 전인대상무위원회에 책임을 지고 업무보고를 한다(제85조-제89조).

국무원 산하 각종 기구로는 국무원 각 부처(외교부 등 약 25개), 국무
원의 직속기관(관세청 등 약 15개), 국무원 사무처리기구(법제처 등), 국무
원 직속사업단위(신화통신사 등), 국무원 부처가 관리하는 국가국(민항국
등) 및 국무원 직속특설기구인 국유자산감독관리위원회가 있다.

지방정부로는 성급, 시급, 현급 및 향급 인민정부가 있다. 성급 지방
행정구역에는 북경·상해·천진·중경 등 4개의 직할시 및 신장위구르
족자치구 등 5개의 소수민족 자치구가 포함되어 있다. 시급으로는 구
(区)가 설치된 시, 자치주 등 전국에 총 300개 정도의 시급 행정구가 있
으며, 현급으로는 구가 설치되지 않은 시, 현, 자치현 등 총 2,600개 정
도가 있다.

그중 소수민족 거주지에서는 민족자치제도를 시행하며, 현재 전국에

5개의 민족자치구, 30개의 자치주, 120개의 자치현 및 1,100여개의 자치향진(乡镇)이 있다. 민족자치구역의 자치권으로는 주로 상급 국가기관의 결의, 결정, 명령 및 지시에 대한 융통성 있는 집행, 자치조례와 단행조례의 제정, 재정과 문화 자치권 등이 있다.

이 밖에, 홍콩과 마카오 두 개의 특별행정구를 설치하여 특별행정구 제도를 주축으로 하는 이른바 일국양제를 시행한다. 특별행정구에서는 국가주권원칙과 고도의 자치원칙을 서로 결합한 제도를 시행한다. 대표적으로, 국방과 외교권은 중앙에 속하고 중앙은 특별행정구의 장관과 주요 관리를 임명한다. 그 외 기타 각종 권한은 특별행정구 정부가 독자적으로 행사한다.

## 2. 국가주석

헌법에 따르면 중화인민공화국의 국가주석과 부주석은 전국인민대표대회에서 선출한다. 선거권과 피선거권이 있는 만 45세의 중국 공민은 주석과 부주석으로 선출될 수 있다(제79조). 주석과 부주석의 임기는 전국인민대표대회의 임기와 같다(전국인민대표대회의 임기는 5년). 국가주석과 부주석의 임기에 관하여 2018년까지는 2기(届), 즉 10년을 초과할 수 없다는 규정이 있었는데 이 내용은 2018년 헌법개정을 통해 삭제되었다.

국가주석의 주요 직권은 다음의 네 가지이다. ① 법률과 명령의 공포권. 국가주석은 전국인민대표대회와 전인대상무위원회가 통과시킨 법률을 공포하고, 전국인민대표대회와 전인대상무위원회의 결정에 따라 특사령을 공포하며 전시상태를 선포하고 동원령을 공포하며 긴급사태의 진입을 선포한다. ② 인사임면권. 국가주석은 전국인민대표대회와 전인대상무위원회의 결정에 따라 국무원 총리·부총리·국무위원·각 부처 장관·각 위원회 주임·감사원장·비서실장을 임면한다. ③ 외사 관련 권한. 국가주석은 국가를 대표하여 국사를 관장하고 외국사절을 접수(接受)한다. 전인대상무위원회의 결정에 따라 주외국전권대사를 파견·소환하고 외국과 체결한 조약과 주요 협정을 비준·폐기한다. ④ 영예권의 수여. 전국인민대표대회와 전인대상무위원회의 결정에 따라, 국가의 훈장과 영예칭호를 수여한다(제80조, 제81조).

## 3. 중앙군사위원회

중앙군사위원회는 중국 헌법에서 규정한 비교적 특수한 기구이다. 1954년 헌법에서는 국가주석이 전국의 무장역량을 통솔하고 국방위원회 주석을 맡는다고 규정하였다. 1975년 헌법 및 1978년 헌법은 국가주석과 국방위원회를 폐지하고 중국공산당중앙위원회 주석이 전국의 무장역량을 통솔한다고 규정하였다.

1982년 헌법은 중앙군사위원회를 설치하였으나 한편으로 공산당 중앙군사위원회의 군대에 대한 직접적인 영도를 부인하지 않았다. 현행 제도 하에서, 국가기구인 중화인민공화국 중앙군사위원회와 중국공산당의 당내기구인 중국공산당중앙군사위원회는 사실상 하나의 기구이고 그 구성원과 권한은 동일하다. 중국에서는 이를 부서통합근무(合署办公) 또는 소위 '一套人马 两块牌子(사람은 동일하지만 명패는 두 개)'라고 한다. 이러한 체제를 통해서, 중국공산당은 중국의 군대와 국방사무에 대한 절대적인 영도와 통제를 실현하고 있다.

중국군의 최고 지휘기구인 중앙군사위원회는 주석, 부주석 여러 명, 위원 여러 명으로 구성된다. 중앙군사위원회는 주석책임제를 시행하고, 중앙군사위원회 주석은 전국인민대표대회와 전인대상무위원회에 대하여 책임을 진다. 구체적으로 중앙군사위원회 주석은 전국인민대표대회에서 선출하며, 중앙군사위원회의 다른 구성원은 군사위원회 주석이 제청하고, 전국인민대표대회와 전인대상무위원회가 임명한다(제93조, 제94조, 제62조).

## 4. 국가감찰위원회

감찰기관인 국가감찰위원회와 지방 각급 감찰위원회는 2018년 헌법 개정을 통해 신설된 기구들이다. 이번 헌법개정은 위에서 언급한 국가 주석 임기 규정의 폐지 외에도 감찰제도를 중심으로 한 중국 통치구조 에 있어서도 큰 변화를 초래하였다.

개정된 헌법 규정에 의하면 국가의 최고 감찰기관인 국가감찰위원 회는 전국인민대표대회와 전인대상무위원회에 대하여 책임을 진다. 국 가감찰위원회를 포함한 감찰기관의 조직과 직권에 관해서는 국가감찰법 (国家監察法)이 제정되고 형사소송법 등 관련 법은 이에 맞추어 개정되 었다.

시진핑체제가 수립된 후 이루어진 첫 헌법 개정인 이번 개정 및 그 에 따른 일련의 입법과 법률의 개정을 통해, 중국의 국가구조 및 국가공 직자 범죄에 대한 수사시스템이 근본적으로 변화하였다. 구체적으로는, 기존의 국가 최고 권력기관인 전국인민대표대회 산하의 이른바 '一府兩 院(국무원, 최고인민법원, 최고인민검찰원)'체제에서 '一府一委兩院(국무원, 국가감찰위원회, 최고인민법원, 최고인민검찰원)'체제로 변화하고 국가공직 자의 범죄의 대부분은 더 이상 인민검찰원이 아닌 각급 감찰위원회가 직접 조사한다.

개정 후의 헌법과 관련 법률 규정에 따르면, 감찰위원회는 광범위한 수사권한을 행사하고 타 기관의 비준 없이 강제수색, 재산의 압수와 동 결 및 인신자유에 대한 제한 조치를 취할 수 있다. 중국공산당과 정부가 이러한 감찰기구를 신설하고 공직자범죄에 대한 조사·감독·처분의 권 한을 감찰기관에 집중시킨 가장 큰 이유는 '반부패 업무에 대한 공산당 의 영도를 강화하고, 집중·통일적이고, 권위가 있고 효율적인 국가감찰 체계'를 수립하려는 데 있다. 중국은 역사적으로 황제에 대해 직접적으 로 책임지는 어사대(御史台)나 도찰원(都察院)과 같은 전문적인 감찰기관

을 설치하여 각급 관료들에 대한 감찰과 조사의 권한을 집중적으로 행사
하게 했는데 이번 개혁을 통해 설치된 국가감찰위원회는 마침 이러한 기
구를 연상시킨다.[2]

---

## 제4절
# 입법제도

## Ⅰ. 법규의 체계

### 1. 주요 성문 법규

중국의 주요 성문법규(成文法規)에는 헌법, 법률, 행정법규, 지방성법규(地方性法規), 부문규장(部門規章), 지방정부규장(地方政府規章) 및 자치조례·단행조례가 포함된다. 여기서 행정법규와 지방성법규는 국무원과 지방 인민대표대회가 각각 제정한 법규이고, 부문규정과 지방정부규장은 국무원 산하 부처와 지방 인민정부가 제정한 규정이다.

자치조례(自治条例)는 민족자치지역의 인민대표대회가 현지 민족의 정치·경제·문화적 특성에 따라 제정한, 해당 자치지역의 사무를 전면적으로 규정한 종합적이고 규범적인 문건이다. 단행조례(单行条例)는 민족자치지역의 인민대표대회가 자치권의 범위 내에서 법에 근거하여 현지 민족의 정치·경제·문화적 특성에 따라 제정한, 해당 자치지역의 어느 한 분야의 구체적인 문제에 초점을 맞추어 제정한 규범적인 문건이다. 민족자치지역의 인민대표대회는 현지 민족의 정치·경제·문화적 특성에 따라 자치조례 및 단행조례를 제정할 권한이 있다. 자치구의 자치조례 및 단행조례는 전인대상무위원회의 비준을 받아 효력이 발생한다. 자치주·자치현의 자치조례 및 단행조례는 성급 인민대표대회 상무위원회의 승인으로 효력이 발생한다(입법법, 제75조).

위의 각종 성문 법규 이외에 최고인민법원과 최고인민검찰원은 각각 재판업무와 검찰업무에 있어서 법률을 구체적으로 어떻게 적용할지에 대하여 해석을 진행할 수 있다. 중국에서는 이를 사법해석(司法解釋)이라고 칭한다. 최고인민법원의 사법해석의 효력 및 그 법원성에 관하여 중국에서도 여러 가지 논쟁이 있지만, 현재 최고인민법원의 사법해석은 법적 구속력을 갖는다고 즉 법원(法源)으로서의 지위에 있는 것으로 이해된다(이와 관련해서는 아래 제9장 참조).

| 헌법 | 법률 | 행정법규 | 부문규장 | | |
|---|---|---|---|---|---|
| | | | 지방성법규 (자치조례 · 단행조례 포함) | 지방정부규장 |
| | | | 최고인민법원 및 최고인민검찰원의 사법해석 | | |

## 2. 각종 성문 법규의 효력 관계

각종 법규의 효력 관계를 살펴보면, 헌법이 최고의 법률적 효력을 가지고 모든 법률 · 행정법규 · 지방성법규 · 자치조례 및 단행조례 · 규장은 헌법에 저촉되어서는 안 된다. 법률의 효력은 행정법규 · 지방성 법규 · 규장보다 높고 행정법규의 효력은 지방성 법규 · 규장보다 높다.

지방성법규의 효력은 같은 급 또는 하급 지방정부규장보다 높다. 성급 인민정부가 제정한 지방정부규장의 효력은 같은 행정구역 내의 비교적 큰 시의 인민정부가 제정한 지방정부규장보다 높다. 부문규장 사이, 부문규장과 지방정부 사이에는 효력의 우위가 없고 각자의 권한 범위 내에서 시행한다.

지방성법규와 부문규장 사이에 같은 사항에 대한 규정이 달라 어떻게 적용해야 하는지 확정할 수 없는 경우, 국무원이 의견을 제출하여,

국무원이 지방성법규를 적용하여야 한다고 판단하면 당해 지역에서는 지방성법규 규정을 적용하는 것으로 결정된다. 국무원이 부문규장이 적용되어야 한다고 판단하면 전인대상무위원회에 재결(裁決)을 제청하여야 한다. 부문규장 사이, 부문규장과 지방정부규장 사이에 같은 사항에 대하여 규정이 다른 경우, 국무원이 재결한다(입법법, 제95조).

최고인민법원과 최고인민검찰원의 사법해석의 경우, 이러한 규정의 효력이 헌법과 법률 하위에 있음은 명확하나, 사법해석과 행정법규 및 지방성법규·규장과의 효력 관계에 관해서는 명확한 규정이 없다. 따라서 중국에서 사법해석이 행정법규 등과 충돌 시 어느 규정을 우선 적용해야 하는지에 대해서는 아직 불분명하다.

동일한 기관이 제정한 규범의 효력관계에 대한 일반원칙은 '신법이 구법에 우선하고, 특별법이 일반법에 우선한다(后法优于前法 特別法优于一般法)'는 것이다. 즉 동일한 기관이 제정한 법규범 간의 효력 문제에 관해서는, 관련 사안에 대한 특별규정과 일반규정이 서로 불일치하는 경우에는 특별규정을 적용하고 새로운 규정이 과거의 규정과 일치하지 않는 경우에는 새로운 규정을 적용한다. 또한 동일한 사안에 대해 법률의 새로운 일반규정과 과거의 특별규정이 일치하지 않아 그 적용 문제가 발생하는 경우에는 전인대상무위원회가 이에 대하여 결정하고 행정법규 사이에 같은 사항에 대해 새로운 일반규정과 과거의 특별규정이 달라 어떻게 적용해야 하는지 확정할 수 없는 경우 국무원이 재결한다. 동일한 기관이 제정한 지방성법규·규장 중 새로운 일반규정과 과거의 특별규정이 다른 경우 제정한 기관이 재결한다(입법법, 제92조, 제94조, 제95조).

## Ⅱ. 입법권의 행사

### 1. 입법권과 법률의 유보

중국에서는 전국인민대표대회와 전인대상무위원회가 공동으로 입법권을 행사한다. 즉, 전국인민대표대회와 더불어 전인대상무위원회도 법률을 제정할 수 있고 전국인민대표대회가 제정한 법률에 대해서는 전인대상무위원회가 이를 보충 또는 개정하는 권한을 갖는다. 다만, 전인대상무위원회가 제정한 법률에 대해 전국인민대표대회는 이를 변경하거나 철회할 수 있다(헌법, 제62조, 제67조, 입법법, 제97조).

다음의 사항에 관해서는 반드시 법률로 정해야 한다. ① 국가주권 ② 각급 인민대표대회, 인민정부, 인민법원, 인민검찰원의 설치, 조직과 기능 ③ 민족구역자치제도, 특별행정구제도, 기층군중자치제도 ④ 범죄와 형벌 ⑤ 공민의 정치권 박탈, 인신의 자유를 제한하는 강제조치와 처벌 ⑥ 비(非)국유재산의 징수 ⑦ 민사 기본 제도 ⑧ 기본 경제제도와 재정, 세금, 세관, 금융, 대외무역의 기본 제도 ⑨ 소송과 중재제도 ⑩ 반드시 전국인민대표대회와 그 상무위원회가 법률로 정해야 하는 기타 사항(입법법, 제8조). 이른바 법률유보의 원칙이다.

그런데 중국에서는 법률과 기타 성문 법규 특히 행정법규와의 경계가 명확하지 않으므로 이 법률유보의 원칙은 실제에 있어서 크게 퇴색되었다. 현재 중국에서 제정된 각종 행정법규의 내용을 보면 국민의 권리·의무에 관련한 일반적이고 추상적인 규범을 광범위하게 포함하고 있다. 행정부가 전국인민대표대회나 전인대상무위원회의 수권(授权)을 전제로 하지 않고 이러한 법규를 제정함으로써 실질적인 의미에서의 법률과 행정법규의 구분이 모호하게 되었다. 비록 입법법은 일부 법률유보 사항과 법률의 효력이 행정법규보다 우위에 있다는 법률우위의 원칙을 천명하고 있지만 행정법규와 법률은 실질적으로, 즉 그 내용상으로 구분되지 않는다. 과장되게 표현하면, 어떠한 사항에 관해 법률로 정할지 아니면 행정법규로 정할지는 편의상 이유에 따른 입법형식의 선택에 달려 있다.

법률유보의 원칙을 보장하고 법률과 입법기관의 권위를 유지하기 위해서, 향후 행정법규는 수권에 근거하지 않는 이상 가능한 명확한 법률을 근거로 하거나 법률의 집행을 위한 목적 및 그 범위에서만 제정되어야 한다. 수권입법(授權立法)의 경우에는 전국인민대표대회와 전인대 상무위원회가 사안별로, 범위를 명확히 하여 행정기관에 입법권을 위임할 필요가 있다.3)

## 2. 이중적 입법체제

전국인민대표대회와 더불어 전인대상무위원회에도 입법권을 부여한 현행 중국의 입법체제는 전인대상무위원회의 권한과 기능을 강화하는 조치의 일환으로 1982년에 현행 헌법에 도입되었다.

사회주의 중국의 첫 헌법전인 1954년 헌법에서는 입법권을 국가의 최고 권력기관인 전국인민대표대회에만 귀속시켰다. 그러나 천 명이 넘는 대표가 매년 한차례 모여서 임시로 개최하는 전국인민대표대회에 모든 법률의 제정 업무를 맡기는 것은 애초부터 비현실적이었다. 1982년 헌법 개정 당시, 전체 인민의 대표기관인 전국인민대표대회의 권위를 확립하고 최고 권력기관으로서의 각종 역할을 수행하도록 하는 제도 설계가 필요하였다. 이를 위한 헌법 초안의 작성 과정에서 전국인민대표대회의 회의 기간을 연장하거나 회의의 빈도를 늘리자는 의견, 대표의 수를 줄이자는 의견, 양원제를 도입하자는 의견 등이 제기되었으나 이러한 긴의들은 최종적으로 입법화되지 못하였다. 그 대신 전인대상무위원회의 기능을 강화하여 전국인민대표대회의 상설기구로서의 전인대상무위원회에 보다 강력한 권한을 부여함으로써 전국인민대표대회제도의 활성화를 보장하려는 안이 확정되었다.

입법권에 한해서 보자면, 전인대상무위원회가 전국인민대표대회와 함께 법률을 제정하고 전국인민대표대회의 폐회 기간에는 전국인민대표

---

3) 위의 중국 행정법규에 관한 논의는 강광문, "중국의 '행정법규'에 관한 일고찰 - 일본의 관련 이론을 토대로 - ", 중국법연구, 제40집(2019)의 결론 부분을 수정하여 인용.

대회가 만든 법률을 보충 또는 개정하도록 한 것이다. 다만 전인대상무
위원회의 입법기능이 너무 비대해지어 전국인민대표대회의 입법권이 유
명무실하게 되고 전인대상무위원회가 전국인민대표대회를 능가하는 사
실상의 유일한 입법기관으로 변질되는 사태를 방지하기 위하여, 전인대
상무위원회의 입법권에 대한 제한과 통제의 필요성이 제기되었다. 결국
일부 입법권, 즉 기본법률의 제정권은 여전히 전국인민대표대회에만 귀
속시키고 전국인민대표대회가 제정한 법률의 개정에 대해서는 일정한
제한과 통제장치를 두게 되었다.

　　이러한 이중의 입법체계 하에서, 실제로 1980년대 이후 중국의 입법
역사를 돌이켜 보면 전국인민대표대회에 비해 전인대상무위원회가 매우
중요한 역할을 수행하고 있다는 점이 확인된다. 1979년에서 2007년에
이르기까지 전국인민대표대회가 48건의 법률을 제정한 데 비해 전인대
상무위원회는 총 302건의 법률을 입법하였다. 이는 해당 기간 총 입법
건수의 86%에 해당한다. 또한 전국인민대표대회가 매년 회의 기간 중
1건의 법률도 제정하지 않는 경우도 종종 있다. 따라서 중국의 최고 권
력기관인 전국인민대표대회에 비해 그 상설기관인 전인대상무위원회가
실제로 보다 많은 입법 업무를 수행하고 있다는 점을 알 수 있다.[4]

---

4) 중국에서 전인대상무위원회의 입법권에 관해서는 강광문, "중국에서 '기본법률'의 효
　　력에 관한 고찰", 중국법연구, 제20집(2013), 31-33면 참조.

# 제3장

# 행정법

정이근(영산대학교 법학과 교수)

# 행정법 일반론

## I. 법치행정의 원리

국민주권의 이념에 따라 국가권력의 악용 내지 남용을 방지하기 위한 제도적 보장이 권력분립이고, 권력분립의 소산이 '행정'이다. 법치주의는 권력분립에 바탕을 두고 있고, 행정기관이 법에 의하여 구속되고 이러한 관계가 사후적으로 법관에 의하여 검증되고 보장받는 것이 법치행정의 중요한 가치라 할 것이다.

법치행정이란 행정은 법률을 바탕으로 하여 법률에 따라 행해져야 한다는 뜻이며, 독일의 공법학자 오토마이어는 법치행정의 원리를 법률의 지배라는 개념 아래 그 내용을 법률의 법규창조력, 법률의 우위 및 법률의 유보로 보았다. 특히 법률우위의 원칙은 합헌적 절차로 제정된 법률은 헌법 이외의 모든 국가의사에 우월하므로 행정은 법률에 위반하여서는 아니 된다는 원칙을 말하며, 법률유보의 원칙이란 일정한 행정권의 발동은 의회에서 제정한 형식적 의미의 작용법상 법률에 근거하여 이루어져야 한다는 원칙으로 법률의 근거 없이는 행정권이 발동될 수 없다는 것을 의미한다.[1]

중국에서 법치행정의 원리는 의법행정(依法行政)의 원리로 표현된다.

---

1) 홍완식 외, 『법학개론(제9판)』, 피앤씨미디어(2022), 114-115면.

우선, 행정은 법률에 구속되며 법률을 위반할 수 없다. 법률우위의 원칙
으로 이해된다. 즉, 국무원을 비롯한 지방 각급 행정기관은 국가의 최고
권력기관이 제정한 법률에 구속되며 법률을 위반할 수 없다. 다만, 법률
이 제정되지 않은 행정의 영역에서 행정기관 또는 각급 지방 인민대표대
회가 행정의 근거를 제공하지 아니한 경우, 행정은 헌법규범의 구속을
받는 외에 법의 일반원칙 등 불문법의 구속을 받을 수 있다. 둘째, 행정
은 법률에서 유래한다. 법률유보의 원칙과 관련된다. 이는 법률 없으면
행정이 없다는 표현이며, 행정기관이 인민대표대회에서 나오며 인민대표
대회의 집행기관이라는 헌법 규정에서 확립된 원칙이다. 행정이 법률에
서 유래한다는 것은, ① 법률 또는 지방성법규가 직접 행정의 근거를 규
정하는 경우와, ② 전국인민대표대회 및 그 상무위원회가 법에 따라 행
정기관이 스스로 행정의 근거를 제정토록 수권한 경우로 구분된다. 여기
서 법적 수권은 법안 전체를 수권하는 경우와 개별 조문에 대한 수권으
로 구분할 수 있다.2)

중국 국무원의 법령 범위 내의 행정법규 제정권, 지방입법기관의 지
방성법규 제정권, 지방정부의 지방행정에 관한 규정 제정권, 민족지치구
및 민족자치주의 자치지역의 실정에 맞는 자치조례 및 단행조례의 제정
권 등 전반적인 중국의 입법권 배분 상황을 고려하면3), 중국의 법치행
정 원리는 법률우위의 원칙에 중심이 있고 상대적으로 법률유보의 원칙
은 완화되어 있음을 알 수 있다.

## Ⅱ. 행정법의 기본원칙

행정법의 기본원칙은 일면 기초적인 규범이라 할 수 있으며, 여타의
구체적 규범과 원칙을 만들어 내는 규범이다. 또한 행정법의 기본적 가

---

2) 章剑生, 『现代行政法总论』, 法律出版社(2020), 41-43면.
3) 정이근, "중국의 입법체계와 입법 간 충돌의 해결원칙", 중국법연구, 제7집(2012), 5면.

치를 구현하는 매우 추상적인 규범에 해당한다. 또한 행정법의 기본원칙은 보편적 규범이며 행정상 법률관계를 규율하는 거시적 규범이며, 행정상 집행행위 뿐 아니라 행정입법 전체를 관통하는 원칙이다.[4)]

중국의 주요 행정법학자는 행정법의 기본원칙을 실체법적 기본원칙과 절차법적 기본원칙으로 구분하고 있다. 베이징대 지앙밍안 교수는 실체법적 기본원칙으로 의법행정의 원칙, 인권의 존중과 보장 원칙, 월권 무효의 원칙, 신뢰 보호의 원칙 및 비례의 원칙을 제시하고 있다. 저장대학 장젠성 교수는 실체법적 기본원칙으로서 행정효력 추정 원칙, 행정직권 법정 원칙을 제시하고 있다. 절차법적 원칙으로서 지앙밍안 교수는 정당절차(natural justice & due process of law) 원칙, 행정공개 원칙, 행정공정 원칙 및 행정공평 원칙을 제시하고 있고, 장젠성 교수는 행정재량의 합리성 원칙과 행정절차의 정당 원칙을 제시하고 있다.

행정법의 기본원칙은 법의 일반원칙과 무관하지 않다. 법의 일반원칙은 모든 법에 공통으로 적용되는 원칙이라 할 것이며, 따라서 행정법의 기본원칙과 법의 일반원칙은 서로 중복되는 경우도 있다. 행정의 법원칙으로서 한국 행정기본법은 법치행정의 원칙, 평등의 원칙, 비례의 원칙, 성실의무 및 권한남용금지의 원칙, 신뢰보호의 원칙, 부당결부금지의 원칙을 정하고 있다.[5)] 행정법의 원칙은 법 해석의 기본원리 내지 보충적 법원으로 인정된다. 행정법 영역에서 재판의 준칙으로 인정되는 조리(법의 일반원칙)는 법관의 주관적 판단이 아니라 객관성을 가지는 제도적 장치를 찾게 되고 이것이 바로 행정법의 원칙이다.

특히, 중국에서 행정법의 기본원칙이 재판에서 직접 적용되고 있는가 하는 점을 살펴보면 권한의 일탈 남용에 관한 판단 사건, 입법취지의 위반에 관한 판단 사건, 비례원칙을 적용한 사건 등 일부 행정법의 기본원칙을 적용하여 판단한 사건을 확인할 수 있다.[6)] 성문법원이 존재하지

---

4) 姜明安, 『行政法与行政诉讼法』, 北京大学出版社 · 高等教育出版社(2016), 64-65면.
5) 한국 행정기본법 제8조에서 제13조.

않을 경우 행정법의 기본원칙이 보충적 법원으로서 판결에 전면적으로
적용되는 시기는 좀 더 기다려야 할 것으로 보인다.

## Ⅲ. 행정법의 법원(法源)

중국은 성문법 국가로서 행정법의 법원은 일반적으로 제정법(성문법)
에 한정된다. 행정법으로서의 제정법은 헌법과 법률, 지방성법규와 자치
조례 및 단행조례, 행정법규와 행정규장, 조약과 협정 등으로 구분된다.
본서에서는 법률해석을 추가하여 살펴보며 조약과 협정에 관한 서술은
생략한다.

## 1. 헌법과 법률

헌법은 국가의 근본법이며 최고의 법적 효력을 가진다. 모든 법률,
행정법규 및 지방성법규는 헌법에 저촉되어서는 아니 된다. 모든 국가
기관과 군대, 각 정당과 사회단체, 각종 기업 및 사업 단체는 헌법과 법
률을 준수하여야 한다. 법률은 행정법의 법원으로서 전국인민대표대회
가 제정한 기본법률과 기타 법률[7]을 포함하며, 전국인민대표대회 상무
위원회가 제정한 기본법률이 아닌 법률[8]을 포함한다.

## 2. 지방성법규와 자치조례 및 단행조례

지방성법규는 행정법의 법원으로서 중요한 위치를 차지하고 있다.

---

6) 章劍生, 앞의 책, 48-52면.
7) 중국의 국무원조직법, 지방조직법, 통계법, 병역법, 행정소송법, 행정처벌법 등이 기본
   법률의 예라 할 수 있다.
8) 국가배상법, 행정허가법, 식품안전법, 약품관리법, 주민신분증법, 행정감찰법 등.

헌법 규정에 의하면 성·자치구·직할시의 인민대표대회 및 그 상무위원회는 헌법, 법률 및 행정법규와 저촉하지 않는 범위에서 지방성법규를 제정할 수 있고, 이를 전국인민대표대회 상무위원회에 등록한다. 또한 입법법의 규정에 의하면, 구를 설치한 시와 자치주의 인민대표대회 및 그 상무위원회는 당해 시의 구체적 상황과 필요에 따라 헌법, 법률, 행정법규 및 본 성·자치구의 지방성법규와 저촉되지 않는 범위에서 도시건설과 환경보호 및 문화재보호 등에 관한 사항에 대하여 지방성법규를 제정할 수 있다.

자치조례와 단행조례는 행정법의 법원으로서 민족자치지방에 한하여 적용된다. 헌법 규정에 의하여, 민족자치지방의 인민대표대회는 당해 지역 민족의 정치, 경제, 문화적 상황에 따라 자치조례와 단행조례를 제정한다. 자치조례와 단행조례는 인민대표대회 상무위원회의 비준이 필요하다. 자치조례는 자치구역의 기구나 조직 또는 그 운용에 관한 조례에 해당한다. 이에 비하여 단행조례는 특정한 사항에 적용되거나 특정한 지역 또는 특정한 범위의 사람에 대하여 적용되는 조례이다.

## 3. 행정법규와 행정규장

중국의 입법법에 의하면 국무원은 다음 사항에 대한 행정입법을 제정한다. 즉, 법률규정의 집행을 위하여 행정법규의 제정이 필요한 경우와 헌법 제89조에 따른 국무원의 행정관리 권한 사항에 관한 행정법규이다.9) 또한 국무원의 각 부문(부, 위원회, 인민은행, 심계서 및 행정관리 기능을 가진 직속기관)은 법률과 국무원의 행정법규·결정·명령에 근거하여 각 부문의 권한 범위에서 규장을 제정한다. 부문규장이 정하는 사항은 법률의 집행에 관한 사항과 국무원의 행정법규·결정·명령에 한정

---

9) '행정법규'는 법정 개념이다. 2001년 국무원은 입법법에 근거하여 「행정법규제정절차조례」를 제정하였다.

된다. 법률 또는 국무원의 행정법규·결정·명령이 없는 한 부문규장에
서는 국민의 권리를 제한하거나 의무를 증가시키는 규정을 할 수 없다.

성·자치구·직할시와 구를 설치한 시·자치주의 인민정부는 법률,
행정법규 및 당해 성·자치구·직할시의 지방성법규에 근거하여 규장을
제정한다. 지방정부규장은 ① 법률, 행정법규, 지방성법규의 집행을 위
하여 규장의 제정이 필요한 경우와 ② 본 행정구역의 구체적 관할사항
에 관하여 규장을 제정한다.

행정법규와 규장의 효력 순위에 관하여는, 행정법규는 부문규장과
지방정부규장에 우선하며, 부문규장과 지방정부규장의 효력은 일반적으
로 제정한 행정주체의 위계에 따른다.

실무에서 국무원이 '국발(國發)' 또는 국무원 판공청이 '국판발(國辦
發)' 명칭으로 발하는 소위 규범성문건이 행정법규와 동일한 효력을 가
지는가 하는 점에 대하여는 학계의 견해는 일치하지 않는다. 법원의 입
장은 이러한 규범성문건의 효력이 행정법규에 상당하다는 정도의 태도
를 취한다.[10)]

## 4. 법률해석

법률해석은 법정기관이 법률규범을 어떻게 적용할 것인가에 대하여
행하는 구체적 설명이다. 성문법을 유지하는 법체계에서 법의 해석은
피할 수 없는 기술적인 문제이다. 국가 법제의 통일성을 유지하기 위하
여 법률해석 주체와 내용 등은 법정원칙을 준수하여야 한다. 법률해석
주체에 따라 법률의 해석은 입법기관의 법률해석과 사법기관의 법률해
석으로 구분된다.

입법법 제45조에 의하면, 법률의 해석권은 전국인민대표대회 상무위

---

10) 章劍生, 앞의 책, 61면.

원회의 권한에 속한다. 입법법 제104조에 의하면, 최고인민법원이나 최고인민검찰원이 재판 또는 검찰사무에 속하는 사항에 관하여 내리는 법률의 해석은 구체적 법률조문에 대하여 내려야 하고 입법의 목적·원칙 및 취지에 부합하도록 하여야 한다. 사법기관의 법률해석은 '재판법률해석'과 '검찰법률해석'으로 구분한다.

최고인민법원의 재판법률해석은 해석, 규정, 비복 및 결정 등 4가지로 구분된다. 재판법률해석은 반드시 최고인민법원 재판위원회의 토론을 거쳐 통과되어야 하고, 최고인민법원이 공고의 형식으로 '최고인민법원공보'에 공개한다. 공고된 재판법률해석은 법적 효력을 가지며, 각급 인민법원은 재판의 근거로 삼는다.

## 5. 행정법 법원의 효력 순위

중국 입법법은 법의 위계 및 효력순위에 대하여 명확히 규정하고 있다. 우선, 헌법은 최고법적 효력을 가진다. 모든 법률, 행정법규, 지방성법규, 자치조례 및 단행조례 및 규장은 헌법에 위반할 수 없다. 헌법에 위반되는 규범은 효력이 없다. 법률의 효력은 행정법규, 지방성법규 및 규장에 우선한다. 전국인민대표대회 및 그 상무위원회가 제정하는 법률은 행정법규, 지방성법규 및 규장의 근거가 된다.

행정법규의 효력은 지방성법규나 규장에 우선한다. 국무원은 국가최고행정기관이며, 국무원은 각 부문 및 지방 정부의 업무를 통일적으로 영도하며 행정법규를 제정한다. 따라서 지방성 법규와 각 부문 규장은 행정법규에 위반할 수 없다. 지방성법규의 효력은 동급 및 하급 지방정부규장에 우선한다. 이는 지방성법규는 지방의 권력기관이 제정한 규범이며 지방성규장은 지방 행정기관이 제정한 규범이다. 이러한 효력순위의 확정은 권력기관과 집행기관의 관계를 반영한 것이다. 성·자치구 정부가 제정한 규장의 효력은 당해 행정구역 내의 비교적 큰 도시의 정

부가 제정한 규장에 우선한다. 부문규장과 지방정부규장은 동등한 효력
을 가진다.

입법법의 규정은 규범 간의 충돌에 관한 문제를 해결함에 있어 중요
한 기준이 된다. 주의할 것은 헌법, 법률, 행정법규, 지방성법규 및 규장
은 서로 다른 위계의 법규이다. 그러나 자치법규, 위임입법, 행정법규 사
이에는 위계의 구분이 없다.11) 또한 지방성법규 상호 간, 지방성법규와
국무원 부문규장은 서로 다른 유형의 규범으로서 상·하관계가 아니고
장소·인적 및 물적 관할에 따라 우선적 적용이 가능하다. 즉, 이들 규범
의 경우는 순위의 구분이 없고, 규범간의 효력순위는 기본적으로 상위법
우선의 원칙, 신법 우선의 원칙 및 특별법 우선의 원칙이 적용된다.12)

## Ⅳ. 행정법관계의 당사자

### 1. 행정주체

중국 행정법이론에서, 모든 행정주체는 행정소송의 피고가 될 수 있
다. 즉, 행정소송에서 피고는 반드시 행정주체이어야 한다. 행정소송법
규정에 의하면 행정소송의 피고는 행정기관과 법률, 법규 및 규장이 수
권한 단체이다. 따라서 행정소송법상 행정주체는 상술한 두 가지 상황
으로 한정된다. 행정기관은 행정주체이며 단체의 경우 행정주체의 자격
을 획득하여야 하며, 이는 법률, 법규 및 규장의 수권을 필요로 한다.

광의적 의미에서 인민정부는 행정기관에 해당한다. 예컨대 행정소송
법에서 행정기관에는 각급 인민정부를 당연히 포함한다. 협의적 의미에
서 행정기관은 전적으로 인민정부를 지칭한다. 다만 이때의 행정기관은

---

11) 다만, 자치지역에서는 자치법규가 우선하고 경제특구의 경우는 경제특구의 법규가 우
　　선하며, 일반 지역의 경우는 행정법규가 우선하는 효력이 있다.
12) 陈光, "区域立法与中央和地方立法关系的完善", 宪法学·行政法学, 人民大学书报资料
　　中心(2010.4), 45면.

헌법적 측면에서 입법기관, 재판기관, 검찰기관 등 국가기관에 대응하는 의미이며 권력분담의 개념이다.

행정기관은 두 가지 기본적인 성립요소를 필요로 하는 바, 법적으로 독립적 지위를 가져야 하며 법정 관할권이 있어야 한다. 법적으로 독립적 지위를 가지는 것은, 행정기관은 국가에 속하고 국가를 대표하여 대외적으로 의사를 표시하므로 법적으로 독립된 지위가 필요하다. 법적으로 독립적인 지위는 편제, 예산, 조직법 및 인장사용 권한 등을 내용으로 한다. 특정한 법정 관할권은 행정기관의 또 다른 기본적 요소에 해당한다. 법정 관할권은 행정기관의 행정권한을 확정하는 것이며 행정기관은 법정 권한을 초월하여 권력을 행사할 수 없다.

행정기관이 종류에는 인민정부, 인민정부의 구성부문, 인민정부의 직속기관, 인민정부 구성부문의 소속기관, 인민정부의 파출기관이 있다. 인민정부는 본급 인민대표대회의 집행기관이며 그 행정수장은 본급 인민대표대회에서 선거로 선출한다. 국무원은 중앙 인민정부이며, 지방 인민정부는 성, 시, 현(구) 및 향(진)의 4급 인민정부로 나누어진다. 국무원 조직법, 「지방각급인민대표대회와 지방각급인민정부조직법」은 인민정부의 조직에 관한 법률이다.

인민정부의 구성부문은 인민정부가 법에 따라 설치한 행정기관이며, 국무원의 부·위, 지방 인민정부의 청·국·위원회 등이다. 인민정부의 구성부문은 본급 인민대표대회가 결정한다. 인민정부의 직속기관은 인민정부가 업무상 필요에 따라 설치한 전문적인 행정사무를 주관하는 행정기관이다. 인민정부 구성부문의 소속기관은 인민정부가 특정한 전문성을 띈 행정사무를 처리하기 위하여 설치한 기구이며, 본급 정부 구성부문에 속하는 행정기관이 일종이다. 인민정부의 파출기관으로는 행정공서, 구 공소 및 가도판사처 등이 있다.

## 2. 행정상대인

　　행정상대인은 행정상 법률관계에서 행정기관에 상대되는 다른 일방
으로서 공민, 법인 또는 기타 단체를 말한다. 행정상대인은 본래 학문상
개념이었으나 행정소송법은 법적 개념으로 규정하였다. 즉, 행정행위의
상대인 및 기타 행정행위와 이해관계가 있는 공민, 법인 또는 기타 단체
는 소송을 제기할 권리가 있는 것으로 규정하고 있다.

　　헌법의 인권 조항인 "국가는 인권을 존중하고 보장한다."는 규정에
서, 행정상대인은 국가로부터 독립된 법적 지위를 가진다는 것을 추론
할 수 있다. 이러한 법적 지위는 행정기관의 행정권력 행사를 제한하고
감시하는 기능을 한다. 또한, 행정상대인은 행정법상의 주체로서, 이러
한 지위는 행정상대인으로 하여금 행정법상의 청구권을 갖게 하는 바,
즉 행정기관에 대하여 작위 또는 부작위의 청구를 가능하게 한다.

　　행정상대인은 행정행위가 직접 지향하는 공민, 법인 또는 기타 단체
이다. 경우에 따라서, 법률상 행정상대인의 법적 개념은 '당사인'으로
나타난다. 예컨대, 행정처벌법 제40조의 "행정처벌결정서는 선고 후 즉
시 당사인에게 교부하여야 한다."는 규정과 같다.

　　행정상 이해관계인도 행정상대인에 해당한다. 이해관계인은 행정행
위와 이해관계가 있는 공민, 법인 또는 기타 단체이다. 행정상대인의 존
재를 전제로 행하는 행정상 법률관계에서, 행정행위는 행정상대인에게
영향을 주는 외에, 그 효력이 행정행위와 이해관계가 있는 공민, 법인
또는 기타 조직에 미칠 수 있다. 이처럼 제3자적 지위에 있는 공민, 법
인 또는 기타 단체가 이해관계인이다.

# V. 행정행위

## 1. 행정행위의 기능과 분류

행정법에서 행정행위는 다음과 같은 측면에서 이해된다. 첫째, 법규범의 구체화이다. 행정입법을 제외하고 대부분의 행정행위는 행정기관이 개별적인 사무를 법에 따라 처리하는 것이다. 그러므로 본질적으로 행정행위는 추상적인 법규범을 행정행위라는 것으로 구체화하는 과정이다. 둘째, 행정법의 체계화 기능이다. 행정행위라는 기초적인 개념은 행정행위에 대한 유형화 작업의 도구로서, 유형화된 행정행위를 통하여 행정기관과 행정상대인의 관계를 연결하고, 행정법이론의 체계화를 추진한다. 셋째, 행정구제의 객체로서 기능한다. 행정행위가 행정상대인의 합법적 권익에 영향을 줄 때, 행정상대인은 행정행위를 행정구제의 객체로 삼아 행정구제절차를 개시함으로써 자신의 합법적 권익을 보호할 수 있다.[13]

행정행위는 그것이 법적인 효과를 가지는가 여부에 따라 행정상 법률행위와 행정상 사실행위로 구분된다. 행정상 법률행위는 행정상 법률행위는 행정주체가 행정법 관계를 규율하기 위하여 행정상 권력을 이용하여 특정 또는 불특정 상대인의 권리·의무를 설정·변경·소멸 또는 확인하는 행정작용으로서 행정 입법적 행위·규범성문건의 제정·행정해석성 문건의 작성 등을 포함하며, 구체적 행정행위와 쌍방적 행정행위를 포함한다. 행정상 사실행위는 상응하는 법적인 효과를 갖지 않는 행위가 해당된다.

행정행위가 일방의 의사에 의한 것인지 쌍방의 의사에 의한 것인지에 따라 일방적 행정행위와 쌍방적 행정행위로 구분된다. 일방적 행정행위는 행정주체가 행정규제를 실현하기 위하여 일방적으로 행정권을 행사하는 행정법상 행위로서 행정입법, 규범성문건의 제정, 행정상 사실

---

13) 章劍生, 앞의 책, 131면.

행위와 구체적 행정행위를 포함한다. 쌍방적 행정행위는 행정주체와 행정상대인이 평등한 주체로서 협의를 통하여 형성되는 협의 또는 계약행위를 말하며, 행정계약과 행정협의를 포함한다.

행정행위는 대상으로 하는 행정상대인이 특정되는지 여부에 따라 추상적 행정행위와 구체적 행정행위로 구분된다. 2014년 행정소송법이 개정되기 이전에는 '구체적 행정행위'가 행정소송의 대상이었다. 추상적 행정행위에는 행정입법 및 규범성문건의 제정 행위가 포함되고, 구체적 행정행위는 행정주체가 행정권을 이용하여 특정한 행정상대인에 대하여 권리나 의무를 설정하여 행정목적을 달성하는 행위가 해당된다.

위와 같은 구분 외에도, 특히 구체적 행정행위의 경우 그 분류 기준에 따라 달리 구분될 수 있다. 당해 행위의 근거 법규가 요구하는 구성요건이 충족되면 행정주체가 반드시 어떠한 행위를 발동하거나 발동하지 말아야 하는 기속행위가 있고, 법규가 구성요건으로 정한 전제 요건이 충족되어도 공익 등의 이유로 행정주체가 일정한 재량권을 가지는 경우의 재량행위가 있다. 또, 행정주체가 능동적으로 실시하는지 여부에 따라 직권에 의한 행정행위와 신청에 의한 행정행위로 구분할 수 있고, 부관의 존재 여부에 따라 부관부 행정행위와 부관 없는 행정행위로 구분되며, 행정행위의 내용이 행정상대인에 대하여 유리한지 여부에 따라 수익적 행정행위와 침익적 행정행위로 구분되고, 법정 형식의 구비를 필요로 하는지 여부에 따라 요식행위와 불요식행위로, 현재의 법적 상태(권리·의무 관계)에 변동이 있는지 여부에 따라 작위행위와 부작위로 구분할 수 있다. 그 외 행정상대인이 행정조직 내부인에 해당하는지 여부에 따라 내부적 행정행위와 외부적 행정행위로 구분할 수 있다.

## 2. 행정행위의 성립요건

행정행위는 행정권능을 가진 조직이 행정규제를 실현하기 위하여 행정권을 행사하여 특정한 행정상대인을 대상으로 권리·의무를 설정·변경 및 소멸시키는 일방적 행정행위를 말한다. 특히 구체적 행정행위가 되기 위해서는 반드시 행정권능의 존재, 행정권의 행사, 법률효과의 존재와 표시행위의 존재라는 네 가지 요건을 필요로 한다. 이러한 성립요건은 특히 행정행위를 다른 행위와 구별하는 중요한 기준이 된다.

## 가. 행정권능의 존재

권능은 권한과 구별된다. 권능은 권리능력 또는 자격을 말하며 대개 조직의 성립과 동시에 권능을 갖게 된다. 권한은 행위능력을 가리키며 조직의 성립과 동시에 따라 생길 수 있고 조직의 성립 후에 생길 수 있다. 권능으로써 권력의 성질을 설명할 수 있다. 예컨대, 권능으로써 국가권력인지 국민의 권리인지, 행정권인지 입법권 또는 사법권인지를 설명하는 것이다. 권한은 권력이나 권리의 한도 또는 범위를 설명한다.

행정권능은 법률을 집행하고 행정행위를 발하는 일종의 자격이다. 행정권능은 법률이 행정기관에 부여할 수 있고 행정주체가 행정기관을 구성하는 기구에 배분할 수 있다. 행정권능을 가진 조직만이 법률을 집행하고 구체적 행정행위를 발하며, 행정권능을 갖지 못하는 조직 또는 개인이 발한 행위는 특히 구체적 행정행위가 될 수 없다.

## 나. 행정권의 행사

구체적 행징행위는 행정권을 행사한 행위이다. 행정권의 행사는 행정권능의 존재를 전제로 한다. 따라서 행정권능을 보유하고 실제 행정권을 행사하여 발한 행위는 모두 구체적 행정행위이다. 행정권을 행사하지 않고 발동한 행위는 비록 행정권을 가진 조직이 행한 행위라 하더라도 구체적 행정행위는 아니다. 행정권의 실질적 행사는 공무원의 행위를 통하여 실현된다. 공무원의 행위가 행정권 행사의 행위인지 공무행위인지는 경우에 따라 명확하지 않을 수 있다. 업무시간, 직책과 권한, 행위의 명칭, 행위가 가지는 의사 및 행위가 추구하는 이익 등에 의하여 판단할 수 있다.

### 다. 법률효과의 존재

행정행위는 반드시 법률행위이어야 한다. 즉 법률적 효과를 가지는 행위이다. 법률효과는 행정주체가 자신의 의사를 통하여 모종의 권리·의무 관계를 발생, 변경, 소멸 또는 확인시키고, 법적인 보호를 기대하는 것이다. 행정주체의 행위는 일종의 의사표시로 나타난다. 그러나 이러한 의사표시가 상대인의 권리·의무의 발생, 변경, 소멸 또는 확인을 내용으로 하여야 하고, 법적인 보호를 기대하는 경우에 그 의미를 가진다.

### 라. 표시행위의 존재

행정행위는 행정주체의 의사로서 외부로 표시되고 객관화된 의사표시이다. 행정주체는 자신의 의사를 언어, 문자, 부호 및 행위 등의 형식으로 표출되고, 상대방에게 고지된 후 비로서 구체적 행정행위가 된다. 제3자적 효력을 갖는 행정행위에서 구성요건으로서의 표시행위는 반드시 제3자에게 고지를 요하지는 아니한다. 행정행위의 수령인에게 고지함으로써 구체적 행정행위가 성립된다.

위와 같이 행정행위는 반드시 자격요건, 권력요건, 법률요건 및 형식적 요건을 갖추어야 한다. 어느 하나의 요건을 결한 경우 구체적 행정행위는 성립하지 않는다.


## 3. 행정행위의 효력

법적 안정성의 요구에 따라 행정행위가 성립되면 적법 여부를 떠나 원칙상 법적 효력을 갖는다. 법이 정한 한도 내에서 행정행위는 무효가 될 수 있다. 이는 행정효율과 절차적 필요에 따른 제도라 할 것이다. 더

욱 중요한 것은 행정행위 역시 법원의 판결과 마찬가지로 행정상 질서
를 더욱 예측가능하게 해야 하기 때문이다. 행정행위의 효력은 존속력,
구성요건적 효력, 확인적 효력과 집행력으로 구분된다. 존속력은 행정행
위의 쌍방 주체 즉 행정기관과 행정상대인 간의 효력이며, 구성요건적
효력과 확인적 효력은 기타 행정기관 또는 법원에 관한 효력이며, 집행
력은 일부 행정행위에 인정되는 효력이다.

　우선, 존속력은 행정행위의 결정 및 송달 후 지속하는 법적 효력이
다. 행정행위는 법규범의 구체화이며, 법적 안정성의 요청에 따라, 행정
기관이 하는 행정행위에 대하여, 법정 조건에 부합하는 경우를 제외하
고 행정상대인은 임의로 법적 구제를 구할 수 없고, 행정기관 역시 자의
로 취소하거나 철회할 수 없다. 법적 안정성은 존속력의 주요한 배경이
되는 법 개념이다. 존속력은 형식적 존속력과 실질적 존속력, 즉 불가쟁
력과 불가변력으로 구분된다.

　형식적 존속력은 행정행위에 대하여 행정상대인이 행정소송을 제기하
여 각하되거나 행정상대인이 법정 기간 내에 행정소송을 제기하지 않은
경우 생기는 법적 효력이다. 실질적 존속력은 불가변력이라 하며, 행정기
관이 이미 효력이 발생한 행정행위에 대하여 직권으로 변경 소멸시킬 수
없는 법적 효력이다. 실질적 존속력은 행정기관을 상대로 생기는 법적 효
력이다.

　구성요건적 효력은 기타 행정기관, 법원 등 국가기관은 행정결정을
하거나 재판을 할 때 이미 성립된 행정행위를 구성요건으로 삼아, 행정
행위가 중대하고 명백한 위법 상황을 제외하고, 그 행정행위를 인정하고
존중하여야 한다는 것을 의미한다. 행정행위가 구성요건적 효력을 가지
기 위해서는 다음과 같은 이해가 필요하다. 먼저, 기타 행정기관에 대한
고려에서는, 행정기관 사이의 관할권의 분배와 전문적 판단의 상호존중
에 따른 것이다. 행정기관의 행정일체성과 통일성의 요청에 따른 것으로
이해할 수 있다. 법원에 대한 고려는, 주로 행정과 사법의 권한 분배 원

칙에 근거한 것으로, 상호 권한을 존중하고 국가의 책무를 공동으로 실현한다는 개념에 근거한다. 사법실무에서 구성요건적 효력을 가지는 행정행위를 다시 심사하지 않는 것은 일반적인 현상으로 이해된다.

확인적 효력은 행정행위를 한 '이유'가 기타 행정기관에 미치는 구속력이다. 구성요건적 효력과 다른 점은 확인적 효력이 행정결정의 '이유'에서 나온다는 것이다. 즉, 구성요건적 효력은 행정행위의 '주문'에 상당하는 효력이다. 한편, 행정절차가 소송절차에 비하여 엄밀하지 못하기 때문에 행정절차 과정에서 생긴 모든 '이유'에 대하여 사법기관을 구속하게 하는 것은 결코 타당하지 않고, 다만 꼭 필요한 경우에는, 법률의 규정이 있는 경우에 인정할 수 있다.

집행력은 행정상대인이 효력 있는 행정행위가 설정한 법적 의무를 이행하지 않는 경우 법률 규정에 따라 국가강제력을 동원하여 행정상대인으로 하여금 법적 의무를 이행하도록 강제하는 법적 힘이다. 형성적 행정행위, 확인적 행정행위가 집행 가능한 내용을 갖지 않는 경우에는 집행력을 갖지 못한다. 행정허가나 행정등기와 같은 경우가 해당된다.

## 4. 행정행위의 무효, 취소 및 철회

### 가. 행정행위의 무효

행정행위의 무효는 행정행위의 성립 당시 '중대하고 명백한 하자'로 인하여 처음부터 법적 효력을 갖지 못하는 경우이다. 무효로 확인된 이후에는이미 법적 효력을 발하는 경우라도 법 절차에 따라 무효처리하여야 한다. 행정상대인이 취득한 이익은 회수하여야 하며, 부담에 대하여는 해제하여야 한다. 무효의 원인이 행정상대인의 사기, 수뢰 등 악의에 기인한 경우에는 당해 무효행위로 인하여 손실이 발생한 경우라 하더라도 행정기관은 배상하지 아니한다. 공익과 사익에 기초하여 당해 권리·의무 관계의 설정이 필요한 경우에는 다른 유효한 행정행위로 전환하여야 한다. 실무

사례에서도 무효인 행정행위는 처음부터 법적 효력을 갖지 못하는 것으로
해석된다.

## 나. 행정행위의 취소

행정행위의 취소는, 이미 발한 행정행위를 법정 구제기간이 지난 이
후에, 행정기관이 법정권한에 따라 법정절차를 거쳐 당해 행정행위를
소멸시키는 것을 의미한다. 행정행위의 취소 대상은 위법한 행정행위이
다. 행정행위의 취소는 주로 행정기관이 행정행위의 실질적 존속력이
발생한 후에 자의로 취소권을 행사하는 것을 제한하기 위한 것이다. 한
편, 법정구제기간 내에도 행정기관은 당연히 행정행위의 취소권을 행사
할 수 있다.

비록 취소되는 행정행위가 위법하다 하더라도 취소되기 전에는 법
적 효력을 가진다. 법적 안정성의 유지를 위하여, 또한 법률에 의한 행
정의 원리와 긴장관계의 조화를 위하여 행정행위의 취소는 신뢰보호의
원칙과 제척기간에 의한 제한을 받는다. 행정기관이 비록 행정행위를
취소할 수 있다 하더라도 신뢰이익의 보호가 행정행위의 취소로 실현할
수 있는 공공이익에 비하여 현저히 큰 경우로서 행정상대인의 신뢰이익
을 보호할 필요성이 있는 경우, 행정기관은 당해 위법적인 행정행위를
취소할 수 없다. 제척기간은 행정기간이 행정권한을 행사할 수 있는 법
정기간을 말하며, 행정기관이 이 기간 내에 권한을 행사하지 아니하면
당해 기간 만료 시 그 행사할 권한은 소멸한다.

행정행위가 취소되면, 취소된 행정행위는 법적 효력이 소멸된다. 또
한 취소된 행정행위가 이루어진 때로 소급한다. 다만, 정당한 사유가 있
는 경우 행정기관은 취소된 행정행위의 법적 효력의 소멸시기를 별도로
정할 수 있다. 행정행위의 취소를 취소하는 행정행위의 법적 효력에 대
하여, 원래 취소된 행정행위가 법적 효력을 자동적으로 회복하는지 여
부에 대하여는 학설 및 실무상 논란이 있다. 다만, 행정상대인의 권리보

호 입장에서는 당연히 그 법적인 효력이 회복된다고 할 것이다.

## 다. 행정행위의 철회

행정행위의 철회는 행정행위가 법적 효력을 발한 후에 행정행위를 한 객관적인 사유 또는 규범에 변화가 생겨, 당해 행정행위가 사실상 또는 법규범의 지지를 얻지 못하게 된 경우로서, 당해 행정행위를 철회하지 않으면 공공이익 또는 타인의 적법한 이익에 손해를 줄 경우, 행정기관이 법정절차에 따라 당해 행정행위를 철회함으로써 장래에 대하여 당해 행정행위의 효력을 소멸시키는 것이다. 행정행위의 철회 대상은 적법한 행정행위이며, 철회의 전제는 소멸 가능한 행정상 법률관계의 존재이다.

법적 안정성의 요구는 원칙적으로 행정기관에 의한 행정행위의 철회를 긍정하지 않는다. 그러나 공익의 필요에 의하여 행정기관은 행정행위에 대한 철회권을 행사한다. 행정기관의 철회권 행사와 행정상대인의 행정행위에 대한 신뢰이익 사이에 충돌이 생기게 되기 때문에 행정기관이 행정행위의 철회를 할 수 있는 경우를 법제화할 수 있다면 양자의 긴장관계를 완화할 수 있을 것이다. 즉, 법적 안정성 원리에 의하여, 행정행위의 철회에 대하여도 제척기간의 설정을 통하여 법률관계의 안정성을 확보할 수 있다.

행정행위를 철회하면 장래에 대하여 행정행위의 효력이 소멸하게 된다. 원칙적으로 기왕에 소급하여 철회할 수 없다. 수익적 행정행위에서 수익자가 의무의 이행 없이 이익을 획득한 경우에는 그 획득한 이익을 반환하여야 하고, 이와 같은 경우에는 소급효가 인정된다. 수익적 행정행위의 철회에서, 그 철회가 행정상대인에 기인하지 아니하고 공익상의 필요 또는 법규의 변경 등에 기인한 경우에 국가는 그 철회로 인한 행정상 보상책임을 부담하여야 한다. 부담적 행정행위의 철회에서, 행정상대인은 그 행정행위에 기하여 부담하는 의무에서 벗어난다.

제2절

# 행정소송법

## Ⅰ. 행정소송법 개정 의의와 특징

### 1. 행정소송법 개정 의의

1989년 행정소송법 제정 이후, 행정소송법의 사회적 현실과의 정합성을 위하여, 최고인민법원은 2000년 「행정소송법의 집행에 관한 해석」, 2002년 「행정소송 증거에 관한 해석」 및 2008년 「행정소송 관할에 관한 해석 및 행정소송의 취소에 관한 해석」(2건) 등 행정소송법에 관한 사법해석을 내린 바 있지만, 행정소송법은 여전히 시대적 변화에 부합하지 못하는 한계14)를 드러내었다.

그러나 이러한 한계의 존재에도 불구하고 중국의 행정소송법은 오랫동안 행정법 체계를 확립하고 법치행정 및 법치주의를 실현하는 데 중요한 역할을 하였고, 행정 상대방인 국민의 소송법상 지위를 행정기관과 동능한 수준으로 끌어올린 중요한 역할을 한 것으로 평가되고 있다. 즉, 행정소송법은 행정법 체계의 지속적인 개선에 적극적인 영향을 준 것으로 평가된다.15)

마침내, 1989년 4월에 제정되었던 중국의 행정소송법은 2014년 11

---

14) 예컨대 행정기관의 간섭, 행정 소송사건 심리 범위의 한계, 원고의 자격에 대한 요건이 까다롭고 증거제도의 불비 및 재판상의 결함 등이 지적되었다.

15) 朱景文 韩大元, 『中国特色社会主义法律体系研究报告』, 中国人民大学出版社(2010), 192면.

월 제1차 개정되어 2015년 5월 1일부터 시행되고 있으며, 2017년 6월 소송참가인에 대한 1개 조문이 추가되어 제2차 개정된 바 있다.

본서에서는 현행 중국 행정소송법의 주요 내용과 중국의 학자들이 제기하고 있는 관련 문제점을 비롯하여 제도적 과제에 대하여 검토하고 시사점을 제시하고자 한다. 다만 중국의 행정소송법이 총칙, 수리범위, 관할, 소송참가인, 증거, 기소와 수리, 심리와 판결, 집행, 섭외행정소송 및 부칙 등 모두 10개 장으로 구성되어 있지만 특히 행정소송사건의 수리 범위, 관할, 소송당사자, 증거 및 판결의 형식에 관한 내용에 한정하여 검토하기로 한다.

## 2. 행정소송법 개정의 특징

2014년 개정된 행정소송법은 그동안 사용하던 "구체적 행정행위" 개념을 모두 "행정행위"로 변경하였고, 이로써 행정행위에 대한 법적 개념을 통일시키게 되었다. 또한 행정처리(처분)와 행정계약, 원 행정행위와 행정심판결정의 구분이 구체적 행정행위와 추상적 행정행위를 대체함으로써 실천적 의미의 행정행위로 전환하게 되었다.[16]

특히 행정행위의 불성립에 대하여 무효를 '확인'하는 판결이 필요하다는 인식을 갖게 되었고, 위법적 행정행위는 반드시 취소되어야 한다는 기존의 개념에 대한 중대한 변화가 있었다. 새로 개정된 행정소송법 제75조에서 정한 행정행위의 무효를 확인하는 판결의 경우, "행정행위의 실행주체가 행정주체의 요건을 갖지 못하거나 또는 근거가 없는 경우 등 중대하고 명백한 위법적 상황인 경우"에 한하여 행정행위의 사실관계 판단과 효력 판단의 분리를 실현하고 있다. 또한 행정소송법 제74조 제1항 및 제2항에 의하면, 위법한 행정행위라도 경우에 따라서는 계

---

16) 章志远, "新行政诉讼法实施对行政理论的发展", 政治与法律, 2016.1期, 2면.

속하여 법적 효력을 가지며, 효력이 이미 소멸된 행정행위의 경우에도
계속하여 위법의 확인이 이루어질 수 있다.[17]

  행정행위의 성립과 불성립, 적법과 위법, 무효와 유효 및 실효는 각
기 행정행위의 사실관계에 관한 판단, 법적인 판단 및 효력 판단의 기준
이 되었고 3차원적 판단체계를 형성하게 되었다. 즉, 행정소송법이 행정
행위의 효력판단에 가장 큰 영향을 준 것은, "중대하고 명백한 위법"이
면 무효가 되고, "일반적 위법"은 취소됨으로써 효력을 상실하고, "경미
한 위법"은 위법의 확인을 거쳐 계속해서 유효성을 인정하는 3차원적
상태의 설정이라 할 것이다. 행정소송법 제75조, 제70조 및 제74조에서
확인할 수 있으며, 행정행위의 효력에 관한 3차원적 판단체계의 형성은
중국 행정행위의 효력에 관한 새로운 이론적 진전을 의미하고, 뿐만 아
니라 행정상대방의 적법한 이익 보호 및 법치행정 이념의 정착과 행정
효율의 제고에도 적극적 의의가 있는 것이라고 평가된다.[18]

  이 외에도, 2014년 개정된 행정소송법은 행정에 대한 감독을 강화함
으로써 행정기관의 법치행정을 촉진하는 역할을 하게 되었다는 평가가
있으며, 또한 행정상대방의 소송상 이익을 더욱 보장함으로써 행정상대
방의 행정소송상 권리 행사를 더욱 편리하게 하였다는 평가가 있다.[19]

  행정에 대한 법적 감독의 강화조치로써, 행정소송법은 행정기관의
장으로 하여금 재판정에 출정하여 소송에 응하도록 하고 있다. 출정이
불가한 경우에는 행정기관의 공무원에게 위임하여 출정할 수 있도록 하
고 있다. 또한 행정소송법은 인민법원의 판결을 이행하지 않는 경우의
징벌에 대한 강도를 강화하였다. 행정기관이 인민법원의 판결을 이행하
지 않는 경우 인민법원은 행정소송법 제96조에서 정한 여러 가지 조치

---

17) 章志远, 앞의 논문, 9면.
18) 章志远, 앞의 논문, 9면.
19) 成方兴 张海英, "试论新行政诉讼法对依法治国的保障作用", 辽宁省社会主义学院学报, 2015.2
    期, 97-100면. 苏天恩, "新行政诉讼法立法目的分析", 政治与法律, 2016.7期, 60면.

를 취할 수 있다는 점에서 행정에 대한 법적 감독을 강화한 것으로 평가되는 것이다.

특히, 2014년 행정소송법 개정에서는 행정소송의 수리범위를 확대함으로써 행정상대방의 소송상 이익을 확대하였다는 평가가 내려지고 있다. 행정소송의 대상인 "구체적 행정행위"를 "행정행위" 변경하여 사실상 소송의 가능 범위를 확대하였고, 규장[20])에서 권한을 부여한 단체가 행한 행정행위를 소송사건의 수리범위에 포함시키는 개정이 이루어졌다. 이전의 행정소송법에서는 모두 8개 항의 소송 가능한 사항을 열거하였으나 2014년 개정 소송법에서는 12개 항으로 확대하였음을 확인할 수 있다.

## Ⅱ. 행정소송의 기본원칙

행정소송의 기본원칙은 행정소송절차의 기본적인 특징을 반영한 것이고, 행정소송에 있어 일반적 원칙으로서의 의미를 가지며, 행정사건을 해결함에 있어 준수해야 할 기본적인 원칙이다.

### 1. 재판권 독립의 원칙

행정소송법 제4조는, 인민법원은 법에 따라 행정사건에 대하여 독립적으로 재판권을 행사하고 행정기관이나 사회단체 및 개인의 간섭을 받지 아니한다고 정한다. 이 원칙은 헌법이 규정한 인민법원의 재판권 독립 행사 원칙을 반영한 것이며, 동시에 행정소송에서 준수되어야 할 원칙이다. 인민법원의 재판기관으로서의 독립에 중점을 두는 것으로 이해되고, 주의할 점은 한국 헌법이 규정한 헌법, 법률 및 양심에 따라 법관이 재판

---

20) 일반적으로 중앙행정기관 또는 지방 각급 정부가 제정한 행정규범(규칙에 상당)을 의미한다.

을 하도록 한 재판권 독립과는 내용상 차이가 있다고 할 수 있다.

## 2. 사실을 근거로 하고 법률을 기준으로 하는 원칙

행정소송법 제5조에 의하면, 인민법원의 행정사건 심리는 사실을 근 거로 하고 법률을 기준으로 해야 한다. 사실을 근거로 하고 법률을 기준 으로 하는 것은 재판에서 당연한 것이라 할 것이다. 사실관계를 명확히 하는 것은 재판의 전제와 기초이며 법률을 기준으로 법적 판단을 내리 기 때문이다. 사실관계와 법률을 유기적으로 결합하는 경우에 비로소 행정사건을 공정하게 심리할 수 있다는 것이다.

## 3. 합의, 회피 및 공개재판의 원칙

행정소송법 제7조에 의하면, 인민법원이 행정사건을 심리할 경우 법 에 따라 합의, 회피 및 공개재판의 원칙을 적용한다.

합의제에 대하여는, 행정소송법 제68조에 의하면 인민법원의 행정사 건 심리는 심판원(법관)으로 합의정을 구성하여 행하거나 심판원 배심원 으로 합의정을 구성하여 행하도록 한다. 합의정의 구성은 3인 이상의 단수로 하여야 함을 정하고 있다. 즉, 행정사건은 독임제를 실시할 수 없고 합의제를 적용한다.

행정소송에서도 제척·기피·회피제도가 적용된다 할 수 있다. 중국의 행정소송에서 회피의 방식은 두 가지로 구분된다. 법관 자신의 회피(기피) 와 당사자의 신청에 의한 회피(기피)이다. 특히, 당사자는 법관이 당해사 건과 이해관계가 있다고 생각하는 경우 또는 기타 관계로 재판의 공정성 에 영향을 줄 수 있다고 인정하는 경우에는 회피를 신청할 수 있다. 회피 는 인민법원장이 결정한다. 법원장이 재판장인 경우에는 재판위원회가 결 정한다.

행정소송법 제54조에 의하면, 인민법원은 행정사건을 공개로 심리한
다. 다만, 국가기밀, 개인의 사생활 및 법률이 별도로 규정한 경우에는
예외로 한다. 영업비밀과 관련된 사건은 당사자가 비공개 심리를 신청
한 경우 비공개 할 수 있다.

## 4. 2심 종심제 원칙

행정소송법 제7조는 합의·회피·공개재판의 원칙 외에, 2심 종심의
원칙을 규정하고 있다. 2심 종심제는 행정사건에 대하여, 우리나라와 같
은 3심제 원칙을 적용하지 않고 1심과 2심 두 단계 법원의 심리를 거쳐
종결하는 것이다. 최고인민법원에서 1심 종심제를 적용하는 것 외의 모
든 행정사건은 원칙적으로 2심제가 적용된다.

## 5. 본 민족의 언어나 문자를 사용하는 원칙

행정소송법 제9조는, 각 민족의 국민은 모두 자기 민족의 언어나 문
자로 소송을 진행할 권리가 있음을 규정한다. 소수민족의 거주지 또는
다민족 공동 거주구역에 있는 인민법원은 현지 민족에 통용되는 언어나
문자로 심리를 진행하고 법적 문서를 공포하여야 한다. 또한 인민법원
은 현지 민족에게 통용되지 아니하는 언어나 문자를 사용하는 소송참가
인에게 통역을 제공하여야 한다.

## 6. 인민검찰원에 의한 법률감독의 원칙

중국에서는 검찰권과 재판권은 이론상 제약과 피제약의 관계에 있
고 양자의 적절한 충돌은 정상적인 것으로 보고 있다. 검찰권과 재판권
의 충돌과 통일, 재충돌과 재통일의 변화를 거치면서 법률은 엄격히 집

행될 수 있다는 것이다.

　인민검찰원의 법률감독권은 국가의 법제통일 유지를 위한 권력의 일종이며, 검찰기관은 감독권의 행사를 통하여 헌법과 법률의 통일적 실시를 보장한다는 것이다. 인민검찰원은 인민법원 외에도 공안기관, 국가안전기관, 노동교양기관 및 국가공무원의 직무상 범죄 및 공민의 범죄행위에 대하여 법률감독을 한다.

　행정소송법 제11조는 인민검찰원의 법률감독권을 정하고 있다. 행정소송에서 검찰감독을 인정하는 이론적 근거는 인식론적 한계, 권력견제론, 사법공정론, 인권보장론 등이 있다.[21] 행정소송에서 인민검찰원의 감독은, 인민검찰원이 국가의 법률감독기관으로서 헌법과 행정소송법에 의하여, 판결이나 결정이 법률 또는 법규를 위반하였다고 인정하는 경우에 재판감독절차에 따라 항소를 제기하는 것이다. 재판의 공정성과 합법성을 보장하기 위한 감독장치로 이해할 수 있지만 현실적인 문제점도 안고 있다.

## Ⅲ. 행정소송법의 주요내용

### 1. 행정소송의 수리 범위

#### 가. 행정소송의 수리 범위

　중국 행정소송법 제12조에 의하면, 인민법원은 공민, 법인 또는 기타 단체가 제기하는 다음 열거한 사항에 해당하는 소송사건을 수리한다.[22] 즉,

　　① 행정구류, 허가증 및 영업증의 정지 또는 취소, 생산 및 영업 정지명령, 위법한 소득의 몰수, 불법 재물의 몰수, 벌금, 경고 등 행

---

21) 정이근, 『중국공법학연구』, 도서출판 오름(2007), 239-244면.
22) 중국에서 "공민"은 중국 국적을 소유한 자를 의미한다. "인민"은 정치적 계급적 의미를 갖는 용어로 사용된다.

정처벌에 불복하는 경우

② 신체의 자유에 대한 제한 또는 재산에 대한 압류, 유치, 동결 등 행정상 강제조치와 행정상 강제집행에 불복하는 경우

③ 행정허가의 신청에 대하여 행정기관이 거부하거나 법정기간 내에 회답하지 않는 경우, 또는 기타 행정기관이 내린 행정허가에 관한 결정에 불복하는 경우

④ 행정기관이 내린 토지, 광산, 수류, 삼림, 임야, 초원, 황무지, 모래사장, 해역 등 자연자원의 소유권 또는 사용권에 관한 결정에 불복하는 경우

⑤ 징수, 징용에 대한 결정 및 그 보상에 관한 결정에 불복하는 경우

⑥ 행정기관에 대하여 신체권, 재산권 등 적법한 권익의 보호를 위한 법정 권한의 이행을 신청한 경우, 행정기관이 그 이행을 거절하거나 아무런 회답을 하지 않는 경우

⑦ 행정기관이 경영자주권, 농촌토지도급권 또는 농촌토지경영권을 침해한 것으로 인정하는 경우

⑧ 행정기관이 권력을 남용하여 경쟁을 배제 또는 제한한다고 인정하는 경우

⑨ 행정기관이 위법하게 자금을 모금하거나 비용을 분담시키는 경우 또는 기타 의무의 이행을 위법하게 요구한다고 인정하는 경우

⑩ 행정기관이 법에 따른 구휼금, 최저생활보장 또는 사회보험 혜택을 지급하지 않는 것으로 인정하는 경우

⑪ 행정기관이 정부 특허경영계약, 토지건물징수보상계약 등 계약(협의)을 법에 따라 이행하지 않거나 약정에 따른 이행을 하지 않는 경우 또는 위법하게 변경 또는 해제하는 것으로 인정하는 경우

⑫ 행정기관이 기타 신체권, 재산권 등 합법적 권익을 침해한 것으로 인정하는 경우

위 ①~⑫의 규정 외에 인민법원은 법률 및 법규가 소송을 제기할 수

있는 것으로 규정한 기타 행정사건을 수리한다. 이처럼 행정소송법에서
는 소송의 수리범위 유형이 12개 항으로 확대되어 규정되고 있다.

개정 이전의 중국 행정소송법은 행정소송 사건의 수리를 위한 요건
으로 대략 네 종류의 의문에 대응하는 방식으로 설정되었다. 즉, ① 누
구의 행위에 대하여? → 행정기관의 행위에 대하여, ② 무슨 행위에 대
하여? → 구체적 행정행위에 대하여, ③ 어떠한 행정행위 유형에 대하
여? → 열거한 8개 유형에 대하여, ④ 어떠한 권리의 침해에 대하여?
→ 신체권 및 재산권에 대한 인민법원이 행정소송 사건을 수리하도록
하였다.[23)

그러나 개정된 행정소송법은 이를 상당한 정도로 확대시켰다는 데
의미가 있다. 즉, 국가행정에서 사회적 행정으로의 발전에 따른 변화를
수용하였고, "구체적 행정행위"를 "행정행위"로 변경하였으며, 기존에
열거한 8개 항의 소송 수리 범위 유형을 12개 항으로 확대하였으며, 권
리의 보호범위를 "신체권"과 "재산권" 보호에서 "등 합법적 권익" 보호
로 확대하였다. 국가행정에서 사회행정으로의 발전에 따른 변화의 수용
은 행정행위의 범위를 법률·법규의 수권을 받은 단체에 한하던 것을
법률·법규 및 규장의 수권을 받은 단체가 행한 행정행위로 확대한 것
에서 확인할 수 있고, "구체적 행정행위"를 소송대상으로 하였던 것을
"행정행위"로 개정한 것은 개념의 모호함을 제거함으로써 당연히 수리
되어야 할 사건이 수리되지 않았던 문제 상황을 개선한 것으로 평가되
고 있다.[24)

상술한 바와 같이, 2014년 행정소송법의 개정은 특히 행정소송 사건
의 수리범위에서 그 범위를 상당 정도 확대하였다고 평가되고 있으며,
중국의 많은 학자들은 유효한 구제수단의 확보와 국민의 인권보장 및

---

23) 王丽英, "新行政诉讼法与行政案件的受案范围", 上海政法学院学报, 第30卷 第2期(2015),
    97면.
24) 王丽英, 앞의 논문, 97면.

인격적 존엄을 보호함으로써 사회주의 법치국가를 건설하기 위한 양호
한 여건을 마련하였다고 평가하고 있다.25)

## 나. 행정소송에서 배제되는 사항

행정소송법에 의하면 인민법원은 공민, 법인 또는 기타 단체가 제기
하는 다음과 같은 경우의 사건은 수리하지 않는다.26) 즉, ① 국방, 외교
등 국가행위, ② 행정법규, 규장 또는 행정기관이 제정 공포한 일반적
구속력이 있는 결정이나 명령27), ③ 행정기관이 행정기관의 업무인원
(공무원)에 대하여 행하는 상벌이나 인사에 관한 결정, ④ 법률이 행정기
관을 최종 재결기관으로 정한 행정행위는 인민법원이 사건을 수리하지
않는다.

중국에서 국방, 외교 등 국가행위에 대하여 사법심사의 대상으로 하
지 않는 이유는 국가행위가 주로 국가주권을 실현하는 행위이고 고도의
정치성을 가지며 국가의 중대한 이익과 관계되고 법적인 문제가 아니므
로 사법권의 한계를 초월하는 것으로 이해한다. 그러나 국가행위가 사
법적 심사를 받지 않는다 하여도 행정적 정치적 조치로 해결됨은 주의
할 필요가 있다.

행정법규, 규장 등 일반적 구속력을 가진 결정이나 명령은 추상적 행정
행위로서 사법감독을 받지 않는다. 이는 국가적 성질과 의행합일(議行合
一)28)의 정치체제에 따른 것이다. 규범에 관한 통제는 원칙적으로 그 권한

---

25) 连建彬, "论行政诉讼法视野下的受案范围", 延边党校学报 第31卷 第3期(2015), 69면.
26) 행정소송법 제13조.
27) 중국 행정소송법 제53조에서 정하는 규범성문건과는 다른 개념의 일반 추상적 규범이
   라 판단된다. 행정소송법 제53조는 규범성문건의 부적법성에 대하여는 원고가 행정소
   송 제기 시 동 규범에 대한 심사를 요청할 수 있는 것으로 정하고 있다. 또한, 제64조
   에 의하면, 인민법원은 동 규범성문건의 심사 후 행정행위의 적법성을 인정할 근거로
   인정할 수 없는 경우, 당해 규범성문건의 제정기관에 대하여 적정한 처리를 건의한다.
28) 의회와 행정이 하나가 된다는 의미로서 중국 헌법의 원칙이다. 국가의 중대한 문제에
   대한 결정과 집행을 국가 권력기관이 통일적으로 행사하는 제도를 일컫는 말이다. 일

이 국가권력기관 및 상급 행정기관에 속한다.[29]

또한 행정기관의 공무원에 대한 상벌이나 인사에 관한 결정은 행정기관의 내부적 행위로서 국민, 법인 또는 기타 단체의 법적 이익에 영향을 주지 않으므로 이러한 문제는 행정기관 내부적으로 해결하도록 하고 있음을 알 수 있다.[30]

그 외에도 법률이 행정기관으로 하여금 최종적인 재결을 하도록 한 경우에도 인민법원에 의한 재판이 배제된다. 행정기관이 최종적으로 재결토록 하는 행정행위는 행정유보사항에 속하는 것이다. 예컨대, 행정심판법 제30조 제2항은 국무원·성·자치구·직할시 인민정부의 행정구역에 관한 결정, 토지의 징용에 관한 결정, 성·자치구·직할시 인민정부의 자연자원의 소유권 또는 사용권을 확인하는 행정심판 재결은 행정기관의 종국적 재결로 규정하고 있다.[31]

## 2. 관할

중국 행정소송법에 의하면 기층인민법원은 제1심 행정사건을 관할하고, 중급인민법원은 다음과 같은 사건의 1심 법원이 된다.[32] 즉, ①

---

반적으로 삼권분립 원칙과 상대되는 개념으로 이해되며, 중국의 인민대표대회(권력기관)와 중앙 및 각급 정부의 권력관계를 설명한다. 중국에서는 권력은 인민대표대회를 통하여 통일적으로 행사되고 국기권력이 분립 내지 견제와 균형의 의미로 이해하시 아니한다. 즉, 행정은 의회에 종속하고 의회에 대하여 책임을 지는 것이다. 『北京大学法学百科全书(宪法学 行政法学)』, 北京大学出版社(1999), 661면.

29) 정이근, 앞의 책, 220-221면.

30) 원 처분기관에 재심을 신청 → 재심에 불복 시 동급 공무원 주관 부서 또는 인사처리 상급 기관에 신소(소청심사 유사) → 행정감찰의 규정에 따른 처리 등. 중화인민공화국공무원법 제15장의 관련 규정에서 행정소송을 통하지 아니하고 행정기관 내부적으로 처리함을 알 수 있다.

31) 정이근, 앞의 책, 178-192면.

32) 행정소송법 제15조. 중국의 인민법원은 기층인민법원, 중급인민법원, 고급인민법원 및 최고인민법원의 급별 체계를 유지한다.

국무원 부문 또는 현급 이상 지방 인민정부가 행한 행정행위에 대하여 제기하는 사건, ② 세관이 처리한 사건, ③ 본 관할 구역 내의 중대 복잡한 사건, ④ 기타 법률의 규정이 중급인민법원이 관할토록 한 사건을 심리한다. 고급인민법원은 본 관할구역 내의 중대 복잡한 제1심 행정사건을 관할한다. 최고인민법원은 전국적 범위의 중대 복잡한 제1심 행정사건을 관할한다.

행정소송사건은 원래의 행정행위를 한 행정기관 소재지 인민법원이 관할한다. 행정심판을 거친 사건은 행정심판기관의 소재지 관할 인민법원이 관할할 수 있다. 고급인민법원은 최고인민법원의 비준을 거쳐 재판상의 필요에 따라 법원의 관할 구역을 벗어난 행정사건을 관할할 수 있다. 신체의 자유를 제한하는 행정상 강제조치에 불복하여 제기한 소송은 피고 소재지 또는 원고 소재지 인민법원이 관할한다. 부동산으로 인하여 제기하는 소송은 부동한 소재지의 인민법원이 관할한다. 둘 이상의 인민법원이 관할권을 가지는 경우 원고는 그중 어느 한 인민법원을 선택할 수 있고, 원고가 둘 이상 관할권이 있는 인민법원에 소송을 제기한 경우에는 먼저 소송을 수리한 인민법원이 관할한다.

인민법원은 수리한 사건에 대하여 관할권이 없다고 판단하는 경우에는 관할권이 있는 인민법원에 이송하여야 하고, 이송을 받은 인민법원은 그 사건을 수리하여야 한다. 사건을 이송 받은 인민법원이 자신의 관할에 속하지 않는다고 판단하는 경우에는 상급 인민법원에 관할의 지정을 요청하여야 하고 이를 임의로 이송할 수 없다. 인민법원 사이에 관할권에 대한 분쟁이 있는 경우에는 분쟁 당사자가 협상을 통하여 해결하고 협상이 이루어지지 않는 경우 공동 상급 인민법원에 관할의 지정을 요청한다.

상급 인민법원은 하급 인민법원 관할의 제1심 행정사건을 심리할 권한을 가진다. 하급 인민법원은 자신의 관할에 속하는 제1심 행정사건이 상급 인민법원의 심리가 필요하다고 인정하는 경우 또는 관할의 지정이 필요하다고 인정하는 경우에는 상급 인민법원의 결정을 요청할 수 있다.

2014년 개정 이전의 행정소송법은 피고의 소재지를 관할하는 기층 인민법원이 제1심 행정사건을 관할하도록 하였다. 그러나 현실적으로 법원의 인사권 및 재정권이 지방정부의 권한 내에 있기 때문에 관할 인민법원이 당해 지방정부의 행정행위에 대한 심사에 영향을 받지 않을 수 없었다. 지방정부의 재판에 대한 영향을 줄이기 위한 방안으로 개정된 행정소송법은, 위에서 살펴본 바와 같이, 성·자치구·직할시의 고급 인민법원은 재판상의 현실적 필요에 따라, 최고인민법원의 비준을 거친 후, 관할을 벗어나는 행정사건을 심리할 수 있도록 하였다.[33]

또한 현급 이상 인민정부의 행정행위와 세관이 처리한 사건의 관할을 중급인민법원이 제1심 법원이 되도록 개정하였다. 더불어 2심 종심제 원칙에 따라 개정 전 행정소송법 제24조에서 규정했던 "상급 인민법원은 자신이 관할하는 제1심 행정사건을 하급 인민법원이 재판하도록 사건을 이송할 수 있다."는 조항을 삭제한 것도 특징이다.[34] 이로써 하급 법원으로의 사건 이송을 원칙상 허용되지 아니한다.[35]

## 3. 소송당사자

행정행위의 상대방 및 기타 행정행위와 이해관계가 있는 공민, 법인 또는 기타 단체는 행정소송을 제기할 권리가 있다. 소송을 제기할 권리를 가진 공민이 사망한 경우에는 그 사망자의 가까운 친족이 소송을 제기할 수 있다. 법인 또는 단체의 경우에는 그 권리를 승계한 법인 또는 단체가 소송을 제기할 수 있다.

---

33) 吳鵬 胡錦光, "行政诉讼法修改与法治国家建设", 国家行政学院学报, 2015.1, 50면.

34) 중국은 3심제를 채택하지 아니하고 원칙적으로 2심제를 채택한다. 다만 재심 또는 항소 제도를 운영함으로써 사실상 3심제의 기능을 하는 경우도 있다.

35) 郑元健 夏慧敏, "行政诉讼法新修评议", 上海政法学院学报 第30卷 第2期(2015), 67면.

공민, 법인 또는 기타 단체가 직접 인민법원에 소송을 제기한 경우에는 행정행위를 한 행정기관이 피고가 된다. 행정심판을 거친 경우로서 행정심판기관이 원 행정행위의 유지를 결정한 경우에는 원 행정행위를 한 행정기관과 행정심판기관이 공동피고가 된다. 행정심판기관이 원래의 행정행위를 변경한 경우에는 변경결정을 한 행정심판기관이 피고가 된다.

행정심판기관이 법정 기한 내 행정심판 결정을 하지 않는 경우로서 공민, 법인 또는 기타 단체가 원 행정행위에 대하여 기소한 경우에는 원 행정행위를 한 행정기관이 피고가 된다. 행정심판기관의 부작위를 기소한 경우에는 그 심판기관이 피고가 된다.

둘 이상의 행정기관이 동일한 행정행위를 한 경우에는 행정행위를 공동으로 한 행정기관이 공동피고가 된다. 행정기관이 위탁한 단체가 행한 행정행위의 경우에는 위탁을 한 행정기관이 피고가 된다. 행정기관의 폐지 또는 권한의 변경이 있은 경우에는 당해 권한을 계속하여 행사하는 행정기관이 피고가 된다.

당사자 일방 또는 쌍방이 2인 이상인 경우로, 동일한 행정행위로 인하여 발생한 사건 또는 동종의 행정행위로 인하여 발생한 사건으로서, 인민법원이 병합하여 심리하는 것이 가능하다고 판단하고 당사자의 동의를 얻은 경우는 공동소송으로 한다. 당사자 일방이 다수인 경우의 공동소송은 당사자가 대표를 선정하여 소송을 진행할 수 있다.

공민, 법인 또는 단체가 소송물인 행정행위와 이해관계를 가지고 있으나 소송을 제기하지 않는 경우 또는 동 사건의 처리 결과와 이해관계가 있는 경우에는 제3자로서 소송참가를 신청할 수 있고, 이때 인민법원의 통지에 의하여 소송에 참가할 수도 있다. 인민법원의 판결이 제3자에게 의무를 부담하게 하거나 제3자의 권익을 해치는 경우에 제3자는 법에 의거하여 상소를 제기할 수 있다.

개정된 행정소송법은 피고의 요건을 더욱 명확히 하였다고 평가된다. 행정심판을 거쳐 제기한 소송사건의 경우에는 원래의 행정행위에 대한 변경의 유무에 관계없이 행정심판기관의 소재지 인민법원을 관할법원으로 규정하고 있으며, 행정심판기관이 원래의 행정행위를 유지하는 심판결정을 한 경우에는 행정심판기관과 행정행위를 한 행정기관을 공동피고로 규정하였다. 이러한 개정에 대하여 일부 문제점을 지적하고 있지만, 일부 학자들은 행정심판기관의 적법한 권한행사를 촉구하고 행정기관의 과오를 실질적으로 시정하는 데 있어 바람직한 것으로 이해하고 있다.36)

## 4. 증거

피고가 된 행정기관은 그가 한 행정행위에 대한 입증책임을 부담한다. 피고가 증거를 제출하지 않거나 정당한 이유 없이 제출기한을 경과한 경우에는 상응하는 증거가 없는 것으로 간주한다. 다만 소송의 대상인 행정행위가 제3자의 법적인 이익에 관계되고 제3자가 증거를 제출하는 경우는 예외로 한다. 소송과정에서 피고 및 그 소송대리인은 스스로 원고 또는 제3자 및 증인에 대하여 증거를 수집할 수 없다. 피고가 행정행위를 할 당시 이미 증거를 수집하였으나 불가항력 등 정당한 사유로 증거를 제출할 수 없는 경우에는 인민법원의 허락을 얻어 그 제출을 연기할 수 있다. 원고 또는 제3자가 당해 행정처분절차에서 제출하지 않은 사유 또는 관련 증거를 제출한 경우에 피고는 인민법원의 허락을 얻어 증거를 보충할 수 있다.

원고는 행정행위의 위법을 증명하는 증거를 제출할 수 있다. 원고의 증거가 성립되지 않는 경우에도 피고인 행정기관의 입증책임은 면제되지 않는다. 행정배상 및 보상에 관계된 사건에서 원고는 행정행위로 인

---

36) 郑元健 夏慧敏, 앞의 논문, 66면.

한 손해에 대하여 증거를 제출하여야 한다. 피고 측의 원인으로 원고가 증거를 제시할 수 없는 경우에는 피고가 입증책임을 부담한다.

인민법원은 당사자에 대하여 증거의 제공 또는 보충을 요구할 권한이 있고 관련 행정기관 및 기타 단체나 공민으로부터 증거를 채집할 권한이 있다. 그러나 행정행위의 적법성을 증명하기 위하여 피고가 행정행위를 할 당시 수집하지 못한 증거를 채집할 수 없다. 또한 인민법원은 스스로 증거에 대한 보전조치를 행할 수 있다. 증거는 반드시 법정에서 제시하여야 하며 당사자가 서로 증거에 대한 대질심문을 행하며, 인민법원은 법정 절차에 따라 전면적이고 객관적으로 증거를 심사하여야 한다. 채택하지 않는 증거는 반드시 판결문에 그 이유를 기재하여야 한다. 불법적인 수단으로 취득한 증거는 사건의 사실관계를 인정하는 근거로 삼을 수 없다.

상술한 바와 같이, 중국의 행정소송법은 피고 입증책임의 원칙을 채택하고 있다. 이러한 피고 입증책임의 원칙은 원고의 소송상 권리보호에 기여하며 행정주체의 증거확보의 우월성을 고려한 것으로서 행정주체의 법치행정 실행에 유익한 것으로 평가된다.

한편, 개정 전의 행정소송법은 통일된 하나의 증거규칙을 규정하였지만, 2014년 개정 이후의 행정소송법은 각 유형의 행정소송에서 각기 다른 증거규칙을 규정하였다. 예컨대, 피고 행정기관이 법정의무를 이행하지 않음으로써 소송이 제기된 사건에서는 원고가 자신이 피고에게 신청을 한 증거를 제출하여야 하고, 행정배상 및 보상 관련 사건에서는 원고가 행정행위로 야기된 손해에 대하여 증거를 제출하여야 한다.[37]

중국의 행정소송법과 최고인민법원이 내린 행정소송 관련 사법해석에는 증거의 증명력을 어느 정도 수준에서 인정할 것인가 하는 기준에 대한 규정은 없다. 이에 대한 학자들의 견해는 다양하다. 일부 학자들은

---

37) 姜明安, 『行政法与行政诉讼法』, 北京大学出版社 高等教育出版社(2016), 461-462면.

법원이 재판을 하는 경우에는 마땅히 "증거의 우월성 기준"을 적용하여 사실관계를 판단하여야 하고, 행정상대방의 권리에 매우 심각한 영향을 주는 사건에서는 "명백하고 확신을 줄 정도의 기준" 적용과 "합리적 의심의 여지가 없는 정도"에 이르러야 한다는 기준을 제시하고 있다.[38)]

## 5. 판결의 형식

행정행위의 증거가 확실하고 적용 법률 및 법규가 정확하며 법정 절차에 부합하는 경우, 또는 원고의 청구가 이유 없는 경우에 인민법원은 원고의 청구를 기각하는 판결을 한다. (기각 판결)

행정행위가 다음 어느 하나의 경우에 해당하면 인민법원은 취소 또는 부분취소의 판결을 하고, 피고가 다시 새로운 행정행위를 하도록 하는 판결을 할 수 있다. 즉, ① 주요 증거가 부족한 경우, ② 법률이나 법규의 적용에 착오가 있는 경우, ③ 법정절차를 위반한 경우, ④ 권한 범위를 일탈한 경우, ⑤ 직권을 남용한 경우, ⑥명백히 부당한 경우가 해당된다. (취소판결)

한편, 인민법원이 피고로 하여금 '새로운 행정행위를 하도록 하는 판결'을 한 경우에, 피고는 동일한 사실과 이유로 원래의 행정행위와 기본적으로 동일한 행정행위를 할 수 없다.

인민법원은 심리를 거쳐 피고가 법정 의무를 이행하지 않는 것을 밝혀낸 경우, 피고로 하여금 일정한 기한 내 이행을 하도록 판결한다.(이행판결) 또한 심리를 거쳐 피고가 법에 따른 급부의무를 지고 있음을 밝혀낸 경우에는 피고가 급부의무를 이행하도록 판결한다.(급부판결)

행정처벌이 명백히 부당한 경우 또는 행정행위가 금전의 확정 및 인정에 관하여 확실한 착오가 있는 것으로 인정되는 경우에 인민법원은

---

38) 姜明安, 앞의 책, 476면.

그 변경을 판결할 수 있다. 인민법원의 변경판결은 원고의 의무를 가중하거나 원고의 이익을 감소시킬 수 없다. 다만 이해관계인이 원고가 되는 경우로서 소송청구가 상반되는 경우에는 예외로 한다. (변경판결)

행정행위가 다음 어느 하나의 경우에 해당하면 인민법원은 위법을 확인하는 판결을 하고, 다만 이때에 행정행위는 취소하지 아니한다. 즉, ① 행정행위를 법에 의거 마땅히 취소해야 하나 그 취소가 국가이익 또는 사회공공이익에 중대한 손해를 초래하는 경우(사정판결), ② 행정행위의 절차가 가벼운 정도의 위법이고 다만 원고의 권리에 실질적 영향을 주지 않는 경우이다.

행정행위가 다음 어느 하나의 경우에 해당하고 취소 또는 이행을 판결하는 것이 필요하지 않는 경우에는 인민법원이 위법을 확인하는 판결을 한다. 즉, ① 행정행위가 위법하지만 취소할 수 있는 내용이 없는 경우, ② 피고가 원래의 위법한 행정행위를 변경하였고, 원고가 여전히 원 행정행위의 위법에 대한 확인을 요구하는 경우, ③ 피고가 법정의무를 불이행하거나 그 이행을 지연하여 이행을 판결하는 것이 의미가 없는 경우이다.

행정행위의 이행 주체가 행정주체로서의 요건을 갖추지 못한 경우 또는 근거를 갖지 못하는 경우 등 중대하고 명백한 위법의 경우로서 원고가 행정행위의 무효를 신청한 경우, 인민법원은 무효 확인의 판결을 한다. 인민법원이 위법 또는 무효 확인을 판결한 경우에는 피고로 하여금 구제조치를 취하도록 명하는 판결을 할 수 있다. 원고에게 손실을 입힌 경우 인민법원은 피고가 배상책임을 부담하도록 하는 판결을 한다.

위 판결 유형 외에도 개정된 행정소송법은 보상판결 등에 관한 규정을 하고 있다.

개정 전의 행정소송법은 판결형식으로서 유지판결, 취소판결, 변경판결, 이행판결 및 위법확인의 판결을 규정하였다. 이러한 판결 유형은 행정소송의 현실적 요청에 부합하지 않는 것으로 평가되어 2014년 개정된 행정소송법은 급부판결(이행판결로 분류할 수 있음)을 신설하고 위법확인판결과 변경판결의 범위를 확대하였다.

특히 주의할 것은 "원고의 청구를 기각하는 판결"로써 기존의 "유지판결"을 대체하게 되었다. 즉, 행정행위의 증거가 명확하고 법률의 적용이 정확한 경우로서 법정절차에 부합하거나 또는 원고의 피고에 대한 처분의 이행청구 또는 급부의무의 이행청구 이유가 성립되지 않는 경우에 법원은 원고의 소송청구를 기각하는 판결을 할 수 있다. 개정 전의 행정소송법이 행정기관의 법정 권한 행사에 대한 보호를 강조하였지만 개정 후의 행정소송법은 행정상대방의 법적 권익을 보호하는 데 가치를 두었고, 인민법원은 행정상대방의 청구가 이유 없다고 판단하는 경우 청구를 기각하면 되는 것이다.[39]

## 6. 행정소송상 재판감독절차

행정사건의 당사자는 법적 효력이 있는 판결이나 재정에 오류가 있다고 인식하는 경우 재판을 한 직 상급 인민법원에 재심을 신청할 수 있다. 이 경우 판결이나 재정의 집행은 정지되지 아니한다. 행정소송법 제91조에 의하면, 당사자의 신청이 다음과 같은 경우에 해당하면 인민법원은 재심을 하여야 한다. 즉, ① 접수를 불허하거나 소송의 기각에 명확한 착오가 있는 경우, ② 원 판결이나 재정을 번복할 새로운 증거가 있는 경우, ③ 원 판결이나 재정에서 인정한 사실의 주요 증거가 부족하거나, 증거에 대한 대질을 거치지 아니하거나 증거가 위조로 인정되는 경우, ④ 판결이나 재정에서 적용하는 법률이나 법규에 명백한 착오가 있는 경우, ⑤ 법률이 정하는 소송절차를 위반하여 공정한 재판에 영향을 줄 경우, ⑥ 원 판결이나 재정이 소송청구를 누락한 경우, ⑦ 판

---

39) 吳鵬 胡錦光, 앞의 논문, 51면.

결이나 재정을 내린 근거가 되는 법률문서가 취소 또는 변경된 경우, ⑧ 법관이 심리에 있어 수뢰, 사익추구, 비리에 얽혀 판결행위를 한 경우이다.[40]

각급 인민법원장은 해당 법원의 법적 효력이 있는 판결이나 재정에 대하여, 위 행정소송법 제91조에서 정한 사유가 있음을 발견한 경우, 또는 조정이 자원원칙(自願原則)에 위반하거나 조정서의 내용이 위법하여 재심이 필요하다고 인정하는 경우, 재판위원회에 회부하여 토론으로 결정하여야 한다.[41]

최고인민법원은 지방 각급 인민법원의 효력 있는 판결 및 재정에서, 상급 인민법원은 하급 인민법원의 판결 및 재정에서 행정소송법 제91조가 규정한 사유에 해당함을 발견한 경우, 또는 조정이 자원원칙을 위반하거나 조정서의 내용이 위법함을 인정하는 경우에는 심리에 회부하거나 하급 인민법원이 재심을 하도록 명할 권한이 있다.

한편, 최고인민검찰원은 각급 인민법원이 내린 판결 및 재정에 대하여, 상급 인민검찰원은 하급 인민법원이 내린 판결 및 재정에 대하여, 행정소송법 제91조에서 정한 사유가 있다고 인정하는 경우, 또는 조정서가 국가적 이익이나 사회적 공공이익에 손해를 초래하는 것으로 판단하는 경우에는 항소를 제기하여야 한다.[42]

지방의 각급 인민검찰원은 동급 인민법원이 내린 판결이나 재정이 행정소송법 제91조가 정한 사유에 해당한다고 판단하는 경우, 또는 조정서가 국가적 이익이나 사회적 공공이익에 손해를 초래하는 것으로 판단하는 경우에는 동급 인민법원에 검찰의견을 제출하고 상급 인민검찰원에 보고할 수 있다. 또한 상급 인민검찰원으로 하여금 동급 인민법원에 항소를 제기하도록 제청할 수 있다.

---

40) 행정소송법 제90조, 제91조.
41) 행정소송법 제92조.
42) 행정소송법 제93조.

## Ⅳ. 행정소송법의 과제

### 1. 행정소송의 수리 범위

2014년 중국 행정소송법의 개정으로 기존의 "구체적 행정행위"를 대상으로 행정소송을 제기할 수 있던 것을 "행정행위"를 대상으로 소송을 제기할 수 있는 점, 신체권·재산권에 한정된 권리 보호에서 "등 합법권익"을 보장함으로써 행정소송 사건의 수리 범위가 상당 정도 확대되었다는 점, 기타 행정소송법 제12조 수리범위의 확대 등을 근거로 하여 과거에 비하여 상당한 진전을 이룬 것으로 평가되고 있다.

일반적으로 행정소송의 수리 범위에 대하여는 열거식 규정(또는 열기주의), 개괄식 규정(개괄주의) 및 절충적 규정의 형식으로 이루어지고 있다. 열거식 규정은 행정소송법의 행정소송의 수리 범위를 명확히 열거하는 형식으로서 법원의 실무에 매우 유용하지만 성문의 형식에 의한 열거로써 모든 권리침해 상황을 반영할 수 없다는 점이 지적되고, 또한 새로운 사회적 상황을 소송범위에 반영할 수 없는 단점이 있다. 개괄식 규정은 행정소송법이 추상적인 기준을 규정하고 행정사건이 행정소송의 대상이 될 수 있는가 하는 것은 법원의 재량에 따라 판단되므로 행정소송의 범위를 확대할 수 있는 여지를 갖는다. 이 경우 법원의 재량적 판단에 맡겨진다는 것이 문제가 될 수 있다.

학자들의 다수 견해에 의하면, 중국의 행정소송법이 취하는 소송의 수리범위에 대한 규정 방식은 열거식 규정 방식과 개괄식 규정 방식의 혼합형으로 이해한다.[43] 즉, 행정소송법 제12조 제1항이 규정한 12개 유형의 소송사건 수리범위에 관한 규정은 열거식 규정으로 이해하고, 행정소송법 제2조에서 정하는 행정행위로 인한 합법적 권익의 침해를 당한 경우에 행정소송을 제기할 수 있다는 내용과 더불어 제12조 제2항

---

43) 姜明安, 앞의 책, 413면.

이 규정한 "전항의 규정 외에, 인민법원은 법률·법규에서 소송을 제기
할 수 있도록 규정한 경우의 기타 행정사건을 수리한다."는 부분을 개
괄식 규정으로 이해하는 듯하다.

그러나 필자의 이해에 의하면, 중국 행정소송법 제49조가 소송의 제
기요건으로서 ① 원고의 확정44), ② 피고의 확정, ③ 구체적인 소송청구
내용 및 사실관계에 대한 근거, ④ 인민법원의 수리범위(행정소송법 제12
조 열거 사항: 행정소송 대상적격에 해당한다고 봄) 및 관할을 규정하고 있으
므로, 결국 행정소송법 제12조의 소송의 수리범위에 해당하지 않으면 요
건의 불비로 인하여 각하사유에 해당하게 될 것이다. 즉, 열거식 규정으
로 이해된다.

## 2. 관할과 관련하여

원래의 행정행위를 한 행정기관과 행정심판기관을 공동피고로 하는
경우, 당해 행정행위를 한 행정기관을 기준으로 행정소송사건의 심급
관할을 결정한다. 이에 따라 "유지" 및 내용 "변경" 등 둘 이상의 내용
이 포함된 행정심판결정의 경우에, 만약 "유지"결정을 법원 확정의 기
준으로 하면 원래의 행정행위를 한 행정기관을 기준으로 심급 관할을
결정하고, "변경"을 관할법원 확정의 기준으로 한다면 행정심판기관을
기준으로 심급 관할을 결정하게 된다. 이로 인하여 심급의 불일치 가능
성이 발생하게 된다. 즉, 복잡한 행정실무에서 행정심판결정은 서로 관
련성 있는 둘 이상의 내용이 관련되는 경우가 매우 정상적인 상황이고,
또한 유지결정을 할 경우도 있고 변경의 내용을 갖는 결정도 있을 수
있는 것이다.

더욱이 개정 전 행정소송법 제24조에서 규정했던 "상급 인민법원은

---

44) 중국 행정소송법 제25조에 해당하는 행정행위와 이해관계 있는 국민, 소위 원고적격
    에 해당한다.

자신이 관할하는 제1심 행정사건을 하급 인민법원이 재판하도록 사건을 이송할 수 있다."는 조항을 삭제하여 상급 법원의 관할사건을 하급 법원으로 이송하는 것을 원칙상 허용하지 않기 때문에, 행정심판에서 "유지" 및 "변경" 결정이 모두 포함됨으로써 서로 심급의 차이가 있는 경우에는 관할권이 있는 법원 가운데 심급이 높은 법원이 사건을 관할해야 한다는 주장이 설득력 있어 보인다.[45]

## 3. 소송당사자와 관련하여

행정소송법 제2조는 공민, 법인 또는 기타 단체가 행정기관 및 행정기관 종사자의 행정행위가 그 적법한 권익을 침해하였다고 인정하면 인민법원에 소송을 제기할 수 있다고 규정한다. 또한 제26조는 행정행위를 한 행정기관이 피고라 정하고 있다. 개정된 행정소송법에서는 피고를 행정기관에 한정하고 있음이 명백하다. 다만, 행정소송법 제2조 제2항에서 행정행위의 개념에 법률·법규·규장이 권한을 부여한 단체가 행한 행정행위를 포함한다고 함으로써 피고의 범위를 행정기관에서 법규가 수권한 주체까지 확장하고 있음을 확인할 수 있다.

한편, 행정소송법에서는 행정심판을 거친 경우로서 행정심판기관이 원 행정행위의 유지를 결정한 경우에는 원 행정행위를 한 행정기관과 행정심판기관이 공동피고가 되고, 행정심판기관이 원래의 행정행위를 변경한 경우에는 변경결정을 한 행정심판기관이 피고가 된다. 이러한 규정의 운용과 관련하여, 중국의 일부 학자는 행정심판기관이 피고로 되는 행정소송사건이 급증할 것이라고 하며, 이러한 영향으로 심판기관이 심판사건을 매우 신중하게 심리할 것이라고 하는 주장도 있다.[46]

---

45) 萧辉, "新行政诉讼法具体适用中的六个问题", 人民法治(2016.7), 45면.

46) 韦炜 周游, "新行政诉讼法适用中的六大问题", 人民司法(2015.3期), 104면.

## 4. 증거와 관련하여

중국의 행정소송법에서 정한 증거에 관한 규정과 최고인민법원의 증거에 관한 사법해석47)이 행정소송에서 증거제도를 운용하는 근거가 되고 있다.

입증책임의 분배는 법관의 사실관계에 대한 확신에 있어서 누가 증거를 제시하고 누가 패소 책임을 질것인가의 문제이다. 입증책임은 주장책임과 설득책임으로 구분되어 설명된다. 주장책임은 사실관계에 관한 주장을 하는 당사자가 제출하여야 하는 책임이며, 설득책임은 사실관계에 관한 진위가 불명한 경우 설득책임을 지는 당사자가 패소책임을 지는 것이다.48)

전술한 바와 같이 중국의 행정소송에서 입증책임을 원칙적으로 피고가 부담하게 된다. 최고인민법원의 사법해석도 행정행위의 적법성에 대한 입증책임은 피고가 지는 것을 원칙으로 한다. 그러나 예외적으로 원고가 입증책임을 지는 경우로는 제소의 형식적 요건의 적법성 여부, 부작위 사건의 경우 모종의 신청을 한 사실, 또는 국가배상사건에서 손해발생의 사실에 대한 입증은 원고가 지도록 규정하고 있다.

그런데 증거제도의 운용과 관련하여 특히 중국의 행정소송법은 어느 정도의 증명력을 가져야 할 것인가 하는 증명기준에 대한 구체적인 통일적 기준이 없기 때문에 학설에 의존하고 있는 상황이다. 대부분의 관련 학설은 선진 외국의 판례나 학자들의 이론49)을 원용하는 상황이고

---

47) 최고인민법원의 「행정소송 증거에 관한 몇 가지 문제의 규정(2002)」은 입증책임의 분배와 기한, 증거에 제공, 증거의 채집과 보전, 증거의 대질 및 확인, 증거의 심사와 인증 등을 내용으로 한다.

48) 정이근, 『중국 행정법 쟁점 연구』, 도서출판 오름(2011), 249-257면.

49) "합리적 의심의 여지가 없는 정도(proof beyond a reasonable doubt)", "증거의 우월성 (preponderance evidence)", "명백하고 확신을 줄 정도(clear and convincing evidence)" 등의 기준이다.

최고인민법원의 사법해석을 통한 발전을 기대하고 있다.

## 5. 판결의 형식과 관련하여

판결의 형식과 관련하여 중국의 행정법학계에서는 대개 다음과 같은 시각에서 문제점을 제시하고 있다. 즉, 판결 형식의 구분에 대한 기준, 판결 형식의 누락 여부 및 판결 형식의 적용상 중첩 여부 등에 관한 것이다.

일부 학자들의 견해에 의하면, 우선 행정소송에서 판결의 형식은 주된 판결형식과 보충적 판결형식으로 구분하여야 하며, 주된 판결형식으로는 취소판결·급부판결·이행판결·확인판결·변경판결 및 배상판결 등이 해당하고, 보충적 판결형식에는 사정판결 및 소송청구에 대한 기각판결이 포함되는 것으로 이해한다.

판결 형식의 누락 여부에 관한 지적으로, 개정된 행정소송법 제12조 제(7)호·제(8)호·제(9)호에 의하면 행정기관이 그 경영자주권 또는 농촌토지도급경영권이나 농촌토지경영권을 침해하였다고 인정하는 경우, 행정기관이 행정권을 남용하여 경쟁을 배제하거나 제한한 것으로 인정하는 경우, 위법한 자금의 모금이나 비용을 분담시키거나 기타 위법하게 의무의 이행을 요구하는 경우 등에서 원고는 소송상 청구에서 법원에 대하여 행정기관이 내린 행정행위 또는 특정한 행위에 대한 금지를 명하는 판결을 요구할 수 있다. 이에 따른 판결이 금지를 명하는 판결형식인데 개정된 행정소송법에서는 금지를 명하는 판결형식이 빠져 있는 것으로 보는 견해가 있다.[50]

판결형식의 중복에 관하여, 사정판결과 확인판결은 서로 중복되는 점이 있어 실무상 두 판결형식의 구분이 어렵다는 지적이 있다. 행정소

---

50) 韦炜 周游, 앞의 논문, 107면.

송법 제74조 제1항 제(2)호에는 행정행위의 절차상 위법이 경미하고 원고의 권익에 실질적인 영향이 없는 경우에는 위법확인판결을 내리지만 취소판결을 하지 아니한다. 일부 학자에 의하면, 절차상의 경미한 위법에 해당하여 위법을 확인하지만 취소판결을 하지 않는 경우에는 확인판결의 형식으로 처리하는 것이 더욱 적절하다는 점을 지적한다.[51]

---

51) 韦炜 周游, 앞의 논문, 107면.

# 행정법의 주요 법률

## Ⅰ. 국가배상법

공민, 법인 기타 단체가 법에 따른 국가배상의 권리를 취득할 수 있도록 하고, 국가기관으로 하여금 법에 따른 권한의 행사를 촉진하기 위하여 국가배상법을 제정하였다. 국가기관과 국가공무수행 인원이 그 권한을 행사함에 있어, 국가배상법이 규정한 공민, 법인 및 기타 단체의 합법적 권익을 침해함으로써 손해를 발생시킨 경우, 손해를 입은 자는 국가배상법에 의하여 국가배상을 청구할 권리를 취득한다.

중국의 국가배상법은 1994년 5월 12일 제8기 전국인민대표대회 상무위원회 제7차 회의에서 통과되어 1994년 5월 주석령 제23호로 공포되었다. 이후 2010년 4월 29일 제11기 전국인민대표대회 상무위원회 제14차 회의를 통과한 제1차 개정안이 2010년 12월 1일부터 시행되었으며, 현행 국가배상법은 2012년 10월 26일 제11기 전국인민대표대회 제29차 회의를 통과하여 2013년 1월 1일부터 시행된 것이다.

## Ⅱ. 행정심판법

행정기관의 위법 또는 부당한 구체적 행정행위를 방지하고 시정하기 위하여, 또한 공민·법인 또는 기타 단체의 합법적인 권익을 보호하

고 행정기관의 적법한 권한 행사를 보장하고 감독하기 위하여 행정심판
법(行政复议法행정복의법)을 제정하였다.

행정심판법에서 주의할 내용으로서 행정심판의 범위는 다음과 같
다.[52] 즉, ① 행정기관이 한 경고, 벌금, 위법소득 몰수, 불법 재물의 몰
수, 생산 영업 정지명령, 허가의 정지 또는 취소, 특허의 정지 또는 취
소, 행정구류 등 행정처벌 결정에 불복하는 경우, ② 행정기관이 내린
인신의 자유에 대한 제한, 재산의 압류 및 동결 등 행정 강제조치에 불
복하는 경우, ③ 행정기관이 내린 허가증, 특허, 자격증 등 증서의 변경,
중지 및 취소결정에 불복하는 경우, ④ 행정기관이 내린 토지, 광산, 수
류, 삼림, 산령, 초원, 황무지, 모래사장, 해역 등 자연자원의 소유권 또
는 사용권에 관한 결정에 불복하는 경우, ⑤ 행정기관이 경영자주권을
침범한 것으로 인정되는 경우, ⑥ 행정기관이 농업도급계약을 변경 또
는 폐지하여 그 합법적 권익이 침해된 것으로 인정되는 경우, ⑦ 행정
기관이 위법하게 자금을 모집하는 경우, 재물을 징수하는 경우, 비용을
분담시키거나 위법하게 의무의 이행을 요구하는 경우, ⑧ 법정요건에
부합하는 허가증, 영업증, 자격증 등 증서의 발급을 신청 또는 심사비
준, 등록 관련 신청에 대하여 행정기관이 의법 처리하지 않는 경우, ⑨
행정기관에 대하여 인신권리의 보호, 재산적 권리의 보호, 교육을 받을
권리의 보호 책무 이행을 신청하였으나 행정기관이 의법 이행하지 않는
경우, ⑩ 행정기관에 무휼금, 사회보험금 또는 최저생활보장비를 신청
하였으나 이를 행정기관이 법에 따라 지급하지 않는 경우, ⑪ 기타 행
정기관의 구체적 행정행위가 그 합법적 권익을 침해한 것으로 인정되는
경우이다.

행정심판법은 1999년 4월 29일 제9기 전국인민대표대회 상무위원회
제9차 회의를 통과하였고, 주석령 제16호로 공포되어 1999년 10월 1일

---

52) 행정심판법 제6조.

부터 시행되었다. 이후 2009년 제1차 개정, 2017년 9월 제2차 개정을
한 것이 현행 행정심판법이다.

행정심판법은 현재 1차 수정된 개정안이 마련되었고, 2022년 11월
29일까지 입법에 대한 의견을 제출하도록 하고 있다. 개정안은 행정심
판의 수리범위를 더욱 확대하고 있으며 열거 항목도 11개 항목에서 13
개 항목으로 확대하고 있다. 입법 동향을 주시할 필요가 있다.

## Ⅲ. 행정허가법

행정허가 사항의 설정과 시행에 관하여 규율하고, 공민·법인 및 기
타 단체의 합법적 권익을 보호하며, 공공이익과 사회질서를 수호하고
행정기관의 행정관리를 유효한 실시를 위하여 헌법에 근거하여 행정허
가법을 제정하였다. 중국의 행정허가법은 우리나라 행정절차법의 처분
절차에 상당하는 것으로 이해할 수 있다. 중국 행정허가법상 행정허가
는 행정기관이 공민·법인 및 기타 단체의 신청에 의하여 법정심사를
거쳐 특정한 활동에 종사함을 허가하는 행위이며, 행정허가의 설정과
시행에 관하여는 본 행정허가법을 적용한다. 행정허가 사항을 설정하고
시행함에 있어 공개·공평·공정 및 비차별의 원칙을 준수하여야 한다.

행정허가법은 다음과 같은 경우에 한하여 행정허가 사항으로 설정
할 수 있음을 정하고 있다.53) 즉, ① 국가안전·공공안전·경제의 거시
적 통제·생태환경보호에 직접 관련되는 경우 및 사람의 신체·생명 또
는 재산의 안전에 직접 관계되는 특정한 활동으로서 법정 조건에 따라
허가가 필요한 사항, ② 유한한 자연자원의 개발과 이용, 공공자원의 배
치 및 공공이익과 직접 관계되는 특정한 항업의 시장진입 등 특정한 권
리의 부여가 필요한 사항, ③ 공공서비스의 제공 및 공공이익에 직접

---

53) 행정허가법 제12조.

관계되는 직업, 항업으로서 특정한 신용, 특수한 조건 또는 특수한 기능 등 자격이나 자질의 구비가 요구되는 사항, ④ 공공안전·신체의 건강· 생명재산의 안전에 직접 관계되는 중요한 설비·시설·생산품·물품 등 으로 기술적 기준이나 규범에 따를 필요가 있고, 실험·계측·검역 등의 방식으로 심사가 요구되는 사항, ⑤ 기업 또는 기타 단체의 설립 등 주체의 자격에 관한 확정이 필요한 사항, ⑥ 법률, 행정법규가 행정허가를 설정할 수 있도록 규정한 사항이다.

행정허가법은 2003년 8월 27일 제10기 전국인민대표대회 상무위원회 제4차 회의를 통과하여 2004년 7월 1일부터 시행되었다. 2019년 4월 제1차 개정이 있었다.

## Ⅳ. 행정처벌법

행정처벌법은 행정처벌의 설정과 시행에 관한 사항을 규정하여 행정기관의 유효한 행정관리를 보장하고 감독함으로써 공공이익과 사회질서를 수호하고, 공민·법인 및 기타 단체의 합법적인 권익을 보호하기 위하여, 헌법을 근거로 제정한 법률이다.

행정처벌은 행정기관이 법에 따라 행정관리질서를 위반한 공민, 법인 또는 기타 단체에 대하여, 권익의 제한 또는 의무를 증가시키는 방식으로 징계하는 것이다. 행정처벌을 실시함에 있어 공정원칙과 공개의 원칙을 준수하여야 한다.

행정처벌법이 정한 행정처벌의 종류는 다음과 같다.[54] 즉, ① 경고와 비판 통보, ② 벌금·위법소득의 몰수·불법재물의 몰수, ③ 허가증서의 정지·자질등급의 강등·허가증서의 취소, ④ 생산·경영활동 전개의 제한, 생산 및 사업의 정지명령, 폐쇄명령, 사업종사의 제한, ⑤ 행정

---

54) 행정처벌법 제9조.

구류, ⑥ 법률 또는 행정법규가 정한 기타 행정처벌이다. 한편, 신체의 자유를 제한하는 행정처벌은 오직 법률로써 설정이 가능하고, 신체의 자유를 제한하는 것 이외의 행정처벌은 행정법규로 설정할 수 있다.

행정처벌법은 1996년 3월 17일 제8기 전국인민대표대회 제4차 회의를 통과하여 1996년 10월 1일부터 시행되었다. 이 법률은 2009년 8월 제1차 개정, 2017년 9월 제2차 개정을 거쳐 2021년 1월 22일 제13기 전국인민대표대회 상무위원회 제25차 회의에서 제3차 개정이 있었고, 이 개정 법률은 2021년 7월 15일부터 시행되고 있다.

제4장

# 형법

장지화(김앤장 법률사무소 중국 변호사)

# I. 중국 형법의 제정 연혁

## 1. 건국 초기

1949년 중화인민공화국을 설립하면서 국민당정부가 제정하였던 법률들을 일괄폐지하고 일부 단행 형법들을 제정하였으며[1] 1954년에는 형법 초안까지 작성하였다.[2] 하지만 1950년대에 들어서면서 반우파운동(反右運動), 문화대혁명(文化大革命) 등 일련의 정치적 사건으로 인한 국가 혼란의 시대를 겪으면서 『형법』 제정이 미루어졌다.

## 2. 1979년 『형법』 제정

문화대혁명이 끝난 후, 법제화의 필요성을 심히 느낀 중공중앙은 제1978년 11월에 개최한 제11기 3중전회(第一屆三中全會)에서 "근거할 법률이 있어야 하고(有法可依), 법률이 제정되어 있으면 반드시 법에 따라야 하며(有法必依), 법집행은 엄격히 하고(執法必嚴) 위법행위는 반드시 추궁한다(違法必究)"라는 사회주의법제화 방침을 수립하고 검찰기관과 사법기관의 강화를 제시하였다. 이로서 기본 법률인 『형법』 제정이 속도를 내기 시작하였고 문화대혁명 때문에 폐지된 검찰과 법원 등 사법기관도 재건하기 시작하였다. 끝내 1979년에 7월 1일 제5기(第五屆) 전국인민대표대회 제2차 회의에서 『중화인민공화국형법』을 통과시켜 1980년 1월 1일부터 시행하였다.[3] 이는 "문화대혁명" 이후 긴급히 국가

---

1) 이에는 1951년 2월 20일에 발표한 『반혁명처벌조례(懲治反革命條例)』, 1942년 4월 18일에 제정한 『탐오징계조례(懲治貪汚條例)』 등을 예로 들 수 있다.

2) 1950년부터 1954년 9월까지, 중앙인민정부법제위원회(中央人民政府法制委員會)에서 2개의 형법초안을 제정하였다. 하나는 『중화이민공화국 형법 대강 초안(中華人民共和國刑法大綱草案)』(총 157조)이고, 다른 하나는 『중화인민공화국 형법지도원칙 초안(초고)(中華人民共和國刑法指導原則草案(初稿))』(총76조)이다.

3) 당시 형법은 총칙과 세칙으로 구분되었고, 총 13장(章) 192조(그중 총칙은 5장 89조, 세칙은 8장 103조)로 구성되었다.

정상화를 실현하기 위하여 제정되었고 법조 인재도 많지 않았기에 부족점이 많았지만, 당시 혼잡한 중국사회의 안정화에는 큰 기여를 하였다.

## 3. 개혁개방 후 25개의 단행 형법

1978년의 제11기 3중전회에서는 사회주의법제화 방침외에도 중국의 국운을 전환하는 가장 중요한 국가발전노선을 제시하였는데 그것이 바로 "개혁개방(改革開放)"이다. 하지만 개혁개방을 하면서 사회가 급변하기 시작하였고 이에 따라 새로운 범죄유형과 범죄형태가 부단히 발생되었다. 때문에 1979년 형법 제정 후 1년도 안 되어 인민대표대회 상무위원회는 단행 형법 제정으로 그러한 문제들을 해소하여야 하였다. 1997년에 형법을 전면개정하기 전까지 전국인민대표대회 상무위원회는 총 25개의 단행 형법4)을 제정하였다. 단행 형법은 급변하는 사회에서 신속한 법제도적 대응을 하는 데는 중요한 역할을 하였으나 체계적이지 못하고 기본 형법과의 충돌이 있어서 법질서의 안정성을 해하였다는 비판을 받았었다.

## 4. 1997년 『형법』 전면개정

개혁개방이 20년을 바라보고 있고 너무 많이 널려져 있는 단행 형법들을 체계적으로 정비할 필요가 있어서 1997년 3월 14일 제8기(第八屆) 전국인민대표대회 제5차 회의에서 형법 전면개정안을 통과하였다. 중국 법조계에서는 중국의 형법을 '79년 형법'과 '97년 형법'으로 구분하여

---

4) 예컨대 1982년에는 『경제를 엄중하게 파괴한 범죄자에 대한 엄벌 결정(關於處理逃跑或者重新犯罪的勞改犯和勞教人員的決定)』을, 1993년에는 『등록상표 침해 범죄에 관한 보충규정(關於懲治假冒註冊商標犯罪的補充規定)』, 1995년에는 『회사법 위반 범죄 처벌에 대한 결정(關於懲治違反公司法的犯罪的決定)』 등을 제정하였다.

부르고 있고, '97년 형법'을 "사실상 형법전"이라고 칭하고 있기도 한다.5) '97년 형법'은 그전에 발표된 단행 형법들을 모두 흡수하여 진정한 현대적 의의가 있는 형법체계를 구성하였다는 평가를 받고 있다. 실제적으로도 97년 형법을 전면 개정한 후, 98년에 전국인민대표대회 상무위원회가 『외환 편취, 외환 탈취, 외환 불법매매 범죄 처벌에 관한 결정(關於處理逃跑或者重新犯罪的勞改犯和勞教人員的決定)』이란 단 한 개의 단행 형법을 발표하였고 그후 단행 형법 발표는 더 이상 없었으며 형법에 대한 개정은 거의 모두 "형법수정안(刑法修正案)"에 의해 이루어졌다.6) 97년 형법 시행 후 발표된 형법수정안은 총 11개이다.

## Ⅱ. 중국 형법 구성

### 1. 기본 구조 구성

중국 형법은 크게 총칙과 각칙으로 구성되어 있고, 그 기본적인 구조는 아래 도표와 같다.

---

5) 张明楷, "刑法修正案与刑法法典化", 《政法论坛》第39卷第4期, 2021年7月, 第3页.

6) 하지만 그렇다 하여 단행 형법이 제정되지 않은 것은 아니다. 예컨대 『사이비 종교 조직 근절 관련 결정』[全国人民代表大会常务委员, 《关于取缔邪教组织、防范和惩治邪教活动的决定》, 1999年10月30日第九届全国人民代表大会常务委员会第十二次会议通过], 『인터넷 안전 수호 관련 결징,』《全国人民代表大会常务委员会关于维护互联网安全的决定》是2000年12月28日第九届全国人民代表大会常务委员会第十九次会议通过, 根据2011年1月8日《国务院关于废止和修改部分行政法规的决定》修订的法律法规], 『일부 범죄 수감자에 대한 특사결정』《全国人民代表大会常务委员会关于特赦部分服刑罪犯的决定》, 2015年8月29日第十二届全国人民代表大会常务委员会第十六次会议通过], 『중화인민공화국 건국 70주년 일부 범죄 수감자에 대한 특사결정』《全国人民代表大会常务委员会关于在中华人民共和国成立七十周年之际对部分服刑罪犯予以特赦的决定》, 2019年6月29日第十三届全国人民代表大会常务委员会第十一次会议通过] 등 모두 사실상 단행 형법이라 할 수 있다. 그럼에도 불구하고 그 수량이 적고 단행 형법이 발표한 후 곧바로 새로운 형법수정안을 발표하여 단행 형법들을 형법 수정안에 흡수하였기에 지금까지 중국은 97년 형법을 '사실상 형법전'으로 사용하고 형법 체계의 온정성과 일관성을 유지하고 있고 평가할 수 있다.

**표 ▶ 중국 형법의 구성 구조**

| | | |
|---|---|---|
| 제1편 총칙 | 제1장 형법의 임무 · 기본원칙 · 적용범위 | |
| | 제2장 범죄 | 제1절 범죄와 형사책임 |
| | | 제2절 범죄의 예비, 미수와 중지 |
| | | 제3절 공동범죄 |
| | | 제4절 단위범죄 |
| | 제3장 형벌 | 제1절 형벌의 유형 |
| | | 제2절 관제 |
| | | 제3절 구역 |
| | | 제4절 유기징역 · 무기징역 |
| | | 제5절 사형 |
| | | 제6절 벌금형 |
| | | 제7절 정치권리박탈 |
| | | 제8절 재산몰수 |
| | 제4장 형벌의 구체적 운용 | 제1절 양형 |
| | | 제2절 누범 |
| | | 제3절 자수와 입공 |
| | | 제4절 범죄의 병과 |
| | | 제5절 집행유예 |
| | | 제6절 감형 |
| | | 제7절 가석방 |
| | | 제8절 시효 |
| | 제5장 기타규정 | |
| | 제1장 국가안전을 해하는 죄 | |
| | 제2장 공공안전을 해하는 죄 | |

| | | 제1절 가짜, 불량상품생산 · 판매죄 |
|---|---|---|
| 제2편 각칙 | 제3장 사회주의 시장경제질서 파괴죄 | 제2절 밀수죄 |
| | | 제3절 회사 · 기업관리질서방해죄 |
| | | 제4절 금융관리질서파괴죄 |
| | | 제5절 금융사기죄 |
| | | 제6절 세금징수관리위해죄 |
| | | 제7절 지식재산권침범죄 |
| | | 제8절 시장질서교란죄 |
| | 제4장 공민의 인신권리, 민주권리침범죄 | |
| | 제5장 재산침범죄 | |
| | 제6장 사회관리질서방해죄 | 제1절 공공질서교란죄 |
| | | 제2절 사법방해죄 |
| | | 제3절 국(변)경관리방해죄 |
| | | 제4절 문화재관리방해죄 |
| | | 제5절 공공위생위해죄 |
| | | 제6절 환경자원보호파괴죄 |
| | | 제7절 마약의 밀수, 판매, 운반, 제조죄 |
| | | 제8절 매춘 조직, 강요, 유인, 장소제공, 소개죄 |
| | | 제9절 음란물품 제작, 판매, 전파죄 |
| | 제7장 국방이익위해죄 | |
| | 제8장 부패뇌물죄 | |
| | 제9장 독직죄 | |
| | 제10장 군인의 직책위반죄 | |

## 2. 형법 임무에 따른 각칙의 범죄유형

중국의 『헌법』은 사회주의 헌법으로서 명확한 계급투쟁성을 갖고 있다. 따라서 중국『헌법』은 총칙 제2조에서 형법의 임무를 규정하였는데, 임무에 관한 문구들을 쪼개서 분석하면 각칙에서 규정한 범죄 유형과 매칭된다. 즉, 중국 형법의 임무는 모든 범죄행위와 투쟁하여 ① 국가안전을 수호(각칙 제1장, 각칙 제7장 일부, 제10장 일부), ② 인민민주전체정권과 사회주의제도를 수호(각칙 제2장), ③ 국유재산과 노동군중집체소유재산(勞動群眾集體所有資産) 및 공민개인의 재산을 보호(각칙 제3장 중 일부 및 제5장, 제8장 일부, 제9장 일부), ④ 공민의 인신권리, 민주권리 및 기타 권리 보호(각칙 제4장), ⑤ 사회질서(각칙 제6장)와 경제질서(각칙 제3장) 수호로 사회주의 건설사업의 순조로운 전개를 보장한다는 것이다.

## 3. 형법 기본원칙의 명문화

형법의 기본원칙을『형법』에 명문화하여 규정하는 것은 중국 형법의 특색이라고 할 수 있다.[7) 『형법』 총칙 부분에서 명문적으로 "죄형법정(罪刑法定, 제3조)", "형법의 평등적용(適用刑法人人平等, 제4조)", "죄와 벌의 균형적용(罪責刑相適應, 제5조)"이 세 가지 기본원칙을 규정하고 있다.

죄형법정원칙의 핵심내용은 법이 명확하게 규정하지 않으면 범죄로 처벌할 수 없다는 것이고, 그 파생원칙으로 법률주의(관습형법금지의 원칙), 소급효금지의 원칙, 명확성의 원칙, 유추해석금지의 원칙 등이 있다. 이는 1215년『영국대헌장(Magna Carta)』에서부터 유래하여 서구 자본주의 국가에서는 가장 기본적인 형법 원칙으로 자리 잡고 있었던 반면, 중국은 1997년 되어서야 '97년 형법'에서 처음 명문적으로 규제하

---

7) 刘流, "论我国刑法的基本原则", 中国高级法官培训中心法学论坛, 1997, 第3页.

였다. 다만 이를 '제1조 입법목적', '제2조 형법의 임무' 뒤에 바로 제3조로 규정하였다는 것은 이에 대한 중요성을 충분히 인지하였음을 보여준다.[8]

"형법의 평등적용 원칙"도 어떻게 보면 너무 기본적이고 당연한 원칙인데 이를 『형법』 제4조에 명문하여 규정하는 것은 사회주의 신중국(新中國)이 신분제(身份制)였던 봉건사회 구중국(舊中國)과 그리고 자본에 따른 특권이 허용되는 자본주의 국민당 정부와의 차별을 호소하는 동시에, 당시 공산당 내부에서 만연되고 있는 관료특권주의자들을 겨냥한[9] 것이기도 하다. 때문에 이미 헌법에서도 확정된 원칙을 형법 규정에까지 반영할 필요가 없다는 견해에도 불구하고[10] 여전히 형법에서 재차 명문화하였다.

'죄와 벌의 균형적용 원칙'의 핵심 내용은 비례원칙과 유사하고 이는 중국의 형법이 범죄행위의 죄명을 규정하는 절차인 "정죄(定罪)"와

---

8) 한국과 달리 이렇게 가장 기본적인 원칙이라고 할 수 있는 것을 헌법이 아닌 『형법』에서 명문화 해야 하는 필요성에 대해서 아래 두 가지 원인이 있다. 하나는 중국은 헌법에서 죄형법정주의를 규정하지 않고 있다. 한국인 경우 헌법 제13조가 "모든 국민은 행위 시의 법률에 의하여 범죄를 구성하지 아니하는 행위로 소추되지 아니하며..." 라고 죄형법정주의가 헌법 원칙이 된 반면, 중국에서는 이를 헌법에 규정하지 않았기에 『형법』에 규정할 필요성이 있었다. 다른 하나 원인은 중국이 '79년 형법'에서만 하더라도 유추를 허용하였다는 역사적 배경을 살펴보아야 한다. '79년 형법' 소위 "엄격한 유추허용"을 규제하여(马克昌, "论我国刑法的基本原则", 中国检察官管理学院学报, 1997, 第16页), 형법 각칙에 냉문으로 규정하고 있는 범죄가 없으면, 최고법원의 심사비준을 받은 후, 이 법 각칙의 가장 유사한 조문에 비추어 죄와 형을 선고할 수 있었다(당시 형사소송법 제79조). 즉 79년 형법 때까지만 하여도 유추허용이 가능하다는 사람들의 인식을 완전히 바뀔 필요가 있어서 이를 형법 조문상 가장 현저한 곳에 배치하여 명확하게 규제할 필요성이 있었던 것이다.

9) 당시 당중앙 정법위원회 서기인 펑전(彭真)은 제5기 전국인민대표대회 제2차 회의에서『7개 법률초안에 대한 설명(关于七个法律草案的说明)』을 통하여, "모든 사람이 법률을 평등하게 적용하는 것은 전체인민, 전체 공산당원과 간부들이 추구하는 것이고…… 범죄자에 대해서는 그가 어떤 자격과 능력을 갖고 있던, 얼마나 높은 지위 또는 공적이 있던 이를 비호하여서는 아니된다. 우리 사회주의 국가에서... 법률을 초월한 특권이 존재해서는 아니 된다"라는 당중앙의 입장을 밝혔다.

10) 马克昌, 전게논문, 제19면.

범죄행위에 대한 형사처벌을 정하는 절차인 "양형(量刑)"이 동등하게 중요함을 강조하는 것이다.

## Ⅲ. 형법의 적용범위(관할권)

중국『형법』의 적용범위란 중국의『형법』이 어느 지역에서 어떤 사람에게 효력이 발생하는지의 문제이다. 이를 해결하고자 중국『형법』은 속지관할권(屬地管轄權)(제6조), 속인관할권(屬人管轄權)(제7조), 보호관할권(保護管轄權)(제8조), 보편관할권(普遍管轄權)(제9조)을 규정하고 있다.

### 1. 속지관할권

속지관할권이란 중국의 영역 내에서 발생한 범죄행위는 법률에서 별도로 규정하지 않은 이상 형법 적용 대상임을 뜻한다. 여기서 핵심은 "중국의 영역"과 "발생"을 어떻게 이해하는 것이다. 우선 "중국 영역"이란 중화인민공화국의 영토, 영공, 영해를 뜻하는 외에(제6조 1항) 중화인민공화국의 선박 또는 항공기도 포함한다(제6조 제2항). 한국 형법에서 유사한 규정으로는 제2조 '국내범' 규정과 제4조 '국외에 있는 내국 선박 등에서 외국인이 범한 죄'가 있다. 다음으로 "발생"이란 범죄행위 혹은 범죄의 결과 중의 하나가 중국 영역 내에서 발생한 것을 뜻한다(제6조 제3항).

### 2. 속인관할권

속인관할권이란 중국 공민이 중국 영역이 아닌 곳에서 범한 범죄에 대한 중국『형법』의 관할권을 의미한다. 범죄자의 범죄 행위가 중국『형법』의 규정에 따라 최고 3년 이하의 징역에 처할 수 있는 경우『형법』

에 따라 형사책임을 추구하지 않을 수 있지만(제7조 제1항), 중국의 국가 공작인원(공무원) 또는 군인이 『형법』에서 규정한 범죄를 범한 경우 『형법』을 적용한다(제7조 제2항).

## 3. 보호관할권과 보편관할권

보호관할권이란 행위 발생지 법률에 따라 해당 행위를 형사법으로 처벌하지 않는 경우를 제외하고, 외국인이 외국에서 범한 범죄이지만 중국 또는 중국 공민을 대상으로 『형법』 규정상 최저 3년 이상 유기징역에 처할 수 있는 경우 『형법』을 적용하는 것을 뜻한다. 이어 보편관할권이란 중국이 체결 또는 참여한 국제조약에서 규정한 범죄를 범한 경우, 중국이 약정한 국제조약 이행 범위 내에서 『형법』을 적용함을 의

**표 ▶ 중국의 형법 적용 범위**

| 명칭 | 요약의의 | 대응하는 한국 형법 |
|---|---|---|
| 속지관할권<br>(제6조) | 중국 국내에서 발생한 범죄는 중국 형법 적용 | 제2조 [국내범]<br>제4조 [국외에 있는 내국선박 등에서 외국인이 범한 죄] |
| 속인관할권<br>(제7조) | 중국 국민이 범한 범죄는 범죄지와 상관없이 중국 형법 적용 | 제3조 [내국인의 국외범] |
| 보호관할권<br>(제8조) | 외국인이 중국 또는 중국 국민을 대상으로 범한 범죄는 범죄자 국적 또는 범죄지와 상관없이 중국 형법 적용 | 제5조 [외국인의 국외범]<br>제6조 [대한민국과 대한민국국민에 대한 국외범] |
| 보편관할권<br>(제9조) | 중국이 체결 또는 참여한 국제조약에서 규정한 범죄를 범한 경우, 중국이 약정한 국제조약 이행 범위 내에서 중국 형법 적용 | |

미한다. 따라서 보호관할과 보편관할은 한국 형법 상 제5조 '외국인의 국외범'과 제6조 '대한민국과 대한민국국민에 대한 국외범'의 규정과 유사하다.

## 4. 기타 형법 적용에 관한 규정

### 가. 외국형사판결에 대한 소극적 승인(對外國刑事判決的消極承認)

죄를 지어 외국에서 형의 전부 또는 일부가 집행된 사람에 대해, 한국에서는 그 집행된 형의 전부 또는 일부를 선고하는 형에서 산입해야 하는 반면(제7조), 중국『형법』제10조는 "비록 외국에서 심판을 받았지만 여전히 본법에 따라 책임을 추궁할 수 있고, 다만 이미 형사처벌을 집행한 경우에는 처벌을 면제하거나 감경할 수도 있다"라고 규정하여 외국판결에 대한 소극적인 승인 태도를 취하고 있다.

### 나. 외교관의 면책특권

비엔나 협약(Vienna Convention on Diplomatic Relation) 상의 외교관의 면책특권에 대해 한국은 형법에서 별도로 규정하지 않았지만, 중국『형법』은 제11조로 "외교특권과 면책권을 보유한 외국인의 형사책임은 외교 경로를 통하여 해결한다"고 명시적으로 규정하였다.

### 다. 소급효에 관한 규정

형법의 소급효에 있어서 중국은 소위 "구법우선 및 경처벌 우선(從舊兼從輕)"의 원칙을 채택하였다. 즉 ① 행위 시의 법률(구법)에 따르면 범죄행위가 아닌 경우 구법을 적용하여 형사책임을 추궁하지 않는다. ② 행위 시의 법률(구법)과 현행 형법 모두 해당 행위를 범죄라고 규정한 경우 구법에 규정에 의해 소추한다. ③ 다만 행위 시 법률은 해당 행위를 범죄라고 하지만 현행 형법에서는 그 행위를 범죄로 인정하지 아니하거나 구법 적용 대비 현행법 적용이 비교적 가벼운 형을 처벌하는 경우 현행 형법을 적용한다.

# IV. 중국에서의 범죄

## 1. 범죄의 개념과 특성

### 가. 『형법』상 범죄의 개념

중국 『형법』은 제13조로 "범죄개념"을 규정하였고, 그 내용을 살펴보면 제2조 "형법 임무"의 내용과 중첩되는데, 그 개념을 "국가주권, 영토완정성과 안전을 위해롭게 하고, 국가를 분열, 인민민주전체정권을 전복하고 사회주의제도를 무너뜨리거나 사회질서와 경제질서를 파괴, 국유재산이나 노동군중집체 소유의 재산을 침범, 공민 개인 소유의 재산 침범, 공민의 인신에 대한 권리와 민주권리 및 기타 권리를 침범 또는 기타 사회에 위해를 가하는 모든 행위 중 법률에 따라 형벌 처벌을 받아야 하는 것은 범죄이다"라고 규정하였다. 다만 유의할 것은 제13조에 단서(但書) 문구가 있는데, 이는 "다만 정황이 현저히 경미하고 위해가 크지 않은 것은 범죄가 아니다"라고 규정하였다.

실제로 중국에서는 가벼운 폭행 등 한국에서 "경범죄"로 분류되는 많은 행위는 범죄가 아니고 "치안(治安)위반행위"에 해당하여 "형사사건"이라고 부르지 않고 "치안사건(治安事件)"이라고 칭하고 있다. 치안사건은 『형법』의 적용대상이 아니고 행정기관인 공안기관이 치안 관련 행정 법률에 의해 처리하기에 이들은 형사법의 적용대상이 아니라 행정법의 적용대상이다.

### 나. 범죄의 특성

상기 원인으로 중국에서 "범죄"란 아래 세 가지 특성을 구비하였다는 것이 통설이다[11]: i) 사회위해성(社會危害性), 사회를 위험에 처하여

해롭게 한 소위 '사회위해행위'만이 범죄라고 할 수 있다. 이는 특정 행
위를 '범죄'라고 판정할 수 있는 실질적 요건이다. ii) 형사법위반성(刑事
違法性), 특정 행위가 사회위해성이 있다고 하여 '범죄'가 구성되는 것이
아니고, 그 위해가 반드시 형사법으로 규제할 정도에 달하여야 한다. 이
는 사회위해성의 법률적 표현이고 중국에서 범죄와 일반적인 법 위반
행위를 구분하는 중요한 특징이다. iii) 형사처벌당위성(應受懲罰性), 이는
사회위해성과 형사법위반성이 구성되면 필연적으로 발생되는 법률적 결
과이다. 이에 근거하여, 당사자의 행위가 비록 사회위해성과 형사법위반
성을 갖추어 형법에 의한 처벌이 가능하지만, 자수 등 양형 감면의 정황
이 있어서 종합적으로 고려한 바 형사처벌을 가하지 않아도 그가 사회
에 가한 위해가 이미 해소된다면 형사처벌당위성이 잃게 되므로 이런
경우 당사자의 행위를 범죄라고 할 수 없다.

## 2. 범죄행위와 치안법 위반행위의 구분

언급한 바와 같이 '범죄'란 사회위해성, 형사법위반성, 형사처벌당위
성 이 세 가지 특성을 구비해야 하고, 이것이 범죄와 비범죄, 특히 형사
사건과 치안사건을 구분하는 핵심이다.

중국에서 소위 치안사건이란 사회위해성은 있지만 『형법』상 범죄에
해당하지 않아 형사책임은 추궁하지 않지만 『치안관리처벌법(治安管理處
罰法)』 등 치안관련 법에 따라 행정책임을 추궁하는 행위를 말하고[12) 그

---

11) 賈宇主编, 《刑法学（上册·总论）》, 高等教育出版社, 马克思主义理论研究和建设工程
   重点教材, 第86页.

12) 중국 『치안관리처벌법(治安管理處罰法)』 제2조는 공공질서를 교란, 공공안전을 방해,
   인신권리·재산권리를 침해, 사회관리를 방해하여 사회위해성이 있으며, 『중화인민공
   화국 형법』에 규정에 의해 범죄에 해당하는 경우 법에 따라 형사책임을 추궁하고, 다
   만 형사처벌을 할 정도에 이르지 않은 경우 공안기관이 본법에 의해 치안관리처벌을
   한다고 규정하였다.

행정책임 추궁의 결과는 치안관리처벌이다. 치안관리처벌 주요 유형은 경고(警告)13), 과태료(벌관, 罰款), 행정구류(行政拘留)14), 공안기관이 발행한 허가증 말소와 치안관리 위반 외국인에 대한 기한 내 출국 또는 추방 처벌이 있다(제10조). 이외에도 치안사건 처리 과정에서 압수한 마약 및 관련 물품, 외설 물품, 도박용 물품 및 도박자금 등에 대한 처분도15) 가능하다(제11조).

　때문에 한국에서 경범죄에 해당하는 행위들은 중국에서는 범죄에 속하지 않는데, 그 근본적인 원인을 분석해 보면 한국은 질이 악한 행위를 범죄로 규정하고 형사처벌을 가하지만 중국은 그 악한 행위가 사회에게 주는 위해 정도까지 따져보고 형사법으로 처리해야 하는 범죄인지 여부를 판단하는 것이다. 예컨대 한국에서는 사람의 신체에 대해 폭행을 가하면 폭행죄가 구성되고(형법 제260조), 그 행위가 타인을 상해할 정도가 될 시 상해죄를 따로 규정하고 있다. 이에 비해 중국『형법』에는 폭행죄의 개념이 없고『형법』제234조에 고의상해죄(故意傷害罪)를 두고 있다. 따라서 한국에서 폭행죄에 해당하는 행위가 중국에서 발생한 경우 이는 치안법위반행위이지 형법을 위반한 범죄에는 속하지 않는다. 유사한 예로, 한국과 중국 형법 모두 절도행위, 재물 손괴 행위를 규정하고 있지만, 한국은 그러한 행위를 범죄라고 규정한 반면 중국은 그러한 행위가 일정 금액의 손해를 초래하여야 범죄에 해당한다고 규정하였다. 예컨대 한국에서는 대자보를 훼손하면 해당 물체의 효용을 해하

13) 치안처벌에서 가장 가벼운 처벌유형으로서 한국의 경찰훈방과 유사하다.
14) '행정구류'는 치안법위반행위자를 최대 20일 동안 경찰의 유치장에 구금할 수 있는 행정처분이다. 한국에서 '구류'란 형의 종류의 하나이며, 신체의 자유를 제한하는 자유형 중에서 비교적 가벼운 형벌이지만, 중국에서 '구류'란 '형사구류', '행정구류', '민사구류'로 구분하여, 형사구류는 피의자를 일시적으로 유치하는 조치로서 한국의 '체포'와 유사하고, 행정구류는 치안관리처분 종류의 하나이며 민사구류는 민사소송에서 법원이 소송 방해행위자에 대한 인신자유 제한 사법조치여서 한국의 '감치'와 유사하다.
15) 공안기관이 직접 몰수하거나 피해자에게 반환할 수 있고, 피해자에게 반환할 수 없는 경매를 한다. 경매 등 처분 후 금액은 국고에 납입한다(제11조 제2항).

였다고 재물손괴죄로 처벌 가능하지만(제366조), 중국에서의 재물손괴죄
란 고의적으로 재물을 훼손하였고 훼손된 재물이 어느 정도의 금전적
가치가 있는 경우를 뜻하기에(제275조) 훼손한 대자보가 어느 정도의 금
전적 가치가 없다면 재물손괴죄에 해당하지 않는다.

## V. 중국에서 범죄의 구성

### 1. 범죄 구성에 관한 기본이론

전통적인, 특히 2009년 이전의 중국 형법 관련 교과서와 논문들을
살펴보면 범죄 구성에 있어서 소위 "4요건설(四要件說)"을 펼치고 있다.
즉 범죄구성을 특정 행위의 사회위해성의 정도를 결정하고 해당 행위가
형법에서 규정한 범죄라고 판단하는데 필요한 객관적 요소와 주관적 요
소가 결합된 유기적 통일체(有機統一的整體)로 보아16) 구체적으로 ① 범
죄의 객체(犯罪客體), ② 범죄의 객관적 요소(犯罪客觀要件), ③ 범죄의 주
체(犯罪主體), ④ 범죄의 주관적 요소(犯罪主觀要件) 등 네 가지 요건으로
구성되었다는 논리이다.

여기서 범죄의 객체란 형법이 보호하고 범죄행위로 인하여 침해를
받는 사회적 관계나 이익을 말하고, 범죄의 객관적 요소란 범죄활동의
외재적 표현을 말하는데 여기에 위해성 행위, 위해결과, 위해행위와 결
과 간의 인과관계 및 범죄행위의 시간, 장소, 방식 등이 포함된다. 예를
들어 살인죄의 범죄 객체는 자연인의 생명권이고, 범죄의 객관적 요소
란 살인 행위가 외부적으로 나타난 모든 형태와 관계를 말한다.17) 범죄
의 주관적 요소란 행위자가 자신이 실행한 행위와 사회를 위해하는 결

---

16) 賈宇, 전게서, 제93면.

17) 한국 형법 이론의 틀에 비추어 다소 투박하게 분석하면, 범죄 객체는 "행위객체+보호
법익"의 개념이고, 범죄의 객관적 요소란 "행위+행위수단과 행위상황+결과+인과관계
와 객관적 귀속관계"라고 볼 수 있다.

과의 발생에 있어서 필연적이거나 그러할 가능성이 있음을 인지하는 심
리적 태도를 가리키고[18] 여기에는 범죄의 고의, 범죄의 과실, 범죄목적
과 범죄동기 등이 포함 된다. 범죄의 주체란 사회를 위해하는 행위를 하
여 형사책임을 부담해야 하는 자연인 또는 단위(單位, 조직·단체·법인 등)
를 가리킨다. 자연인은 『형법』에서 규정한 범죄의 주체가 될 수 있고,
단위는 『형법』에서 단위를 대상으로 형벌규정을 둔 경우에만 범죄의 주
체가 될 수 있다. 따라서 단위가 범죄주최가 될 수 있는 범죄에 관해서
는 해당 단위와 단위책임자를 동시에 처벌하는 소위 "양벌제(雙罰制)"를
시행하고 있다.

## 2. 범죄주체의 형사책임 부담

범죄 주체는 범죄행위를 범한 주체가 형사책임을 부담할 수 있는 지
의 문제를 해결하는 것이기에 책임론에서의 비난가능성에 대한 판단이
핵심이다. 중국 형법에서 형사책임 부담에 영향을 주는 요소들은 아래
와 같다.

### 가. 형사책임 부담 연령

중국에서의 형사책임 부담 연령의 핵심 포인트는 만 12세, 만 14세,
만 16세, 만 18세, 만 75세이다. 그중 만 18세와 만 75세은 양형에서의
형사책임 감경(減輕) 연령이어서, ① 미성년자 형사책임 감경으로, 만 18
세 미만인 자가 죄를 범하면 처벌을 관대히 하거나 감경하여야 하고(제
17조 제4항), ② 고령자 형사책임 감경으로, 만 75세 이상의 자의 고의범
죄에 대해서는 처벌을 관대히 하거나 감경할 수 있고, 과실범죄에 대해
서는 반드시 처벌을 관대히 하거나 감경해야 한다(제17조의 1).

---

18) 刘宪权主编,《刑法学（第五版 全二册）》, 上海人民出版社, 2020, 第196页.

아울러 중국에서는 만 16세 이상인 자가 범죄를 하면 형사책임을 지기 시작한다(제17조 제1항). 다만 만 14세 이상인 자가 고의살인, 고의 상해 행위로 타인의 중상해 또는 사망을 초래하였거나, 강간, 강도, 마약판매, 방화, 폭발, 독극물투입 등의 죄를 범하였다면 형사책임을 부담해야 한다(제17조 제2항). 특히 최근에 중국도 한국처럼 소년범들이 잔인한 형사범죄를 범하는 사건들이 나타나면서, 2021년 3월 1일부터 시행한 『형법수정안 11(刑法修正案十一)』은 기존 형법 제17조에 3항에 "만 12세 이상 14세 미만인 미성년자가 고의살인, 고의상해로 타인을 사망하게 하였거나, 특별히 잔인한 수단으로 타인에게 엄중한 상해를 입히고 엄중한 질병에 걸리도록 하여 그 경위가 악랄하여(情節惡劣) 최고인민검찰원이 그에 대한 기소를 비준한(核准追訴) 경우 그는 형사책임을 부담해야 한다"는 규정을 추가하였다. 이로서 고의살인과 고의상해 행위에 대한 형사책임 추궁 연령은 기존의 만 14세로부터 만 12세로 인하

**표 ▶ 중국의 형사책임 연령**

| 구분 | 연령 | 비고 |
|---|---|---|
| 형사책임 부담 연령 | 만 12세~ 만 14세 | 고의살인 또는 고의살인으로 타인을 사망하게 하였거나, 그 방식이 잔인하여 경위가 매우 나쁘다고 판단하여 최고인민검찰원에서 형사책임추궁을 비준한 경우(제17조 제3항) |
| | 만 14세~ 만 16세 | 고의살인 또는 고의상해 행위로 타인의 중상해 또는 사망을 초래하였거나, 강간, 강도, 마약판매, 방화, 폭발, 독극물투입 등의 죄를 범한 경우(제17조 제2항) |
| | 만 16세 이상 | 모든 형사책임을 부담하기 시작함(제17조 제1항) |
| 형사책임 감경 연령 | 만 18세 미만 | 고의범 과실범 구분 없이 반드시 처벌을 관대히 하거나 감경하여야 함(제17조 제4항) |
| | 만 75세 이상 | 고의범은 처벌을 관대히 하거나 감경할 수 있고, 과실범은 반드시 처벌을 관대히 하거나 감경하여야 함(제17조의 1) |

하였다. 또한 형사책임 추궁 판단기준을 "행위+정도+최고검찰원원 비준"으로 하여 도가 넘은 미성년자 범죄행위에 대한 처벌과 미성년자에 대한 보호 간의 밸런스를 찾고자 하는 노력이 보인다.

## 나. 장애인

### 1) 정신장애인(精神病人)

정신장애인의 형사책임 부담 여부에 있어서, 중국은 형사책임완전능력 정신장애인(完全刑事責任能力的精神病人), 형사책임한정능력 정신장애인(限制刑事責任能力的精神病人), 형사책임완전무능력 정신장애인(完全無刑事責任能力的精神病人)으로 구분하고 있다.

정신장애인(정신병자, 精神病人)이 자신의 행위를 변별할 수 없거나 통제할 수 없을 때 야기한 결과라고 법정절차에 따른 감정을 통해 확인된 경우에는 형사책임을 지지 않고, 그의 가족이나 후견인에게 행위자를 엄중하게 감독관리하고 치료할 것을 명해야 하며, 필요한 경우 정부에서 강제의료를 집행하는데(제18조 제1항) 이를 '형사책임완전무능력 정신장애인'이라 칭한다. 아울러 자신의 행위에 대한 변별능력 또는 통제능력이 완전히 상실되지 아니한 정신장애인이 죄를 범한 경우, 이를 '형사책임제한능력 정신장애인'이라 칭하고 그에 대해서는 처벌을 관대히 하거나 감경할 수 있다(제18조 제3항).

'형사책임완전능력 정신장애인'이란 말 그대로 비록 장애인이지만 처벌의 관대 또는 감경 없이 완전한 형사책임 능력을 부담해야 되는 자를 말하는데, 여기에는 주로 아래 두 가지 유형이 있다. 하나는 정신이 정상일 때 죄를 범한 간헐적 정신장애인이고(제18조 제2항), 다른 하나는 비정신병적 정신장애인인 경우이다.

### 2) 청각 및 언어 장애인 또는 시각장애인

농아인(又聾又啞的人)이나 맹인(盲人)이 죄를 범한 경우 처벌을 관대히 하거나 면제할 수 있다. 여기서 농아인 이란 청각과 언어 장애를 동시에 앓고 있는 장애인을 뜻하고, 맹인이란 양안 모두 시각적 기능을 상실한 장애인을 말한다. 한국과 비교하면 한국은 시각장애인에 대한 형사책임 감경 규정이 없다. 또 한국은 형법 제11조 농아자에 대한 형의 필요적 감경을 규정하고 있지만, 중국은 이와 달리 형의 감경 가능성을 규정하고 있어서, 중국에서는 상기 신체적 장애가 있다 하여 반드시 형을 감경해야 하는 것은 아니고, 판단의 핵심은 여전히 당사자가 자신의 행위에 대해 완전한 변별능력 또는 통제능력을 갖고 있는지 여부이다.

### 다. 주취(醉酒)

중국『형법』은 주취 한자가 죄를 범한 경우 형사책임을 져야 한다고 규정하였다(제18조 제4항). 실무에서는 주취 후 범죄에 있어서 선행적으로 '병리성 주취(病理性醉酒)'인지 아니면 '생리성 주취(生理性醉酒)'인지를 감정하고, 음주 후 자연인의 생물학적 반응으로 만취하여 있는 상태인 '생리성 주취'에 한하여 형사책임을 묻는다. '병리성 주취'란 상시적으로 주취한 상태에 처해 있는 정신병을 말하기에, 이는 위에서 언급한 '형사책임완전무능력 장애인'에 해당하여, 병리성 주취로 감정 받은 행위에 대해서는 통상적으로[19) 형사책임을 묻지 않는다.

한국은 형법 제10조 제2항에 근거하여 주취를 심신미약으로 보고 감형을 해주는 판례들 때문에 논란이 있지만[20) 중국에서는 형법 조항이 주취자는 형사책임을 져야 한다고 규정하여 '생리성 주취'는 당연히 형벌 감경사유가 아니라고 판단하는 경향이 있다. 즉 '생리성 주취'에 처하게 된 것은 행위자가 스스로 선택한 것이고, 행위자는 자신이 주취 상태

---

19) 자신이 병리성 주취 정신병자인 것을 알고 있고 이를 이용하여 범죄를 범한 경우, 또는 죄를 범하기 위해서 자신을 병리성 주취 정신병자가 되도록 하고 그 후 병리성 주취 상태에서 죄를 범한 경우는 형사책임을 추궁해야 한다.

20) 예컨대 8세 여아를 성폭행하고 장기를 훼손한 2008년 조두순 사건에서, 2009년 1심 판결문 법령적용 항목에 "심신미약 감경"이라고 적혀 있지만 이에 대한 설명은 없었다.

에 처하기 전에 그러한 행위를 제지하거나 통제할 능력이 있으며, 만취 상태가 초래할 수 있는 예측불가 상태의 발생가능성에 대해 인지하고 있음에도 그러한 상황 발생을 방치하였기에 이는 감경사유가 되어서는 아니 된다는 것이다.[21] 다만 이에 대해 통설은 해당 논리는 행위인이 처해 있는 실제적인 형사책임능력 상황은 전혀 고려하지 않고 주취를 범죄행위와 동일한 것으로 평가하는 것은 적절하지 않다면서, 만약 행위자가 주취 전에 자신이 주취 후 행한 사회위해성 행위에 대한 고의 또는 과실이 있다면 형사책임을 져야 하겠지만, 그렇지 않았다면 행위 당시의 정신상태에 따라 형사책임 무능력 상태이면 형사책임을 지지 않고, 형사책임 한정 능력 상태이면 감경처벌을 받아야 한다는 입장이다.[22]

# VI. 중국의 형벌체계

## 1. 중국 형벌의 유형

중국의 형벌은 범죄자에게 유일하게 단 한개의 유형으로 적용할 수 있는 주형(主刑)과 주형의 보충적인 형벌로 여러 개를 부가적으로 적용할 수 있는 부가형(附加刑)으로 구분한다(제32조). 주형에는 자유를 제한하는 자유형인 관제(管制), 단기징역(구역, 拘役), 유기징역(有期徒刑) 및 무기징역(無期徒刑)과 생명을 박탈하는 생명형인 사형(死刑)과 사형집행유예(死緩)가 있다(제33조). 부가형에는 재산형인 벌금(罰金), 재산몰수(沒收財產)와 지격형인 정치권리박딜(剝奪政治權利)(제33조)과 국외추방(驅逐出境)이 있다(제34조).[23]

---

21) 曲新久,《刑法学》, 中国政法大学出版社, 2009年版, 第102页.

22) 贾宇, 전게서, 제153~154면.

23) 중국 『형법』에서는 제33조로 주형의 종류를, 제34조로 부가형의 종류를 그리고 제34조로 국외추방을 규정하였다. 국외추방은 죄를 범한 외국인에게 단독으로 적용하거나 기타 형벌과 함께 부가적으로도 적용할 수 있기에, 엄격하게 구분하면 국외추방은 부가형에 속하지 않는다. 하지만 주형 외에 부수적으로 적용하는 형벌이라는 의미에서

이외에도 형벌은 아니지만 『형법』에서 규정한 법원이 형사재판과 동시에 명할 수 있는 비형사벌처벌(非刑罰措施)이 있다. 즉 범죄의 정황이 형벌을 부과하지 않아도 되는 정도로 경미하다면 형사처벌을 면제할 수 있지만, 재판으로 훈계(訓誡), 공식 반성(具結悔過), 공식사과(賠禮道歉), 손해배상을 명하거나 주관부서에게 행정처벌(처분)을 부과할 것을 명할 수 있다(제37조). 아울러 특정 업무의 종사를 3년에서 5년까지 금지할 수 있는 소위 "종업제한(從業禁止)" 조항이 있다. 이에 따르면 직무의 편리를 이용하여 실행한 범죄, 또는 업무직책상 요구되는 특정 임무를 위반하는 죄를 범하여 형사처벌을 받게 되는 경우, 법원은 범죄 정황과 재범방지의 필요성에 따라 범죄자에게 형벌 집행 완료일, 또는 가석방 일자부터 관련 업종에 종사하는 것을 금지할 수 있다(제37조의 1). 상기 비형사처벌을 이행하지 않고 그 경위가 엄중한 경우, 『형법』 제313조에서 규정한 "판결집행거부죄(拒不執行判決罪)"로 처벌할 수 있다.

## 2. 중국 형벌의 집행

### 가. 형벌 집행기관

벌금, 재산몰수, 사형의 즉각 집행은 법원에서, 유기와 무기징역 및 사형집행유예는 감옥관리기관이 집행하며 단기징역(구역), 정치권리박탈은 공안기관이 집행하며 관제, 집행유예, 가석방(假釋)은 지역사회교정기구(社區矯正機構)24)에서 집행한다. 각 형벌의 집행기관을 정리하면 아래와 같다.

---

중국의 주류 학자들은 이를 부가형의 한 종류로 보고 있다. 예컨대 賈宇, 전게서, 제305면, 罗翔, 《刑法学讲义》, 果麦文化, 2020年, 第152页, 최宪权, 전게서, 제407면.

24) 중국은 해마다 증가하는 감옥 수감자를 감당하기 어렵게 되면서 1990년대부터 수감자 처우에 관심이 많아졌고 2002년에는 북경과 상해를 시범지역을 선정하여 지역사회교정을 실시하였으며 그 후 전국적으로 확산하다가 2011년 『형법수정안 (8)』에서 지역사회교정제도를 구축하였다. 현급 이상 정부는 수요에 따라 지역사회교정기구를 설립하고 운영한다.

**표 ▶ 중국의 형벌 유형과 집행기관**

| 형벌 유형 | | 집행기관 | 기한 | 비고 |
|---|---|---|---|---|
| 주형 | 관제 | 지역사회 교정기구 | 3개월~2년, 최장 3년. 최소 확정형별 1/2 이상 집행해야 함 | 수감하지 않으나, 상당한 자유 제한, 지역사회 봉사 참여. 봉사 참여 시 기타 봉사 참여자와 같은 보수를 지급받음 |
| | 단기 징역 | 공안기관 | 1개월~6개월, 최장 1년. 최소 확정형별 1/2 이상 집행 | 수감 후 매월 1회 내지 2회 귀가 가능. 인신 자유 단기 박탈형. 인근지역 노동에 참여하고, 노동 참여 시 일정한 비용을 지불 |
| | 유기 징역 | 공안기관 | 6개월~15년, 최장 25년. 최소 확정형별 1/2 이상 집행 | 노동능력이 있는 경우 반드시 무상으로 노동에 참여해야 함. 형벌 집행기간이 3개월 이하인 경우 구치소에 집행. 미성년자 범죄는 미성년자 관리교도소에서 집행 |
| | 무기 징역 | 감옥관리 기관 | 최소 13년 집행해야 함 | 노동능력이 있는 경우 반드시 무상으로 노동에 참여해야 함 |
| | 사형 / 사형 집행 유예 | 감옥관리 기관 | 2년 유예기간 | 2년 유예기간 내 고의범죄가 없으면 무기징역으로 전환. 감형제한인 경우를 제외하고, 무기징역으로 전환 후 최소 15년 집행해야 함 |
| | 사형 / 사형 즉각 집행 | 원심법원 | / | 중급이상 법원이 1심법원이고, 최고인민법원에서 비준함 |
| 부가형 | 벌금 | 법원 | / | 주형과 함께 병과하거나 단독 적용 가능 |
| | 재산 몰수 | 법원 | / | 주형과 함께 병과하거나 단독 적용 가능 |
| | 정치 권리 박탈 | 공안기관 | 1년~종신 | 주형과 함께 병과하거나 단독 적용 가능<br>1~5년(무기징역 이하의 징역형에 적용)<br>3~10년(사형집행유예 및 무기징역에서 유기징역으로 전환 후 적용)<br>종신(사형 또는 무기징역에서 적용) |
| | 국외 추방 | 공안기관 | / | 외국인 대상 적용 |

## 나. 감형과 가석방제도

### 1) 감형

중국에서 감형은 "감형가능"과 "반드시 감형"으로 구분하고 있다. 관제, 단기징역, 유기징역 또는 무기징역을 선고받은 범죄자가 집행기간 중에 감독 또는 수감규칙을 잘 준수하고 교육과 교정을 받아들여 확연하게 참회하고 있음이 보이거나 공적이 있다면 감형할 수 있다. 그러한 공적이 아래 유형에 해당하는 경우에는 반드시 감형해야 한다: ① 타인의 중대한 범죄활동을 제지한 경우, ② 감옥 내외에서 발생한 범죄를 신고하고, 조사 결과 그것이 사실인 경우, ③ 발명, 창조 또는 중대한 기술혁신을 한 경우, ④ 일상의 생산, 생활에서 자신을 희생하여 남을 구해준 경우, ⑤ 자연재해를 제압하거나 중대한 사고를 막는 데 있어 특별한 공을 세운 경우, ⑥ 기타 국가나 사회에 중대한 공헌을 한 경우.

감형에 관해서는 집행기관이 중급 이상의 인민법원에 감형건의서(減刑意見書)를 제출하고, 인민법원은 합의부(합의정, 合議庭)를 구성하여 감형에 대한 결정을 한다(제79조). 감형은 회수 제한이 없지만 감형 후 실제 집행하는 형기에는 아래의 제한이 있다: ① 관제, 단기징역, 유기징역을 선고한 경우에는 원판결 형기의 1/2 이하로 낮출 수 없음, ② 무기징역을 선고한 경우 13년 이하로 낮출 수 없음, ③ 감형제한이 없는 사형집행유예에서 무기징역으로 전환 후 15년 이하로 낮출 수 없음, ④ 감형제한이 있는 사형집행유예에서 무기징역으로 전환 후 25년 이하로 낮출 수 없고, 중대한 공적 때문에 기존 감형제한이 있는 사형집행유예에서 25년 유기징역으로 전환 하였다면 전환 후 20년 이하로 낮출 수 없다(제78조).

### 2) 가석방

중국에서 가석방이란 유기징역을 선고받은 범죄자가 원판결 형기의

1/2 이상을, 무기징역을 선고받은 범죄자는 13년 이상의 형집행을 받은 상황에서, 감독 또는 수감규칙을 잘 준수하였고 교육과 교정을 받아들여 확연하게 참회하고 있어서 더 이상 사회위해성이 없다고 판단되는 경우 특정 규범들을 준수하는 전제하여 그를 사전 석방하는 제도이다. 적용 요건에 있어서 감형보다 "더 이상 사회위해성이 없음(不至再危害社會)"이 요구된다. 국가정치, 국가안보, 외교 등 국가전략적 필요가 있는 등 특수 상황이 있는 경우, 최고인민법원의 심사비준을 받아 상술한 형기집행의 제한을 받지 않을 수 있다. 다만 누범 및 고의살인, 강간, 강도, 납치, 방화, 폭발, 위험물질 투척이나 조직폭력 범죄로 인하여 10년 이상 유기징역 또는 무기징역을 선고받은 범죄자는 가석방을 적용할 수 없다(제81조).

## 3. 중국에서 형벌의 소멸

　형벌의 소멸이란 법에서 규정한 특정 사유 때문에 국가가 범죄자를 대상으로 형벌권을 행사하지 않는 경우를 말한다. 중국에서 형벌 소멸은 주로 ① 소추시효의 도과, ② 사면, ③ 신고하여야 처리하는 범죄에서 신고를 하지 않았거나 신고를 철회, ④ 피의자, 피고인의 사망 등이 있다.

### 가. 소추시효의 도과

　중국 형법은 공소시효가 아닌 소추시효(追訴時效)를 규정하고 있다. 형법은 아래의 기간을 도과한 범죄에 대해 국가는 더 이상 소추하지 아니한다고 규정하였다: ① 해당 범죄의 최고형이 5년 미만 유기징역인 사건이 5년을 경과한 경우, ② 해당 범죄의 최고형이 5년 이상 10년 미만의 유기징역인 사건이 10년을 경과한 경우, ③ 해당 범죄의 최고형이 10년 이상의 유기징역인 사건이 15년을 경과한 경우, ④ 해당 범죄의 최고형이 무기징역 또는 사형인 사건이 20년을 경과한 경우. 다만 20년이 경과하였다 하더라도 여전히 소추의 필요성이 있다고 여긴다며 최고인민검찰원에 보고하고 비준을 받아 소추를 할 수 있다(제87조).

한국『형법』은 공소시효를 규정한 것과 달리, 중국『형법』은 소추시효를 규정하였기에, 중국은 검찰의 기소를 시점으로 하는 것이 아니라 국가가 해당 사건을 인지한 것을 시점으로 하고 있다. 때문에 공안, 인민검찰원, 국가안보기관이 입건(立案)하였거나 법원이 사건을 접수한 경우, 또는 피해자가 소추기한 내에 고소하여 국가기관이 입건해야 하는데 입건하지 않는 경우도 국가가 해당사건을 인지한 것에 해당하기에 소추기한의 제한을 받지 않는다(제88조).

## 나. 사면

중국은 사면에 있어서, 1954년『헌법』에서 범죄에 대한 소추와 형벌집행 모두를 사면하는 일반사면(대사, 大赦)과 범죄에 대한 소추는 면하지 않고 형 집행의 전부 또는 일부만 면제하는 특별사면(특사, 特赦)제도를 함께 규정하였지만 현행 1982년 헌법은 특별사면 제도만 두고 있다. 따라서 현재 중국에서 '사면'이란 특별사면을 말한다. 특별사면은 통상적으로 당중앙 또는 국무원에서 제안하고 전국인민대표대회 상무위원회가 결정하며, 국가주석이 특별사면령을 발표하고 최고인민법원에서 집행한다(중국 헌법 제67조, 제80조).

중국은 현재까지 총 9번의 특별사면을 발표하였는데 개혁개방 이후의 사면은 2015년 8월 29일 항일전쟁 및 세계반파시즘전쟁 승리 70주년 기념을 위한 제8차 사면과 2019년 6월 29일 중화인민공화국 건국 제70주년 기념을 위한 제9차 사면 밖에 없다. 제9차 사면에서 2019년 1월 1일 전에 확정판결을 받은 아래 재소자들에 대한 특별사면을 실시하였다. ① 중국인민 항일전쟁, 중국인민 해방전쟁에 참가했던 재소자, ② 중화인민공화국 설립 후 국가주권, 안보 및 영토의 완전성을 보위하는

대외전쟁에 참가했던 재소자, ③ 중화인민공화국 설립 후 국가중대건설
프로젝트에 비교적 큰 공헌이 있어서 성부급(省部級) 이상의 '노동모범
(勞動模範)', '선진근로자(先進工作者)', '5.1. 근로 표창장(五一勞動獎章)' 등
의 명예표창을 받았던 재소자, ④ 군인 복역 과정에서 일등공(一等功) 이
상의 공적을 이룬 재소자, ⑤ 과잉방위 또는 과잉피난으로 3년 이하의
유기징역을 선고 받았거나 남은 형기가 1년 이하인 재소자, ⑥ 만 75세
이상이고 중증장애인으로서 생활능력이 없는 재소자, ⑦ 범행 당시 나
이가 만 18세 미만이고 3년 이하의 유기징역을 선고 받았거나 남은 형
기가 1년 이하인 재소자, ⑧ 배우자가 사망하였고 미성년자녀 또는 엄
중한 신체적 장애로 자체적인 생활이 불가능한 자녀를 두고 있어서 반
드시 본인이 부양을 해야 하는 여성 재소자 중 3년 이하의 유기징역을
선고 받았거나 남은 형기가 1년 이하인 재소자, ⑨ 가석방 결정을 받은
범죄자 중 이미 1/5 이상의 가석방 기간을 집행하였거나 관제형을 선고
받은 자. 다만 아래의 경우가 있으면 특사 대상에서 제외한다: i) ②③
④⑦⑧⑨ 중 부패·수뢰범죄, 고의살인, 강간, 강도, 납치, 방화, 폭발,
위험물질 투척범죄 또는 조직성을 갖춘 폭력범죄, 범죄단체형 범죄, 마
약판매범죄, 국가안보위해범죄, 테러범죄를 저지른 자와 조직범죄의 주
범 및 누범, ii) ②③④⑨ 중 나머지 형기가 10년 이상인 재소자와 여전
히 무기징역, 사형집행유예기간에 있는 재소자, iii) 전에 특사를 받았던
경력이 있었던 자, iv) 죄를 인정하지 않고 참회의 표현이 없는 자, v)
심사 후 현실적인 사회위해성이 있는 자.

## 4. 중국에서의 사형

중국에서의 사형은 사형즉각집행과 사형집행유예가 있다. 사형집행
유예란 사형을 선고받았지만 즉각 집행을 하지 않고 2년의 사형집행 유
예기간을 갖게 하며, 유예기간 내 고의범죄를 범하지 않은 경우 무기 또

는 유기징역으로 전환하는 사형 형벌을 말한다. 2년의 유예기간에 고의 범죄가 없다면 2년 만기 후 무기징역으로 감형한다. 만일 고의범죄가 있고 그 상황이 악랄(惡劣)한 경우 최고법원에 서면으로 보고하고 최고 법원의 비준을 받아 사형을 집행한다. 다만, 여기의 '고의범죄'란 새로 범한 범죄에 한하지 않고, 사형 집행유예를 선고받기 전에 이미 범한, 사형집행유예 선고 시에는 발견하지 못했지만 2년 유예 기간 내에 새로 발견된, 즉 사형 집행유예 선고받기 전에 사법기관으로부터 형사책임 추궁에서 누락된 범죄도 포함한다.

　　중국은 사형의 신중한 처리에 관하여 많은 심혈을 기울이고 있다. 2007년 1월에 중국은 기존의 법원조직법을 수정하여 사형 집행의 동의 권을 최고인민법원에 부여하였다. 이로써 모든 2심 법원의 사형 판결은 최고인민법원의 심사와 동의를 받아야만 집행이 가능해졌다. 또 최고법 원의 심사는 단지 서면심사가 아니라 반드시 피고인에 대한 심문을 전 제로 하는 실질적인 심사를 진행해야 하고, 2012년이 되어서야 형사소 송법에 대한 제2차 수정으로 도입된 위법증거배제 규정은 사형사건에 서는 이미 2007년부터 적용되고 있다. 그리고 2011년 형법수정안(8)에 서 절도죄, 귀금속 밀수죄 등을 비롯한 13개 죄명의 사형적용을 폐지하 고, 형법 수정안(9)에서 사기죄, 위폐제조죄(伪造货币罪) 등을 비롯한 9개 죄명의 사형적용을 폐지하였다.[25] 이로서 중국의 사형집행가능죄명은 1982년의 71개에서 현재의 46개로 감소되었다.

## VII. 중국의 양형제도

### 1. 양형 기본원칙

　　양형(量刑)이란 법에 따라 범죄에 대한 형벌재량을 행사하여 범죄자에

---

25) 장지화, "엄벌주의 현황에 대한 고찰 - 중국의 아동 관련 범죄를 중심으로", 인권과 정 의(통권 제489호), 제274면.

대한 형벌을 최종적으로 확정하는 것을 뜻한다. 중국 형사법 실무에서는 형사사건을 범한 죄를 확정하는 "정죄(定罪)" 단계와 범죄 행위에 대한 형사처벌의 정도를 확정하는 "양형" 단계로 나누어 분석하고 실무를 진행한다.

중국 형법 제61조는 "범죄자에 적용할 형벌을 결정할 때에는 범죄사실, 범죄의 성질, 정황 및 사회에 초래한 위해 정도에 따라 본법의 관련 규정에 따라 선고하여야 한다"고 규정하였는데, 형사법 학계는 이를 "범죄사실(또는 사건사실)을 근거로 하고 형사 법률규정을 기준으로 하는 양형원칙"이라고 칭하고 있다.26)

## 2. 양형의 방법

양형방법에 있어서 중국은 "법정양형정황(法定量刑情節)"과 "참작양형정황(酌定量刑情節)"으로 구분하고, 그중 "법정양형정황"이란 형법에서 명문으로 규정한 양형 정황을 말하는데, 여기에는 비교적 관대하게 처벌함을 뜻하는 '관대처벌(從輕處罰)', 비교적 엄중하게 처벌함을 뜻하는 '무겁게 처벌(從重處罰)', 그리고 감경처벌(減輕處罰)과 처벌면제(免除處罰) 등 네 가지 유형이 있다. 여기서 관대처벌과 무겁게 처벌은 법정형 한도 내에서의 양형조절인 반면 감경처벌은 법정형을 한 단계 낮추는 양형 방식이다.27) '참작양형정황'이란 법에서 명문으로 규정하지는 않았지만 실무에서 고려해야 하는 정황을 말하고 여기에는 범죄의 동기, 범죄의

---

26) 贾宇, 전게서, 제325면; 陈兴良著,《刑法适用总论（上下卷）》（第三版）, 中国人民大学出版社, 2017, 第1004.页. 王作富主编,《中国刑法适用》, 中国公民公安大学出版社, 1987年, 第239页.

27) 예컨대 중국 형법 제264조 절도죄의 가장 기본적인 형사처벌인 3년 이하 징역, 구역, 관제이고 비교적 엄중한 경우 3년 이상 10년 이하 유기징역이다. 가령 범죄자의 행위가 비교적 엄중한 경우에 속하여 그 행위 자체만 판단하면 5년 징역에 처해야 한다. 이때 종경처벌이란 3년 유기징역을 선고하는 것이고, 감경처벌이란 3년 유기징역보다 낮은 형, 예컨대 1년 유기징역을 선고하는 경우를 뜻한다.

수단, 범죄의 대상, 범죄자의 태도, 전과가 있는지 여부 등이 포함된다. 중국의 법정양형정황은 아래 도표로 정리할 수 있다.

**표 ▶ 중국의 법정양형정황**

| 유형 | 대상 | 양형 정황 |
|---|---|---|
| 형사책임 주체에 따른 양형 | 만 18세 미만 미성년자 | 관대 또는 감경처벌 해야 함(제17조 제3항) |
| | 만 75세 이상 노인 | 고의범인 경우 관대, 감경처벌 가능. 과실범인 경우 관대, 감경처벌을 해야 함(제17조 제1항) |
| | 형사책임제 한능력 정신장애인 | 관대 또는 감경처벌 가능(제18조 제3항) |
| | 농아인 또는 망인 | 관대, 감경 또는 처벌면제 가능(제19조) |
| 범죄형태에 따른 양형 | 예비범 | 기수범 대비 관대, 감경 또는 처벌면제 가능(제22조 제2항) |
| | 미수범 | 기수범 대비 관대, 감경 가능(제23조 제2항) |
| | 중지범 | 손해를 초래하지 않은 경우 처벌면제해야 하고, 손해를 초래한 경우 감경처벌 해야 함(제24조 제2항) |
| 공동범죄 | 종범 | 관대, 감경 또는 처벌면제를 해야 함(제27조 제2항) |
| | 협박에 의한 종범 | 협박에 의해 범죄에 가담한 경우 행위자의 범죄 정황에 따라 감경 또는 처벌면제를 해야 함(제28조) |
| | 미성년자 교사범 | 18세 미만 미성년자를 교사하여 범죄행위를 한 경우 무겁게 처벌해야 함(제29조 제1항) |
| | 교사 미수범 | 피교사자가 교사한 행위를 범하지 않은 경우, 교사범에 대해 관대 또는 감경 처벌 가능(제29조 제2항) |
| 범죄 후 행위에 따른 양형 | 자수 | 자수한 경우 관대 또는 감경처벌이 가능하고, 범죄가 비교적 경하다면 처벌면제 가능(제67조 제1항) |
| | 유공자(입공, 立功) | 범죄자가 타인의 범행을 폭로하여 조사한 결과 사실로 밝혀진 경우, 또는 중요한 단서를 제공하여 기타 사건 수사 해결에 공적이 있는 경우 관대 또는 감경 |

| | | |
|---|---|---|
| | | 처벌 가능. 중대한 공적이 있는 경우, 감경 또는 처벌 면제 가능(제68조) |
| | 자백(坦白) | 자수는 아니지만 자신의 범죄행위를 사실대로 진술하였다면 관대처벌 가능. 사실대로 진술함으로써 특별히 엄중한 결과의 발생을 예방한 경우 감경처벌 가능 (제67조 제3항) |
| 기타 | 형법의 소극적 승인 | 이미 외국에서 형벌처벌을 받았다면 감경 또는 처벌 면제 가능(제10조) |
| | 과잉방어 (防衛過當) | 정당방위가 필요한 정도를 현저히 초과하여 중대한 손해를 초래한 경우 형사책임을 져야 하지만 감경 또는 는 처벌면제를 해야 함(제20조 제2항) |
| | 과잉피난 (避險過當) | 긴급피난이 필요한 정도를 초과하여 있어서는 안 될 손해를 초래한 경우 형사책임을 져야 하지만 감경 또는 는 처벌면제를 해야 함(제21조 제2항) |
| | 누범 | 무겁게 처벌해야 함(제65조) |

## 3. 양형 관련 제도

### 가. 병과제도(數罪並罰)

1인이 서로 다른 종류의 수죄(數罪)를 범한 경우의 처벌에 대해 중국 『형법』은 소위 "수죄병과(數罪並罰)"라 칭하는 병과제도를 채택하고 있고 이는 흡수원칙(吸收原則), 병과원칙(並科原則), 가중제한원칙(限制加重 原則)에 의해 적용한다. 흡수원칙이란 1인이 행한 여러 범죄 별로 양형을 결정하였는데 그중 사형이나 무기직영이 있는 경우 흡수원칙을 채택하여 사형이나 무기징역만 집행함을 뜻한다. 병과원칙이란 수죄 중 부가형이 결정된 경우, 각 부가형은 구분하여 집행하여야 하고, 같은 유형의 부가형인 경우 병합하여 집행하는 것을 말한다.[28] 가중제한원칙이란

---

28) 예컨대 두 개의 범죄를 범하였고 범죄 별로 벌금형 5,000위안과 3,000위안이 결정된 경우 8,000위안 벌금형을 선고한다.

각 범죄 별로 유기징역·단기징역(구역)이나 관제가 결정된 경우, 선고
하는 양형은 결정된 각 징역 중 가장 중하게 결정한 징역보다는 높지만
각 징역의 합산보다 낮아야 함을 뜻한다. 다만 각 범죄에 대해 모두 유
기징역이 결정된 경우 최고 20년 징역을 선고해야 하고, 각 범죄에 대
해 유기징역과 기타 형벌이 결정되고 합산하여 35년 이상의 징역이 나
오는 경우 최고 25년 징역을 선고하며, 각 범죄에 대해 모두 단기징역
이 결정된 경우 최고 1년의 단기징역을, 그리고 각 범죄에 대해 모두 관
제가 결정된 경우 최고 3년의 관제를 선고한다(제69~71조).

## 나. 집행유예제도

형법 상 유예는 주로 형벌의 선고유예, 집행유예와 기소유예 이 세
가지 제도가 있는데, 중국에서는 집행유예제도만 존재한다. 중국은 집행
유예에 있어서 일반 집행유예(제72조)와 전시(戰時) 집행유예(제449조)를
규정하였고 본문에서는 일반 집행유예만 다루겠다.

일반 집행유예란 단기징역(구역) 또는 3년 이하의 유기징역을 선고
받은 범죄자 중, ① 범죄의 정황이 비교적 경한 경우, ② 죄에 대한 참
회가 보여진 경우, ③ 재범 위험성이 없는 경우, ④ 집행유예의 선고가
거주지 동네 사회에 중대하게 부정적인 영향을 주지 않는 경우에는 집
행유예를 선고할 수 있다. 그중 만 18세 미만 미성년자, 임신중 부녀, 만
75세 이상 노인에 대해서는 반드시 집행유예를 선고해야 한다(제72조).

다만 누범과 범죄단체의 수괴(首要分子)에게는 집행유예를 적용하여서
는 아니 된다(제74조). 유기징역, 단기징역(구역)에 처해야 되는 범죄자에
집행유예를 적용하는 경우, 집행유예 적용기간은 해당 범죄에 대해 결정
되어야 했던 형벌의 형기보다는 높아야 하며 유기징역은 1년에서 5년 사
이로, 단기징역(구역)은 2개월에서 1년 사이에서 선고되어야 한다(제73조).

## 4. 중국 형법상 특수한 양형 요소

### 가. 누범

중국 『형법』은 누범을 일반누범(一般累犯)과 특수누범(特殊累犯)으로 구분하고 있다. 일반누범이란 유기징역 이상의 형을 선고받은 범죄자가 형벌의 집행을 종료하거나 또는 사면된 후 5년 이내에 유기징역 이상의 형벌을 선고해야 할 죄를 다시 범한 것을 말하지만, 과실로 범한 죄와 만 18세 미만의 자가 범한 죄는 포함하지 않는다(제65조 제1항).

특수누범이란 국가안전위해범죄(危害國家安全犯罪), 테러범죄(恐怖活動犯罪), 조직폭력배범죄(黑社會性質的組織犯罪)를 범한 범죄자가 형벌 집행 완료 또는 사면된 후 또 다시 상기 유형 범죄 중의 하나를 범하였다면, 전 후 범죄 행위의 시간 간격 및 선고된 형벌의 유형과 관련 없이 이는 누범으로 처리함을 뜻한다(제66조). 누범으로 처리되면 무겁게 처벌받고 (제65조), 집행유예를 적용하지 못하며(제74조), 가석방도 할 수 없을 뿐 만 아니라(제81조 제2항) 법원이 사형집행유예를 선고할 때 감형제한도 함께 선고할 수 있다(제50조 제2항).

### 나. 자수와 자백

중국 『형법』은 자수를 일반자수(一般自首)와 특수자수(特殊自首)로 구 분하고 있다. 일반자수란 범죄자가 범죄 후 스스로 신고하여 사실대로 자신의 범행을 진술하는 것을 뜻한다(제67조 제1항). 특수자수란 이미 강 제조치에 처해 있는 자가 사법기관이 아직 파악하지 않은 본인의 기타 범죄행위를 사실대로 진술하는 경우 자수로 간주함을 뜻한다(제67조 제2 항). 자수한 경우 관대 또는 감경처벌이 가능하고, 범죄가 비교적 경하 다면 처벌면제가 가능하다(제67조 제1항). 자백이란 자수는 아니지만 자 신의 범죄행위를 사실대로 진술한 것을 뜻하는데 자백을 하면 관대처벌 이 가능하다. 사실대로 진술함으로써 특별히 엄중한 결과의 발생을 예방한 경우에는 감경처벌이 가능하다(제67조 제3항).

## 다. 유공자(입공, 立功)

범죄자가 타인의 범행을 폭로하여 조사한 결과 사실로 밝혀진 경우,
또는 중요한 단서를 제공하여 기타 사건 수사 해결에 공적이 있다면 관
대 또는 감경처벌이 가능하다. 범죄자의 이러한 폭로와 사건단서 제공
으로 해결한 사건이 무기징역 이상의 형벌에 처해져야 하는 중대사건에
해당하거나, 소속 성급 지역, 나아가 전국적으로 비교적 중대한 영향이
있다면 이는 중대한 공적에 해당하고[29] 이때에는 감경 또는 처벌면제가
가능하다(제68조).

---

29) 최고인민법원 『자수와 유공자에 대한 구체적인 법률 적용 일부 문제에 대한 해석(關
於自首和理工具體應用法律若干問題的解釋)』 제7조 참조.

# 참고문헌

장지화, "엄벌주의 현황에 대한 고찰 - 중국의 아동 관련 범죄를 중심으로",
　　인권과 정의(통권 제489호), 2020.

강광문 · 김영미, 중국법강의, 박영사, 2017.

张明楷, "刑法修正案与刑法法典化", 《政法论坛》第39卷第4期, 2021.

刘流, "论我国刑法的基本原则", 中国高级法官培训中心法学论坛, 1997.

马克昌, "论我国刑法的基本原则", 中国检察官管理学院学报, 1997.

贾宇主编, 《刑法学(上册 · 总论)》, 高等教育出版社, 马克思主义理论研究和建
　　设工程重点教材, 2019.

刘宪权主编, 《刑法学(第五版 全二册)》, 上海人民出版社, 2020.

曲新久, 《刑法学》, 中国政法大学出版社, 2009.

罗翔, 《刑法学讲义》, 果麦文化, 2020.

陈兴良著, 《刑法适用总论(上下卷)》(第三版), 中国人民大学出版社, 2017.

王作富主编, 《中国刑法适用》, 中国人民公安大学出版社, 1987.

## 제5장

# 형사소송법

장지화(김앤장 법률사무소 중국 변호사)

# Ⅰ. 중국 형사소송법의 연혁

중국은 1951년 9월에 『인민법원잠정조직조례(人民法院暫行組織條例)』, 『인민검찰서잠정조직조례(人民檢察署暫行組織條例)』, 『각급인민검찰서조직통칙(各級人民檢察署組織通則)』 등을 발표하여 법원과 검찰서의 권한을 규정하고 공개심판, 회피, 변호 등 형사소송 기본원칙과 소송제도를 확립하였다. 1954년에 『인민법원조직법(人民法院組織法)』과 『인민검찰원조직법(人民檢察院組織法)』 그리고 『구속체포조례(逮捕拘留條例)』를 발표하여 법원과 검찰원의 권한 등을 규정하였으며 1963년에 『형사소송법(초안)』을 제정하였지만 법으로 통과되지 않았다.[1] 문화대혁명을 거친 후, 1979년 7월 1일 『형사소송법초안』(제2차수정안)이 제5기 전국인민대표대회 제2차 회의에서 통고하여 중국은 끝내1980년 1월 1일부터 『형사소송법』을 시행하게 되었다. 이 법률은 현재까지 1996년, 2012년, 2018년에 총 3번 개정되었다. 2018년 10월 26일의 제3차 개정은 『국가감찰법(國家監察法)』과의 연결, 형사결석심판제도(刑事缺席審判制度), 인죄인벌제도(認罪認罰)와 신속재판절차(速裁程序)를 도입하여 기존의 290개 조항을 308개 조항으로 확대하였다. 형사소송법의 제3차 개정의 유효한 집행을 위해 중국은 2019년에 『인민검찰원 형사소송규칙(人民檢察院刑事訴訟法規則)』을, 2020년에는 『공안기관 형사사건 처리절차규정(公安機關辦理刑事案件程序規定)』을, 2021년에는 『형사사송법 적용 해석(關於適用刑事訴訟法的解釋)』를 제정하였다.

---

1) 陈光中,《刑事诉讼法》( 第七版 ), 北京大学出版社, 2021年, 第87页.

## Ⅱ. 형사소송 전문기관

### 1. 형사소송 전문기관 개요

형사소송 전문기관이란 법정권한에 의해 형사소송활동을 전개하는 국가기관을 말하고 여기에는 주로 인민법원, 인민검찰원과 공안기관이 있다. 대체적으로 공안기관은 형사사건 수사를, 검찰은 공소를, 법원은 심판을 담당하는데, 공안기관은 국무원 산하에 있는 행정기관으로서 한국의 경찰과 유사하고, 인민법원은 재판권을 행사하는 사법기관이라는 점에서 한국의 법원과 기관 특성상 차이가 없다고 할 수 있다. 다만 중국의 인민검찰은 헌법 상 법률감독기관(法律監督機關)이고 법원과 동일한 지위에 있는 사법기관이기에 중국 형사소송 전문기관 중에서 중국의 검찰기관이 한국과 가장 큰 차이가 있다고 할 수 있다. 이외에도 ① 국가안보기관이 국가안전위해 관련 형사사건 처리 시, ② 국가해경국(國家海警局)이 해상 업무 집행에서 형사사건 처리 시, ③ 군대안보부서가 군대 내부에서 발생한 형사사건 처리 시, ④ 감옥이 감옥 내부에서 발생한 형사사건 처리 시, ⑤ 세관의 밀수범죄 수수부서가 밀수범죄 처리 시 공안과 동등한 직권을 행사하기에(제4조, 제308조) 국가안보기관, 국가해경국, 군대안보부, 감옥도 형사소송 전문기관이지만 이들을 특정 사안에 대한 특별 공안기관이라고 정리할 수 있다. 인민법원, 인민검찰원 및 공안의 대체적인 업무분담은 아래와 같다.[2]

| 기관 | 형사소송에서의 지위 | 주요 직권 |
|---|---|---|
| 공안<br>기관 | ■ 수사(정찰, 偵查)기관 | ① 수사·예심<br>② 형사구류·체포 제청 및 집행<br>③ 관제 등 일부 형벌 집행 |

---

2) 강광문·김미령, 『중국법강의』, 박영사, 128면 참고.

| 인민<br>검찰원 | ■ 법률감독기관<br>■ 공소독점기관<br>■ 일부 형사사건 직접<br>　수사기관 | ① 직접 접수한 사건의 수사<br>② 공안기관 이송사건에 대한 보완수사<br>③ 공안기관 수사 사건에 관한 체포 여부 · 기소<br>　여부 결정<br>④ 공소 제기 및 기제기 공소에 대한 지원(支持)<br>⑤ 기타기관에 대한 법률감독 |
|---|---|---|
| 인민<br>법원 | ■ 심판기관 | ① 형사사건 심판<br>② 필요 시, 수사 활동 보완, 체포 등 강제조치<br>　결정 |

## 2. 인민법원

중국 형사사건의 심판은 인민법원이 담당하고(제3조 제1항) 법원의 판결 없이 그 누구에게도 유죄를 확정할 수 없다(제12조). 인민법원은 형사사건 심사 시 아래의 심판조직(審判組織) 형태를 두고 있다.

첫째, 독임정(獨任庭). 이는 심판원 1명이 단독으로 형사사건을 심사하는 형태를 말하고, 기층인민법원이 간이절차(簡易程序)3), 신속재판절차로 형사사건을 심사할 때 독임정 형태를 취할 수 있다(제183조 제1항, 제216조 제1항).

둘째, 합의부(합의정, 合議庭). 이는 법관자격이 있는 심판원(審判員)과 인민배심원(人民陪審員) 여러 명이 함께 사건을 심사하는 인민법원의 가장 전형적인 조직형태로서 독임정을 적용하는 사건 외에서는 전부 합의부 형태로 사건을 심사해야 한다(제183조). 합의부는 홀수로 구성되어야 하고 결정은 소수복종다수(少數服從多數)로 하며 소수자 의견도 심사기

---

3) 모든 간이절차 적용 사건을 독임정 형태로 심사하는 것은 아니다. 3년 이하 유기징역에 처할 가능성이 있는 사건에 대해서는 독임정 형태거나 합의부 형태가 가능하지만, 3년 이상 유기징역에 처할 가능성이 있는 사건에 대해서는 반드시 합의정 형태로 심사해야 한다. 뿐만 아니라 독임정 형태로 심사하다가 심사 과정에서 피고가 3년 이상 유기징역에 처할 가능성이 있음을 인지한 경우 합의정 형태로 전환하여 심사해야 한다.

록에 기재해야 한다(제184조). 합의정의 진행을 지휘하는 심판장(審判長)
은 법원장 또는 업무부서부장(정장, 廳長)이 직접 당당하거나 심판원 중
에서 지정하여 담당한다. 합의정을 구성하는 인원수는 심판절차와 법원
등급별에 따라 아래와 같이 다르다.

| 사건유형 | 합의정 구성 인원유형과 인원수 |
| --- | --- |
| 기층법원과 중급법원의 1심사건 | 3명의 심판원, 또는<br>총 3명~7명의 심판원과 인민배심원 |
| 고급법원의 1심사건 | 3명~7명의 심판원, 또는<br>총 3명 또는 총 7명의 심판원과 인민배심원 |
| 최고법원의 1심사건 | 3명~7명의 심판원 |
| 2심사건 | 3명 또는 5명의 심판원 |
| 최고법원의 사형허가사건과<br>고급법원의 사형집행유예허가사건 | 3명의 심판원 |

셋째, 심판위원회(審判委員會). 심판위원회는 법원 내부의 최고의사결
정조직인데, 합의부가 중대하고 어렵거나 복잡한 사안을 심사하면서 처
리하기 어렵다고 여기는 경우 심판위원회에 제청할 수 있다. 심판위원
회는 이에 대해 논의를 진행한 후 결정을 해야 하고 심판위원회가 내린
결정을 합의부는 반드시 따라야 한다(제185조). 심판위원회는 법원 원장,
부원장, 일부 경력이 많은 법관이 홀수로 구성되어야 한다(『인민법원 조
직법』 제36조~제38조).

넷째, 인민배심원(人民陪審員). 중국은 2018년 4월에 『배심원법(陪審
員法)』을 제정하여 배심원의 선출조건, 절차, 임기, 배심범위 등을 규정
하였다. 1심 형사사건의 피고는 인민배심원이 참여한 합의정 구성을 요
구할 수 있다. 인민배심원이 총 3인으로 구성하는 합의정에 참여하는
경우 사실관계와 법률적용에 대해 의견을 발표할 수 있고 의결권도 갖
고 있다. 하지만 7인으로 구성하는 합의정에 참여하는 경우에는 의결권

을 행사하지 않는다.

## 3. 인민검찰원

### 가. 인민검찰원의 헌법상 지위

한국 헌법은 제5장 '법원'이라는 제목 하에 법원을 주요내용으로 한 사법제도를 규정하였는데, 중국 헌법 제3장 제7절은 제목자체가 '인민 법원과 인민검찰원'으로 되어 있다. 즉 중국에서 인민검찰원이란 인민 법원과 마찬가지로 헌법상 사법기관이다. 특히 중국 헌법상 인민검찰원 은 "국가의 법률감독기관"(헌법 제134조)이어서 중국 검찰은 대체적으로 아래의 직책을 수행한다: ① 특정 형사사건 수사, ② 형사사건 처리 업 무에 대한 심사로 피의자에 대한 체포를 결정 또는 비준, ③ 형사사건 기소전담, ④ 공익소송 제기, ⑤ 소송활동에 대한 법률감독, ⑥ 판결문 등 확정 법률문서에 대한 법률감독, ⑦ 감옥, 간수소(看守所) 등 수감장 소에서의 법집행에 대한 법률감독, ⑧ 법이 규정한 기타 직책(『인민법원 조직법』 제20조).

### 나. 인민검찰원의 형사소송상 지위

인민검찰이 형사소송에서의 지위를 아래와 같이 요약할 수 있다. 첫 째, 인민검찰원은 수사기관 중의 하나이다. 인민검찰원은 법률감독 업무 수행과정에서 사법업무자가 직무권한을 사용하여 사법공정성을 훼손하 는 범죄[4] 또는 국가공무원이 직무권한을 사용하여 중대한 범죄를 저지 른 사건[5]에 대해서는 직접 수사를 개시할 수 있다(제19조 제2항). 둘째,

---

4) 구체적으론 사법업무담당자(예컨대 법관 등)가 직무권한을 사용하여 불법으로 구금하 는 행위(非法拘禁)·고문으로 자백을 강요하는 행위(刑訊逼供)·불법으로 수색(非法搜 査)하는 행위 등 공민의 권리를 침범하고 사법 공정성을 훼손하는 범죄를 말한다.
5) 공안기관 관할인 국가공무원이 직무권한을 사용하여 중대한 범죄를 저지른 사건을 인민 검찰원이 직접 수리하여야 하는 때에는 성급 이상의 인민검찰원 결정이 있어야 한다.

인민검찰은 중국의 유일한 공소제기 기관이다(제169조). 따라서 인민검
찰은 공안기관이 수사종결한 사건, 감찰기관(監察機關)이 조사종결한 사
건을 심사하여 보완수사결정, 불기소결정 또는 기소결정을 내릴 수 있
다. 셋째, 인민검찰은 전문적인 형사소송 감독기관이다. 인민검찰은 공
안의 입건부터 수사, 법원의 재판심사 및 판결 집행기관들의 형벌 집행
까지의 전반적인 형사소송에 대해 법률감독권을 행사한다. 인민검찰원
은 항소(抗訴), 교정의견(糾正意見), 검찰건의(檢察建議) 제출로 법률감독
권을 행사하는데 항소는 주로 법원의 재판 결과를 대상으로 한 것이고,
교정의견과 검찰건의는 특정된 대상이 없이 그 어느 기관이든 막론하고
행할 수 있다.6)

## 다. 인민검찰원의 조직체계

인민검찰원은 상급이 하급을 지휘하는 조직이어서(『검찰조직법』 제10
조) 하급검찰원의 결정에 착오가 있다고 판단한 경우 상급검찰원은 이
에 대한 교정이거나 파기 또는 변경을 직접 할 수 있다. 또 상급검찰원
은 특정 사건을 하급검찰원에게 지정하여 관할하도록 명할 수 있고 하
급검찰원의 사건을 처리할 수도 있으며 모든 하급검찰원의 인원들을 통
일적으로 동원하여 배치할 수 있다(동일체원칙). 2018년 검찰조직법 개정
후, 현재 중국의 검찰원 내부의 업무처리 조직은 주로 검찰장, 검찰위원
회, 주무검찰관(主任檢察官), 독임검찰관(獨任檢察官), 검찰보조인원(檢察輔
助人員), 사법행정인원으로 구분 되고, 그중 검찰장, 부검찰장, 검찰위원
회위원, 주무검찰관(主任檢察官) 또는 독임검찰관(獨任檢察官)은 검찰서열
에 속하고(『검찰조직법』 제35조) 검찰관이 되려면 반드시 법률 직업자격

---

6) 검찰의 교정의견과 검찰건의를 받은 개인과 법인은 반드시 이에 반응하고 협력을 보
   여주어야 하며 의견 또는 건의를 접수한 상황을 검찰에게 서면으로 회답해야 한다.
   다만 교정의견과 검찰건의를 채택 하지 않은 경우에 대한 처벌조항이 규정되어 있지
   않아 검찰의 교정의견과 검찰건의는 실제적인 강제력은 없는 상황이다.

증(중국 사법고시 통과증명)을 보유(『검찰조직법』 제42조)하는 동시에 공무원 시험을 통과해야 하며, 검찰보조인원과 사법행정인원은 검찰서열에 속하지 않는다(『검찰조직법』 제40조).

### 1) 검찰장

검찰장은 검찰원 내 모든 검찰관의 총지휘자이고 행정사무를 포함한 모든 업무는 검찰장의 지휘에 따라 진행한다. 중대한 사안 처리는 검찰장이 결정하고 검찰장은 일부 업무의 처리를 위탁서에 의해 기타 검찰관에게 위탁할 수 있다(『검찰조직법』 제29조).

### 2) 검찰위원회

인민법원의 심판위원회와 유사한 조직으로서 검찰위원회는 검찰장 부검찰장 및 오랫동안의 검찰업무 처리 경험을 보유하고 있는 검찰관으로, 인원수는 홀수로 구성되며 주로 다수결 원칙에 따라 ① 검찰기관의 전반적 업무에 대한 총체적 평가, ② 중대 복잡 의문점이 많은 사건에 대한 심사와 토론, ③ 검찰업무와 관련되는 기타 중요한 사안의 심사와 토론을 담당한다(『검찰조직법』 제30조, 제31조).

### 3) 주무검찰관과 독립검찰관

처리하는 사건의 정황에 따라 1명의 검찰관이 단독으로 사건을 처리할 수 있고 이를 독임검찰권이라 하며, 2명 이상의 검찰권들이 팀을 구성하여 팀별로 사건을 처리할 수 있는데 그 팀의 주요책임자를 주무검찰관이라 한다(『검찰조직법』 제28조).

## 4. 공안기관

중국 헌법은 국무원이 공안업무를 수행한다고 규정하여(『헌법』 제89

조) 한국의 경찰청에 해당하는 중국의 공안부(公安部)가 중국 내에서 행정집행 및 형사사법에 관련된 업무를 담당하고 통상적인 사법경찰 기능을 하고 있다. 하지만 공안부가 모든 경찰을 통일적으로 관리하고 있는 것은 아니어서 "공안=경찰"이라는 등식은 성립되지 않는다. 또 경찰은 통상적으로 범죄의 수사 등 형사법 작용을 목적으로 하는 범죄전담수사경찰과 국가행정관리 작용을 목적으로 하는 행정경찰로 구분하고 있는데[7] 중국의 경찰은 전자와 후자의 일원주의를 채택하고 있다.[8] 중국에서 "법경(法警)"이라고 불리는 사법경찰은 국가사법기관인 법원과 검찰원에 소속되는 경찰을 말하고, 이외에도 국가안전기관에 소속되는 국가안전경찰과 사법부가 관리하는 감옥 및 계독소(戒毒所)[9]에 소속되는 사법부경찰(司法部警察)도 있다(『인민경찰청법』 제2조 제2항).

공안기관이 형사소송에서의 지위를 아래와 같이 요약할 수 있다. 우선 중국 형사소송법은 법에서 별도의 규정이 없으면 수사는 공안기관이 담당한다고 규정하여(제19조) 중국의 공안은 형사 수사에 있어서 가장 핵심적인 역할을 하고 있다. 또한 공안기관은 수사에 있어서 수사개시 결정권과 수사종결권을 모두 갖고 있고 『형사소송법』상 규정한 대다수의 강제조치채택권이 있으며 앞에서 언급한바와 같이 단기징역, 정치권리박탈 등 일부 형벌의 집행직책도 갖고 있다.

## Ⅲ. 형사소송의 소송참가자

중국 『형사소송법』에 따르면 형사소송 참가자는 당사자와 기타소송 참가자로 구분된다. 형사소송 당사자에는 범죄피의자, 피고인, 피해자,

---

7) 김난진, 김연태, 『행정법 Ⅱ』, 제15판, 법문사, 2011, 59면.
8) 진병동, "중국의 경찰제도에 관한 연구", 경찰복지연구 제5권 제2호 통권 제9호, 2017년, 275면.
9) 마약 중독자 재활을 목적으로 운영되고 있는 기관이다.

자소인(自訴人), 부대민사소송의 원고와 피고가 있다. 기타 소송참가자로는 법정대리인(法定代理人), 소송대리인(訴訟代理人), 변호인, 증인, 감정인 및 통역인이 있다(제108조).

　중국은 1996년 형사소송법 제1차 개정에서야 피의자와 피고인을 구분하였다. 따라서 중국에서는 검찰기관이 법원에 공소를 제기하기 전에는 '범죄피의자'라고 부르고, 공소제기 후에는 '피고인', 그리고 유죄판결을 선고받으면 '범죄자(죄범, 罪犯)'라고 부른다.

　한국과 달리[10] 중국은 형사소송에서 변호사 강제주의가 아니다. 중국 『형사소송법』에 따르면 범죄피의자, 피고인은 아래의 인원을 소송대리인 또는 변호인으로 위탁할 수 있다: ① 변호사, ② 인민단체나 범죄피의자 또는 피고인의 소속직장(소재단위, 所在單位)에서 추천한 자, ③ 범죄피의자, 피고인의 후견인, 친척 및 친구(親友) 등(제33조, 제47조).

　법정대리인, 소송대리인 및 변호인 간의 구별은 아래와 같다. 법정대리인이란 당사자의 수권 없이도 당사자를 대리할 수 있는 자로서, 피대리인의 부모·양부모·후견인 및 보호책임을 지고 있는 기관·단체의 대표를 말한다. 소송대리인이란 당사자[11]가 소송참가를 위탁한 자이고, 변호인이란 범죄피의자 및 피고인(및 그의 법정대리인)의 위탁 또는 법원의 지정에 따라 형사소송 변론 단계의 변론을 담당한 자를 말한다(제108조).

---

10) 한국인 경우 변호인은 변호사 중에서 선임하여야 한다(형사소송법 제31조 본문, 군사법원법 제60조 본문). 또 공익법무관은 변호사의 자격등록을 하지 아니하더라도 형사법률구조사건에서 변호인이 될 수 있고(공익법무관에 관한 법률 제20조 제1항), 법원은 직권으로 공익법무관을 변호인으로 선정할 수 있다(같은 조 제2항). 다만 대법원 이외의 법원(군사법원 포함)은 특별한 사정이 있으면 변호사 아닌 자를 변호인으로 선임함을 허가할 수 있다(형사소송법 제31조 단서, 군사법원법 제60조. 특별변호인).

11) 구체적으로 공소사건의 피해자 및 그의 법정대리인이나 근친족, 지소사건의 자소인 및 그의 법정대리인, 부대민사소송의 당사자 및 그의 법정대리인을 말한다((제108조 제5항).

# Ⅳ. 중국 형사소송의 절차

중국 형사소송의 기본절차는 다음과 같다.

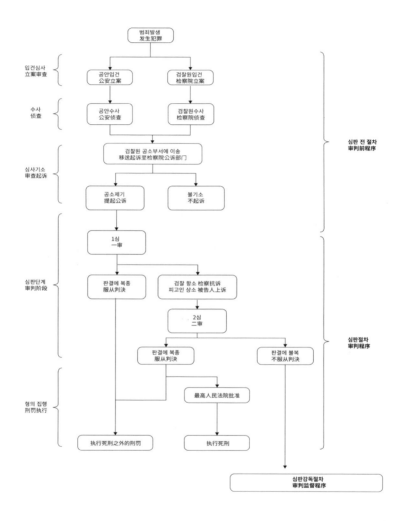

이렇듯 중국의 형사소송절차는 대체로 심판전절차(입안, 수사 기소),
심판절차(1심, 2심), 심판감독절차 및 집행절차로 구성된다.

# 1. 심판전절차

## 가. 입건(입안, 立案)

입건이란 관련 국가기관이 범죄사실이 발생한 것을 인지하고, 이에 형사책임을 추궁할 필요가 있다고 판단하여, 이를 형사사건으로 처리하여 수사 등의 형사적 업무로 처리하는 절차의 개시를 결정하는 것을 뜻하기에 단순한 '사건접수'와는 구별된다. 입건을 결정하는 근거는 주로 아래와 같다: ① 법인(단위, 單位)이나 개인의 신고(보안, 報案), 고발(거보, 擧報), ② 피해자의 신고(보안, 報案), 고소(공고, 控告), ③ 범죄자의 자수, ④ 공안·검찰 등이 자체적으로 범죄사실 또는 범죄자를 발견(제109조~제111조). 여기서 몇개 용어에 있어서 한국과 중국에서의 차이가 있는데, 이를 아래 도표로 정리할 수 있다.

| 한국 용어 | 중국 용어 | 의미 | 요건 |
|---|---|---|---|
| 고소(告訴) | 공고(控告) | 피해자 **등 고소권을 가진 사람**이 국가기관에 범죄사실을 신고하고 범죄처벌을 요구하는 것 | **주체:** 고소권자<br>**행위:** 범죄사실을 알림(신고)범죄처벌 요구 |
| 고발(告發) | 거보(擧報) | 피해자 등 **고소권자가 아닌 제3자**가 국가기관에 범죄사실을 신고하고 범죄처벌을 요구하는 것 | **주체:** 제3자<br>**행위:** 범죄사실을 알림(신고)범죄처벌 요구 |
| 신고(申告) | 보안(報案) | 고소권자, 제3자 불문하고 **누구든지** 국가기관에 범죄사실이 있음을 알리는 것 | **주체:** 고소권자 + 제3자<br>**행위:** 범죄사실을 알림 |

신고, 고소, 고발은 공안기관, 검찰, 법원 모두 접수할 수 있고, 상기 국가기관들은 자신의 관할이 아니라는 이유로 접수를 거절하여서는 아니 되며 강제조치를 채택할 필요가 있는 경우 곧바로 사건을 관할기관에 이송해야 한다(제110조 3항). 사건 접수 후 각 기관들은 신속히 입건

심사를 하고 형사책임을 추궁해야 하는 범죄사실이 있다고 판단한다면 입건결정을 한다. 그렇지 않은 경우 불입건결정을 하는데, 이에 고소인은 재심사(복의, 復議)를 신청할 수 있다(제112조).

이밖에, 인민검찰원이 공안기관이 입건 또는 입건 후 수사를 해야 하는 사건에 대해 공안이 해당 조치를 취하지 않았다고 여기는 경우, 또는 피해자가 공안기관의 그러한 행위를 인민검찰원에 제기한 경우, 인민검찰원은 공안기관에게 불입건 이유 설명을 요구할 수 있고, 공안기관이 설명했음에도 불구하고 여전히 입건해야 한다고 판단하는 경우 입건통지를 발송하고 공안은 통지 수취 후 입건을 해야 한다(제113조).

## 나. 수사

중국 『형사소송법』 상 수사(정찰, 偵査)란 공인기관과 인민검찰원이 형사사건에 대해 법에 따라 증거를 수집하고 사건진실을 밝혀내는 업무행위 및 관련되는 강제조치를 말한다(제108조 1항). 중국에서의 수사관련 강제조치는 인신자유 제한 여부로 인신자유 제한조치와 일반적인 수사조치로 구분할 수 있고, 또 일반 수사조치는 대인조치와 대물조치로 구분할 수 있다.

| 수사조치형식 | | 유형 | 비고 |
|---|---|---|---|
| 일반<br>수사<br>조치 | 대인<br>조치 | 기술수사 | 통신도청, 위치추적, 비밀리 촬영 등 기술수단을 활용한 수사조치 |
| | | 피의자<br>신문(訊問) | 한국의 개념과 큰 차이가 없음 |
| | | 증인 순문(詢問) | 한국의 참고인 조사와 유사 |
| | | 공개수배 | 구속해야 하는데 도주 중인 피의자를 대상으로 채택하는 수사조치(제155조) |
| | 대물<br>조치 | 현장검증과<br>감정 | 한국의 개념과 큰 차이가 없음 |

| | 수색과 압수 | 한국의 개념과 큰 차이가 없음 |
|---|---|---|
| 인신 자유 제한 수사 | 구전(拘傳) | 한국의 강제소환과 유사하여 강제출두 및 조사를 의미함. 기한은 12시간이고 최장 24시간임 |
| | 보석(취보후심, 取保候審) | 보증금을 납입하거나 보증인이 필요. 최장 12개월 |
| | 주거감시 | 거주지와 활동에 관한 감시와 통제. 최장 6개월 |
| | 구류(拘留) | 인신 자유에 대한 임시박탈로 한국의 긴급체포와 가증 유사함. 최장 30일 가능 |
| | 구속(체포, 逮捕) | 한국과 달리 검찰은 구속청구권이 아니라 구속결정권을 갖고 있음 |

## 1) 일반수사조치

우선 일반수사조치에서 기술수사란 통신도청, 위치추적, 비밀리 촬영 등 기술수단을 활용한 수사 조치이고 이는 공개수배 된 경우를 제외하고 일부 특수 범죄 사건12)에서만 사용할 수 있다(제150조). 그리고 공개수배는 구속해야 하는데 도주 중인 피의자를 대상으로 채택하는 수사조치를 뜻하고 이는 공안이 직접 결정하여 발부할 수 있다(제155조). 피의자 신문(訊問)의 정의는 한국과 큰 차이가 없고 증인 순문(詢問)이란 한국의 '참고인 조사'와 유사하다. 중국어에서 '신(訊)'은 따져서 캐묻는다는 뜻을 말하고, '순(詢)'은 자문을 구한다는 뜻이다. 현장검증과 감정, 수색과 압수는 개념 상 한국과 큰 차이가 없다.

---

12) 공안기관은 국가안전침해범죄, 테러범죄. 조폭성질범죄조직범죄, 중대한 마약범죄. 사회를 엄중하게 위협하는 기타 범죄사건에 대해, 검찰기관은 직권을 이용하여 공민의 인신권리를 엄중하게 침해한 사건에 대해 기술수라를 할 수 있다. 특정된 범죄유형과 관련 없이, 지명수배 중이거나 구속결정이 발급 된 피의자, 피고인이 도주한 경우에 기술조치 채택 가능하다.

## 2) 인신자유제한 수사조치

### (1) 구전(拘傳)

'구전'이란 구금되지 않은 피의자, 피고인을 강제로 출석시키고 인신 자유를 단기간으로 제한하여 신문을 하는 것을 뜻한다(제119조). 해당 조 치를 중국어로 직역하면 "구전"인데, '구'란 '제한'을 의미하고, '전'이란 '전달, 부르다'를 뜻하기에 '구전'을 '강제소환'으로 이해할 수 있다. 한국 은 구속 전 피의자 심문을 위한 구인제도가 있지만 피의자 신문을 위한 구인제도는 없다는 점에서 중국 형사법에서의 '구전'과 근본적인 차이가 있다.

### (2) 보석(취보후심)

중국 형사소송법에서 보석의 취지 및 기능과 유사한 제도로 취보후 심(取保候審)제도를 두고 있는데, 해당 중국어를 풀어서 이해하면 '보증 을 제출하고 심사를 대기한다'라는 뜻이다. 즉 이는 법원, 검찰원 또는 공안기관이 보석의 조건을 만족하는 피의자 또는 피의자에게 보증인이 거나 보증금을 제공하도록 하고, 수시로 소환에 의하여 출석할 수 있도 록 하는 인신자유를 제한하는 조치이다(제67조).

### (3) 주거감시

주거감시는 구속을 해야 하는데 특정 상황이[13] 있어서 구속하는 것 이 적절하지 않아 최장 6개월 이내로 피의자나 피고인에 대해 거주지와 활동에 관한 감시와 통제를 하는 조치이다(제73조).

---

13) 구체적으로 피의자 또는 피고인이 중병을 앓고 있어서 스스로 일상생활에 필요한 활 동을 하지 못하는 경우, 임신 또는 포유하고 있는 자녀가 있는 여성인 경우, 스스로 일상생활에 필요한 활동을 하지 못하는 자의 유일한 부양자인 경우, 사건의 특성에 의해 주거감시를 하는 것이 더 적합한 경우, 법정 구금기간이 만료되었으나 사건종결 이 되지 않아 보석처분이 필요한 경우, 보석조건에 부합되지만 보증인 또는 보증금을 제출하지 못하는 경우 등이 있다.

## (4) 구류

한국 형사법에서 '구류'란 형의 종류 가운데 하나이며, 신체의 자유를 제한하는 자유형 중에서 비교적 가벼운 형벌이지만, 중국 형사법에서 '구류'란 현행범 또는 충분한 범죄혐의가 있거나 기타 법이 정하는 상황14)에서 인신의 자유를 박탈하는 조치를 뜻하기에 오히려 중국법상 구류는 한국법상 체포와 유사한 개념이다.15) 또 중국에서 구류는 수사기관이 직접 결정하여 집행할 수 있다는 점에서 한국의 긴급체포(緊急逮捕)와 가장 유사하다고 볼 수 있다.16)

## (5) 구속(체포, 逮捕)

중국 『형사소송법』에는 '구속'이란 용어가 없고 중국어 원문을 직역하면 '체포'이다. 중국에서 구속은 범죄사실을 증명하는 증거가 있고, 그

---

14) 구체적으로 i) 보석 또는 거주감시 강제조치 중인 피의자가 구속해야 하는 상황이 발생한 경우와 ii) 현행범 또는 중대혐의가 있는 자가 아래의 상황이 있을 경우이다: ① 범죄를 준비하고 있거나, 범죄 중이거나, 범죄 후 바로 발견된 경우. ② 피해자 또는 범죄현장에 있었던 사람이 지목한 경우, ③ 신변'또는 거소에서 범죄 증거를 발견한 경우, ④ 범죄 후 자살을 시도하거나, 도주 중인 경우, ⑤ 증거를 훼손, 위조 또는 위증을 도모할 가능성이 있는 경우, ⑥ 진실한 이름, 거주지를 말하지 않아 신분이 불명한 경우, ⑦ 여러 지역에서 여러 번 범죄를 하거나 집단범죄를 범한 혐의가 있는 경우.

15) 일부 자료에서는 구류를 체포라고 번역하고 있다(김병권, "중국의 경검관계가 우리에게 주는 시사점", 경찰법 연구, 제113면 참조)만 본문에서는 이를 구류로 번역하겠다. 그 원인은, i) 중국 『형사소송법』 제3조는 "형사사건에 대하여 수사, 구류(拘留), 구속집행(執行逮捕), 예심은 공안기관이 책임지고, 구속비준, 검찰기관이 직접 수리한 사건의 수사, 공소제기는 검찰기관이 책임진다"라고 규정하여, 소위 구류권이란 공안기관의 권력이다. ii) 중국 『형사소송법』 제164조는 "검찰기관이 직접 접수한 사건 중 본법 규정에 부합하여 피의자를 구속(逮捕), 구류(拘留)하는 경우 검찰기관이 결정하고 공안기관이 집행한다"고 규정하여, 구류(拘留)를 한국법상의 체포와 동등하게 볼 수 없다고 본다. 또 중국 형사소송법에서는 '선행구류(先行拘留)'라는 용어를 사용하고 있어서, '선행구류'를 일부 자료(법무부, 『중국형사법』, 법무자료 제212집, 제181면 이하)에서는 이를 긴급체포라고 번역하고 있는데, 중국에서 소위 "선행구류"란 단지 검찰이 "구속"을 비준하기 전에 먼저 구류한다는 것을 뜻하므로 체포와 다른 개념이다.

16) 형사절차에서의 '구류' 외에 중국은 행정절차와 민사절차에서도 '구류'조치가 있어서, 절차유형별로 '형사구류', '행정구류'와 '민사구류'로 구분하고 있다.

범죄가 징역이상의 형사처벌을 받을 가능성이 있으며, 해당 피의자·피고인에게 보석조치를 취하는 것이 그가 사회에 초래할 수 있는 위험을 예방할 수 없는 경우 그의 인신자유를 박탈하여 구금하는 강제조치이다. 공안기관은 구속에 대한 결정권 없이 집행만 가능하고 구속이 필요하다고 여기는 경우 검찰에게 구속청구를 제출하고 검찰이 구속여부를 결정한다(제3조, 제80조). 즉 한국의 검찰은 구속청구권이 있고 법원이 구속을 결정하지만, 중국은 검찰기관이 직접 구속결정권을 갖고 있다.17)

### 다. 공안기관의 수사종결

중국 형사소송법 체계에서 공소권은 검찰이 독점하고 있지만 수사종결권은 두 기관이 별도로 보유하고 있다. 공안기관의 수사종결은 사건을 검찰에게 이송하여 검찰의 기소를 청구하는 소위 '기소이송(移送起訴)'과 사건을 파기(撤銷)하여 종결하는 두 가지 경우로 나누어진다. 기소이송은 공안이 수사를 한 후 범죄사실이 명확하고 증거가 확실·충분하는 경우에 하는 수사종결조치이고(제162조 제1항), 사건파기는 발견된 범죄사실이 없거나 『형사소송법』 제16조에서 규정한 형사책임을 추궁할 필요가 없을 경우에 내리는 수사종결조치이다(제163조).

### 라. 검찰기관의 기소와 불기소

중국 『형사소송법』은 일부 자소사건을 인정하므로, 기소는 기소주체에 따라 공소(公訴)와 자소(自訴)18)로 구분할 수 있으며, 공소권은 인민

---

17) 중국의 인민법원은 피해자가 직접 법원에 형사소송을 제기한 자소사건(自訴案件)을 심사할 때, 또는 공소 사건 심사 과정에서 피고인·피의자를 구속할 필요가 있다고 여기는 경우에 구속결정을 할 수 있다.

18) 아래의 경우 자소사건에 속한다. i) 고소하여야 처리하는 사건. 구체적으로 ① 모욕·비방사건(형법 제246조), 다만 사회질서와 국가이익을 엄중히 침해한 사건은 제외, ② 폭력으로 혼인자유를 간섭한 사건(형법 제257조 제1항), ③ 학대(형법 제260조 제1항), 다만 피해자가 고소능력이 없거나 협박 또는 강요에 의해 고소를 행할 수 없는 사안은 제외, ④ 단순 횡령사건(형법 제270조). ii) 검찰이 공소를 제기하지 않았지만 피해

검찰원이 독점하고 있다. 인민검찰원은 자체적으로 수사한 사건이거나 기타 수사기관이 '이송기소'한 사건에 대해 범죄피의자 신문, 피해자측 의견 청취, 기타 증거 조사·사실조회 등을 해야 하는데 이를 '심사기소(審査起訴)'라고 한다. 심사기소 과정에서 인민검찰원은 수사기관에게 2회에 한하는 보완수사(보충정찰, 補充偵査)를 요구할 수 있고 심사기소 완료 후 기소 또는 불기소 결정을 내린다.

불기소는 법정불기소(法定不起訴), 참작불기소(酌定不起訴), 증거부족불기소(存疑不起訴)와 특수불기소(特殊不起訴)가 있다. 소위 법정불기소란 공안기관 사건파기 사항에서 『형사소송법』 제16조에서 규정한 형사책임을 추궁할 필요가 없을 경우와 같다. 즉 ① 사안이 현저히 경미하고 위해가 크지 않아 범죄로 인정되지 않는 경우, ② 범죄에 대한 소추시효가 이미 도과한 경우, ③ 특별사면에 의하여 형벌이 면제된 경우, ④ 형법에서 고소가 있어야 만이 형사처리를 하는 범죄에 대해 고소가 없거나 고소를 철회한 경우, ⑤ 범죄피의자·피고인이 사망한 경우, ⑥ 형사책임을 면재해야 하는 기타의 경우이다(제177조 제1항). 이는 한국에서의 '공소권 없음'에 의한 불기소와 유사하다.

참작불기소는 상대적불기소(相對不起訴)라고 불리기도 한다. 이는 범죄가 존재하고 공소권 행사도 가능하지만 범죄의 정황이 경미하여 형벌로 처벌하지 않거나 형사처벌을 면제해도 무방할 때 내리는 불기소 결정이다(제177조 제2항).[19] 혐의는 인정되나 형사재판에 넘겨 처벌을 받도

---

자가 명확한 범죄증거를 제기하는 경미 형사사건. 구체적으로 ① 고의상해사건(형법 제234조 제1항), ② 주거위법침입사건(형법 제245조), ③ 통신자유침해사건(형법 제252조), ④ 중복혼인사건(형법 제258조), ⑤ 유기사건(형법 제261조), ⑥ 불량모조제품 생산·판매사건(형법 각칙 제3장 제1절), ⑦ 지식재산권침해사건(형법 각칙 제3장 제7절), ⑧ 3년 이하 유기징역 형벌에 처할 수 있는 사건. iii) 피해자가 피고인이 피해자의 인신과 재산권리를 침해하였음을 증명하는 증거가 있음에도 불구하고 공안기관 또는 검찰기관이 형사책임을 추궁하지 않는다고 결정한 사건.

19) 구체적으로는 ① 범죄피의자가 중국 영역 외에서 죄를 범하고 중국 법에 따라 형사책임을 부담해야 하지만 이미 외국에서 형사처벌을 받은 경우(형법 제10조), ② 범죄피

록 할 정도까지는 아닌 경우에 내리는 처분이라는 점에서 한국의 '기소
유예'와 유사하다고 할 수 있다.

증거부족불기소는 검찰기관이 기소심사 단계에서 2회의 보완수사를
진행(직접 또는 요청)했음에도 불구하고 여전히 기소로서의 증거가 충분
하지 못하다고 판단하는 경우에 내리는 불기소 결정이다(제175조 제4항).
범죄사실을 입증할 수 있는 객관적인 근거자료가 충분하지 않을 때 내
리는 결정으로 한국의 '혐의 없음' 처분과 유사하다.

특수불기소는 2018년 형사소송법 제3차 개정으로 제182조 제1항에
신설된 불기소 제도로서, 범죄피의자가 범한 행위에 대해 자진하여 사
실대로 진술하고 중대한 공적을 이루었거나 관련 사건이 국가의 중대한
이익과 관련된 경우, 최고인민검찰원의 비준을 받으면 공안기관이 사건
을 파기하거나 인민검찰원에서 불기소를 결정할 수 있다.

특수불기소를 제외한 검찰의 불기소 결정에 대해 공안기관이 이의
가 있는 경우 재의(복의, 復議)를 요구할 수 있고, 의견이 받아들여지지
아니할 경우 직속 상급 인민검찰원에서 재심사(복핵, 複核)를 신청할 수
있다. 피해자가 검찰기관의 불기소결정에 불복하는 경우 직속 상급 검
찰원에서 탄원(신소, 申訴)할 수 있고, 직접 법원에 제소할 수도 있다.

## 마. 인죄인벌(認罪認罰)제도

인죄인벌 제도는 중국식 플리 바겐(Plea Bargain)이라고 불리고 있다.
이는 관련 범죄피의자, 피고인이 사실대로 자신의 범죄행위를 진술하고,

---

의자가 농아인 또는 망인인 경우(형법 제19조), ③ 범죄피의자가 과잉방위 또는 과잉
피난으로 죄를 범한 경우(형법 제20조, 제21조), ④ 범죄예비단계에 있는 경우(형법 제
22조), ⑤ 범죄 과정에서 자발적으로 범죄 행위를 중지하였거나 범죄결과의 발생을 유
효하게 제지한 경우(형법 제24조), ⑥ 공동범죄에서 보조적 작용이거나 중요한 작용을
하지 않은 경우(형법 제27조), ⑦ 강요에 의해 범죄에 가담한 경우(형법 제28조), ⑧
범죄피의자가 자소 또는 중대한 공적이 있는 경우, 또는 자수 후에 중대한 공적이 있
는 경우(형법 제67조, 제68조), ⑨ 양쪽 당사자가 협의를 달성하였고 불기소 조건에 만
족한 경우(형사소송법 제290조).

고발한 범죄사실을 승인하며 처벌의 수락에 응할 경우, 관대한 처리를 받을 것을 기대할 수 있는 제도(제15조)인데, 여기서 '인죄'란 수사기관이거나 검찰기관이 추궁하는 범죄에 대한 승인을 말하고, '인벌'이란 기소 단계에서 검찰이 제기한 '양형건의(量刑建议)'에 동의하고, 심판단계에서는 상소 없이 1심 법원의 판결에 따름을 공식적으로 약속하고 이를 문서화 하는 것을 뜻한다. 인죄인벌제도를 적용한 사건은 심판단계에서 최장 15일 내에 판결을 완료하는 소위 '신속재판절차(速裁程序)' 적용이 가능하다.

## 2. 심판절차

### 가. 형사심판 개관

중국에서 형사심판 이란 원고와 피고 및 기타 소송당사자들이 법이 규정한 권한과 절차에 따라 소송주장을 제기한 형사사건에 대한 소송활동을 말한다. 이는 구체적으로 '심리'와 '재판'을 말하는데, 심리란 사건 관련 사실에 대한 증거제출, 조사, 변론의 과정을 말하고 재판은 그러한 심리에 의해 사건의 실체와 절차문제에 대해 공정한 결정을 내리는 과정을 뜻한다. '심리'는 '재판'의 전제이고 '재판'은 '심리'의 목적이자 결과이다.[20]

중국의 형사심판 절차는 i) 심판내용에 따라 공소사건의 심판절차, 자소사건의 심판절차와 부대민사소송의 심판설차로 구분하거나, ii) 소송진행 과정에 따라 1심절차, 2심절차, 심판감독절차 및 집행절차로 구분할 수 있다. 아울러 1심 절차는 또 심판절차의 간소정도에 따라 일반절차, 간이절차와 신속재판절차로 구분할 수 있다.

중국 『헌법』과 『형사소송법』의 규정에 의하면, 형사심판은 공개적

---

20) 陈光中, 전게서, 469면.

으로 진행하여야 하여 이를 심판공개원칙이라 하는데, 여기에는 심리공
개와 선고공개가 있다. 1심 형사사건에서 ① 국가기밀 관련 사건, ② 개
인 사생활 관련 사건, ③ 미성년자의 범죄사건, ④ 영업비밀 관련 사건
(당사자가 비공개를 신청한 경우)는 비공개로 하고 이외의 사건은 전부 공
개심리를 해야 한다. 심리의 공개여부와 관계없이, 재판의 선고는 전부
공개한다(제188조, 제202조).

## 나. 1심 절차

형사사건 심판은 법정 개시 전의 변론준비단계와 법정 개시 후 법정
에서의 변론단계로 나눌 수 있다. 변론준비단계에는 형사 법정 구성원
을 확인하고, 피고인 및 변호인에게는 검찰의 공소장을 전달하고, 검찰,
피고인 및 소송당사자들에게 법정 개시 시간과 장소를 통지하는 절차가
포함한다(제183조).

변론준비단계에서 유의할 절차는 법정 개시 전 회의를 뜻하는 의미
로 '정전회의(庭前會議)'라고 불리는 절차가 있다. 이는 2012년 『형사소
송법』 개정으로 신설한 제도인데 ① 증거자료가 비교적 많고 사건이 비
교적 엄중한 경우, ② 원고와 피고측이 사실과 양측 증거에 비교적 많
은 이의가 있는 경우, ③ 사회적 영향력이 중대한 사안인 경우, 법원의
결정에 의해 법정 개시 전에 양측 당사자를 모두 소집하여 양측이 증거
에 대한 의견을 어느 정도 조율하는 제도이다[최고인민법원 형사소송법
사법해석(最高人民法院關於適用「中華人民共和國刑事訴訟法」的解釋, 아래 '형사
소송법 사법해석') 제226조]. '정전회의'에서 원고와 피고가 사건사실과 증
거에 대해 일치한 의견을 달성한 부분에 대해 정당한 이유 없이 법정
개정 심판 과정에서 번복해서는 아니 된다. '정전회의'의 규정들을 살펴
보면 이는 간소한 법정 심판 절차라고 할 수 있고 통상 공개하지 않으
며 온라인 화상미팅 형식으로 진행하는 것도 가능하다(형사소송법 사법해
석 제231조).

변론단계에서는 주로 ① 법정 개시, ② 법정에서의 조사절차, ③ 법정 변론절차, ④ 피고인 최후진술절차, ⑤ 사건 평의 및 판결 선고 등의 다섯 가지 절차가 있다. 심리기간과 관련하여, 인민법원은 공소를 접수한 후 2개월 내에 판결을 선고하여야 하고, 늦어도 3개월을 초과하여서는 아니 된다. 사형선고가 가능한 경우나 부대민사소송의 경우 및 『형사소송법』 제158조에서 규정한 특정 상황 중 하나21)를 갖춘 경우에는 직상급 인민법원의 비준을 거쳐 3개월을 연장할 수 있으며, 특수 상황으로 재연장이 필요하면 최고인민법원에 신청해야 한다(제202조).

인민법원은 심리종결 후 사건의 실체적 문제에 관해 유죄판결 또는 무죄판결을 내린다. 이에 비해, 심리과정에서 소송의 절차적 문제와 일부 실체적 문제에 관해 내리는 결정을 '재정(裁定)'이라 한다. 예컨대 파기환송, 소송기각 등은 '재정'을 적용한다. 이 밖에도 소송의 절차적 문제 처리에 있어서 '결정'도 있는데, ① 회피관련 결정, ② 각종 강제조치의 채택이나 변경에 대한 결정, ③ 수사 중 범죄피의자 구금기한의 연장 결정, ④ 심리연기 결정, ⑤ 심판감독절차의 제기 등인 경우는 '결정'을 적용한다. 재정과 결정의 구별은 주로 상소와 항소의 가능여부에 있다. 일반적으로 재정에 대해서는 당사자 등이 상소나 항소를 제기할 수 있으나, 결정의 경우에는 즉시 효력이 발생하기에 상소 또는 항소 가능성이 없다.

### 다. 1심에서의 간이절차(簡易程序)

간이절차란 일반절차 대비 심판을 간소화한 절차이고 중국은 2012년 『형사소송법』 개정에서 이를 도입하였다. 즉 간이절차를 적용하면

---

21) 특정 상황이란 『형사소송법』 제158조에서 규정한 아래 상황을 말한다: ① 교통이 매우 불편한 지역에서 발생한 중대하고 복잡한 사건. ② 중대한 범죄조직 사건, ③ 여러 지역에서 유동하면서 죄를 범한 중대하고 복잡한 사건, ④ 해당 범죄 사건이 연루되는 영역이 많고 증거 수집이 어려운 중대하고 복잡한 사건을 말한다.

법관은 i) 기층법원이 관할하는 사건 중에서, ii) 사실이 명확하고 증거가 충분하며, iii) 피고인이 자신의 범죄행위를 승인하고, iv) 피고인이 간이절차로 심사받는 것에 이의가 없는 사건에 대해 송달, 피해자 신문, 증인 순문, 법정 변론절차 등의 절차를 모두 간소하게 진행할 수 있어서, 3년 징역 이하 처벌이 가능한 사건의 심사기한은 20일로, 3년 징역 이상 처벌이 가능한 사건의 심사기한은 1개월로 단축할 수 있다(제219조). 다만 피의자의 권리 보장을 위해 판결 선고 전 피고인의 최후진술 절차를 생략하거나 간소하게 진행하여서는 아니 된다.

### 라. 1심에서의 신속재판절차(速裁程序)

신속재판절차는 위에서 언급한 인죄인벌제도가 심판단계에서의 연장선이다. 즉 기층인민법원이 관할하는 3년 이하 유기징역에 처할 가능성이 있는 사건에 대해, 만약 사건사실이 명백하고 증거가 확실하면서도 충분하며, 피고인이 '인죄인벌'하는 경우, 인민검찰원은 공소를 제기하면서 신속재판절차 적용을 건의할 수 있다(제222조). 법원이 신속재판절차 적용을 결정한 경우, 송달기한 등은 간소화 진행이 가능하고 법정조사, 법정 변론절차 등은 생략할 수 있으며 사건심리는 통상 10일, 최장 15일 내에 완료하며 즉시 판결을 선고해야 한다. 다만 피의자의 권리 보장을 위해 판결 선고 전 피고인의 최후진술 절차는 생략하거나 간소하게 진행하여서는 아니 된다. 신속재판절차와 간이절차 간의 비교는 아래 도표를 참고할 수 있다.

| | 신속재판절차 | 간이절차 |
|---|---|---|
| 심급<br>관할 | 1심 기층법원 | |
| 적용<br>요건 | ① 사건사실이 명확하고 증거가 확<br>　실하고 충분, 및 | ① 사건사실이 명확하고 증거가 확<br>　실하고 충분, 및 |

| | | |
|---|---|---|
| | ② 피고인이 인죄인벌제도 적용에 동의, 및<br>③ 3년 이하 유기징역에 처할 가능성이 있는 경우 | ② 피고인이 자신의 죄명을 승인하고 피기소 범죄사실에 이의가 없음, 및<br>③ 피고인이 간이절차 적용에 동의 |
| 심판<br>조직<br>형태 | 단독정(1인 심판원 단독 심판) | ① 3년 징역 이하 처벌이 가능한 경우 단독정<br>② 3년 징역 이상 처벌인 가능한 경우 반드시 합의부로 심판 |
| 심리<br>절차 | ① 송달기한 등의 제한을 받지 않고 법정 조사, 법정 변론절차 등 생략<br>② 즉시 선고를 해야 함 | ① 송달기한 등의 제한을 받지 않고 법정 조사, 법정 변론절차 등 간소화 가능<br>② 즉시 선고가 가능 |
| 심리<br>기한 | ① 통상 10일<br>② 1년 징역이상의 형벌에 처할 수 있는 경우 15일 | ① 3년 징역 이하 처벌이 가능한 경우 20일<br>② 3년 징역 이상 처벌이 가능한 경우 1개월 |
| 일반<br>형사<br>소송<br>절차<br>와의<br>관계 | 아래의 경우 일반형사소송절차 또는 간이절차로 전환해야 함<br>① 피고인의 행위가 죄가 아닐 수 있거나 형사책임을 추궁하지 않아야 하는 경우<br>② 피고인이 인죄인벌제도 적용 동의를 번복한 경우<br>③ 피고인이 피기소한 범죄사실을 부인하는 경우<br>④ 사건이 어렵고 복잡하거나 법률 적용에 중대한 분쟁이 있는 경우<br>⑤ 신속재판절차 적용이 적절하지 않는 기타 경우 | 사건사실이 명확하지 않고 증거가 충분하지 않으며 피고인이 죄를 부인하거나 또는 피고인이 간이절차 적용에 동의하지 않는 경우 일반형사소송절차로 전환 |

## 마. 2심 절차

한국의 3심 종심제도와 달리 중국은 2심 종심제도이다. 따라서 한국에서 상소(上訴)란 하급심의 판결에 대한 불복으로 상급심에 다시 재판

을 청구하는 것을 말하고, 그중 1심에 불복하여 2심 재판을 청구하는
것을 항소(抗訴)라 하며, 다시 2심에 불복하여 대법원에 3심을 청구하는
것을 상고(上告)라고 하고 있다. 이에 비해 중국은 2심으로 종결되기에
상고에 해당하는 용어가 없고 '상소'와 '항소'의 용어는 있지만 한국에
서의 용어와 의미가 다르다.

중국에서 '상소(上訴)'란 私 주체인 당사자, 피고인, 자소인(自訴人)
및 그의 법정대리인 등이 확정되지 않은 1심 판결 또는 재정에 불복하
여 기한 내에 상급 법원에 2심을 요구하는 소송행위를 말한다(민사소송
법 제164조, 행정소송법 제85조, 형사소송법 제227조). 아울러 중국에서 '항소
(抗訴)'란 '2심청구 항소'와 '재심청구 항소'로 구분되는데, 일단 항소 제
기 주체는 검찰에 한한다. '2심청구 항소'란 검찰이 확정되지 않은 1심
형사 판결 또는 재정에 명백한 착오가 있다고 여기는 경우 상급 법원에
2심을 청구하는 소송행위를 말한다(형사소송법 제228조). '재심청구 항소'
란 이미 확정된 법원 판결 또는 재정에 대해, 해당 법원의 상급 검찰원
도는 최고검찰원이 재심절차를 작동하여 자신과 동급인 법원에 확정판
정에 대한 재심사를 청구하는 재심소송행위를 말한다. 즉, 2심청구 항소
는 형사소송절차에만 있고, 재심청구 항소는 민사, 행정, 형사를 막론하
고 있는 절차이다.

중국 『형사소송법』상 2심 심판의 기본원칙은 '불이익변경금지(상소
불가형, 上訴不加刑) 원칙이다. 즉, 1심 심판에서 피고인만 상소를 제기한
경우, 2심 인민법원은 2심 절차에서 어떠한 이유로도 피고인의 형벌을
가중해서는 아니 된다(제226조). 상소와 항소는 1심 판결서 또는 재정서
를 받은 일자의 다음날부터 제출 가능하고, 판결에 대해서는 10일 이내
에, 재정에 대해서는 5일 이내에 제출해야 한다(제230조).

2심법원은 상소 또는 항소 사건에 대해 상황에 따라 i) 상소 또는 항
소 기각 및 1심판결 유지 재정을 하거나, ii) 1심 변경 판결, 또는 iii) 1
심 판결을 취소하고 파기환송할 수 있다. 그중 1심 변경 판결은 두 가지

로 구분한다. 하나는 1심 판결이 사실인정은 정확하였지만 법률을 잘못 적용하였거나 또는 양형이 부당한 경우라고 2심 판결이 인정할 때의 변경이다. 다른 하나는 1심 판결의 사실이 명확하지 아니하거나 또는 증거가 충분하지 아니할 경우 사실을 조사하여 사안을 명확히 파악한 후 판결을 변경하는 것이다. 후자인 경우 1심 판결을 취소하고 파기환송도 가능하다.

2심의 심사기한에 관해 『형사소송법』에서는 다음과 같이 규정하고 있다. 2심 법원은 2개월 이내에 심리를 종결해야 하고, 사형선고가 가능한 경우나 부대민사소송의 경우 및 『형사소송법』 제158조에서 규정한 특정상황 중의 하나[22])에 해당한다면 성급인민법원의 비준이나 결정으로 2개월 연장할 수 있으며, 특수한 상황으로 재연장이 필요하다면 최고인민법원의 비준을 받아야 한다(제243조).

## 3. 심판감독절차

심판간독절차를 재심절차라고 부르기도 하며, 이는 인민법원, 인민검찰원이 이미 확정된 판결과 재정에 대해 재심사를 구하여 재심을 진행하는 절차를 뜻한다. 중국 『형사소송법』에 따르면 아래의 경우 판결·재정에 대한 재심을 결정할 수 있다: i) 기존 판결이나 재정이 인정한 사실에 현저한 잘못이 있어 죄와 형벌에 대한 결정에 영향을 줄 수 있음을 입증하는 새로운 증거가 발견된 경우, ii) 유죄 인정과 양형 결정의 근거가 된 증거가 확실하지 않고 충분하지 않으며 법에 따라 배제해야 하는 경우, 또는 사건사실을 입증하는 주요 증거 간에 모순이 있는 경우, iii) 기존 판결, 재정이 법률을 잘 못 적용한 경우, iv) 법에서 규정한 소송절차를 위반하여 심판의 공정성에 영향을 줄 수 있는 경우, v) 심판

22) 각주 21 참고.

인원이 해당 사건을 심리할 때 뇌물 수수, 사적욕구에 의한 부정행위, 법을 왜곡한 재판행위가 있는 경우(제253조).

심판감독절차를 제기할 수 있는 권한은 다음의 주체가 갖고 있다. 첫째, 각급인민법원의 법원장이 재심사유를 발견한 경우 반드시 심판위원회에 보고하여 처리해야 한다. 둘째, 최고인민법원은 전국 모든 법원의 판결·재정에 있어서, 그리고 상급법원이 하급법원의 판결·재정에 있어서 재심사유를 발견한 경우 재심을 진행하거나 하급법원에게 재심을 명할 수 있다. 셋째, 최고인민검찰원은 전국 모든 법원의 판결·재정에 있어서, 그리고 상급인민검찰원은 하급인민검찰원과 동등한 지역등급에 있는 하급인민법원의 판결·재정에 있어서 재심사유를 발견한 경우, 동급 인민법원에 재심 항소를 제기할 수 있다(제254조, 제255조).

인민법원이 심판감독절차에 따라 재심을 하는 사건은 원심법원이 심리하지만 기존 재판조직과는 별개의 합의부를 구성해야 한다. 원심이 1심 사건인 경우 1심 절차에 따라 심리하기에 이에 따른 재심결과에 대해 상소 또는 항소가 가능하다. 원심이 2심인 사건, 또는 상급 법원이 재심을 결정한 사건에 대한 재심은, 실제적으로 2심 절차에 해당하기에 이런 경우 법원의 재심결과는 종심적 결과이다(제256조).

심판감독절차에 따라 재심하는 사건은 재심결정일부터 3개월 내에 심리를 종결해야 하고 기간 연장이 필요한 경우 6개월을 초과하여서는 아니 된다(제258조). 재심결정은 판결·재정의 집행을 정지할 수 없지만(제252조) 재심과정에서 법원은 별도의 결정으로 기존 판결·재정의 집행을 정지할 수 있다(제257조 제2항).

## 4. 기타 절차

### 가. 집행절차

확정판결에 대한 집행기관은 형벌의 종류와 경중에 따라 달라지는

데, 구체적으로 위에 중국 형벌의 집행 부분을 참고하면 된다. 중국『형사소송법』은 기타 형벌의 집행 대비 사형집행절차에 대해 비교적 상세한 규정을 두고 있다. 이에 따르면 사형의 집행은 최고인민법원의 법원장이 서명하여 사형집행명령을 발부한다. 원심법원은 최고인민법원으로부터 사형집행명령을 받은 후 7일 이내에 사형을 집행해야 한다.

사형집행법원은 아래의 상황 중 하나가 발견되면 집행을 정지하고 즉시 최고인민법원에 보고하고 최고인민법원은 재정으로 사형집행 정지 여부를 결정한다: ① 집행 전에 판결에 잘못이 있을 수 있음을 발견한 경우, ② 집행 전에 범죄자가 중대한 범죄사실을 폭로하거나 또는 기타 중대한 공적이 있어서 다시 판결을 변경할 필요가 있을 수 있는 경우, ③ 범죄자가 임신 중인 경우. 그중 범죄자가 임신 중이어서 사형집행정지를 한 경우에는 판결 변경 절차를 진행해야 한다(제262조).

인민법원은 사형 집행 전에 동급 인민검찰원에 직원을 파견하여 현장 감독할 것을 통지해야 한다. 사형은 총살 또는 주사 방법으로 집행하고 사형집행사실은 공시해야 하지만 집행과정을 군중들에게 공개(示衆)해서는 아니 된다(제263조).

## 나. 부대민사소송절차

부대민사소송(附帶民事訴訟)이란 형사소송에서 피고인의 형사책임을 추궁함과 동시에 피해자의 참여 하에 범죄행위가 초래한 물질적 손해의 배상문제를 부대하여 해결하는 소송활동을 말한다.23) 부대민사소송은 피해자의 경제적 손실에 대한 배상문제를 다투는 소송이기에 그의 본질은 민사소송이다. 때문에 비록『형사소송법』에서 규정하고 있지만 민사소송법에서의 기본규정들을 모두 적용한다. 즉 "형법, 형사소송법 및 형사법 관련 사법해석에서 이미 규정한 사항 외에는 민사소송법의 규정들

---

23) 陈光中, 전게서, 제347면.

을 적용한다"(형사소송법 사법해석 제201조).

또한 "부대"라는 부속성을 갖고 있기에, 부대민사소송을 제기하려면 반드시 형사소송이 진행 중이어야 하고 단독으로 부대민사소송만을 진행할 수 없다. 따라서 형사소송 개시 전이거나 형사소송 완료 후 피해자가 민사적 사법구제책으로 손해배상을 요구하려면 이는 일반적인 민사소송으로 해결해야 한다.

부대민사소송은 원칙적으로 형사소송과 병합하여 심리하여야 한다. 다만 형사소송의 심리기한에 영향을 미치지 않기 위해 인민법원은 먼저 사건의 형사적인 부분에 관하여 심판을 진행할 수 있다. 형사적인 부분의 심리가 종결된 후, 민사적인 부분은 동일한 심판조직이 계속하여 심리할 수 있다.

# 참고문헌

강광문, 김미령, 『중국법강의』, 박영사, 128면 참고.

김난진, 김연태, 『행정법 II』, 제15판, 법문사, 2011, 59면.

진병동, "중국의 경찰제도에 관한 연구", 경찰복지연구 제5권 제2호 통권 제9호, 2017년, 275면.

张建伟, "认罪认罚从宽处理: 内涵解读与技术分析", 法律适用, 2016.

北京高级人民法院刑一庭, "刑事案件认罪认罚从宽制度总数", 人民法治, 2017.

陈永生, "我国刑事误判问题透析", 中国法学, 2007.

程荣斌, 王新清, 《刑事诉讼法》, 中国人民大学出版社, 2016.

中国法制出版社, 《中华人民共和国刑事诉讼法: 案例注释版(第五版)》, 2021.

陈光中, 《刑事诉讼法》(第七版), 北京大学出版社, 2021年, 第87页.

제6장

# 민법[1]

김성수(경찰대학 법학과 교수)

# 제1절
# 민법과 민법전

## I. 민법의 의의

### 1. 민법의 개념

민법은 민사주체의 적법한 권익을 보호하고(제1조[2]) 평등한 주체인 자연인, 법인과 비법인조직 사이의 민사관계인 인신관계와 재산관계를 규율(調整)하는 규범의 총체이다(제2조). 이 점에서 민법은 시장거래관계의 기본법이고 사람에 대한 존중을 강조하면서 사람을 근본(本)으로 하는 이념을 구현하고 있다.[3]

민법의 규율대상은 인신관계와 재산관계를 대상으로 한다. 인신관계에는 인격관계와 신분관계를 포함하는데 신분관계는 혼인가족편과 상속편, 인격관계는 인격권편에서 규율하고 재산관계는 물권편과 가족편에

---

1) 원래는 새로운 중국 민법전에 대한 연구가 아직 충분하지 아니하여 민법전 이전의 현행법과 사법해석 등의 조문을 병기하고 관련문헌도 같이 제시하였다. 다만 다른 부분과의 분량을 고려하여 대폭 이를 삭제하고 관련문헌도 간략하게 하였다. 자세한 것은 추후 별도의 연구를 하고자 한다. 이하의 관련 내용에 관한 문의는 <kimss0501@naver.com>으로 해주기 바란다.

2) 이하에서 조문번호만 인용한 것은 중국 민법전의 것을 말한다.

3) 중국에서는 민법전은 중국 특색이 있는 사회주의 이념을 기초로 편찬되었고 사회주의 핵심가치관을 고취하기 위하여 제정된 것이라고 한다(제1조). 또한 학설은 민법을 시장경제의 기본법, 사회주의 초급단계의 사법이라고 하기도 한다. 이외에 21세기는 인격적 존엄을 고취하고 사람의 가치를 보호하는 시대이고 인권의 존중과 보호하는 인법(人法)이라고 하기도 한다.

서 이를 규율한다.

민법이라는 말은 두 가지 의미로 쓴다.

하나는, 형식적 의미의 민법으로 2020년 제정된 「중화인민공화국 민법전」을 말한다. 이러한 의미의 민법을 보통 '민법전'이라고 한다. 다음으로 실질적 의미의 민법은 민사관계를 규율하는 법령 전체를 말하고 사법(私法)이라고 하며 일반사법뿐만 아니라 특별사법인 상법도 포함한다. 민법전과 그밖의 민사 관련 법률과 국무원의 법규, 부 등이 제정한 명령(規章) 등의 행정법규와 최고인민법원의 사법해석 등이 이에 포함한다.

## 2. 민법의 법적 성질

민법은 민사법(私法)4)이고 행위규범과 재판규범이며 실체법이다.

민법전은 법체계에서 헌법의 하위법이지만 시민사회의 기본법이고 사법의 기본법이면서 일반인의 생활의 기본 행위에 대한 준칙이고 민상사 사건에서 법관 재판의 기본적 근거이기도 하다. 이에 민법전은 사회생활의 백과전서(社会生活的百科全书)라고 하기도 한다. 이는 일반인의 재산권과 인격권과 신분권(인신권) 등에 대하여 자세한 규정을 두고 권리가 침해된 때의 청구권과 구제권을 불법행위책임으로 보장하여 일반인의 권리에 대한 충분한 보장을 구현하여 '신시대 인민의 권리선언문'(新時代人民权利的宣言书)이라고 하고 민법을 권리법이라고 하기도 한다.5)

민법의 중심이 되는 민법전은 민사에 관한 것(민법)과 상사에 관한 것(상법)을 포함하는 민상사 통일주의를 취하고 있다. 민사법과 상사법의 관계에 대하여는 민상사통일주의와 민상사분리주의의 입법례가 있는

---

4) 개혁개방 후에 공유제 경제와 사유제 경제가 병존하면서(헌법 제6조 제2항) 그 전의 계획경제가 시장경제로 변경되었고 이에 따라 이러한 공법과 사법의 구분이 생겼다.

5) 王利明, 杨立新, 王轶, 程啸, 『民法学(上)』(第六版), 法律出版社(2021.10), 19면 이하; 李少伟主编, 『民法学教程』(第四版), 法律出版社(2021.1), 13면 이하; 郭明瑞, 『民法总则通义』, 商务印书馆(2018).

데 중국은 민상사통일주의를 취한다. 민법전을 제정하면서 학설의 논쟁
은 있었으나 상법전 뿐만 아니라 상사 일반에 관한 규정(상법통칙)도 제
정되지 못하였고 민법전에 물권편의 담보나 계약편의 전형계약에 상사
담보로 상사유치권, 유동담보권(浮动担保权)을 신설하거나 상사전형계약
으로 파이낸스 리스계약, 프랜차이즈계약, 팩토링 계약을 두는 것으로
하였다. 이외의 상사법은 모두 민사특별법으로 하고 대표적인 것으로
회사법(中华人民共和国公司法)(1993년)이 있다.

## Ⅱ. 민법전(2020년)과 사법해석

### 1. 민법전 일반

　　현행 「중화인민공화국 민법전」(中华人民共和国民法典)은 2020년 5월
28일 제정되어 2021년 1월 1일부터 시행되고 있다. 이는 전국인민대표
대회가 제정한 법률로서 신중국이 중화민국의 육법전서(민법전 포함)를
폐지한 후 민사관계를 포괄적으로 규율하는 최초의 '민법전'이고, 신중
국에서 '법전'이라고 이름붙인 최초의 것이다. 종래 중국에서는 민법전
은 없었고 그 대신에 규율이 필요한 민사문제에 대하여 혼인법, 입양법,
상속법, 계약법, 담보법, 물권법, 불법행위책임법 등 민사단행법으로 규
율하였다. 현행 민법전은 제5차 민법전 제정작업에 의한 것으로 민법총
칙의 제정(2017년)과 민법전 각칙편의 제정(2019년)에 이어 이를 통합한
민법전 초안을 기초로 한 2020년 중화인민공화국 민법전이 탄생되었다.
　　이하에서는 이러한 민법전 제정과정과 민법전의 체계 및 사법해석
을 차례로 살펴본다.

## 2. 민법전의 연혁[6]

### 가. 민법전 제정 전 민사법(민사단행법)

1949년 신중국 성립 후 중화민국의 육법전서가 폐지되고 그에 따라 중국에서는 민법전 제정 전에 4차에 걸쳐 민법전을 제정하려는 노력이 있었다. 그러나 최종적으로는 민법전을 제정하지는 못하였고 그 대신에 개별적인 민사관계에 민사단행법을 제정하여 시행하였다.

최초의 민사 단행법은 중화인민공화국 혼인법(1950년)이다.

제1차 민법전 제정작업은 1954년 시작되어 신중국 최초로 민법전 의견수렴안(民法典征求意见稿)이 1956년 완성되었다. 총칙, 소유권, 채(債)과 상속의 4편 525조로 되어 있었고 소련민법전(俄罗斯苏维埃联邦社会主义共和国民法典, 苏俄民法典)(1922년)을 모델로 하였다. 제2차 민법전 제정작업은 1962년 시작되어 1964년 7월 민법초안(시범안)(民法草案(试拟稿))이 완성되었다. 총칙, 재산소유와 재산유통(流转)의 3편 24장 262조로 되어 있었다. 제3차 민법전 제정작업은 1979년 시작되어 3차의 민법초안을 거쳐 1982년 5월 1일 중화인민공화국 민법초안(제4차 초안)(中华人民共和国民法草案(第四稿))이 완성되었다. 민법의 임무와 기본원칙, 민사주체, 재산소유권, 계약, 지식재산권(智力成果权) 재산상속권 및 민사책임과 그밖의 규정의 8편 43장 465개 조로 되어 있었고 소련민사입법요강(苏联民事立法纲要)(1962년), 소련민법전(苏俄民法典)(1964년) 등을 주로 참조하였다. 이 초안은 최종적으로는 법률로 통과되지는 못하였으나 이후

---

6) 이에 대하여는 温世扬, "中国民法典体系构造的'前世'与'今生'", 东方法学, 제4기(2020년); 刘凯, "《民法典》诞生的历史进程", 华南理工大学学报(社会科学版), 제22권 제6기(2020년); 王利明, "中国民法学七十年: 顾与展望", 政法论坛, 제1기(2020년) 등. 국내문헌으로는 양혜성 저, 김정진 역, "중국 민법학의 역사회고와 전망", 외법논집, 제33권 제2호.(2009), 169면 이하. 종래의 관련 조문은 何勤华, 李秀清, 陈颐编, 『新中国民法典草案总览(增订本)』, 北京大学出版社(2017.3); 何勤华, 李秀清, 陈颐编, 『新中国民法典草案总览(增订本)·续编』, 北京大学出版社(2020.7); 杨立新主编, 『中国百年民法典汇编』, 中国法制出版社(2011).

제정된 민법통칙(1986년)과 여러 민사 단행법의 기초가 되었다. 특히 편별체계에서 민사주체, 계약, 상속, 불법행위책임(민사책임) 등의 독립된 편구성이 그러하다.

1982년 중화인민공화국 민법초안(제4차 초안)이 완성되고 중국은 시장경제를 실현하고자 하는 사회경제적 요청이 있었으나 민법전이 다루는 내용이 광범위하고 복잡하고 당시는 개혁개방 초기로 이에 걸맞는 민법전을 제정할 조건이 아직 충분히 성숙되지 못하였다고 입법자는 판단하면서 민법전 제정작업을 중단하였다. 그리고 우선 현실생활에 절실하게 필요한 문제에 대하여 단행법을 제정하고 조건이 성숙되면 민법전을 제정하는 것으로 방향을 바꾸었다. 이에 따라 민법초안(제4차 초안)을 기초로 필요한 민사 단행법이 차례로 제정되었다. 예를 들어 혼인법(中华人民共和国婚姻法, 1980년 제정, 1981년, 2001년 개정), 상속법(中华人民共和国继承法)(1985년), 민법통칙(中华人民共和国民法通则, 1986년 제정, 2001년 개정), 입양법(中华人民共和国收养法)(1991년 제정, 1998년 개정), 담보법(中华人民共和国担保法)(1995년), 계약법(中华人民共和国合同法)(1999년)이 그러하다.

이 가운데 민법통칙은 1982년 민법초안(제4차 초안)의 내용을 기초로 한 것으로 민법요강(民法大纲) 또는 요약판(袖珍版)의 형태로 중국 민법의 기본제도의 체계를 정하였는데 이는 이후에 나온 민사 단행법 내지 현행 민법전 편찬의 기본적 편별체계가 되었다.[7] 무엇보다도 현행 민법전의 특징의 하나로, 다른 대륙법계 민법전에는 없는 총칙편의 내용으로 민법이 보호하는 민사권리(제5장)의 독립된 장 구성과 그에 위반하여 침해한 경우 그 구제로서의 민사책임(제8장)이라는 체계 및 민법전 각칙의 내용으로 계약법-계약위반책임과 불법행위책임, 인격권을 포함한 인신권 등의 체계가 이 민법통칙에서 나온 것이다. 다음으로 담보법은 민법통칙의 담보에 관한 기본규정에 근거하면서 인적담보와 물적담보를

---

7) 민법통칙에 대하여 중국 민사입법사에서 과거를 계승 발전하고 앞날을 개척한 이정표적 의의가 있다고 평가하기도 한다. 예를 들어 溫世揚, 앞의 논문, 29면 이하.

통합하여 보증, 저당, 질권, 유치권과 계약금의 5가지 담보방법을 규정
하여 나중에 물권법과 민법전의 기초가 되었다. 또한 계약법은 종래에
별도로 제정된 경제계약법(中华人民共和国经济合同法)(1981년), 섭외경제계
약법(中华人民共和国涉外经济合同法)(1985년)과 기술계약법(中华人民共和国技
术合同法)(1987년)의 3가지 계약법을 통합하였고 이 과정에서 유엔국제물
품매매법(CISG) 등 국제통일 민사규범을 적극적으로 참조하였다. 이에
따라 중국 민사법에서 채권(편)을 대신하여 민사관계 중 시장경제의 기
초가 되는 계약만을 규율하고 이 계약법에 대륙법계 요소 외에도 영미법
의 요소를 다수 포함하게 되었다.

그 후 중국이 세계무역기구(WTO)의 가입 등의 새로운 환경에 대한
법제 정비가 요청되어 제4차 민법전 제정작업이 1998년 개시되어 2002
년 12월 23일 민법초안이 완성되었다. 2002년 중화인민공화국 민법(초
안)(中华人民共和国民法(草案))은 원래 총칙, 인격권, 물권, 지식재산, 채권
총칙, 계약, 불법행위, 친족, 상속 및 섭외 민사법률관계의 법률적용의
10개 편으로 되어 있었으나 지식재산권편, 채권총칙편, 친족편이 논란
끝에 삭제되고 최종적으로는 총칙, 물권법, 계약법, 인격권법, 혼인법, 입
양법, 상속법, 불법행위책임법, 섭외민사관계의 법률적용법의 9편 1209
조로 되었다.[8] 그러나 이 민법초안도 최종적으로는 민법전으로 통과되
지는 못하였고 민법전의 각 편은 종래와 같이 민사단행법으로 하는 것으
로 하였고 이에 따라 차례로 물권법(中华人民共和国物权法)(2007년), 불법행
위책임법(中华人民共和国侵权责任法)(2009년), 중화인민공화국 섭외민사관계
법률적용법(中华人民共和国涉外民事关系法律适用法)(2010년) 등이 제정되었다.

무엇보다도 2002년 12월 물권법 제정과정 중에 물권법의 위헌 논쟁
이 발생하였다.[9] 이는 격렬한 논쟁을 거친 후 물권법에 국가소유권 등

---

8) 이 초안에 대한 소개는 필자, "중화인민공화국 민법전(초안)(2002년)의 민법총칙편에 관
한 연구-입법기초자료와 조문내용을 중심으로", 경찰대논문집, 제29집(2009.12), 54면
이하 참조.

에 관한 규정을 크게 보완하고 난 후에 2007년 통과되었다. 또한 불법행위책임법은 민사권익 침해에 대한 구제방법에 대하여 민법통칙에서 민사책임으로 규정하던 것을 독립된 단행법으로 제정하였고 이는 민법전에서도 독립된 편으로 되었다. 이에 따라 전통적인 대륙법계 민사법의 채권편을 종래의 계약법과 함께 불법행위책임법으로 독립된 법률로 분리하는 민법전의 편별체계의 특징을 가지게 되었다.[10]

## 나. 민법전 제정

현행 중국 민법전은 제5차 민법전 편찬작업을 통하여 제정된 것이다. 이는 2014년 10월 공산당 제18기 중앙위원회 제4차 전체회의(四中全会)에서「중공중앙의 법에 의한 국가통치의 전면추진의 몇 가지 중대한 문제에 관한 결정」(中共中央关于全面推进依法治国若干重大问题的决定)에서 '시장법률제도의 건설을 강화하고 민법전을 편찬하는 것'이 필요하다는 것을 인정하면서 이에 따라 2015년 3월 민법전 편찬을 시작하였다.

이 민법전 편찬은 2단계로 진행되었다. 제1단계는 민법총칙을 제정하고 제2단계는 민법전 각칙편을 제정하여 민법총칙과 통합하여 최종 민법전으로 하는 것이었다. 이에 따라 민법총칙이 2년(2014년-2016년)에 걸쳐 제정되었고, 그 후 6개 편으로 하는 각칙편이 3년(2017년-2019년)에 거쳐 제정된 후 2020년 민법전초안으로 통합되었고 이 초안이 최종적으로 민법전으로 통과되었다.

민법총칙(中华人民共和国民法总则)은 3차의 심의를 거쳐 2017년 3월 15일 전국인민대표대회에서 제정된 법률로 기본규정, 자연인, 법인, 비법인조직, 민사권리, 민사법률행위, 대리, 민사책임, 소멸시효, 기간계산

---

9) 이 논란은 巩献田이 작성한 2005년 공개서신으로 물권법의 위헌문제를 제기하면서 시작되었다.
10) 중국의 불법행위법의 제정과정의 여러 논의와 초안에 대하여는 필자,『중국의 불법행위법(1)』, 진원사(2017) 참조.

과 부칙의 11장 206개 조로 되어 있었다.[11] 민법총칙의 편별체계, 조문
순서와 내용은 기본적으로 민법통칙(1986년)의 것을 따르면서 조문을 신
설하거나 삭제 또는 수정한 것이다.[12] 이는 그후 일부 조문이 신설, 수
정된 후 민법전 총칙편(제1편)으로 편입되었다.

　민법총칙(2017년)이 제정된 후 민법전 제정작업의 2단계로 민법전
각칙편(民法典各分编)과 민법전 제정작업이 진행되었다. 민법전 각칙편
초안은 2018년 8월 인격권편, 지식재산권편과 섭외민사법률관계의 법률
적용편의 신설에 대하여 논의 후 인격권편만 독립된 편으로 신설하는
것으로 하였다.[13] 이에 따라 마련된 민법전 각칙편(초안)(民法典各分编(草
案))은 물권(제1편), 계약(제2편), 인격권(제3편), 혼인가족(제4편), 상속(제5
편), 불법행위책임(제6편)의 6편 1034조로 되어 있었다. 이후에 민법전
각칙편은 각 편마다 각각 심의가 진행된 후 이를 통합하여 최종 각칙편
초안이 되었다. 이는 다시 민법총칙이 총칙편으로 통합되어 2019년 12
월 16일 「중화인민공화국 민법전(초안)」이 되고 이 민법전 초안이 2020
년 5월 28일 전국인민대표대회에서 「중화인민공화국 민법전」(中华人民
共和国民法典)으로 제정되었고 2021년 1월 1일부터 시행되고 있다.[14]

---

11) 민법총칙에 대하여는 필자, "최근 제정된 중화인민공화국 민법총칙(2017년) 읽기-일반
　　론과 주요내용을 중심으로", 비교사법, 제24권 제3호(2017.8), 1009면 이하.

12) 본래 '소민법전'(小民法典)이던 민법통칙이 민법총칙을 거쳐 민법전 총칙편으로 편입
　　되었다. 이에 대하여는 朱庆育, "第三种体例:从《民法通则》到《民法典》总则编", 法制与
　　社会发展(双月刊), 제4기(2020년), 77면 이하.

13) 그 외에도 민법전 편찬에 상사 입법체계와 관련하여 상법통칙을 별도로 둘 것인지에
　　대한 논의도 있었다.

14) 이 민법전의 효력발생(2021년 1월 1일)과 동시에 현행 민사 단행법이던 혼인법, 상속
　　법, 민법통칙, 입양법, 담보법, 계약법, 물권법, 불법행위책임법과 민법총칙은 모두 폐
　　지되었다(제1260조).

## 3. 민법전의 편별체계

### 1) 민법전의 편별체계 일반

현행 중국 민법전은 그 편별체계를 7개 편 1260조로 하고 있다.[15] 각각의 편은 총칙(제1편), 물권(제2편), 계약(제3편), 인격권(제4편), 혼인가족(제5편), 상속(제6편)과 불법행위책임(제7편)이다. 이는 총칙편과 각칙편(6개 편)으로 구성되어 있고 각칙편은 '각칙편'이라는 용어 없이 개개의 6개 편을 열거하고 있다. 각 편은 장과 절을 두지만 조문 수가 많은 것은 편 밑에 분편(分编)을 두기도 한다.

민법전의 각각의 편의 구성은 다음과 같다.

| 목차 | 目录 | 조문 | |
|---|---|---|---|
| 중화인민공화국 민법전 | 中华人民共和国 民法典 | 조문수(1,260개) | |
| 제1편 총칙 | 第一编 总则 | 제1조-제204조 | 204개 |
| 제2편 물권 | 第二编 物权 | 제205조-제462조 | 238개 |
| 제3편 계약 | 第三编 合同 | 제463조-제988조 | 526개 |
| 제4편 인격권 | 第四编 人格权 | 제989조-제1039조 | 61개 |
| 제5편 혼인가족 | 第五编 婚姻家庭 | 제1040조-제1118조 | 179개 |
| 제6편 상속 | 第六编 继承 | 제1119조-제1163조 | 57개 |
| 제7편 불법행위책임 | 第七编 侵权责任 | 제1164조-제1258조 | 95개 |
| 부칙 | 附则 | 제1259조-제1260조 | 2개 |

---

15) 민법전을 7편으로 한 것에 대하여는 王利明, "中国民法典采取七编制的理由及其世界贡献", 比较法研究, 제4기(2020년).

　민법전의 편별체계와 관련하여 종래 대륙법계 민법전의 대표적인 것으로는 독일식의 5편제나 프랑스민법의 3편제가 있었는데 중국 민법전이 어떤 체계를 취하여야 하는가에 대하여는 학계의 격렬한 논쟁이 있었다. 이러한 논쟁 후 최종적으로 민법전의 편별체계는 채권편 대신에 계약편을 두고, 인격권을 독립된 편으로 하고, 가족법(친족법) 대신에 혼인가족편을 두고, 불법행위책임편을 독립된 편으로 하였다. 이러한 것은 대륙법계 국가의 민법전의 편별체계를 기초로 하면서 중국의 실제와 시대의 필요에 대응하기 위하여 중국 특유한 체계로 재편성한 것이다.16) 이 체계를 종래의 체계와 비교하여 다음의 특징이 있다.

　우선 총칙과 각칙을 민사권리를 중심으로 구성한 것이다. 즉, 물권, 채권(계약), 인격권, 혼인가족의 권리(친족권), 상속권이라는 권리를 각각의 편으로 하고 그 권리에 대한 침해의 보호(구제)로서 불법행위책임편을 둔다. 이는 민법전이 본질적으로 권리법이고 민법전 각칙편은 각각의 권리를 보장하게 한 것이기 때문이다. 특히 종래의 5편제와 비교하여 인격권이 독립된 권리로서 체계에 편입되어 있다. 다음으로 편별체계에서 혁신(독창)적인 것을 도입하여 인격권과 불법행위책임의 독립된 편 구성과 계약편 통칙에 의한 채권법 총칙의 역할을 하도록 하였다. 셋째로 민법전 체계는 권리 다음에 그 침해의 구제를 규정하고 이에 따라 민법전 각칙편은 여러 권리의 종류와 내용을 규정한 후에, 총칙에서 정하는 민사책임의 실제 적용으로 각칙편 마지막에 불법행위책임편을 두었다. 따라서 민법전의 전체 체계의 구상은 인격권을 포함한 포괄적 권리의 내용을 충실하게 인정하고 그 침해의 권리구제를 구현하는 것이다. 넷째로 민법적 각칙편의 체계 외에 그 주된 것은 다시 전체적으로 총칙에 두어 이른바 총칙과 각칙의 체계를 관철하고 있다. 이러한 권리

---

16) 이런 점에서 이러한 편별체계는 중국의 독자적(独樹一幟)이고 독창적인 것(自创版本)이라고 평가하기도 한다. 독일민법과 프랑스민법의 체계와 다른 제3의 체계라고 평가하는 것으로는 朱庆育, 앞의 논문, 90면.

와 구제를 중심으로 한 중국 민법전의 특징을 반영하여 민법전을 '민사 권리 선언문'(民事权利的宣言书)이라고 하기도 한다.

## 나. 편별체계에 관한 학설논쟁

민법전의 편찬(제정)과정에서 그 편별체계의 구성과 개별 편의 구성에 대하여 학계에서는 격렬한 논쟁이 있었다.

### 1) 인격권편

민법전 편별체계 논쟁에서 가장 큰 것은 민법전에 인격권편을 독립된 1개 편으로 할 것인가이었다.[17)]

2002년 민법초안에서는 인격권법을 단독의 편(제4편)으로 하기도 하였다. 민법전은 처음에는 이를 독립된 편으로 하지는 아니하였으나 각 칙편 초안에서 독립된 1개 편으로 하였고 민법전에서도 이를 독립된 편으로 하였다. 이렇게 한 이유는 인격권은 민사주체가 그 특정한 인격적 이익에 대하여 가지는 권리로 모든 사람의 인격적 존엄과 관계가 있고 민사주체의 가장 기본적이고 중요한 권리이므로 인격권을 보호하고 인격적 존엄을 옹호하는 것이 중국의 법치에서 중요한 임무이고 최근의 추세도 인격권의 보호를 강화하는 것이기 때문이다.

그 외에 구체적인 체계와 내용에서 인격권을 독립한 편으로 하면서 인격권의 내용과 행사 및 그 책임과 관련하여 불법행위책임편과 어떤 관계가 있는가도 논의가 되었고 그 외에 인격권과 재산편(물권과 계약) 및 혼인가족편과 상속편의 편별 순서에 대하여도 논의가 있었다.

---

17) 王利明 교수와 梁慧星 교수의 논쟁이 가장 유명하다. 국내문헌으로는 최길자, "중국 민법전에 있어서 인격권의 단독 편찬 여부에 관한 논의", 중국법연구, 제40호(2019), 55면 이하 등.

## 2) 채권편

민법전에 채권편이나 채권총칙을 둘 것인가에 대하여 학설은 대부
분 긍정하였으나 입법자는 이러한 태도를 취하지 않고 종래의 단행법인
계약법의 체계와 내용에 따랐고 이에 따라 민법전은 전통적인 채권법총
칙의 내용을 계약편(총칙)으로 하였다. 이는 채권법의 일반규정은 민법
의 중요한 내용이기는 하지만 현행 계약법의 총칙이 이미 채권에 관한
일반규정의 대다수를 규정하고 있으므로 이를 유지하여도 문제가 없기
때문이다. 다만 각종 채권채무관계를 더욱 잘 규율하기 위하여 현행 계
약법을 기초로 하면서 필요한 경우에는 계약이라는 용어에 채권채무의
용어를 더 혼용하여 보완하거나 문제가 되는 것은 계약편의 편별체계에
맞게 이를 재조정하는 것으로 하였다.

이러한 조정이 된 것으로는 우선 사무관리와 부당이득에 대하여 민
법전은 계약편 심의과정에서 계약편 마지막에 별도로 준계약(제3분편)을
신설하였다. 또한 분할채권관계나 연대채권관계 또는 종류채권과 특정
물채권, 단순채권과 선택채권, 금전채권과 이자채권 등 채권의 유형(채
무의 목적이나 다수당사자의 채권관계)에 관한 일반규정에 대하여는 계약편
통칙(제1분편)의 계약의 이행(제4장)에서 이를 신설하여 규정하였다.

이외에 손해배상의 일반원칙에 대하여 민법전은 계약편과 불법행위
책임편에서 각각 손해배상에 관한 규정을 두지만 채무불이행이나 손해
배상으로 하여 양자를 총칙으로 체계적으로 통일하지는 아니하고 종래
와 같이 총칙편에 민사책임만을 두었다. 계약위반책임(違約責任)은 손해
배상-완전배상주의(제584조), 손해확대방지의무(제591조) 등을 규정하고,
불법행위책임편은 손해배상의 책임부담을 중심으로 규정하고 있다. 이
와 별도로 채무불이행(계약위반)의 일반규정에 대하여 민법전은 계약편
계약위반책임(제8장)에서 규정하고 다른 채권의 유형에 적용에 대하여는
계약편 계약의 일반규정(제1장)(제468조)에서 이를 규정한다.

### 3) 기타 문제—지적재산권과 국제사법[18]

이밖에도 민법전에 지식재산권편을 편입할 것인가도 학설은 대립하였으나 최종적으로 이를 편입하지는 아니하였다. 다만 민법전 총칙편(제123조)의 민사권리 중 하나로 지적재산권을 명확히 규정하였다. 다음으로 국제사법인 섭외민사관계 법률적용법(中华人民共和国涉外民事关系法律适用法)(2010년)을 민법전의 편으로 편입할 것인가에 대하여 이를 단독의 편으로 하지는 아니하였다.

## 4. 사법해석

사법해석은 최고인민법원과 최고인민 검찰원이 내린 재판, 검찰업무에 대하여 구체적으로 법을 적용한 해석으로 법원(法源)으로서의 지위가 인정된다(입법법 제104조). 민법전 제정 전 민사단행법이 적용된 기간에는 민사에 관하여는 이를 보충하기 위하여 최고인민법원이 여러 사법해석을 제정하였다. 예를 들어 민법통칙, 민법총칙, 담보법, 물권법, 계약법, 혼인법, 상속법 등에 관한 사법해석 등이 그러하다.

민법전의 시행으로 종래의 민사단행법이 모두 폐지되면서(제1260조) 그에 기초하여 제정된 사법해석의 효력과 관련하여 최고인민법원은 2020년 12월 민법전의 시행관철과 관련하여 사법해석의 전면적 정리작업을 하면서[19] 시급하게 필요한 것은 새로 사법해석을 제정하기도 하였다.[20] 이외에 사법해석은 아니지만 전국 법원에 의한 회의기요(会议纪

---

18) 이외에 민법전과 별개의 상법통칙의 별도 제정에 관하여도 학설의 논쟁이 있다.

19) 이에 따라 591건의 현행 사법해석과 그밖의 효력이 있는 관련 문서를 정리하여 민법전과 규정이 일치하는 364건은 개정 없이 계속 사용하고, 민법전에 따라 명칭과 일부 조항에 수정하여야 할 111건은 개정하고 116건은 폐지하는 것으로 하였다.

20) 2022년 10월 현재까지 혼인가족편, 상속편, 물권편, 담보제도, 총칙편 등이 제정되었고 계약편과 불법행위책임편의 사법해석 초안이 마련되어 논의 중에 있다. 2022년 11월

要)가 민법전의 총칙편, 계약편과 사법해석의 적용에 관한 여러 가지 사항을 정하기도 한다. 또한 2011년 이후 나온 139건의 지도판례(指導性案例)도 전면정리하여 2건에 대하여 참고적용하지 않는 것으로 하고 전형판례(제1집)(典型案例(第一批))를 공개하기도 하였다. 그 외에도 2,850건의 규범문건이 개정이나 폐지되기도 하였다.

---

4일 최고인민법원은 '중화인민공화국 민법전 계약편 통칙 부분의 적용에 관한 해석(의견수렴안)'(关于适用〈中华人民共和国民法典〉合同编通则部分的解释(征求意见稿))이 마련되었다. 이는 9개 부분 73개 조로 되어 있다.

## 제2절
# 총칙(제1편)[21]

## Ⅰ. 총칙편 일반

민법전 총칙편(제1편)은 10장 204개 조(제1조-제204조)로 되어 있다.

각각의 장을 보면 우선 민법의 기본규정(제1장)을 두고, 이어서 권리의 주체로서 자연인(제2장), 법인(제3장)과 비법인조직(제4장)을 규정한다. 이 중 자연인(제2장)은 다시 권리능력과 행위능력(제1절), 후견(제2절), 부재선고와 실종선고(제3절) 및 개체상공업자와 농촌도급경영자(제4절)를 규정한다. 이어서 법인(제3장)에서는 일반규정(제1절), 영리법인(제2절), 비영리법인(제3절)과 특별법인(제4절)을 규정한다. 다음으로 권리의 객체에 대하여는 이를 규정하지 아니하고 그 대신에 민사권리[22](제5장)로 하여 여러 가지 민사권리를 열거하고 있다. 또한 법률행위(제6장)와 대리(제7장)를 규정한다. 이 중 법률행위(제6장)에서는 일반규정(제1절), 의사표시(제2절), 법률행위의 효력(제3절)과 법률행위의 조건과 기한(제4

---

21) 이하에서는 민법전의 편별 순서에 따라 차례로 주요내용을 소개한다. 원래는 주요 논점을 다루는 것으로 하였으나 아직 국내에 중국 민법전의 내용 자체의 소개가 부족하여 그 내용을 소개하는 것으로 하였다. 우리 민법에서도 관심이 있는 중요논점에 대하여는 각주에 간략하게 언급한 것도 있다.

22) 민법전 총칙편에서는 '민사'라는 단어를 붙여 사용하는 것이 많다. 민사주체, 민사활동, 민사권리능력과 민사행위능력, 민사권리, 민사법률행위와 민사책임이 그러하다. 우리 용어례를 참조하여 '민사'를 삭제하였으나 민사주체, 민사활동, 민사권리와 민사책임은 이를 유지하였다.

절)을 규정한다. 대리(제7장)에서는 일반규정(제1절), 임의대리(제2절)과
대리의 종료(제3절)를 규정한다. 마지막으로 민사책임(제8장), 소멸시효
(제9장)와 기간계산(제10장)을 차례로 규정한다.

　　총칙편의 편별체계는 다음과 같다.

| 목차 | 目录 | 조문수(204개 조) | |
|---|---|---|---|
| 제1편 총칙 | 第一编 总则 | 제1조-제204조 | 204개 조 |
| 제1장 기본규정 | 第一章 基本规定 | 제1조-제12조 | 12개 조 |
| 제2장 자연인 | 第二章 自然人 | 제13조-제56조 | 44개 조 |
| 제1절 권리능력과 행위능력 | 第一节 民事权利能力和民事行为能力 | 제13조-제25조 | 23개 조 |
| 제2절 후견 | 第二节 监护 | 제26조-제39조 | 14개 조 |
| 제3절 부재선고와 실종선고 | 第三节 宣告失踪和宣告死亡 | 제40조-제53조 | 14개 조 |
| 제4절 개체상공업자와 농촌도급경영자 | 第四节 个体工商户和农村承包经营户 | 제54조-제56조 | 3개 조 |
| 제3장 법인 | 第三章 法人 | 제57조-제101조 | 45개 조 |
| 제1절 일반규정 | 第一节 一般规定 | 제57조-제75조 | 19개 조 |
| 제2절 영리법인 | 第二节 营利法人 | 제76조-제86조 | 11개 조 |
| 제3절 비영리법인 | 第三节 非营利法人 | 제87조-제95조 | 9개 조 |
| 제4절 특별법인 | 第四节 特别法人 | 제96조-제101조 | 6개 조 |
| 제4장 비법인조직 | 第四章 非法人组织 | 제102조-제108조 | 7개 조 |
| 제5장 민사권리 | 第五章 民事权利 | 제109조-제132조 | 24개 조 |

| 제6장 법률행위 | 第六章<br>民事法律行为 | 제133조-제160조 | 28개 조 |
|---|---|---|---|
| 제1절 일반규정 | 第一节 一般规定 | 제133조-제136조 | 4개 조 |
| 제2절 의사표시 | 第二节 意思表示 | 제137조-제142조 | 6개 조 |
| 제3절 법률행위의<br>효력 | 第三节<br>民事法律行为的效力 | 제143조-제157조 | 15개 조 |
| 제4절 법률행위의<br>조건과 기한 | 第四节<br>民事法律行为的附条<br>件和附期限 | 제158조-제160조 | 3개 조 |
| 제7장 대리 | 第七章 代理 | 제161조-제175조 | 15개 조 |
| 제1절 일반규정 | 第一节 一般规定 | 제161조-제164조 | 4개 조 |
| 제2절 임의대리 | 第二节 委托代理 | 제165조-제172조 | 8개 조 |
| 제3절 대리의<br>종료 | 第三节 代理终止 | 제173조-제175조 | 3개 조 |
| 제8장 민사책임 | 第八章 民事责任 | 제176조-제187조 | 12개 조 |
| 제9장 소멸시효 | 第九章 诉讼时效 | 제188조-제199조 | 12개 조 |
| 제10장 기간계산 | 第十章 期间计算 | 제200조-제204조 | 5개 조 |

민법전 총칙편(제1편)의 장절체계, 조문순서와 조문내용은 종래의 총칙 관련 민사 단행법인 민법총칙(中华人民共和国民法总则)(2017년)(11장 206조)의 것을 따르면서 일부 조문이 신설[23], 삭제 또는 수정된 것이다. 민법전 총칙편과 민법총칙의 장절체계, 조문순서는 민법통칙(1986년 제정, 2009년 개정)(9장 156개 조)을 기초로 하면서 조문내용은 그후에 나온 민사단행법과 사법해석 등을 참조하여 일부 조문이 신설, 삭제 또는 수정된 것이다.[24] 특히 후견(监护), 법인과 비법인조직, 새로운 유형의 민

23) 민법총칙과 달리 민법전 총칙편에서 신설된 것은 후견과 관련한 제34조 제4항 1개이다.
24) 신설과 삭제 및 수정은 민법통칙을 기준으로 한 것이다. 이외에 여러 민사단행법과 특

사권리, 법률행위의 효력과 의사표시의 하자(瑕疵), 민사책임의 영웅열사 조항과 긴급구조의 면책, 소멸시효의 계산과 적용범위 등의 문제에서 사법해석 등을 반영하여 조문이 신설되거나 수정되었다.

총칙편에 대하여는 민법전 제정 후 2022년 사법해석이 새로 제정되어 시행되고 있다.[25]

## Ⅱ. 기본규정(제1장)

총칙편의 기본규정(제1장)에서는 민법전 총칙 부분의 가장 기본이 되는 내용을 규정하여 총칙편의 나머지 각 장을 총괄(统领)하는 역할을 한다. 기본규정(제1장)(12개 조)은 민법통칙(제1장 기본원칙, 제1조-제8조)(8개 조)의 것을 따르면서 일부 조문을 신설(제9조), 삭제 또는 수정한 것이다. 이러한 기본규정에 해당하는 것으로는 민법전의 입법목적, 민법의 기본원칙, 민법의 법원(法源) 등이 있다.

### 1. 민법전의 입법목적

민법전의 입법목적(제1조)은 민사주체의 적법한 권리를 보호하고 민사관계를 규율하고 사회와 경제질서를 보호하여 중국 특색의 사회주의의 발전의 요청에 대응하고 사회주의의 핵심가치관을 고양하기 위한 것으로 헌법에 근거하여 제정된 것이다. 민법의 규율대상(제2조)은 평등한

---

별법 및 사법해석이 참조되기도 하였다. 민법통칙과의 조문비교는 王竹, 『《中华人民共和国民法总则》编纂对照表与条文释义』, 北京大学出版社, 2017.

25) 「최고인민법원의 『중화인민공화국 민법전』 총칙편 적용의 몇 가지 문제에 관한 해석」(最高人民法院关于适用〈中华人民共和国民法典〉总则编若干问题的解释)(2022년 2월)(法释〔2022〕6号)(9개 부분 39개 조)이 그것이다. 이 사법해석의 체계와 내용에 대하여는 김성수, "최고인민법원의 「중화인민공화국 민법전」 총칙편 적용의 몇 가지 문제에 관한 해석(사법해석)(2022년)", 사법행정(2022.7), 53쪽 이하.

주체인 자연인, 법인과 비법인조직 사이의 인신관계와 재산관계이다. 또한 민사주체의 인신권, 재산권과 그밖의 적법한 권익은 법률의 보호를 받고 어떠한 조직이나 개인도 침해할 수 없다(제3조).

## 2. 민법의 기본원칙

민법전은 민법의 기본원칙으로 평등의 원칙(제4조), 자원의 원칙(제5조), 공평의 원칙(제6조), 신의성실의 원칙(제7조), 적법성과 공서양속 준수의 원칙(제8조) 및 녹색의 원칙(제9조)의 6가지를 각각 규정한다.26) 민법통칙(제4조)에서는 민사활동의 기본원칙을 모두 같이 규정하였으나 민법전은 이를 확대하여 6개 조문으로 각각 나누어 규정한다.

이중 자원의 원칙(제5조)은 민사주체가 하는 민사활동은 자원(自愿)의 원칙을 준수하여 자기 의사에 의하여 법률관계를 설정, 변경, 소멸하게 하여야 한다(제5조). 이런 점에서 민사주체가 자기의 의사에 따라 법에 의하여 한 민사권리의 행사는 간섭을 받지 아니한다(제130조).

다음으로 신의성실의 원칙(제7조)으로 민사주체가 하는 민사활동은 신의성실의 원칙을 준수하고 성실하게 견지하면서 승낙한 것을 엄수하여야 한다. 이와 관련하여 민법전은 권리남용의 금지의 원칙(제132조)을 민사권리(제5장)에서 권리의 행사의 측면에서 이를 규정한다.

마지막은 녹색의 원칙(제9조)으로 민사주체가 하는 민사활동은 자원절약에 유리하고 생태환경을 보호하여야 한다. 이는 중국 민사법이 신설한 것으로 생태환경의 중시와 보호에 직접적으로 관련되고, 이를 관철하기 위하여 물권편, 불법행위책임편 등에서도 관련된 규정을 두고 있다.

---

26) 각 원칙의 의미와 각각의 관계에 대하여는 가령 徐国栋, "《民法总则》后我国民法基本原则理论研究述评", 法治研究, 제1기(2022년).

## 3. 법원

법원(法源)은 법의 존재형식으로 재판('민사분쟁의 처리')을 위한 전제
로서 규범의 총체이다. 민법전(제10조)은 민사분쟁의 처리는 법률에 의
하여야 하고, 법률에 규정이 없는 경우에는 공서양속에 위반하지 아니
하면, 관습을 적용할 수 있다고 규정한다. 이처럼 민사분쟁의 처리에서
법률과 관습의 2단계 법원 체계를 규정한다. 여기서 말하는 법률은 광
의로 해석하여 제정법을 말하고 관습은 '관습법'을 말한다. 또한 이러한
관습법은 공서양속에 위반할 수 없다는 것도 명시한다. 다만 법률이나
관습법이 없는 경우에 적용할 법원은 명시하지 않고 있다.27) 이에 대하
여 학설은 총칙의 기본원칙으로 확립된 원칙(基本原則确立的規則)으로 이
를 해결한다.

## Ⅲ. 자연인(제2장)

자연인에 관하여 민법전은 권리능력과 행위능력(제1절), 후견(제2절),
부재선고와 실종선고(제3절) 및 개인상공업자와 농촌도급경영자(제4절)
를 각각 규정한다. 이러한 체계는 민법통칙(제2장 자연인)의 것을 따른
것이다.

## 1. 권리능력과 행위능력(제1절)

자연인(제2장)의 권리능력과 행위능력(제1절)(제13조-제25조)(13개 조)

---

27) 법률과 관습법과 관련하여 종래 물권법에서는 물권법정주의에 관한 규정(제5조, 제8조)
을 두었으나 민법전에서는 이를 삭제하고 총칙편 민사권리(제5장)에서 물권과 관련하
여 이를 규정하고 있는데 그 내용은 같다(제116조). 중국의 물권법정주의에 대하여는
필자, "중국 물권법의 물권법정주의(제5조)에 관한 연구", 중국법연구, 제13호(2010), 15
면 이하.

의 조문순서와 내용은 민법통칙(제2장 공민(자연인) 제1절 권리능력과 행위능력)(제9조-제15조)(7개 조)의 것을 따르면서 일부 조항을 신설(제24조 제3항)하거나 수정한 것이다.

자연인은 권리능력 취득과 상실(제13조)과 관련하여 출생한 때로부터 사망할 때까지 권리능력이 있고 권리를 가지고 의무를 부담한다. 다음으로 태아의 이익보호를 위한 특칙(제16조)을 두어 상속재산의 상속, 증여의 수령 등 태아의 이익의 보호와 관계된 경우에 태아는 민사권리능력이 있는 것으로 본다. 그러나 태아가 출산(娩出)할 때에 사체인 경우에는 그 민사권리능력은 처음부터 존재하지 아니한다.

성년자와 미성년자의 기준이 되는 연령(제17조)과 관련하여 자연인이 18세 이상이면 성년자이고, 18세 미만이면 미성년자이다.

다음으로 행위능력자(제18조)로서 성년자는 행위능력자이로서 독립하여 법률행위를 할 수 있고 16세 이상의 미성년자가 자기의 노동수입을 주된 생활근거로 하는 경우에는 행위능력자로 본다. 다음으로 제한행위능력자(제19조)를 인정하여, 우선 8세 이상의 미성년자를 제한행위능력자로 하고 이 경우에 법률행위는 그 법정대리인이 대리하거나 그 법정대리인의 동의, 추인을 얻어야 한다. 그러나 순수하게 이익을 얻는 법률행위 또는 그 연령, 지능에 상당한 법률행위는 독립하여 할 수 있다. 이와 달리 8세 미만의 미성년자는 행위무능력자로서 그 법정대리인이 대리하여 법률행위를 한다(제20조). 아울러 자기 행위를 변식할 수 없는 성년자와 8세 이상의 미성년자의 행위능력(제21조)과 관련하여 자기 행위를 변식할 수 없는 성년자는 행위무능력자로 그 법정대리인이 대리하여 법률행위를 하고, 8세 이상의 미성년자가 자기 행위를 변식할 수 없는 경우에도 그러하다. 또한 자기 행위를 완전하게 변식할 수 없는 성년자의 행위능력(제22조)과 관련하여 자기 행위를 완전하게는 변식할 수 없는 성년자는 제한행위능력자로 하고, 이러한 행위무능력자, 제한행위능력자의 후견인은 그 법정대리인이 된다(제23조).

## 2. 후견(제2절)

후견(監護)은 행위무능력자가 제한행위능력자의 인신, 재산과 그밖의 적법한 권익에 대하여 보호를 하는 제도를 말한다. 후견인은 미성년자와 성년의 경우에 선임될 수 있다.

자연인의 후견(제2절)(제26조-제39조)(14개 조)의 조문순서와 내용은 민법통칙(제2장 공민(자연인), 제2절 후견)(제16조-제19조)(4개 조)의 것을 따르면서 혼인법, 노인권익보장법이나 민법통칙에 관한 의견 등을 반영하여 조문을 신설(제26조, 제30조, 제33조, 제34조 제4항, 제37조, 제38조, 제39조)하거나 수정하기도 하였다. 후견에 대하여는 총칙편에서 다른 부분보다 신설조문이 더 많다.

우선 미성년자의 후견인(제27조)과 관련하여 부모가 미성년 자녀의 후견인이 되고[28] 부모가 이미 사망하였거나 후견능력이 없는 경우에는 조부모, 외조부모(1순위), 형, 누나언니(제2순위) 등의 순위로 후견인을 정한다. 부모는 미성년인 자녀에 대하여 자녀부양(抚养), 교육과 보호의무를 부담하고 성년인 자녀는 부모에 대하여 부모부양(赡养), 부조와 보호할 의무를 부담한다(제26조). 다음으로 무능력자이거나 제한능력자인 성년자인 후견인(제28조)이 될 사람의 순위, 유언에 의한 지정(제29조), 후견인에 대한 합의(제30조)에 대하여도 규정을 둔다. 후견인의 확정에 대하여 분쟁이 있으면 지정후견을 할 수 있고(제31조), 그 외에 민법전은 후견인의 지정, 임시후견인 등에 관하여 자세하게 규정한다(제32조).

그 외에 성년자의 임의후견(제33조), 후견인의 후견직무(제34조) 등을 차례로 규정한다. 특히 민법전은 후견직무에서 민법총칙에 없던 것으로

---

28) 우리 법에서는 부모는 친권자가 되지만 민법전은 부모의 친권(亲权)에 관하여 명문규정을 두지는 아니하고 이를 부모자녀관계가 아닌 후견의 장에서 규정한다. 학설은 사회주의 국가는 대부분 친권 제도를 두지 아니하고 중국법도 계수과정에서 이를 포기한 개념이라고 하기도 한다.

코로나 기간에 노인과 아이가 집에 돌볼 사람이 없는 긴급한 사정이 발
생하여 이러한 경우에 국가기관의 임시보호조치의무를 인정하는 규정을
신설하였다(제34조 제4항).

## 3. 부재선고와 실종선고(제3절)[29]

자연인의 부재선고와 실종선고(제3절)(제40조-제53조)(14개 조)의 조문
순서와 내용은 민법통칙(제3절 부재선고와 실종선고, 제20조-제25조)(6개 조)
의 것을 따르면서 일부 조문을 신설(제44조, 제47조, 제48조, 제51조, 제52
조)하거나 수정한 것이다.

우선 부재선고(宣告失踪)와 관련하여 자연인이 2년 동안 생사불명인
경우에 이해관계인은 법원에 해당 자연인을 실종자로 선고할 것을 신청
할 수 있다(제40조). 자연인의 생사불명 기간은 그 소식이 중단된 때로부
터 기산하고, 전쟁기간에 생사가 불명한 경우에는 생사불명의 기간은
전쟁이 종료된 날로부터 기산한다(제41조). 부재자의 재산은 그 배우자,
성년자녀, 부모 또는 그밖의 재산관리인이 될 의사가 있는 사람이 재산
관리인이 되어 관리하고, 관리에 분쟁이 있거나 전 항에서 정한 사람이
없거나 또는 전 항에서 정한 사람이 관리능력이 없는 경우에는 법원이
지정한 사람이 관리한다(제42조). 이와 관련하여 재산관리인의 직무(제43
조), 부재자의 재산관리인의 변경(제44조), 부재선고의 취소(제45조)도 규
정한다.

다음으로 실종선고(宣告死亡)에 대하여 자연인이 4년의 생사불명, 의
외의 사고(意外事件)로 인한 2년의 생사불명의 사정이 있는 경우에 이해
관계인은 법원에 해당 자연인의 사망을 신청하여 실종선고를 할 수 있

---

29) 중국은 우리 실종선고와 관련하여 宣告失踪과 宣告死亡의 두 가지를 인정한다. 민법
    전 이전의 논의에 대하여는 필자, "중국민법의 부재선고(宣告失踪)와 실종선고(宣告死
    亡)의 서론적 연구", 재산법연구, 제36권 제2호(2019), 317면 이하.

다(제46조). 실종선고된 사람은 법원이 실종선고 판결이 내린 날을 사망한 날로 보고, 사고로 인하여 실종선고된 경우에는 사고가 발생한 날을 사망한 날로 본다(제48조). 실종선고자이지만 사망하지 아니한 자연인의 법률행위의 효력(제49조)과 관련하여 실종선고는 본질적으로 사망의 추정이므로 해당 자연인이 실종선고기간에 한 법률행위의 효력에 영향을 미치지 아니한다. 또한 실종선고된 사람이 다시 나타나면 본인이나 이해관계인의 신청에 의하여 법원은 실종선고를 취소하여야 한다(제50조).

실종선고의 효력과 관련하여 실종선고된 사람의 혼인관계(제51조)는 실종선고된 날로부터 소멸하고, 실종선고가 취소된 경우에 혼인관계는 실종선고가 취소된 날로부터 자동으로 회복한다. 그러나 그 배우자가 재혼하였거나 혼인등기기관에 서면으로 회복할 의사가 없다는 것을 표시한 경우에는 그러하지 아니하다. 또한 실종선고 취소 후 입양관계(제52조)와 실종선고가 취소된 사람의 재산반환(제53조)에 대하여도 규정한다.

## 4. 개인상공업자와 농촌도급경영자(제4절)

민법전은 자연인 외에 개인상공업자와 농촌도급경영자를 민사주체의 하나로 인정한다.

## Ⅳ. 법인(제3장)

법인에 관하여 민법전은 일반규정(제1절), 영리법인(제2절), 비영리법인(제3절)과 특별법인(제4절)으로 나누어 규정한다. 이러한 체계는 민법통칙(제3장)(제36조-제53조)에는 없던 것을 계약법, 민법통칙과 계약법의 사법해석을 참조한 것이다.

## 1. 일반규정(제1절)

법인은 권리능력과 행위능력을 가지고 법에 의하여 독립적으로 민사권리가 있고 민사의무를 부담하는 조직을 말한다(제57조). 이러한 법인의 일반규정(제1절)(제57조-제75조)(19개 조)의 조문순서와 내용은 민법통칙의 법인(제3장)의 일반규정(제1절)(제36조-제40조)(5개 조)과 기업법인(제2절)(제41조-제49조)(9개 조)의 것을 따르면서 일부 조문을 신설, 삭제하거나 수정한 것이다.

법인설립의 요건과 절차(제58조)와 관련하여 법인은 법에 의하여 설립되어야 하고, 자기의 명칭, 기관조직, 주소, 재산이나 비용을 가지고 있어야 한다. 법인의 권리능력과 행위능력(제59조)은 법인이 설립한 때에 발생되고 법인이 소멸한 때에 소멸된다. 법인은 그 재산의 전부로 독립하여 민사책임을 부담한다(제60조). 또한 법인을 대표하여 민사활동을 하는 책임자는 법인의 법정대표자가 되고 그가 법인의 명의로 한 민사활동의 법률효과는 법인이 인수(承受)한다(제61조). 법인의 정관이나 법인의 의사결정기관이 법정대표자에게 한 제한은 선의의 상대방에게 대항할 수 없다. 법정대표자가 직무집행으로 인한 불법행위로 다른 사람에게 손해를 가한 경우에는 법인이 민사책임을 부담하고, 법인은 민사책임을 부담한 후에 법률이나 법인의 정관 규정에 의하여 과실이 있는 법정대표자에게 구상할 수 있다(제62조).

이외에 법인등기의 공신력(제65조), 법인의 합병, 분할(제67조), 법인의 소멸(제68조), 법인의 해산사유(제69조), 설립자의 법인설립을 위한 민사활동(제75조) 등도 규정한다.

## 2. 영리법인(제2절)

영리법인은 이윤의 취득과 주주 등의 출자자에 대한 분배를 목적으로 하여 설립된 법인이다(제76조 제1항). 이에는 유한책임회사, 주식유한회사와 그밖의 기업법인 등이 포함된다. 영리법인(제2절)(제76조-제86조)(21개조)의 조문순서와 내용은 민법통칙(제3장 제2절 기업법인)(제41조-제50조)(10개 조)에서 간략하게 규정하던 것을 회사법과 관련 사법해석의 여러 규정을 참조하여 신설(제76조, 제79조-제86조)하거나 수정한 것이다. 민법전은 민상사통일주의를 취하므로 민법전의 법인에 영리법인에 관한 규정을 많이 신설하기는 하였지만 회사법은 민법전에 포함되지 않고 민사특별법으로 하고 있다. 이에 따라 민법전 총칙편의 영리법인과 회사에 대하여는 공통된 내용(회사법의 '총칙'으로서)이 많다.

영리법인은 법에 의하여 등기하면 설립된다(제77조). 또한 법에 의하여 설립된 영리법인은 등기기관이 영리법인의 사업자등록증을 발급하고 사업자등록증의 발급일이 법인의 설립일이 된다(제78조). 영리법인의 설립은 법인의 정관을 작성하여야 한다(제79조).

영리법인은 의사결정기관을 두어야 하고, 의사결정기관은 법인의 정관의 변경, 집행기관, 감독기관의 구성원의 선임이나 개임 및 법인의 정관이 정하는 그밖의 권한을 행사한다(제80조). 영리법인은 집행기관도 두어야 한다(제81조). 이외에 출자자의 남용금지와 그 책임(제83조), 지배출자자(控股出资人) 등의 특수관계(关联关系)에 의한 책임(제84조) 등도 규정한다. 마지막으로 영리법인이 하는 경영활동은 상도덕을 준수하고 거래의 안전을 보호하고 정부와 사회의 감독을 받고 사회적 책임을 부담하여야 한다(제86조).

## 3. 비영리법인(제3절)

비영리법인은 공익목적 또는 그밖의 비영리를 목적으로 성립되고 출자자, 설립자 또는 회원에게 취득한 이윤을 분배하지는 아니하는 법인이다(제87조 제1항). 이에는 사업단위(事业单位), 사회단체, 재단(基金会),

사회복지기관(社会服务机构) 등이 포함된다(제87조 제2항). 비영리법인(제3
절)(제87조-제95조)(9개 조)에 관하여 민법통칙(제3절 기관, 사업단위와 사회
단체법인)(제50조)(1개 조)은 1개 조항(제50조 제2항)만 두었는데 민법전에
서는 그밖의 관련 단행법과 비영리법인의 현실을 참작하여 비영리법인
에 관한 1개 절을 신설하였다.

　　법인의 요건을 갖추고 경제사회 발전의 필요에 대응하고 공익복지
서비스를 제공하기 위하여 설립되는 사업단위는 법에 의한 등기로 설립
되고 사업단위 법인의 자격을 취득한다. 법인등기를 할 필요가 없는 경
우에는 설립된 날로부터 사업단위 법인자격이 있다(제88조). 다음으로
법인의 요건을 갖추고 사원의 공동의사에 의하여 공익목적 또는 사원의
공동이익 등의 비영리목적을 위하여 설립되는 사회단체는 법에 의하여
등기하면 설립되고 사회단체 법인의 자격을 취득한다(제90조). 마지막으
로 공익목적으로 설립된 비영리법인이 소멸한 때에 남은 재산은 공익목
적에 사용되어야 하는 것을 명시한다(제95조).

## 4. 특별법인(제4절)

　　특별법인은 기관법인(机关法人)(제97조), 농촌 집단경제조직 법인(农村
集体经济组织法人)(제99조), 도시농촌(城镇农村)의 합작 경제조직 법인(合作
经济组织法人)(제100조), 주민 기초자치조직 법인(基层群众性自治组织法人)
인 거민위원회와 촌민위원회(제101조)를 말한다(제96조). 특별법인(제4절)
(제96조-제101조)(6개 조)은 민법통칙에는 기관법인(제50조 제1항)만 두던
것을 사회발전에 따라 발생된 것을 참작하여 절을 신설한 것이다.

## V. 비법인조직(제4장)

　　비법인조직(非法人组织)은 법인의 자격은 없지만 법에 의하여 자기의

명의로 민사활동을 할 수 있는 조직을 말한다(제102조 제1항). 비법인조
직은 개인독립자본기업(个人独资企业), 조합기업(合伙企业)으로 법인자격
이 없는 전문 사회복지기관(专业服务机构) 등을 포함한다(제102조 제2항).
비법인조직은 법률규정에 의하여 등기하여야 하고, 비법인조직의 설립
에 법률 등이 관련기관의 허가를 얻어야 한다고 정하는 경우에는 그 규
정에 의한다(제103조). 비법인조직(제4장)(제102조-제108조)(7개 조)은 민법
통칙에 관련 규정이 없었던 것을 민법전이 신설한 것이다.[30]

## VI. 민사권리(제5장)

　민법전 총칙편은 권리의 객체나 물건에 관한 규정을 두는 대신에 민
사권리(民事权利)(제5장)에 관한 규정을 두고 있다.
　구체적으로는 민법전이 보호하는 민사권리의 종류를 인격권과 신분
권(인신권), 재산권과 지식재산권, 상속권 등으로 차례로 정하고 권리행
사와 관련된 내용도 이를 규정한다. 민사권리(제5장)(제109조-제132조)(14
개 조)의 조문순서와 내용은 민법통칙(제5장 민사권리)(제71조-105조)(35개
조)의 것을 따르면서 다수 조문을 신설하였고 삭제 또는 수정하기도 하
였다. 이러한 민사권리를 독립된 장으로 체계구성하고 구체적인 민사권
리의 열거한 것은 민법통칙(제5장)의 태도를 따른 것이다. 민법통칙은
물권법이나 채권법(계약법)이 아직 없던 시기에 간략하지만 민법각칙의
역할을 하였다. 민법전은 민법 각칙편이 이미 있으므로 민법통칙과 같
이 절로 나누지는 아니하고 그 권리의 규정순서도 바꾸어 인격권과 신
분권(인신권), 재산권과 지식재산권, 상속권 및 기타의 권리 등을 각각

---

30) 중국에서는 자연인과 법인 이외에 제3의 민사주체로서 비법인조직을 인정하는데 이는
　　우리의 권리능력 없는 단체에 유사한 것이다. 이에 대하여는 필자, "중국과 대만의 민
　　법상 권리능력 없는 사단", 재산법연구, 제33권 제1호(2016.5), 30-81면 참조. 다만 이것
　　도 등기는 하여야 설립되므로 '등기 없는 단체로서의 관리능력 없는 것'은 아니다.

규정하고 아울러 민법통칙에는 없던 그 권리행사와 관련된 문제를 신설한 것이다. 무엇보다도 구체적 권리의 종류를 체계화하면서 전통적인 민사권리와 상사권리 외에도 지식재산권, 가상정보에 관한 규정도 포함하여 민법이 규율하는 민사권리를 현대사회에 맞게 확대하고 있다.

민사 권리 중 인격권과 관련하여 자연인의 인신의 자유, 인격의 존엄은 법률의 보호를 받는다는 일반적 인격권(제109조)을 규정한다. 구체적인 인격권의 종류로는 자연인에게는 생명권, 신체권, 건강권, 성명권, 초상권, 명예권, 영예권, 사생활권, 혼인의 자주권 등의 권리를 인정하고 법인과 비법인조직에게는 명칭권, 명예권, 영예권 등의 권리를 인정한다(제110조). 이러한 인격권에 관한 자세한 내용은 민법전 각칙편인 인격권편(제4편)에서 규율한다.

다음으로 물권과 관련하여 물권은 권리자가 법에 의하여 특정한 물권에 대하여 직접적 지배와 배타성이 있는 권리이고 이에는 소유권, 용익물권과 담보물권을 포함하는 것으로 한다(제114조). 여기에는 물권법에서 규정하였던 규정을 편입하기도 하였다. 물권의 객체(제115조, 물권법 제2조 제2항)와 관련하여 물건에 부동산과 동산을 포함하는 것으로 하고 권리를 물권의 객체로 정하는 경우에는 그 규정에 의한다. 또한 물권의 종류와 내용은 법률의 규정에 의한다는 물권법정주의(제116조, 물권법 제5조)도 규정한다. 이러한 물권에 관한 자세한 내용은 민법전 각칙편인 물권편(제2편)에서 규율한다.

채권과 관련하여 민사주체는 법에 의하여 채권을 가지고 채권은 계약, 불법행위, 사무관리, 부당이득과 법률의 그밖의 규정에 의하여 권리자가 특정한 의무자에게 일정한 행위를 하거나 하지 않을 것을 청구하는 권리를 말한다(제118조). 그 외에 법에 의하여 성립된 계약은 당사자에 대하여 법적 구속력(約束力)이 있고(제119조), 민사권익이 침해를 받은 경우에는 피해자는 불법행위자에게 불법행위책임을 부담을 청구할 수 있다(제120조). 또한 법정의무나 약정의무 없이 다른 사람의 이익이 손해를 피하기 위하여 관리를 한 사람은 사무관리로 인하여 지출한 필요한 비용의 상환을 수익자에게 청구할 수 있고(제121조), 다른 사람이 법률상 근거 없는 부당이득의 취득으로 인하여 손해를 입은 사람은 그 부당이득의 반환을 청구할 수 있다(제122조). 이러한 채권의 세부적인 내용은 민법전 각칙편 계약편(제3편)과 불법행위책임편(제7편)에서 규율한다.

마지막으로 지식재산권(제123조), 상속권(제124조), 주주권(股权)과 그 밖의 투자의 권리(제125조)와 법률이 정하는 그밖의 민사권리와 이익에 관한 일반규정(제126조)을 규정한다. 또한 데이터(数据), 네트워크의 가상재산의 보호(제127조)와 미성년자, 노인, 장애인, 여성, 소비자 등의 약자의 권리보호(제128조)에 대하여도 규정을 둔다.

민법전은 민사권리의 종류뿐만 아니라 관련사항으로 법률행위, 사실행위, 사건이나 그밖의 방법을 민사권리의 취득방법(제129조)으로 규정하고, 민사권리의 행사의 자유(제130조)와 불간섭 및 그 한계로서의 권리남용금지의 원칙(제132조)도 규정한다. 또한 민사주체의 권리와 의무의 상호일치의 원칙(제131조)으로 민사주체가 권리를 행사하면 법률규정과 당사자 약정에 의한 의무를 이행하여야 한다는 것도 규정한다.

## VII. 법률행위(제6장)

민법전은 법률행위(제6장)를 일반규정(제1절), 의사표시(제2절), 법률행위의 효력(제3절) 및 법률행위의 조건과 기한(제4절)으로 나누어 규정한다. 민법전의 법률행위에 대한 편별체계는 민법통칙의 것을 따르면서 세분화한 것이다. 민법통칙이 민사법률행위와 대리(제4장)로 통합하던 것을 법률행위와 대리로 하여 별개의 장으로 하고 법률행위의 장(민법통칙 제1절 법률행위)은 다시 세분화한 것이다.

## 1. 일반규정(제1절)

법률행위(民事法律行爲)는 민사주체가 의사표시를 통하여 법률관계를 설정, 변경, 소멸하는 행위이다(제133조).[31] 법률행위의 일반규정(제1절)(제133조-제136조)(4개 조)의 조문순서와 내용은 민법통칙(제4장 민사법률행위와 대리, 제1절 민사법률행위)(제54조-제62조)(9개 조)의 것을 따르면서 계약법이나 사법해석을 참조하거나 일부 조문을 신설(제134조)하거나 수정한 것이다.

법률행위의 성립에 대한 규정은 민법통칙에는 없던 신설조문으로 의사표시에 의하여 성립하는 것을 명확히 한다(제134조 제1항). 법인의 결의행위도 이에 해당한다(제134조 제2항). 법률행위의 방식(제135조)과 법률행위의 효력발생시기(제136조)도 규정한다.

## 2. 의사표시(제2절)

법률행위의 의사표시(제2절)(제137조-제142조)(6개 조)의 조문순서와 내용은 민법통칙에는 없는 것을 절로 신설하고 계약법 총칙의 조문(제2장 계약의 체결, 제9조-제43조, 제8장 기타 규정, 제123조-제129조)과 민법통칙의 사법해석을 참조하여 조문을 전부 신설한 것이다. 절의 제목이 의사표시이기는 하지만 의사와 표시에 관한 내용이 아니라 그 효력발생시기와 의사표시의 방법과 해석을 중심으로 규정한다.

의사표시는 우선 그 효력발생시기에 관하여 상대방이 있는 경우와 상대방이 없는 경우 및 공고의 방법을 나누어 규정한다. 이에 따라 상대

---

31) 민법통칙에서는 '적법행위'인 민사행위(民事行爲)로 하여 적법성(合法性)을 강조하면서 법률행위는 유효한 민사행위만을 말하였다. 이러한 개념은 당시의 소련민법을 참조한 것이었다. 민법전은 이러한 특수한 의미의 민사행위를 삭제하고 전통적인 대륙법의 법률행위로 하면서 '의사표시를 통하여'라는 문구를 추가하였다.

방이 있는 의사표시의 효력발생시기(제137조)는 이를 대화의 방법으로
한 의사표시와 대화가 아닌 방법으로 한 의사표시로 나누고 후자의 경
우에는 상대방에게 도달한 때에 효력이 발생한다. 또한 대화가 아닌 방
식으로 디지털 전자문서(数据电文)의 방식을 취한 의사표시에 대하여도
자세한 규정을 둔다. 또한 상대방이 없는 의사표시(제138조)나 공고의
방법으로 한 의사표시(제139조)를 규정한다. 다음으로 의사표시의 표시
방법(제140조)과 의사표시의 철회(제141조)도 규정한다.

마지막으로 의사표시의 해석방법(제142조)과 관련하여 상대방이 있
는 의사표시와 상대방이 없는 의사표시를 구별하여 각각 규정한다. 예
를 들어 상대방이 있는 의사표시의 해석(제142조 제1항)은 사용된 문구에
따라 관련조항, 행위의 성질과 목적, 관습과 신의성실의 원칙을 결합하
여 의사표시의 의미를 확정하여야 한다.

## 3. 법률행위의 효력(제3절) – 무효와 취소 등

법률행위의 효력(제3절)(제143조-제157조)(15개 조)에 관한 규정은 민법
통칙이 법률행위(제4장 제1절 민사법률행위)(제54조-제70조)(17개 조)로 통합
하여 정하던 것을 법률행위의 효력의 절을 독립적으로 세분하고 그 조
문순서와 내용을 민법통칙을 기초로 하면서 일부는 계약법 총칙(제3장
계약의 효력)(제44조-제59조)(16개 조)과 관련 사법해석을 참조하거나 독립
적으로 신설(제146조, 제149조, 제152조, 제153조)한 것이다. 특히 종래의
단행법이던 계약법의 계약의 효력에 관한 규정 대부분이 총칙편의 법률
행위의 효력(제3절)의 규정으로 편입되어 무효와 취소 등을 규정한다.

우선 무효인 법률행위 사유로는 민사행위 무능력자가 한 법률행위,
허위표시, 강행규정과 공서양속 및 상대방과 악의에 의한 통모가 인정
된다. 법률행위의 유효요건으로는 행위자가 상당한 행위능력이 있을 것,
의사표시가 진실할 것, 강행규정에 위반하지 아니하고 공서양속에 위반

하지 아니할 것이 있다(제143조).

이와 관련하여 행위무능력자가 한 법률행위는 무효이고(제144조) 제한행위능력자가 한 법률행위(제145조)는 순수하게 이익을 얻는 법률행위 또는 그 연령, 지능, 정신건강 상태에 상당한 민사법률행위는 유효이고 그밖의 법률행위는 법정대리인의 동의 또는 추인을 얻으면 유효하다. 제한능력자의 상대방은 법정대리인의 통지를 수령한 날로부터 1월 내에 추인을 할 것을 최고할 수 있고, 법정대리인이 이를 표시하지 아니한 경우에는 추인을 거절한 것으로 본다. 법률행위 추인 전에 선의의 상대방은 취소할 수 있다.

다음으로는 행위자가 상대방과 허위의 의사표시로 한 법률행위는 무효이다(제146조). 법률행위를 무효로 하는 강행규정을 위반하거나 공서양속에 위반한 법률행위도 무효이다(제153조). 이외에 행위자가 상대방과 악의로 통모(串通)하여 한 법률행위도 무효이다(제154조).

또한 취소할 수 있는 법률행위 사유로는 중대한 오해(제147조), 사기(제148조, 제149조), 강박(제150조), 불공정한 행위(제151조)가 있다. 특히 불공정한 행위와 관련하여 일방이 상대방의 궁박상태(危困狀态), 판단능력의 결여 등에 처한 사정을 이용하여 법률행위를 성립하게 한 때에 현저하게 공평을 상실한 경우에는 손해를 입은 쪽은 취소를 청구할 수 있다. 취소권의 소멸기간(제152조)은 이러한 각각의 취소사유에 따라 규정한다.

마지막으로 무효와 취소의 법률효과로서 무효이거나 취소된 법률행위는 처음부터 법적 구속력이 없다(제155조). 또한 일부무효(제156조)와 관련하여 법률행위의 일부 무효가 다른 부분의 효력에 영향을 미치지 않은 경우에는 그밖의 부분은 계속 유효한 것으로 한다. 또한 법률행위의 무효, 취소 또는 효력 불발생이 확정된 후에 행위자는 그 취득재산의 반환이나 자조매각 또는 손해배상 등의 책임이 인정된다(제157조).

## 4. 조건과 기한(제4절)

법률행위의 조건과 기한은 장래 아직 확정되지 아니한 사실이나 도달이 확실한 시간에 의하여 이미 성립한 법률행위의 효력의 발생이나 불발생이 결정되는 것을 말한다. 법률행위의 조건과 기한(제4절)(제158조-제160조)(3개 조)에 대하여 민법통칙은 법률행위(제4장 제1절 법률행위)(제54조-제62조)(9개 조)의 마지막 조문(제62조)에서 조건만 규정하던 것을 독립된 절(제4절)로 하면서 조문을 신설하거나 수정한 것이다.

조건은 정지조건과 해제조건(제158조)으로 나눌 수 있다. 정지조건이 붙은 법률행위는 조건이 성취된 때로부터 효력을 발생한다. 해제조건이 있는 법률행위는 조건이 성취된 때로부터 효력을 잃는다. 조건은 성취와 불성취가 의제되기도 한다(제159조). 기한(제160조)은 시기와 종기로 나눌 수 있다. 시기(生效期限)가 붙은 민사법률행위는 기한이 만료한 때로부터 효력을 발생하고 종기(終止期限)가 붙은 민사법률행위는 기한이 만료한 때에 효력을 잃는다.

## Ⅷ. 대리(제7장)

민법전은 대리(제7장)에 관하여 일반규정(제1절), 임의대리(제2절)와 대리의 종료(제3절)를 각각 규정한다. 민법통칙은 법률행위와 대리(제4장)를 규정하면서 그 안에 대리(제2절)를 두던 것을 민법전은 이를 독립된 장으로 하고 다시 대리에 관한 절을 세분하여 일반규정 다음에 주로 임의대리를 중심으로 규정한다.

## 1. 일반규정(제1절)

대리는 대리인이 본인의 이름으로 법률행위를 하고 그 법률효과는 본인에게 직접 귀속하게 하는 제도이다(제161조 제1항, 제162조). 민사주체는 대리인을 통하여 법률행위를 대리할 수 있다(제161조 제1항). 대리인이 대리권 내에서 본인의 이름으로 한 법률행위는 본인에 대하여 효력이 발생한다(제162조). 이러한 민법전의 대리에 관한 일반규정(제1절)(제161조-제164조)(4개 조)은 민법통칙(제4장 제2절 대리)의 규정순서와 내용을 따른 것이다.

대리는 임의대리와 법정대리로 나눌 수 있다. 임의대리인은 본인의 위임에 의하여 대리권을 행사하고, 법정대리인은 법률의 규정에 의하여 대리권을 행사한다(제163조). 민법통칙에서 규정한 지정대리(제64조)는 삭제되었다. 대리인은 직무를 불이행하거나 불완전하게 이행하여 본인에게 손해를 가한 경우에는 불법행위책임(민사책임)을 부담한다(제164조 제1항). 또한 대리인과 상대방이 악의로 통모하여 본인의 적법한 권익에 손해를 가한 경우에는 대리인과 상대방은 연대책임을 부담한다(제164조 제2항). 이러한 직접대리는 각칙편의 2가지 간접대리(제925조 제1문, 제926조)[32]와 구별된다.

## 2. 임의대리(委托代理)(제2절)

임의대리는 본인이 대리인에게 대리권을 수여하여 발생되는 대리를 말한다(제163조). 민법전의 임의대리(제2절)(제165조-제172조)(8개 조)는 민법통칙의 규정순서와 내용을 따르면서 조문을 신설(제166조, 제168조, 제172조)하거나 수정한 것이다.

임의대리는 수권을 서면 방식으로 할 수 있다(제165조).

이러한 임의대리의 특수문제로 공동대리를 원칙으로 하는데 이는 민법통칙에 없는 것을 신설한 것이다(제166조). 또한 위법한 사항의 대리(제

---

[32] 제3자가 당사자 사이에 위임관계가 있는 것을 안 경우와 이를 알지 못하는 경우에 따라 구별한 것이다. 간접대리는 위탁매매(行纪)(제3편 제25장)와 구별하기도 한다.

167조), 직무와 관련된 대리(제170조) 및 자기대리 또는 쌍방대리의 금지(제168조)를 규정한다. 다음으로 복대리(제169조)에 대하여도 규정한다.

또한 민법전은 무권대리와 표현대리에 대하여도 규정하고 있다.

우선 무권대리(제171조)[33]와 관련하여 본인의 추인권과 거절권 및 상대방의 최고권과 취소권 및 무권대리인의 책임에 관하여 규정한다. 즉, 행위자가 대리권이 없거나 대리권을 넘거나 대리권 소멸 후 계속 대리행위를 하고 본인의 추인을 얻지 못한 경우에는 본인에게 효력이 없다. 이 경우에 상대방은 본인이 통지를 수령한 날로부터 1월 내에 추인할 것을 최고할 수 있고, 본인이 표시하지 아니한 경우에는 추인을 거절한 것으로 본다. 행위자가 한 행위가 추인이 있기 전에 선의의 상대방은 통지의 방법으로 취소할 수 있다. 행위자가 한 행위가 추인이 없는 경우에 선의의 상대방은 행위자에게 채무의 이행을 청구하거나 그가 받은 손해의 배상을 행위자에게 청구할 수 있다. 그러나 배상범위는 본인이 추인한 때에 상대방이 얻을 수 있었던 이익을 넘지 못한다. 또한 상대방이 행위자가 무권대리인 것을 알았거나 알 수 있었던 경우에 상대방과 행위자는 각자의 과실에 의하여 책임을 부담한다.

다음으로 표현대리(表見代理)(제172조)와 관련하여 행위자가 대리권이 없거나 대리권을 넘거나 대리권이 소멸 후에 계속 대리행위를 하고 상대방이 행위자가 대리권이 있다고 믿을 이유가 있는 경우에는 대리행위는 유효한 것으로 한다. 이 조문에서 표현대리는 대리권 수여의 표시(수권표시), 대리권의 초과와 대리권의 소멸에 의한 3가지 유형이 인정되고 그 성립요건도 선의, 무과실 등을 공통으로 규정한다. 이는 계약법의 계약의 효력(제3장)(제44조-제59조)에서 정하던 것(제49조)을 총칙편의 대리로 옮겨 규정한 것이다.

---

33) 무권대리인의 배상책임의 성질에 대하여는 계약체결상의 과실책임설이나 계약책임설 등 학설대립이 있다.

## 3. 대리의 소멸(제3절)

대리의 소멸(제3절)(제173조-제175조)(3개 조)의 조문순서와 내용은 민법통칙(제4장 제2절 대리)(제63조-제70조)(8개 조)의 것을 따르면서 일부 조문은 신설(제174조)한 것이다. 대리의 소멸에서는 임의대리의 소멸(제173조), 본인 사망 후에도 계속 유효한 임의대리(제174조), 법정대리의 소멸 사유(제175조)를 각각 규정한다.

## Ⅸ. 민사책임(제8장)[34)

민사주체는 법률규정과 당사자 약정에 의하여 민사의무를 이행하고 민사책임을 부담한다(제176조). 이는 권리와 의무와 책임의 일치성을 말한 것이다. 민사책임은 당사자가 민사의무를 불이행하여 부담하여야 하는 결과인 민사상의 책임을 말한다. 계약위반책임(違約責任)과 불법행위책임 등이 이에 속한다.

민법전 총칙편(제1장)의 민사책임(제8장)(제176조-제187조)(12개 조)의 조문순서와 내용은 민법통칙의 민사책임(제6장)의 일반규정(제1절)과 불법행위의 민사책임(제3절)을 따르면서 일부 조항을 신설(제184조-제187조)하거나 수정한 것이다. 민법전의 민사책임의 체계는 특히 민법통칙의 민사책임(제6장)의 것을 따른 것으로 민법통칙은 일반규정(제1질)과 민사책임의 부담방법(제4절)을 두었다.[35)

---

34) 민법전 총칙편의 민사책임에 대하여는 필자, "중화인민공화국 민법전(2020년) 총칙편의 민사책임의 체계와 내용-중국민법전의 최근 동향과 비교법적 시사점", 아주법학, 제15권 제4호(2022.2), 143면 이하.

35) 민법통칙은 민사책임의 구체적 유형으로 계약위반(제2절)과 불법행위(제3절)를 정하였으나 그 후 계약법과 불법행위책임법이라는 단행법을 제정되고 민법전도 계약편과 불법행위책임편을 두었다. 민법전 총칙편의 민사책임에서는 그에 관한 내용을 모두 삭제하고 일반규정과 민사책임의 부담만 규정한다. 이는 일종의 채무불이행책임의 총칙(일반규정)이라고 할 수 있다.

　이러한 민사책임은 분할책임과 연대책임으로 나누어 볼 수 있다.

　우선 수인이 분할책임(按份責任)을 부담하고 책임의 크기를 확정할 수 있는 경우에는 각자 상당한 책임을 부담하고, 책임의 크기를 정하기 어려운 경우에는 평균하여 책임을 부담한다(제177조). 이와 달리 수인이 연대책임을 부담하는 경우에 권리자는 연대책임자에게 일부 또는 전부의 책임부담을 청구할 수 있다(제178조 제1항). 연대책임자의 책임부담부분(責任份額)은 각자의 책임의 크기에 의하여 정하고, 책임의 크기를 정하기 어려운 경우에는 평균하여 책임을 부담한다(제178조 제2항). 실제 책임부담부분이 자기의 책임부담부분을 넘은 연대책임자는 그밖의 연대책임자에게 구상을 할 수 있다. 이러한 연대책임은 법률로 규정하거나 당사자가 약정한다(제178조 제3항).

　다음으로 민사책임의 주된 부담방법으로는 침해의 정지, 방해의 배제, 방해의 예방(消除危险), 재산의 반환, 원상회복, 수리 · 재제작 · 교환, 계속이행, 손해배상, 위약금의 지급, 결과의 제거, 명예회복과 사죄표시가 있다(제179조 제1항). 이러한 민사책임의 부담방법은 단독으로 적용할 수 있고 병합하여 적용할 수도 있다(제179조 제3항). 또한 징벌적 배상에 명문의 근거규정을 신설하여 법률이 이를 정하는 경우에는 그 규정에 의하는 것으로 한다(제179조 제2항).

　다음으로 민사책임의 감면사유로 불가항력(제180조), 정당방위(제181조)와 긴급피난(제182조)에 대하여 그 개념이나 초과방위, 초과피난, 자연적 원인에 의한 긴급피난 등을 규정한다. 또한 민사책임의 특수한 경우로 의를 위한 용감한 행위(见义勇为)로 인한 민사책임, 자원한 긴급구조(제184조), 영웅열사의 인격적 이익침해(제185조)를 각각 신설하고 있다. 이외에 계약위반책임과 불법행위책임의 경합(제186조)과 민사책임의 우선원칙(제187조)에 관하여도 규정한다.

## X. 소멸시효(제9장)

소멸시효(訴訟时效)는 권리자가 일정한 기간 동안 권리를 행사하지
아니하고 그러한 사실상태로 인하여 권리를 행사하거나 이익을 청구하
지 못하게 되는 제도를 말한다. 민법전은 소멸시효와 제척기간을 규정
하지만 취득시효36)는 규정을 두지 아니한다. 소멸시효(제9장)(제188조-제
199조)(12개 조)의 조문순서와 내용은 민법통칙(제7장)의 것을 따르면서
조문을 신설한 것이다.

우선 소멸시효는 민사권리(제188조 제1항)에 적용되고, 이는 주로 채
권적 청구권으로 한정된다. 민법전은 소멸시효가 적용되지 않는 청구권
을 열거한다(제196조). 예를 들어 침해정지, 방해배제, 방해예방의 청구
(제1호), 부동산물권과 등기된 동산물권의 권리자가 한 재산의 반환청구
(제2호) 등이 그러하다.

다음으로 시효기간은 다른 규정이 없으면 3년으로 한다(제188조 제1
항). 민법통칙에서는 이를 2년을 원칙으로 하면서(제135조) 1년의 단기소
멸시효의 예외를 인정하였던 것(제136조)을 그 기간을 연장한 것이다.
또한 시효의 기산점은 다른 규정이 없으면 권리자가 권리에 대한 손해
와 의무자를 알았거나 알 수 있었던 날로부터 기산하고 이는 권리가 손
해를 받은 날로부터 20년을 넘는 경우에는 보호되지 아니하고, 특별한
사정이 있으면 법원은 권리자의 신청에 근거하여 연장을 할 수도 있다
(제188조 제2항). 특별한 기산점으로는 동일한 채무의 분할이행(제189조),

---

36) 민법통칙은 소멸시효를 규정하였지만 소련민법의 영향으로 취득시효는 두지 않았다.
입법자는 소유자 아닌 사람이 점유로 타인의 소유권을 취득할 수 있는 취득시효는 전
통미풍 양속에 맞지 않는 것으로 생각하였다. 중화인민공화국 민법(초안)(2002년)에서
는 총칙에 소멸시효와 같이 3개의 조항으로 규정하기도 하였다(제105조-제107조). 그
러나 물권법이나 민법총칙에서는 이를 두지 아니하였고 민법전도 이에 따른다. 학설
은 취득시효를 민법전에 두는 것에 찬성하기도 하지만 구체적인 규율위치와 내용에
대하여 견해가 대립한다.

행위무능력자 또는 제한행위능력자의 그 법정대리인에 대한 청구권의 시효기간(제190조)을 규정한다. 마지막으로 미성년자가 성적 침해를 받은 손해배상청구권의 시효기간은 피해자가 18세가 된 날로부터 기산하는데(제191조) 이는 민법통칙에 없던 것을 독일민법전(제208조)을 참조하여 신설한 것이다.

또한 소멸시효기간은 정지(中止), 중단 또는 연장될 수 있다.

우선 시효기간의 최후 6월 내에 불가항력(제1호), 행위무능력자나 제한행위능력자에게 법정대리인이 없거나 법정대리인의 사망, 행위능력의 상실, 대리권의 상실이 있는 경우(제2호), 상속개시 후 상속인이나 상속재산관리인이 확정되지 않은 경우(제3호), 권리자가 의무자나 그밖의 사람에 의하여 통제받는 경우(제4호) 및 권리자가 청구권을 행사할 수 없게 된 그밖의 장해로 인하여 청구권을 행사할 수 없는 경우에 시효가 정지된다(제194조 제1항). 이러한 정지는 시효정지의 원인이 소멸된 날로부터 6월이 경과하면 시효기간이 만료한다(제194조 제2항). 다음으로 권리의 중단사유로는 권리자가 의무자에 대하여 한 이행청구(제1호), 의무자가 한 의무이행의 동의(제2호), 권리자의 소송의 제기 또는 중재의 신청(제3호), 소송제기나 중재신청과 동일한 효력이 있는 그밖의 사정(제4호)을 인정하고 시효의 중단이나 관련절차가 종료된 때로부터 시효기간은 다시 기산된다(제195조). 또한 중재시효에 대하여 법률의 규정이 없으면 시효의 규정을 적용한다(제198조). 마지막으로 시효기간의 연장은 시효기간 만료 후에 권리자가 정당한 이유(특별한 사정)로 법원에 구체적 사정에 따라 시효기간의 연장을 청구하면 법원은 권리자의 신청에 근거하여 연장을 정하는 것을 말한다(제188조 제2항).

이외에도 소멸시효 완성의 효력은 시효가 완성된 후에 의무자는 이행을 거절할 수 있는 항변권만을 취득한다는 항변권주의를 취한다. 즉, 시효기간이 만료한 경우에 의무자는 의무불이행의 항변을 할 수 있다(제192조 제1항). 민법통칙에서 학설은 시효완성의 효과로 소련민법의 영향을 받은 승소권(胜诉权) 소멸주의를 취하였으나[37] 여러 비판이 있었고 민법총칙의 소멸시효에 관한 사법해석(2018년)(제1조)은 항변권 발생주의를 취하였고 민법전은 이를 따른 것이다.

또한 소멸시효기간 만료 후 의무자가 이행에 동의한 경우에는 시효기간의 만료로 항변할 수 없고, 의무자가 이미 자원하여 이행한 경우에는 반환을 청구할 수 없다(제192조 제2항). 법원은 적극적으로 시효의 규정을 적용할 수도 없다(제193조). 또한 시효이익에 대한 사전포기는 무효이고(제197조 제2항), 시효기간, 기산방법과 정지, 중단사유는 법률에 의하여 규정하는 것으로 당사자의 이와 다른 약정은 무효이다(제197조 제1항).

이외에도 법정이나 약정의 취소권, 해제권 등의 권리의 제척기간에 대하여도 규정한다(제198조). 이러한 권리의 존속기간은 법률에 다른 규정이 있지 아니하면 권리자가 권리의 발생을 알았거나 알 수 있었던 날로부터 기산하고 불변기간으로 소멸시효의 정지, 중단과 연장의 규정을 적용하지 아니하고, 해당 기간 만료로 해당 권리는 소멸한다. 이는 종래 계약법의 개별규정(제55조, 제57조, 제95조)이던 것을 시효의 장에 일반규정으로 규정한 것이다.

## XI. 기간계산(제10장)

민법전의 기간계산은 법률에 다른 정함이 있거나 당사자가 다른 약정이 있는 경우가 아니면 민법의 기간계산이 적용된다(제204조). 기간계산(제10장)(제200조-제204조)(5개 조)의 조문순서와 조문내용은 민법통칙의

---

37) 이에 의하면 시효완성된 때에 권리자는 절차적 의미에서의 소권으로의 승소권을 상실하고 실체적 의미에서의 소권인 소제기권(起诉权)에는 영향을 받지 아니한다고 하는 것으로 당시의 통설이었다. 예를 들어 佟柔主编, 『中国民法学·民法总则』, 中国人民公安大学出版社(1990), 317면 이하. 이외에 실체권(권리) 소멸설과 소권소멸설도 있었다.

부칙(제9장)의 것을 따르면서 이를 독립된 장으로 하고 일부 조문을 신
설한 것이다.

민법전이 말하는 기간은 양력의 년, 월, 일, 시에 의하여 계산한다(제
200조). 다음으로 초일의 기간계산과 관련하여 년, 월, 일에 의하여 기간을
계산하는 경우에는 개시하는 당일은 산입하지 아니하고 다음 날로부터 계
산을 개시하고, 시(小時)에 의하여 기간을 계산하는 경우에는 법률규정 또
는 당사자가 약정한 시간부터 계산을 개시한다(제201조). 연령의 경우에
초일산입의 예외는 인정되지 않는다. 또한 년, 월에 의하여 기간을 계산하
는 경우에 기간이 도달한 만료월(到期月)의 해당일을 기간의 최종일로 하
고, 해당일이 없는 경우에는 월의 말일을 기간의 최종일로 한다(제202조).
또한 기간의 최후 일이 법정 공휴일인 경우에는 법정공휴일이 종료된 다
음 날을 기간의 최종일로 하고, 기간의 최후일의 종료시간은 24시로 한다.
업무시간이 있는 경우에는 업무활동이 종료된 시간을 종료시간으로 한다
(제203조).

## 제3절

# 물권(제2편)

## Ⅰ. 물권편 일반

　민법전 물권편(제2편)은 5개 분편 20개 장 238개 조(제205조-제462조)로 되어 있다. 각각의 분편은 통칙(제1분편), 소유권(제2분편), 용익물권(제3분편), 담보물권(제4분편)과 점유(제5분편)이다.

　우선 통칙 분편(제1분편)에서는 일반규정(제1장), 물권의 설정, 변경, 양도와 소멸(제2장) 및 물권의 보호(제3장)를 규정한다. 이 중 물권의 설정과 변경, 양도와 소멸(제2장)은 다시 그 객체인 부동산과 동산에 따라 부동산등기(제1절), 동산인도(제2절)와 그밖의 규정(제3절)으로 나누어 규정한다. 이어서 소유권 분편(제2분편)에서는 일반규정(제4장), 국가소유권과 집단소유권, 개인소유권(제5장), 구분소유자의 건물구분소유권(제6장), 상린관계(제7장), 공동소유(제8장) 및 소유권 취득의 특별규정(제9장)을 규정한다. 다음으로 용익물권 분편(제3분편)에서는 일반규정(제10장), 토지도급경영권(제11장), 건설용지사용권(제12장), 주택지사용권(제13장), 거주권(제14장)과 지역권(제15장)을 규정한다. 또한 담보물권 분편(제4분편)에서는 일반규정(제16장), 저당권(제17장), 질권(제18장), 유치권(제19장)을 규정한다. 이 중 저당권은 일반저당권(제1절)과 근저당권(제2절)으로 나누어 규정한다. 질권은 동산질권(제1절)과 권리질권(제2절)으로 나누어 규정한다. 마지막으로 점유 분편(제5분편)에서는 점유(제20장)를 규정한다.

이러한 물권편의 편별체계는 다음과 같다.

| 목차 | 目录 | 조문수(238개 조) | |
|---|---|---|---|
| 제2편 물권 | 第二编 物权 | 제205조-제462조 | 238개 |
| 제1분편 통칙 | 第一分编 通则 | 제205조-제239조 | 35개 |
| 제1장 일반규정 | 第一章 一般规定 | 제205조-제208조 | 4개 |
| 제2장 물권의 설정, 변경, 양도와 소멸 | 第二章 物权的设立, 变更, 转让和消灭 | 제209조-제232조 | 24개 |
| 제1절 부동산등기 | 第一节 不动产登记 | 제209조-제223조 | 15개 |
| 제2절 동산인도 | 第二节 动产交付 | 제224조-제228조 | 5개 |
| 제3절 그밖의 규정 | 第三节 其他规定 | 제229조-제232조 | 4개 |
| 제3장 물권의 보호 | 第三章 物权的保护 | 제233조-제239조 | 7개 |
| 제2분편 소유권 | 第二分编 所有权 | 제240조-제322조 | 63개 |
| 제4장 일반규정 | 第四章 一般规定 | 제240조-제245조 | 16개 |
| 제5장 국가소유권과 집단소유권, 개인소유권 | 第五章 国家所有权和集体所有权, 私人所有权 | 제246조-제270조 | 25개 |
| 제6장 구분소유자의 건물구분소유권 | 第六章 业主的建筑物区分所有权 | 제271조-제287조 | 17개 |
| 제7장 상린관계 | 第七章 相邻关系 | 제288조-제296조 | 9개 |
| 제8장 공동소유 | 第八章 共有 | 제297조-제310조 | 14개 |
| 제9장 소유권취득의 특별규정 | 第九章 所有权取得的特别规定 | 제311조-제322조 | 12개 |
| 제3분편 용익물권 | 第三分编 用益物权 | 제323조-제385조 | 63개 |
| 제10장 일반규정 | 第十章 一般规定 | 제323조-제329조 | 7개 |
| 제11장 토지도급경영권 | 第十一章 土地承包经营权 | 제330조-제343조 | 14개 |

| 제12장<br>건설용지사용권 | 第十二章<br>建設用地使用权 | 제344조-제361조 | 18개 |
|---|---|---|---|
| 제13장<br>주택지사용권 | 第十三章<br>宅基地使用权 | 제362조-제365조 | 4개 |
| 제14장 거주권 | 第十四章 居住权 | 제366조-제371조 | 6개 |
| 제15장 지역권 | 第十五章 地役权 | 제372조-제385조 | 14개 |
| 제4분편 담보물권 | 第四分编 担保物权 | 제386조-제457조 | 72개 |
| 제16장 일반규정 | 第十六章 一般規定 | 제386조-제393조 | 8개 |
| 제17장 저당권 | 第十七章 抵押权 | 제394조-제424조 | 31개 |
| 제1절 일반저당권 | 第一节 一般抵押权 | 제394조-제419조 | 26개 |
| 제2절 근저당권 | 第二节 最高额抵押权 | 제420조-제424조 | 5개 |
| 제18장 질권 | 第十八章 质权 | 제425조-제446조 | 22개 |
| 제1절 동산질권 | 第一节 动产质权 | 제425조-제439조 | 15개 |
| 제2절 권리질권 | 第二节 权利质权 | 제440조-제446조 | 7개 |
| 제19장 유치권 | 第十九章 留置权 | 제447조-제457조 | 11개 |
| 제5분편 점유 | 第五分编 占有 | 제458조-제462조 | 5개 |
| 제20장 점유 | 第二十章 占有 | 제458조-제462조 | 5개 |

　　민법전 물권편(제2편)의 장절체계, 조문순서와 조문내용은 종래의 물권 관련 민사 단행법인 물권법(中华人民共和国物权法)(2007년)(5편 19장 및 부칙 247개 조)의 것을 따르면서 경우에 따라서 그 전의 담보법(中华人民共和国担保法)(1995년)(7장 96개 조) 및 그 후의 민사 특별법과 사법해석을 참조로 하여 일부 조문이 신설, 삭제 또는 수정된 것이다. 물권편에서 물권법과 비교하여 그 편별체계에서 신설된 것은 편 밑에 분편(分编)을 두고 용익물권 일반규정(제10장), 담보물권 일반규정(제16장)을 둔 것이고 물권의 종류로 신설된 것은 거주권(제14장)이다.[38]

---

38) 민법전 이전의 물권법에 관한 종래의 국내 선행연구로는 이상태,『중국물권법』, 건국대학교 출판부(2007); 유병조,『중국 담보물권의 법적 이해』, 한국학술정보(2008) 등.

물권편과 담보제도에 대하여는 민법전 제정 후 사법해석도 새로 제
정되어 시행되고 있다.

## II. 통칙(제1분편)

물권편은 물건의 귀속과 이용으로 인하여 발생된 민사관계를 규율
한다(제205조). 물권변동과 관련하여 원칙적으로 부동산물권의 설정, 변
경, 양도와 소멸은 등기하여야 하고, 동산물권의 설정과 양도는 인도하
여야 한다(제208조).

물권편의 통칙(제1분편)(제205조-제239조)(35개 조)은 일반규정(제1장),
물권의 설정, 변경, 양도와 소멸(제2장) 및 물권의 보호(제3장)의 3개 장
으로 되어 있다.

### 1. 물권의 설정, 변경, 양도와 소멸(제2장)

물권의 설정, 변경, 양도와 소멸(제2장)(제209조-제232조)(24개 조)은 부
동산등기(제1절), 동산인도(제2절)와 기타의 규정(제3절)의 3개 절로 되어
있다.

우선 부동산물권등기의 효력(제209조)에 관하여 부동산물권의 설정,
변경, 양도와 소멸은 법률에 다른 규정이 없으면, 법에 의하여 등기하여
야 효력이 발생하고, 등기가 없으면 효력이 발생하지 아니한다.[39] 그러
나 국유에 속하는 자연자원은 소유권을 등기하지 않을 수 있다. 중국에
서는 이러한 성립요건주의에 의한 물권변동을 채권형식주의(債權形式主

---

[39] 종래의 논의는 필자, "중국민법에서의 물권변동에 관한 서론적 연구", 아세아 민상법
학, 제2호(2009), 259면 이하; 같은 저자, "중국의 부동산물권 관련법령의 최근동향-물
권법과 등기법의 기초연구", 부동산법학, 제20집 제2호(2016.9), 7면 이하; 이외에 민사
법학 제89권(2019), 211면 이하에 실린 제9회 동아시아 민사법 국제학술대회(2019년)의
발표논문(주제: 물권변동)도 참조.

义) 또는 절충주의라고 한다. 중국에서는 소유권, 저당권 등은 원칙적으로 성립요건주의를 취하지만 예외적으로 선박, 항공기와 자동차 등의 동산이나 토지도급경영권, 주택지사용권, 지역권 등은 대항요건주의를 취하고 있다.

부동산물권의 설정, 변경, 양도와 소멸의 효력발생시기(제214조)에 대하여, 부동산물권의 설정, 변경, 양도와 소멸이 법률규정에 의하여 등기하여야 하는 경우에는 부동산등기부에 기재한 때로부터 효력이 발생된다. 이와 달리 부동산물권변동에 관한 계약의 효력발생시기(제215조)에 관하여, 당사자 사이의 부동산물권의 설정, 변경, 양도와 소멸에 관한 계약의 체결은, 원칙적으로 계약이 성립한 때로부터 효력이 발생된다. 물권을 등기하지 않은 경우에도 계약의 효력에 영향을 미치지 아니한다. 이는 부동산 물권변동 계약의 효력과 물권적 효력의 구분에 관한 규정으로 학설은 이를 채권행위와 물권행위의 독자성의 원칙(区分原则)이라고 한다.

민법전은 등기부와 등기기관 및 등기 등에 대하여도 규정을 두고 있다(제216조 이하). 부동산등기의 종류와 관련하여 보존등기(首次登记), 변경등기, 이전등기, 말소등기, 경정등기, 이의등기, 가등기, 봉인등기(查封登记) 등이 인정되는데 민법전은 이중에서 경정등기와 이의등기(异议登记)(제220조) 및 가등기(预告登记)(제221조)를 규정한다.

다음으로 동산인도(제2질)와 관련하여 동산물권의 설정과 양도는 법률에 다른 규정이 없으면 인도한 때로부터 효력이 발생한다(제224조). 이처럼 동산물권변동은 인도를 요건으로 하는 성립요건주의(인도요건주의)(제224조)를 취한다. 그러나 선박, 항공기와 자동차 등과 같은 특수한 동산의 물권의 설정, 변경, 양도와 소멸(물권변동)은 등기가 없으면 선의의 제3자에게 대항할 수 없다(제225조). 이는 예외적으로 등기에 의한 대항요건주의를 인정한 것이다. 인도와 관련하여서는 통상적으로 점유의 직접적 이전인 현실적 인도를 말하지만 간이인도(제226조), 제3자에 대

한 반환청구권의 양도에 의한 인도(227조)와 점유개정(제228조)의 관념적
인도도 인정한다.

　마지막으로 그밖의 규정(제3절)에서는 법률행위에 의하지 아니한 물
권변동으로 법원, 중재기관의 법률문서 또는 정부의 징수결정 등으로
물권의 설정, 변경, 양도 또는 소멸(제229조), 상속으로 인한 물권취득(제
230조), 건물을 건축, 철거하는 등의 사실행위로 물권이 설정이나 소멸
(제231조)이 인정된다. 이러한 등기 없이 취득한 부동산 물권을 처분하
는 경우에는 등기를 하여야 물권의 효력이 발생하고(제232조) 이를 등기
처분주의 또는 처분요건주의라고 한다.

## 2. 물권의 보호(제3장)

　민법전 물권편은 물권의 침해에 대하여 당사자는 물권확인청구권(제
234조), 원물반환청구권(제235조), 방해배제청구권과 위험예방청구권(제
236조), 수리·재제작, 교환이나 원상회복 청구권(제237조), 손해배상청구
권과 그밖의 민사책임청구권(제238조)의 방법으로 자기의 권리를 보호할
수 있다고 규정한다. 이러한 물권의 보호는 종래의 전통적인 물권적 청
구권으로서의 반환청구권, 방해배제과 위험예방청구권과 손해배상 등의
민사책임부담방법 외에도 권리확인청구권이나 원상회복청구권도 인정
한 것이다. 특히 물권확인청구권은 물권의 귀속이나 내용에 분쟁이 발
생한 경우에 이해관계인이 관련 행정기관이나 법원 등에 해당 권리의
귀속이나 내용의 확인을 청구할 수 있는 권리이고(제234조) 원상회복청
구권은 부동산이나 동산이 훼손된 경우에 권리자가 수리, 재제작, 교환
이나 원상회복을 청구할 수 있는 권리이다(제237조).

## Ⅲ. 소유권(제2분편)

소유권(제2분편)(제240조-제322조)(83개 조)은 소유권의 일반규정(제4장), 국가소유권, 집단소유권과 개인소유권(제5장), 구분소유자의 건물 구분소유권(제6장), 상린관계(제7장), 공동소유(제8장) 및 소유권취득의 특별규정(제9장)의 6개 장으로 되어 있다.

소유권의 일반규정(제4장)에서는 우선 소유자는 자기의 부동산이나 동산에 대하여 법에 의하여 점유, 사용, 수익과 처분할 권리가 있다(제240조). 또한 소유권과 제한물권의 관계에 관련하여 소유자는 자기의 부동산이나 동산에 용익물권과 담보물권을 설정할 수 있다(제241조).

소유권의 종류로는 그 주체에 따라 국가소유권, 집단소유권과 개인소유권(제5장)이 인정된다. 이 3가지는 모두 평등한 민사주체이고 평등하게 보호한다. 민법전은 국가소유권과 집단소유권 및 개인의 소유권에 대하여 차례로 그 권리주체와 대상이 되는 재산 또는 부동산과 동산 및 법적 보호에 대하여 차례로 규정한다. 물권편은 국가가 소유하는 부동산과 동산에 대하여 자세하게 규정하고(제246조-제254조) 집단소유권(제260조)과 개인소유권(私人所有权)(제266-제268조)을 이어서 규정한다.

다음으로 구분소유자의 건물 구분소유권(제6장)은 구분소유자(业主)가 건물 내의 주거, 영업용 사무실 등 전유부분에 대하여 소유권을 가지고 전유부분 이외의 공용부분에 대하여 공동소유와 공동관리를 할 권리를 말한다(제272조). 건물의 전유부분과 관련하여 구분소유자는 점유, 사용, 수익과 처분을 할 권리가 있다(제272조 제1문). 다음으로 건물의 공용부분에 대하여도 구분소유자는 점유, 사용과 수익을 할 권리가 있고 의무를 부담한다(제273조 제1항). 특히 공공도로가 아닌 도로 등의 공동소유(제274조)와 주차구역, 주차장의 공동소유(제275조-제276조)를 규정한다. 구분소유건물의 관리권은 구분소유자가 건물 관리단체(업주대회)의 구성원으로서 가지는 권리와 부담하는 의무를 말한다. 건물관리와 관련하여

관리단(业主大会), 입주자 대표회의(业主委员会)(제277조) 및 그 의결과 정
족수, 비용, 관리 등을 규정한다.[40) 특히 코로나로 인한 정부의 긴급처
리 등에 대한 관리에서의 협력의무 등도 규정한다(제285조).

또한 상린관계(제7장)[41)는 자기의 부동산의 사용의 편의를 위하여
이웃 부동산을 사용하거나 제한하는 권리로 기본원칙(제288조, 제289조)
과 구체적인 상린관계로 용수, 배수의 상린관계(제290조), 통행권 등의
상린관계(제291조), 건축수선이나 배관시설 설치 등의 상린토지이용의
상린관계(제292조), 상린 건물의 통풍, 채광과 일조의 상린관계(제293조),
이웃 부동산 사이의 고체 폐기물의 방치, 오염물이나 유해물질의 배출
에 대한 상린관계(제294조), 굴착, 축조 등에 대한 이웃 부동산의 안전에
관한 상린관계(제295조) 등을 규정한다.

이외에 공동소유(共有)(제8장)[42)는 2인 이상의 권리의 주체가 동일한
재산에 대하여 가지는 함께 가지는 소유권을 말한다(제297조 제1문). 민
법전에서는 공동소유로 공유(按份共有)와 합유(共同共有)의 2가지를 인정
한다(제297조 제2문). 공유자는 공동소유하는 부동산이나 동산에 대하여
그 지분에 따라 소유권이 있다(제298조). 합유자는 공동소유하는 부동산
이나 동산에 대하여 공동으로 소유권이 있다(제299조). 그 외에 소유권
이외의 재산권 중 제한물권에 대한 준공유(권리의 공유)도 인정한다(제
310조). 그 외에 공동소유물의 관리(제300조), 처분, 수선과 변경(제301조),
관리비용과 부담(제302조) 등과 공동소유물의 분할청구(제303조), 분할방
법(제304조), 공유자의 지분양도와 다른 공유자의 우선매수권(제305조 이

---

40) 이러한 집합건물의 관리를 위한 집합건물 관리계약(제24장)을 민법전은 전형계약으로
    신설한다.

41) 이에 관한 논의는 필자, "중국 물권법(2007년)의 상린관계의 서론적 연구-주요내용과
    시사점을 중심으로", 중국법연구, 제22호(2014.12), 237면 이하.

42) 중국법에서 共有는 우리법의 '공유'가 아니라 '공동소유'에 해당한다. 이에는 다시 지
    분(份額)이 있는 우리의 '공유'에 해당하는 按份共有와 지분이 인정되지 않지만 분할
    등은 인정되는 우리의 합유에 해당하는 共同共有가 있다.

하) 등을 규정한다.

마지막으로 소유권 취득방법의 특별규정(제9장)으로 민법전은 법률행위 이외에 특별한 소유권취득방법으로 선의취득, 선점, 유실물습득, 매장물 발견, 첨부 등의 사실행위에 의한 소유권 취득을 각각 규정한다.

우선 선의취득은 동산이나 부동산에 대하여 인정된다. 민법전은 처분권이 없는 사람이 부동산이나 동산을 양수인에게 양도한 경우에 소유자는 반환을 청구할 수 있지만 양수인이 해당 부동산이나 동산을 양도받을 때에 선의이고 합리적 가액으로 양도하고 양도된 부동산이나 등기되어야 하는 동산인 경우에 그것이 이미 등기되었고, 등기가 필요하지 않은 경우에는 이미 양수인에게 인도하였으면 양수인은 해당 부동산이나 동산의 소유권을 취득한다(제311조). 다음으로 유실물 습득(제314조)[43]에 대하여 중국에서는 유실물에 관한 특별법이 없이 민법전에서는 유실물의 소유권 귀속(제312조) 이외에 관련 제도를 자세하게 규정한다. 이러한 규정은 표류물의 습득, 매장물이나 은닉물의 발견에도 참조적용(제319조)에 대하여 규정되지만 무주물 선점에 대하여는 규정이 없다.

이외에도 민법전은 총칙편에 권리의 객체로서의 물건을 두지 아니하고 주물과 종물(제320조), 원물과 과실(제321조)을 소유권의 취득에서 이를 규정한다. 민법전은 특히 첨부로 발생된 물건의 귀속에 관한 규정을 신설하였다(제322조). 다만 첨부에 관한 요건에 대하여는 명확히 정하지는 아니한다.

## Ⅳ. 용익물권(제3분편)

용익물권은 다른 사람의 부동산과 동산에 대하여 법에 의하여 점유,

---

43) 이에 대하여는 趙晓耕 저, 김성수 역, "从'拾得遺失物'立法看传统对現实的批判"('유실물습득'의 입법으로 본 현실에 대한 전통의 비판), 법학논집, 제20권 제4호(2016), 33면 이하.

사용과 수익을 할 수 있는 권리이다(제323조). 용익물권 분편(제3분편)(제 323조-제385조)(63개 조)은 용익물권의 일반규정(제10장), 토지도급경영권 (제11장), 건설용지사용권(제12장), 주택지사용권(제13장), 거주권(제14장), 지역권(제15장)의 6개 장으로 되어 있고 그 내용은 종래의 물권법에 따라 5가지 용익물권을 인정하고 민법전은 특히 거주권(제14장)을 신설하였다.44)

종래의 용익물권을 보면 토지도급경영권(土地承包经营权)(제11장)은 수급인이 작물재배업, 임업, 목축업이나 그밖의 생산경영으로 인하여 농촌 집단소유나 농민집단이 사용하는 국가소유인 경작지, 임야지, 초지와 그밖의 농업에 사용하는 토지 등에 대하여 가지는 점유, 사용, 수익할 수 있는 권리를 말한다(제331조). 건설용지사용권(제12장)은 국유토지를 점유, 사용 및 수익하고 해당 토지를 이용하여 건물, 공작물과 그 부속시설을 축조할 수 있는 권리를 말한다(제344조). 주택지 사용권(宅基地使用权)(제13장)은 집단이 소유하는 토지를 점유와 사용할 수 있는 권리를 말하고 해당 토지를 이용하여 주택과 그 부속시설을 축조할 수 있다(제362조). 지역권(제15장)은 계약의 약정에 따라 다른 사람의 부동산을 이용하여 자기의 부동산의 편익을 높일 수 있는 권리를 말한다(제372조 제1항).

신설된 거주권(居住权)(제14장)은 주거생활의 필요를 만족하게 하기 위하여 계약으로 다른 사람의 주거를 점유, 사용할 수 있는 용익물권이다(제366조). 원래 물권법초안에서 규정을 두었으나 격렬한 논쟁 후 삭제된 것을 민법전이 신설한 것이다. 민법전은 거주권의 개념(제366조), 거주권 계약의 방식과 내용(제367조), 거주권 설정방법(제368조), 거주권 권리의 제한(제369조), 거주권의 소멸(제370조)과 유언에 의한 거주권의 설정(제371조)을 각각 규정한다. 입법자는 권리자의 안정된 거주의 확보와

---

44) 민법전 제정과정에서 용익물권으로 전권(典权)과 거주권 또는 지상권에 대한 논쟁이 있었으나 최종적으로는 거주권만 신설되었다. 지상권에 대하여도 이를 규정하지 아니하고 그에 상응하는 개별 제도로 규율한다.

공적 주택임차와 노령자의 양로주거제공의 법적 보장을 위하여 이를 마련한 것이다.

## V. 담보물권(제4분편)

담보물권(제4분편)(제386조-제457조)(72개 조)은 담보물권의 일반규정(제16장)에 이어 구체적인 담보물권의 유형으로 저당권(제17장), 질권(제18장), 유치권(제19장)의 3가지를 인정한다. 저당권은 일반저당권(제1절)과 근저당권(제2장)으로 나누고 질권도 동산질권(제1절)과 권리질권(제2절)로 나눈다. 이러한 체계와 조문순서는 물권법(제4편 담보물권)을 따른 것으로 새롭게 담보물권의 유형으로 신설된 것은 없다.

민법전 제정 후에 담보제도에 대하여는 사법해석이 새로 제정되어 시행되고 있다.

## 1. 일반규정(제16장)

담보물권은 이행기가 도달한 채무의 채무자가 불이행하거나 약정된 담보물권 실행의 사정이 발생한 경우에 법률에 다른 정함이 없으면 담보된 재산에 우선변제를 받을 수 있는 권리를 말한다(제386조). 담보물권의 성질은 부종성(从属性), 불가분성[45]과 물상대위성이 인정된다. 민법전은 이러한 것을 포함하여 담보물권의 적용범위와 구상담보(제387조), 담보설정계약의 부종성과 담보계약이 무효가 된 후의 책임(제388조), 물상대위(제390조), 담보권설정자의 담보책임에 대한 채무부담의 영향(제391조), 피담보채권에 물적 담보뿐만 아니라 인적 담보도 있는 경우(혼합공동담보)(제392조) 및 담보물권의 소멸사유(제393조)를 규정한다.

---

45) 민법전은 담보물권의 불가분성은 규정이 없고 종래의 담보법에 관한 사법해석(제71조와 제72조)에서 저당권의 불가분성을 규정하였다.

## 2. 저당권(제17장)

민법전의 저당권(제17장)은 다시 일반저당권(제1절)과 근저당권(最高額抵押权)(제2절)으로 나눈다.

일반저당권(제1절)은 담보채무의 이행을 위하여 채무자 또는 제3자가 재산의 점유는 이전하지 아니하고 해당 재산으로 채권자에게 저당권을 설정하고 채무자가 이행기가 도래한 채무를 이행하지 않거나 당사자가 약정한 담보물권 실행의 사정이 발생되면 채권자가 해당 재산에서 우선변제를 받을 수 있는 권리를 말한다(제394조 제1항).

저당권의 설정과 관련하여 저당권의 설정계약(제400조)은 서면의 방식으로 하여야 하고, 부동산의 경우에는 성립요건주의를 취한다(제402조). 동산저당권의 설정은 등기의 대항요건주의를 취한다(제403조).

저당권의 설정대상과 관련하여 공동저당(제395조 제2항), 현재 소유하거나 또한 장래에 소유할 생산설비, 원자재, 반제품, 제조물에 대한 유동저당(浮动抵押)46)(제396조), 건물토지의 일괄저당(제397조) 등과 저당설정이 금지되는 경우를 각각 규정한다. 또한 유저당(제401조), 저당권과 임차권의 관계(제405조), 저당재산의 양도(제406조), 저당권의 양도와 피담보채권(제407조), 저당권의 보전(제408조), 저당권의 순위의 포기 등의 처분(제409조), 저당권의 실행(제410조), 저당재산에서 산출된 과실에 대한 저당권의 효력(제412조), 저당권의 변제순위와 우선변제, 주된 채권(피담보채권)의 소멸시효 완성(제419조) 등을 차례로 규정한다.

다음으로 근저당권(最高额抵押权)(제2절)은 채무의 이행을 담보하기 위하여 채무자 또는 제3자가 일정한 기간 내에 계속하여 발생될 채권에 담보재산을 저당권으로 제공하고 채무자가 이행기가 도래한 채무를 이행

---

46) 이는 영미법의 floating charge에 해당하는 제도이다. 채무자가 목적물을 확정(특정)하지 않고 범위만 정하여 담보로 제공하고 나중에 불이행 등의 사정이 발생하면 이를 확정하는 담보이다.

하지 않거나 당사자가 약정한 저당권을 실행할 사정이 발생하면 저당권자는 채권최고액의 한도 내에서 해당 담보재산에서 우선변제를 받을 수 있는 권리를 말한다(제420조). 민법전은 피담보채권의 확정(제423조) 등 근저당권에 관한 자세한 규정을 두고 일반저당권에 관한 규정도 적용한다(제424조).

## 3. 질권(제18장)

민법전은 질권(제18장)(제425조-제446조)(22개 조)을 동산질권(제1절)과 권리질권(제2절)으로 나누어 규정한다.

우선 동산질권(제1절)은 채무의 이행을 담보하기 위하여 채무자 또는 제3자가 그 동산에 채권자의 점유로 질권을 설정한 경우에, 채무자가 이행기가 도래한 채무를 이행하지 않거나 당사자가 약정한 질권을 실행할 사정이 발생되면 채권자는 해당 동산에서 우선변제할 수 있는 권리를 말한다(제425조 제1항).

민법전은 질권설정의 서면의 방식(제427조 제1항), 유질약정(제428조)을 규정하고 질권 설정의 효력발생시기는 질권재산을 인도한 때로 하는 성립요건주의로 한다(제429조). 그 외에 질권재산의 과실수취(제430조), 질권자의 무단 사용, 처분의 배상책임(제431조), 선량한 관리자의 주의로 하는 보관의무(제432조), 책임전질(제434조), 질권의 포기(제435조), 질권의 실행(제436조), 질권설정자의 질권 행사 청구권(제437조 이하), 근질권(제439조) 등을 규정한다.

다음으로 권리질권(제2절)은 그 목적물을 채권과 그밖의 재산권으로 하는 질권으로 환어음, 수표, 창고증권 등의 질권을 설정할 수 있는 권리(제440조)와 권리질권의 설정방법이나 실행방법 등에 대하여 자세한 규정을 둔다.

## 4. 유치권(제19장)

유치권은 채무자가 이행기가 도래한 채무를 이행하지 않는 경우에 채권자가 이미 적법하게 점유하는 채무자의 동산을 유치하고 해당 동산에서 우선변제할 수 있는 권리로 법정담보물권이다(제447조 제1항).

유치권의 성립요건으로는 우선 채무자의 동산만을 대상으로 하고 기업 사이의 유치권 이외에는 채권자가 점유한 동산이 채권과 동일한 법률관계에 속할 것47) 등이 인정된다(제448조). 그 외에 유치권자의 보관의무(제451조), 과실수취권(제452조), 유치권의 실행(제453조 이하), 소멸사유(제457조) 등에 대하여 규정한다. 특히 다른 담보물권과 경합하는 경우(제456조)에 유치권이 저당권이나 질권의 성립 전후인가를 묻지 아니하고 우선변제를 인정한다.

## 5. 점유(제5분편, 제20장)

점유는 물건에 대한 사실상의 지배력(管領力)을 말한다. 점유의 분편(제5분편)은 점유(제20장)(제458조-제462조)(5개 조)의 1개 장만을 두는데 민법통칙, 담보법에는 없던 것을 물권법에서 신설한 것이다.

점유의 법적 성질에 대하여는 학설은 점유를 권리가 아니라 사실로 본다.48) 또한 사실상의 지배가 있는가의 판단과 점유의 요소로서 점유의 의사 유무49)에 대하여도 민법전은 규정 없이 학설에 맡기고 있다.

---

47) 이는 담보법에 관한 사법해석(2000년)(제109조)이 정하는 견련관계의 개념을 민법전이나 물권법은 포기하고 유치물은 채권과 '동일한 법률관계'가 있어야 하는 것이라는 것을 명확히 한 것이다.

48) 예를 들어 崔建远, 『物权法』(第二版), 中国人民大学出版社(2010), 132면; 王利明, 杨立新, 王轶, 程啸, 앞의 책, 526면; 王利明, 『物权法研究』, 中国人民大学出版社(2002), 635면 등.

49) 학설은 점유의사가 있어야 한다. 이는 점유자가 자기가 어느 물건을 점유하고 있다는 것의 인식을 말하고 이는 법률행위의 의사가 아니라 자연적 의사라고 한다. 예를 들

　　민법전은 점유의 유형으로는 유권점유와 무권점유(제458조, 제459조),
선의점유와 악의점유만 규정하지만 학설은 직접점유와 간접점유, 자주
점유와 타주점유, 자기점유와 보조점유, 단독점유와 공동점유 등을 인정
한다. 다음으로 점유의 효력으로서 민법전은 점유물의 사용수익, 과실과
필요비(제460조), 훼손, 멸실의 경우에 점유자의 책임(제461조) 및 점유보
호청구권(제462조)을 규정하지만, 권리의 추정, 사실의 추정에 대하여는
규정이 없다.

---

어 崔建远, 앞의 책, 132면; 王利明, 杨立新, 王轶, 程啸, 앞의 책, 527면.

# 계약(合同)(제3편)

## I. 계약편 일반

　민법전 계약편(제3편)은 3개 분편 29개 장 526개 조(제463조-제594조)로 되어 있다. 계약편은 통칙(제1분편), 전형계약(제2분편)과 준계약(제3분편)의 3분편으로 나눈다.

　우선 계약편 통칙(제1분편)에서는 계약법의 편별체계와 조문순서를 따르면서 일반규정(제1장), 계약의 체결(제2장), 계약의 효력(제3장), 계약의 이행(제4장), 계약의 보전(제5장), 계약의 변경과 양도(제6장), 계약의 권리의무 소멸(제7장) 및 계약위반책임(제8장)을 규정한다. 다음으로 각칙인 전형계약의 분편(제2분편)은 전형계약이라는 분편명을 두면서 전형계약의 종류로 매매계약(제9장), 전기, 수도, 가스, 열에너지 공급사용계약(제10장), 증여계약(제11장), 금전대차계약(제12장), 보증계약(제13장), 임대차계약(제14장), 파이낸스 리스계약(제15장), 팩토링 계약(제16장), 도급계약(제17장), 건설공사계약(제18장), 운송계약(제19장), 기술계약(제20장), 임치계약(제21장), 창고임치계약(제22장), 위임계약(제23장), 집합건물 관리계약(제24장), 위탁매매계약(제25장), 중개계약(제26장), 조합계약(제27장)을 각각 두고 있다. 마지막으로 준계약의 분편(제3분편)은 신설된 것으로 사무관리(제28장)와 부당이득(제29장)을 둔다.

　이러한 계약편의 편별체계는 다음과 같다.

| 목차(한글) | 目录(중국어) | 조문수 | |
|---|---|---|---|
| 제3편 계약 | 第三编 合同 | 제463조-제988조(526개) | |
| 제1분편 통칙 | 第一分编 通则 | 제463조-제594조 | 132개 |
| 제1장 일반규정 | 第一章 一般规定 | 제463조-제468조 | 6개 |
| 제2장 계약의 체결 | 第二章 合同的订立 | 제469조-제501조 | 33개 |
| 제3장 계약의 효력 | 第三章 合同的效力 | 제502조-제508조 | 7개 |
| 제4장 계약의 이행 | 第四章 合同的履行 | 제509조-제534조 | 26개 |
| 제5장 계약의 보전 | 第五章 合同的保全 | 제535조-제542조 | 8개 |
| 제6장 계약의 변경과 양도 | 第六章 合同的变更和转让 | 제543조-제556조 | 14개 |
| 제7장 계약의 권리의무 소멸 | 第七章 合同的权利义务终止 | 제557조-제676조 | 10개 |
| 제8장 계약위반책임 | 第八章 违约责任 | 제 577조-제594조 | 18개 |
| 제2분편 전형계약 | 第二分编 典型合同 | 제595조-제978조 | 384개 |
| 제9장 매매계약 | 第九章 买卖合同 | 제595조-제647조 | 53개 |
| 제10장 전기, 수도, 가스, 열에너지 공급사용계약 | 第十章 供用电, 水, 气, 热力合同 | 제648조-제656조 | 9개 |
| 제11장 증여계약 | 第十一章 赠与合同 | 제657조-제666조 | 10개 |
| 제12장 금전대차계약 | 第十二章 借款合同 | 제667조-제680조 | 14개 |
| 제13장 보증계약 | 第十三章 保证合同 | 제681조-제702조 | 22개 |
| 제1절 일반규정 | 第一节 一般规定 | 제681조-제690조 | 10개 |
| 제2절 보증책임 | 第二节 保证责任 | 제691조-제702조 | 12개 |
| 제14장 임대차계약 | 第十四章 租赁合同 | 제703조-제734조 | 32개 |
| 제15장 파이낸스 리스계약 | 第十五章 融资租赁合同 | 제735조-제760조 | 26개 |
| 제16장 팩토링 계약 | 第十六章 保理合同 | 제761조-제769조 | 9개 |
| 제17장 도급계약 | 第十七章 承揽合同 | 제770조-제787조 | 18개 |
| 제18장 건설공사계약 | 第十八章 建设工程合同 | 제788조-제808조 | 21개 |

| 제19장 운송계약 | 第十九章 运输合同 | 제809조-제842조 | 34개 |
|---|---|---|---|
| 제1절 일반규정 | 第一节 一般规定 | 제809조-제813조 | 5개 |
| 제2절 여객운송계약 | 第二节 客运合同 | 제814조-제824조 | 11개 |
| 제3절 화물운송계약 | 第三节 货运合同 | 제825조-제837조 | 13개 |
| 제4절 복합운송계약 | 第四节<br>多式联运合同 | 제838조-제842조 | 5개 |
| 제20장 기술계약 | 第二十章 技术合同 | 제843조-제887조 | 75개 |
| 제1절 일반규정 | 第一节 一般规定 | 제843조-제850조 | 8개 |
| 제2절 기술개발계약 | 第二节<br>技术开发合同 | 제851조-제861조 | 11개 |
| 제3절<br>기술자문계약과<br>기술허가계약 | 第三节<br>技术咨询合同和技术<br>许可合同 | 제862조-제887조 | 26개 |
| 제21장 임치계약 | 第二十一章<br>保管合同 | 제888조-제903조 | 16개 |
| 제22장<br>창고임치계약 | 第二十二章<br>仓储合同 | 제904조-제918조 | 15개 |
| 제23장 위임계약 | 第二十三章<br>委托合同 | 제919조-제936조 | 18개 |
| 제24장 집합건물<br>관리계약 | 第二十四章<br>物业服务合同 | 제937조-제950조 | 14개 |
| 제25장<br>위탁매매계약 | 第二十五章<br>行纪合同 | 제951조-제960조 | 10개 |
| 제26장 중개계약 | 第二十六章<br>中介合同 | 제961조-제966조 | 6개 |
| 제27장 조합계약 | 第二十七章<br>合伙合同 | 제967조-제978조 | 12개 |
| 제3분편 준계약 | 第三分编 准合同 | 제979조-제988조 | 10개 |
| 제28장 사무관리 | 第二十八章<br>无因管理 | 제979조-제984조 | 6개 |
| 제29장 부당이득 | 第二十九章<br>不当得利 | 제985조-제988조 | 4개 |

   민법전 계약편(제3편)의 장절체계, 조문순서와 조문내용은 종래의 계
약 관련 민사 단행법인 계약법(中华人民共和国合同法)(1999년)(총칙과 각칙,
23장과 부칙)(428개 조)의 것을 따르면서 그후의 민사특별법과 계약법에
관한 사법해석 등을 참조하여 일부 조문이 신설, 삭제 또는 수정된 것이
다. 계약법에서는 총칙과 각칙을 그 명칭 없이 2부분으로 나누고 이를
23개 장과 부칙으로 하였다. 민법전 계약편은 이를 총칙은 통칙으로, 각
칙은 전형계약으로 이름붙이고 각각 2개의 분편으로 하고 종래 총칙편
의 민사권리에서만 규정하던 사무관리와 부당이득을 준계약으로 묶어
하나의 분편으로 신설하였다.[50]

   계약편이 계약법과 비교하여 그 편별체계에서 달라진 것은 통칙(제1
분편)에서는 계약의 보전(제5장)으로 채권자대위권과 채권자취소권을 신
설한 것이고 계약의 변경과 양도(제6장)에서는 채권양도와 채무인수 등
을 규정하고, 계약법에 있던 기타의 규정(제8절)은 삭제되었다. 계약편
각칙인 전형계약(제2분편)에서는 계약법의 편별체계와 조문순서를 따르
면서 4개 장이 신설되었다. 보증계약(제13장), 팩토링 계약(제16장), 집합
건물 관리계약(제24장)과 조합계약(제27장)이 그것이다. 특히 보증계약
(제13장)은 담보법(1995년)에서 담보로서 보증(제2장)(제6조-제32조)을 규
정하였던 것을 이제는 담보가 아니라 계약편의 전형계약의 하나로 이를
규정한 것이다. 마지막으로 세 번째 분편은 민법전 제정과정에서 준계
약을 신설하여 사무관리와 부당이득을 둔다.

   현행 민법전은 채권편이 없고 계약편이 이를 대신하는 체계를 취하
는데 이는 계약법도 같다. 민법전 제정과정에서 채권편 신설에 대하여
학계는 대다수 이를 찬성하였으나 입법자는 이를 받아들이지 않고 민법

---

50) 민법전 이전의 계약법에 관한 종래의 국내 선행연구로는 이정표,『중국 통일계약법』,
    한울출판사(2002); 소재선,『중국합동법(계약법)해설(상)』, 경희대학교 출판국(2004); 같
    은 저자,『한국인을 위한 중국 합동법해설』, 청림출판(2007.8); 같은 저자,『중국 통일
    계약법(합동법) 개론』, 경희대학교 출판국(2005.2); 이상욱,『중국계약법전』, 영남대학
    교 출판부(2005.12); 이혼주, 채우석,『똑똑한 중국계약법』, 책나무출판사(2009.3) 등.

통칙(1986년)의 민사권리(계약과 사무관리, 부당이득)와 민사책임(계약위반
책임)을 두고 각칙으로 계약법(1999년)을 두던 종래 체계를 그대로 따른
것이다. 채권편은 없지만 계약법에서 계약이라는 용어와 함께 '채권채
무'라는 용어도 혼용하였는데51) 민법전은 채권채무라는 용어를 계약이
라는 용어와 혼용하는 것이 더 많다. 또한 채권의 발생원인으로서가 아
닌 준계약이라는 개념을 신설하여 분편(제3분편)으로 하고 여기에 사무
관리와 부당이득을 두어 총칙편의 민사권리(사무관리와 부당이득)와 계약
각칙으로서 준계약으로 한 것도 민법전의 특징이다.

## Ⅱ. 통칙(제1분편)

계약편의 통칙(제1분편)(제463조-제594조)(132개 조)은 일반규정(제1장),
계약의 체결(제2장), 계약의 효력(제3장), 계약의 이행(제4장), 계약의 보
전(제5장), 계약의 변경과 양도(제6장), 계약의 권리의무 소멸(제7장) 및
계약위반책임(제8장)의 8개 장으로 되어 있다. 이는 계약법(1999년) 총칙
(제1조-제129조)의 편별체계를 따르면서 계약의 보전(제5장)을 신설하고
그밖의 규정(제8장)을 삭제하고, 계약의 변경과 양도(제6장)에서는 채권
양도와 채무인수 등을 규정한다.52)

이하에서는 계약의 통칙 일반과 계약위반책임으로 나누어 살펴본다.

### 1. 계약통칙 일반(제1장-제7장)

계약은 민사주체 사이에서 민사법률관계를 설정, 변경, 종료하는 합

---

51) 민법전은 채권편을 두지 않지만 총칙편, 계약편 등에서 채권(債權)이라는 용어는 여러
    군데 사용되고 있다.
52) 그 외에 계약의 효력(제3장)의 여러 규정은 총칙편 법률행위의 효력(제6장 제3절)에서
    규정하여 계약편에서는 규정을 대부분 삭제하였다.

의(协议)를 말한다(제464조 제1항). 민법전 계약편(제3편)은 계약으로 발생된 민사관계를 규율한다(제463조). 혼인, 입양, 후견 등 신분관계에 관한 합의도 특별한 규정이 없으면 계약편의 규정을 참조하여 적용한다(제464조 제2항).

일반규정(제1장)에서는 계약의 구속력(제465조), 계약의 해석(제466조), 비전형계약이나 계약에 의하지 않고 발생한 채권관계의 법적용(제467조, 제468조)을 각각 규정한다.

계약의 체결(订立)(제2장)(제469조-제501조)(33개 조)에서는 계약체결방식(제469조 이하), 계약의 내용 일반(제470조), 청약과 승낙, 계약이 성립하는 곳 및 계약의 특수한 문제로서 예약, 보통거래약관, 현상광고, 계약체결상의 과실책임과 그밖의 규정을 규정한다.

우선 당사자의 계약체결방식은 특히 서면, 구두 이외에도 전보, 전자우편 등도 인정하고 인터넷 망 등에 관한 것도 규정한다. 또한 당사자의 계약체결방법은 청약(要约), 승낙의 방법 외에 교차청약(交叉要约)이나 의사실현(意思实现)과 같은 그밖의 방법을 취할 수 있고(제471조) 청약의 유인(要约邀请)(제472조), 도달주의에 의한 청약의 효력발생시기(제474조, 제137조)와 청약의 철회(撤回)(제475조, 제141조)와 청약의 취소(撤销)(제476조 이하)를 규정한다. 승낙과 관련하여서는 승낙의 개념(제479조)과 통지에 의한 승낙방법(제480조), 승낙의 도달과 기산점(제481조 이하), 기간을 넘은 승낙(제486조 이하)과 청약 상대방의 실질적 변경(제488조) 등을 규정한다.

예약(预约合同)은 장래의 일정한 기간 내에 일정한 계약(본계약)을 체결할 것을 약정하는 계약(제495조)으로 종래 계약법에는 규정이 없던 것을 사법해석을 참조하여 민법전에 일반규정을 신설하였다. 또한 보통거래약관(格式条款)(제496조)에 대하여도 규정을 두어 특히 소비자계약에 편입(订入)이나 계약체결한 때의 책임 감면에 대한 여러 권리의무와 무효 등을 규정하였다. 또한 보통거래약관의 해석원칙(제498조)도 규정한

다. 이외에도 현상광고(懸賞广告)에 관한 것도 행위를 완성을 한 사람의
보수지급에 대한 규정을 사법해석을 참조하여 신설하였다(제499조). 특
히 그 성질에 관하여는 단독행위설과 계약설이 대립하였으나 민법전(제
499조)은 단독행위설에 기초하여 이를 규정한다.[53]

　　마지막으로 계약체결상의 과실책임(缔约过失责任)[54]을 규정한다. 민
법전은 그 유형(제500조와 제501조)과 그 효과로서의 배상방법을 규정하
고 있다. 그 책임유형으로 우선 당사자가 계약을 체결하는 중에 허위로
계약을 체결하고 악의로 협상을 진행한 경우, 고의로 계약체결과 관련
된 중요한 사실을 은닉하거나 허위 현황을 제공한 경우 또는 그밖에 신
의성실의 원칙에 위반한 경우에 그로 인하여 상대방에게 손해를 가한
경우에 그 배상책임을 인정한다(제500조). 또한 당사자가 계약을 체결하
는 중에 알게 된 영업비밀이나 그밖에 비밀을 유지해야 할 정보는, 계약
의 성립 여부와 관계 없이 누설하거나 부당하게 사용할 수 없다(비밀유
지의무)(제501조).

　　계약의 효력(제3장)은 법률행위의 효력에 관한 기본규정을 정하는 총
칙편의 법률행위 부분에서 자세히 규정을 하고 계약편에서는 간략하게
이를 규정한다. 계약편에서는 효력발생의 기본규정과 특별효력발생요건
(제502조), 무권대리인이 체결한 계약(제503조), 법정대리인의 권한을 넘
어 체결한 계약(제504조), 경영범위를 넘어 체결한 계약(제595조), 무효인
면책조항(제506조), 분쟁해결조항(제507조)을 각각 규정한다. 학설은 이러
한 조문을 기초로 하여 계약의 효력을 무효, 취소, 유동적 효력 및 발생
되지 아니한 효력(未生效)으로 나누기도 한다. 유동적 무효(效力待定)는
계약이 성립된 후에 효력이 발생하는지 여부가 아직 확정되지 아니하고

---

53) 이에 대하여는 王利明, 杨立新, 王轶, 程啸, 앞의 책, 608면.
54) 이에 대하여는 필자, "중국민법의 계약체결상의 과실책임", 법학논총, 제36권 제2호
　　(2016.6), 217면 이하; 이충훈, "중국민법상의 계약체결상의 과실책임", 법학논고, 제38
　　권(2012.2), 131면 이하 등.

그밖의 행위나 사실을 기다려 이를 확정하는 계약이다. 이에는 제한행위능력자가 독립하여 체결할 수 없는 계약(제145조), 무권대리로 체결된 계약(제503조), 대표권 없는 법정대리인의 행위(대표권남용)(제504조, 제505조) 등이 이에 해당한다. 무효와 관련하여서는 계약편에서는 보통거래약관의 면책조항이 무효인 경우만 규정한다(제506조).

계약의 이행(제4장)은 채무자가 그 계약상의 의무를 실현하는 급부행위를 말하는 것으로 민법전은 특히 채권총론의 문제로 종래에 계약법에서 규율이 부족하던 이행 일반에 관한 규정, 연대채권관계, 사정변경 등을 신설하여 보완하였다.

이행 일반과 관련하여 민법전은 이행과 관련한 이행지(제511조), 이행의 목적물(제511조) 등이나 현실에서 자주 이용하는 인터넷 구매에서의 전자계약의 이행과 관련된 인도시기와 인도방법(제512조) 및 변제와 관련하여 변제기 전 채무변제(제530조)의 일부이행과 이행비용(변제비용)(제531조) 등을 규정한다. 또한 민법전은 채권자와 채무자 이외에 제3자가 채무이행과 관련된 여러 경우를 각각 규정한다(제522조 이하).

민법전은 채권의 이행과 관련하여 채권의 종류에 따른 규정을 두어 금전채권(제514조), 선택채권(제515조)55)을 규정한다. 또한 다수당사자의 채권관계와 관련하여 민법전은 이를 별도의 장절로 하지 아니하지만 채무의 이행에서 가분채관관계(제517조)와 연대채권관계(제518조-제521조)로 하여 규정한다.

또한 계약의 이행 중 채권자의 청구권에 대한 채무자의 항변권으로 동시이행의 항변권, 선이행항변권과 불안의 항변권을 각각 인정한다.

우선 동시이행의 항변권(제525조)은 쌍무계약의 이행상의 견련성에 근거한 거절권이다. 동시이행의 항변권은 연기적 항변권이다. 학설은 이것과 이행지체의 효력과 관련하여 존재효과설과 행사효과설이 대립하

---

55) 그러나 특정물채권과 종류물채권, 이자채권에 관한 규정은 없다.

고56) 이 권리행사에 대한 판결과 관련하여 민법전과 민사소송법에 규정이 없지만 학설은 상환급부판결을 인정한다.57) 다음으로 선이행 항변권(先履行抗辯权)은 당사자가 서로 채무를 부담하고 이행순서에 선후가 있고 먼저 채무를 이행하여야 할 일방이 이행하지 않은 경우에 후에 이행하는 사람은 그 상당한 이행의 청구를 거절할 수 있는 권리로 연기적 항변권이다(제526조). 종래 동시이행의 항변권의 일부로 처리하던 것을 계약법이 최초로 독립된 권리로 인정한 것을 민법전도 따른 것이다. 마지막으로 불안의 항변권(不安抗辯权)은 채무를 선이행하여야 하는 당사자는 상대방이 경영사정의 중대한 악화, 채무를 도피하기 위한 재산의 이전, 자금의 불법인출, 영업신용의 상실이나 채무이행능력을 상실하였거나 상실할 수 있는 그밖의 사정이 있는 것을 증명한 경우에는 이행을 중지할 수 있는 권리를 말한다(제527조 이하). 불안의 항변권의 행사(제528조)와 관련하여 민법전은 후이행 채무자를 보호하기 위하여 적시의 담보제공과 통지의무를 규정하는데 이는 영미법계의 이행기 전의 이행거절(제578조)과 같은 기능을 하는 대륙법계의 제도로 평가하기도 한다.

　　마지막으로 사정변경(情势变更)은 계약 성립 후 계약의 기초가 된 조건에 당사자가 계약을 체결할 때에 예견할 수 없었고 영업위험(商业风险)에 속하지 아니하는 중대한 변경이 발생하고 계약 이행의 계속이 당사자 일방에게 현저하게 불공평한 경우에는 계약의 변경과 해제를 인정하는 것을 말한다(제533조). 민법전은 사정변경의 효과로서 재교섭의무, 계약의 수정과 계약의 해제를 인정하는데 이는 불가항력(제180조)과 구별된다.

　　계약의 보전(제5장)은 장이 신설된 것으로 채권자 대위권과 채권자

---

56) 이에 대하여는 崔建远主编, 『合同法』(第七版), 法律出版社(2021.6), 110면은 행사효과설이 통설이라고 한다. 즉, 동시이행의 항변권은 행사를 해야만 이행지체의 책임을 배제할 수 있다.

57) 이에 대하여는 崔建远主编, 앞의 책, 112면; 刘文勇, "论同时履行抗辩权成立时对待给付判决之采用", 国家检察官学院学报, 제4기(2020년) 등.

취소권을 각각 규정하는데 계약법이 채권자대위권에 대하여 채권자 대
위권의 행사(제73조)만을 두던 것을 여러 규정을 신설하고 채권자취소권
에서는 행사의 효과(제542조)도 신설되었다.

우선 채권자대위권(債權人代位權)은 채무자가 이행기가 도래한 채무
와 관련 종된 권리의 이행을 소홀히 하여 채권자에게 손해를 가하는 경
우에 채권자가 법원에 자기 이름으로 채무자의 채권과 그 종된 권리의
행사를 청구하는 권리를 말한다(제535조). 그 법적 성질에 대하여 학
설58)은 견해의 대립이 있으나 형성권과 관리권의 이중적 성질을 가지는
것으로 본다. 민법전은 보존행위(제536조), 대위권 성립의 효과(제537조)
를 규정한다. 특히 대위권의 성립이 인정되면 채무자의 상대방은 채권
자에게 의무를 이행하고, 채권자가 이행을 수령한 후에 채권자와 채무
자, 채무자와 상대방의 사이에서는 상응한 권리의무는 소멸하고 채권자
는 대위권 행사로 채무자의 상대방의 변제에 대하여 채무자의 다른 채
권자에 우선하는 우선변제를 받는다.

채권자취소권(債權人撤消權)은 채권자가 채무자의 사해행위(危害債權
的行为)에 대하여 법원에 취소를 청구할 수 있는 권리를 말한다. 그 법적
성질에 대하여 다수설59)은 형성권과 청구권의 성질을 겸하고 소송으로
행사하지만 실체법상의 권리로 본다. 민법전은 채무자의 무상처분의 경
우에 채권자취소권의 행사(제538조), 채무자가 불합리한 가격거래를 한
경우의 채권자 취소권의 행사(제539조), 채권자취소권의 행사범위(제540
조)와 취소권의 행사기간(제541조) 및 채권자취소권 행사의 효과(제542
조)에 대하여 규정한다. 특히 채권자취소권의 행사는 판결에 의하여 발생

---

58) 이에 관하여는 崔建远主编, 앞의 책, 120면 이하; 崔建远, "论中国〈民法典〉上的债权人
    代位权", 社会科学, 제11기(2020년); 韩世远, "债权人代位权的解释论问题", 法律适用,
    제1기(2021년) 등; 국내문헌으로는 이상욱, 진봉영, "중국 계약법상의 채권자대위권",
    민사법의 이론과 실무, 제13권 제1호(2009.12), 25면 이하 등.

59) 이에 관하여는 王利明, 杨立新, 王轶, 程啸, 앞의 책, 691면; 李少伟主编, 앞의 책, 448
    면; 崔建远主编, 앞의 책, 132면 이하 등.

하며 채무자가 채권자의 채권의 실행에 영향을 주는 행위가 취소된 경우에는 처음부터 법적 구속력이 없고, 채권자, 채무자와 제3자(수익자) 등에게 효력이 있는 것으로 한다.

계약의 변경과 양도(제6장)에서는 계약의 변경, 채권양도와 채무인수 및 채권양도와 채무인수의 일괄양도를 각각 규정한다.

우선 계약의 변경은 계약의 주체의 변경과 계약의 내용의 변경을 포함하는 것이고 이 중에서 민법은 계약내용의 변경으로 계약이 유효하게 성립한 후 계약당사자는 변경하지 않고 계약상의 권리의무가 바뀌는 것을 규정한다(제543조-제544조).

다음으로 채권양도(債权让与)는 채권채무의 내용을 변경하지 않고 채권자가 그 채권을 양도계약으로 제3자(양수인)에게 이전하는 것을 말한다(제545조). 채권양도의 효력에 채무자에 대한 통지를 요하는가에 대하여 민법전은 채권자가 채권을 양도한 경우에는 채무자에게 통지하여야 하고, 통지하지 않으면 해당 양도는 채무자에게 효력이 발생하지 아니한다(제546조 제1항)고 하여 채권자의 채권양도를 채무자의 동의가 있어야 효력이 발생하는 것으로 하고 있다.

또한 채무인수는 채권관계가 그 동일성을 잃지 않고 채권자 또는 채무자가 제3자와 채무인수계약을 체결하여 채무를 전부 또는 일부 제3자에게 이전하는 것(제551조)을 말하며 민법전은 채무인수를 다시 면책적 채무인수와 병존적 채무인수로 나누어 규정한다.

우선 면책적 채무인수는 채무자 전부 또는 일부를 제3자에게 이전하고 제3자가 원래의 채무자의 지위를 대신하여 채무자는 채권관계에서 면책하는 것(제551조)을 말한다. 다음으로 병존적 채무인수는 제3자(인수인)가 채권관계에 가입하여 원래의 채무자와 함께 채권자에게 채무를 부담하는 것(제552조)으로 민법전은 이를 채무가입(債务加入)(제552조)이라고 한다. 채무인수가 있으면 그 효력으로는 신채무자의 항변권과 상계권(제553조)이 인정된다.

마지막으로 채권채무의 일괄인수(債权債务的槪括承受)를 규정(제555조)하고 이에는 채권양도와 채무인수의 관련규정을 적용한다(제556조).

또한 계약상의 권리의무의 소멸(终止)(제7장)과 관련하여 민법전은 채권채무의 소멸(终止) 사유로 이행, 상계(抵销), 공탁, 면제, 혼동 등(제557조 제1항)과 계약의 해제를 인정한다(제557조 제2항).[60] 채권채무관계 소멸 후에 계약소멸 후 의무(后合同义务)가 인정되기도 하고, 당사자는 통지, 협조, 비밀유지, 폐품회수 등을 할 의무를 이행하여야 한다(제558조).

우선 변제에서는 변제의 개념(제557조 제1호), 변제자(제523조, 제524조 전문)와 변제 수령 후의 채무자의 채권의 양도(제524조 제2항), 변제의 충당순위(제560조) 등을 규정한다.

다음으로 계약의 해제는 계약이 유효하게 성립한 후 해제요건에 따라 당사자의 의사표시로 계약관계를 처음부터 또는 장래에 대하여 소멸하게 하는 행위로 약정해제(제562조)와 법정해제(제563조)로 나눌 수 있다.

민법전은 법정해제사유(제563조)로는 불가항력, 계약위반과 그밖의 사유가 인정된다. 특히 계약위반(채무불이행)이 있는 경우에 해제할 수 있다. 이러한 계약위반의 유형으로는 이행거절, 이행지체와 그밖의 계약위반행위가 있다.

우선 이행거절(拒绝履行)로 이행기 전 당사자 일방이 주채무를 이행하지 않을 것을 명확하게 표시(명시적 이행거절)하거나 자기의 행위로 표명한 경우(묵시적 이행거절)(제563조 제2호)에 해제할 수 있다. 다음으로 이행지체(迟延履行)로 당사자 일방이 채무를 이행할 수 있으나 이행기까지 주채무(主要债务)의 이행을 지체하고 최고 후 합리적 기간이 지나도 이행하지 않는 경우(제3호)와 정기행위가 이에 해당한다. 또한 당사자 일방이 채무이행을 지체하거나 그밖의 계약위반행위로 계약목적을 실현

---

60) 민법전에는 경개는 규정하지 아니하고 계약의 변경(合同的变更)을 규정한다. 또한 대물변제(代物清偿)도 규정하지 아니한다.

할 수 없는 경우(제4호)61)이다. 이외에 해제권의 행사(제564조-제565조)도
규정한다. 나아가 계약해제의 효과(제566조)로는 계약해제 후에도 이행
하지 않는 경우에 이행은 종료하고, 이미 이행한 경우에는 당사자는 원
상회복을 청구하거나 그밖의 보충적 구제조치를 취할 수 있고 손해배상
도 청구할 수 있다. 해제의 효과 중 소급효의 유무와 원상회복의무 등과
관련하여 학설은 직접효과설, 절충설과 청산관계설 등이 각각 인정된다.

또한 상계(抵銷)는 당사자 쌍방이 서로 채무를 부담하고 채무 목적물
의 종류, 품질이 서로 같은 경우에 쌍방 채무를 대등한 액으로 소멸하게
하는 것을 말한다(제567조 제1항 본문). 민법전은 법정상계(제568조)와 약
정상계(제569조)에 대하여 규정한다.

이외에도 공탁(提存)은 채권자 쪽의 원인으로 채무자가 그 이행기가
도달한 채무를 이행할 수 없을 때에 채무자가 그 목적물을 공탁기관에
인도하여 채무변제를 완료하여 채무를 소멸하는 것을 말한다(제570조).
민법전은 공탁의 성립과 효력(제571조), 공탁 후 채무자의 통지의무(제
572조), 공탁 후 목적물의 훼손, 멸실의 위험부담이나 과실 및 비용(제
573조)과 공탁물 회수(제574조)에 관하여 규정한다. 마지막으로 채무면제
는 채권자가 채무의 전부나 일부를 그 단독행위로 포기하여 그 채무를
소멸하게 하는 행위를 말한다(제575조). 혼동은 채권과 채무가 1인에게
귀속되어 채권채무가 소멸하는 것을 말한다(제576조).

## 2. 계약위반책임(违约责任)(제8장)

계약위반책임(违约责任)은 계약 당사자가 계약상의 의무를 위반하여
이를 이행하지 아니하였을 때 부담하는 법적 책임을 말한다.62) 우리는

---

61) 학설은 이러한 경우로 불완전이행이나 채무자의 유책사유 없이 후발적 이행불능이 된
   경우가 이에 해당한다고 한다. 이에 대하여는 崔建远主编, 앞의 책, 177면; 王利明, 杨
   立新, 王轶, 程啸, 앞의 책, 720면 등.

채무불이행책임이라고 하는데 중국에서는 계약법에서의 민사책임을 고려하여 계약위반(违约) 책임으로 한 것이다. 민법전의 계약위반책임(제8장)(제577조-제594조)(18개 조)의 조문순서와 내용은 계약법(제7장)을 따르면서 일부 조문을 신설하거나 수정한 것이다. 계약위반책임이 발생하려면 계약이 유효하여야 한다. 당사자 일방이 계약상 의무를 이행하지 않거나 계약상 의무를 이행하기는 하였지만 그것이 약정과 맞지 아니하는 경우에 강제이행이나 추완을 하거나 손해배상 등의 계약위반책임을 부담하여야 한다(계약편 제577조). 계약위반책임은 민사책임의 하나로서 민법전은 민사책임의 일반규정을 총칙편(제1편) 민사책임(제8장)에서 규정하기도 한다.[63]

민법전은 계약위반행위(违约行为)의 유형을 이행기의 도달 전후를 기준으로 이행기 전 계약위반(预期违约)(제578조)과 이행기 후 계약위반(实际违约)으로 나누고 후자는 다시 불이행과 불완전이행(제577조)으로 나누어 각각 다른 구제방법을 인정한다.

우선 이행기 전 계약위반(预期违约)은 '사전 계약위반'(先限违约)이라고도 하고 이행기 도래 전에 당사자 일방이 정당한 이유 없이 명시적으로 이행기 도래 후에 계약의 이행을 하지 않을 것을 표시하거나 그 행위로 이행기 도래 후 계약 이행을 할 수 없다는 것을 표명하는 것을 말하고(제578조) 이행기 전 이행거절이라고도 한다. 이는 명시적 이행거절과 묵시적 이행거절로 나눈다.

다음으로 이행기 후 계약위반(实际违约)은 이행지체, 불완전이행, 이

---

62) 중국의 계약책임에 관한 국내 선행연구는 채성국, 『중국의 계약책임법』, 경인문화사(2008.10); 김상명, "중국 계약법상 계약책임에 관한 연구", 법과정책(제주대), 제21권 제1호(2015), 71면 이하; 한삼인, 김상명, "중국 계약법상 위약책임 연구", 홍익법학, 제15권 제2호(2014), 193면 이하; 이상욱, "중국의 채무불이행 유형론", 영남법학, 제31권(2010), 161면 이하; 송오식, "중국계약법(合同法)상 위약책임", 민사법연구, 제15권 제1호(2007), 247면 이하 등.

63) 계약법과 불법행위책임법 이전에는 민법총칙의 민사책임의 장에서 이를 규정하였다.

행불능, (이행기 후의) 이행거절, 일부 이행, 채권자가 정당한 이유 없이
하는 수령거절이 이에 해당한다.

　　우선 이행지체(迟延履行)는 이행기와 관련하여 이행기가 명확하면 이
행기의 경과로 이행지체가 되고 이행기가 명확하지 아니한 경우에는 채
무자는 언제든지 이행하고 채권자도 언제든지 이행을 청구할 수 있다
(제511조). 다음으로 불완전이행(不适当履行)은 채무자가 채무를 이행하였
으나 그 이행이 채무에 관한 약정에 맞지 아니하고 하자가 있는 것을
말한다. 민법전은 대륙법계의 하자담보책임을 취하지 아니하고 불완전
이행을 독립된 계약위반행위로 하여 계약위반책임을 부담하는 것으로
한다. 이행불능은 채무자가 후발적으로 객관적으로 이행할 수 없는 경우
(제580조 제1항)를 말한다.[64] 이행거절은 당사자 일방이 상대방에게 계약
상 채무를 이행하지 않겠다는 것을 표시하는 것을 말한다(제578조, 제563
조 제1항 제2호). 채권자지체는 채무자가 이미 제공한 급부를 채권자가 정
당한 이유 없이 수령하지 않거나 그밖에 급부를 완성하는데 필요한 협력
을 하지 않은 것을 말한다(제598조). 이외에 일부이행은 계약이 이행되었
지만 이행이 수량에 관한 규정에 맞지 아니하거나 이행에서 수량에 부족
이 있는 것을 말한다.

　　이러한 계약위반책임의 책임귀속원칙에 대하여는 과실책임주의와 무
과실책임주의(엄격책임주의)가 대립하였으나 민법전은 계약위반책임에 관
한 일반조항(제577조, 계약법 제107조, 민법통칙 제111조)에 고의나 과실에
관한 것을 규정하지 않은 것을 근거로 하여 무과실책임을 계약위반책임
의 원칙으로 하고 예외적으로 과실책임을 특칙을 두어 규정하고 있다.

　　다음으로 계약위반책임의 부담방법(形式)으로는 강제이행, 손해배상,
위약금 등이 인정된다.

　　강제이행은 당사자 일방이 계약을 이행하지 않을 때 상대방이 그에

---

64) 원시적 불능(自始不能)과 그 효력(무효)에 대하여는 규정은 없으나 학설은 논의가 있
　　다. 이를 계약체결상의 과실책임의 유형 중 하나로 소개하는 것도 있다.

게 약정에 따라 계속 이행할 것을 요구하는 것을 말한다(제179조). 현실
이행(実际履行) 또는 특정이행이라고도 한다. 민법전은 금전채무인가 여
부에 따라 강제이행을 나누어 금전채무 불이행의 계약위반책임(제579조)
과 금전채무가 아닌 채무의 계약위반책임(제580조, 제581조)을 규정한다.

손해배상은 당사자 일방이 그 계약위반으로 상대방이 입은 손해를
배상하는 것을 말한다. 민법전은 손해배상의 범위(제584조)와 관련하여
완전배상의 원칙과 예견가능성에 의한 배상의 제한 등을 규정한다.[65]
이와 관련하여 민법전은 손해감소의무(제591조)와 과실상계(제592조 제2
항)를 규정한다.

나아가 위약금(违约金)은 채무자가 계약상 채무를 이행하지 아니할
때에 당사자가 미리 협의한 약정이나 직접적인 법률규정에 따라 채권자
나 제3자에게 지급하여야 하는 이행 이외의 급부를 말한다(제585조). 약
정된 위약금은 발생된 손해를 비교하여 증액이나 감액도 할 수 있다. 이
와 달리 계약금(定金)은 계약 당사자 쌍방이 계약의 이행을 보증하기 위
하여 일방이 미리 상대방에게 급부한 일정량의 금전 그 밖의 대체물을
말하고, 계약금계약은 실제 계약금을 지급한 때에 효력이 발생한다(제
586조 제1항). 계약금의 액수에 대하여도 약정에 의하지만 주된 계약 목
적물의 가액의 100분의 20을 넘을 수 없는 등의 제한이 있다. 또한 이
러한 계약금의 효과(계약벌)(제587조), 계약금과 위약금, 손해배상 사이의
관계(제588조) 등도 규정한다.

그 외에 민법전은 면책사유로서 불가항력(제180조, 제590조), 쌍방의
계약위반(제592조 제1항), 제3자를 원인으로 한 계약위반책임(제593조) 등
도 규정한다.

---

65) 손해배상방법으로는 원상회복과 금전배상이 있는데 학설은 계약책임의 손해배상은
   민사책임의 책임부담방법(제179조)과 비교하여 볼 때 금전배상주의를 취한 것이라고
   한다. 崔建远主編, 앞의 책, 241면.

## Ⅲ. 전형계약(제2분편)

### 1. 전형계약 일반

　민법전 계약편은 계약의 통칙(제1분편)에 이어 전형계약(제2분편)을 두고 19가지 전형계약(제9장-제27장)(384조)을 두고 각각의 전형계약을 독립된 장으로 한다. 각각의 장은 매매계약(제9장), 전기, 수도, 가스, 열에너지 공급사용계약(제10장), 증여계약(제장), 금전대차계약(제12장), 보증계약(제13장), 임대차계약(제14장), 파이낸스 리스계약(제15장), 팩토링계약(제16장), 도급계약(제17장), 건설공사계약(제18장), 운송계약(제19장), 기술계약(제20장), 임치계약(제21장), 창고임치계약(제22장), 위임계약(제23장), 집합건물 관리계약(제24장), 위탁매매계약(제25장), 중개계약(제26장)과 조합계약(제27장)을 각각 규정한다. 이러한 것은 종래의 민사 단행법인 계약법(中华人民共和国合同法)(1999년)을 따르면서 보증계약(제13장), 팩토링 계약(제16장), 집합건물 관리계약(제24장)과 조합계약(제27장)이 신설된 것이다.

### 2. 매매계약(제9장)

　매매계약(买卖合同)(제595조-제647조)은 매도인이 목적물의 소유권을 매수인에게 이전하고 매수인은 대금을 지급하는 계약을 말한다(계약편 제595조). 매매는 쌍무계약, 유상계약, 낙성계약이고 일반적으로 불요식계약이다. 다른 유상계약에 대하여 법률에 규정이 있으면 그에 의하고, 규정이 없으면 매매계약의 관련규정을 참조하여 적용한다(제646조). 교환계약(互易合同)도 목적물의 소유권을 이전하는 경우에는 매매계약의 규정을 참고하여 적용한다(제647조). 또한 입찰에 의한 매매(제644조)와 경매(제645조)도 규정한다.

　매매계약이 성립하면 그 매매계약의 효력으로 매도인은 목적물을 인도할 의무(제615조, 제619조, 제629조, 제601조, 제603조, 제510조), 소유권을 이전할 의무(제598조, 제214조, 제224조)를 부담하고 권리에 대한 담보책임(제612조 이하)과 물건의 하자담보책임(제615조 이하) 및 계약상의 종된 의무(제599조)도 부담한다.

우선 소유권의 이전과 목적물의 인도 등과 관련하여 매도인은 주된 급부의무로 매수인에게 목적물의 인도 또는 수취할 물건의 증서(单证)를 교부하고 목적물의 소유권을 이전할 의무를 부담한다(제598조). 민법전은 매도인이 처분권을 취득하지 못하여 목적물의 소유권을 이전할 수 없게 된 경우(무권처분)에는 매수인은 계약을 해제하고 매도인에게 계약위반책임의 부담을 청구할 수 있다(제597조 제1항). 소유권의 이전은 물권편의 규정에 따라 목적물이 부동산인 경우에는 그 소유권은 소유권이전등기를 한 경우에 이전되고(제209조 제1항, 제214조), 동산인 경우에는 원칙적으로 그 소유권은 인도한 때로부터 이전한다.[66]

이외에 당사자는 매매계약 중 매수인의 대금지급이나 그밖의 의무를 이행하지 않은 경우에 목적물의 소유권이 매도인에게 귀속하는 것으로 약정할 수 있다(제641조). 매도인이 목적물에 대하여 유보한 소유권은 등기하지 않으면 선의의 제3자에게 대항할 수 없다. 이외에 매도인은 약정이나 거래관행에 따라 매수인에게 목적물을 수취할 증권 이외의 관련 증권과 자료를 교부하여야 한다(제599조).[67] 목적물의 인도와 관련하여 매도인은 약정한 시기에 따라 목적물을 인도하여야 하고, 인도기간을 약정한 경우에 매도인은 해당 인도기간 내의 어느 기간에 인도할 수 있다(제601조). 마지막으로 매도인이 목적물을 과다하게 인도한 경우에 매수인은 과다하게 인도한 부분을 수령하거나 수령을 거절할 수 있

---

66) 계약법(제133조)과 민법통칙(제72조 제2항)에서는 매매목적물(재산)의 소유권 이전은 인도한 때에 이전하는 것이 원칙이었으나 현재는 이는 동산물권에만 해당한다(제224조, 물권법 제23조).

67) 이에 대하여는 崔建远主編, 앞의 책, 288면. 학설은 이를 종된 계약상의 급부의무라고 하기도 한다.

다(제629조).

　다음으로 매도인의 의무 중 매도인의 담보책임은 권리에 대한 담보
책임과 물건에 관한 하자담보책임을 규정한다.68)69)

　먼저 권리에 관한 담보책임과 관련하여 매도인은 인도한 목적물에
대하여 다른 법률규정이 없으면 제3자에게 해당 목적물에 대하여 어떠
한 권리도 없다는 것을 보장할 의무가 있다(제612조). 그러나 매수인이
계약을 체결할 때에 제3자가 매매의 목적물에 대하여 권리가 있는 것을
알았거나 알 수 있었을 경우에 그러하지 아니하다(제613조). 담보책임의
효과는 계약위반책임의 부담방법을 적용하는 외에 상당한 담보제공이
없으면 대금의 지급을 중지할 수도 있다(제614조). 다음으로 물건에 대
한 하자담보책임(제615조-제623조)과 관련하여 매도인은 약정한 품질의
요청에 따라 목적물을 인도하여야 한다(제615조 전문). 이는 특정물이거
나 종류물이든 모두 매도인은 약정한 것에 따라 인도하여야 이행의무를
말하는 것이다. 이는 담보책임의 법적 성질을 법정책임설로 하지 아니
한 것이다.70) 이 담보책임의 구제방법으로는 교환, 수리, 재제작, 대금감

───────────

68) 물건에 대한 하자담보책임과 계약위반책임의 관계에 대하여는 계약법(제111조)은 물건
　에 대한 하자담보책임으로 인정하였지만 민법전은 계약위반책임(제582조)에서 이를 따
　르면서 '품질의 약정에 맞지 않는 것'을 '이행이 약정에 맞지 않는 것'으로 수정하였다.
69) 중국 계약법은 유엔 국제물품매매협약(1980년)의 태도를 계수하여 하자담보책임을 독
　립적 특수한 계약위반책임으로 인정하여 계약위반책임에 편입하였다. 민법전도 이러
　한 계약법의 태도를 따르고 있다. 하자담보책임의 책임귀속원칙은 무과실책임의 원칙
　을 취하고, 계약법(제107조, 민법전 제577조와 같음)의 계약위반책임(채무불이행책임)
　도 원칙적으로 무과실책임(엄격책임)을 취한다. 또한 계약법(제51조)의 무권처분과 관
　련하여 학설이 대립하기도 하였다. 이 조항은 민법전에서는 제597조로 대체되었다.
70) 민법전(제582조, 제615조, 제617조, 제620조-제623조)에 의하여 매도인이 인도한 목적
　물이 품질의 기준에 맞지 아니하면 계약위반책임이 되고 이 점에서 채무불이행설과
　일치한다. 그러나 채무불이행설에 따르면 담보책임과 채무불이행 책임은 병존하지 아
　니하고 담보책임을 채무불이행책임의 하나로 보고 매매에 관한 특칙으로 하고 양자가
　충돌이 있으면 담보책임이 적용되어야 한다. 그러나 민법전이 규정한 담보책임은 담
　보책임을 계약위반책임의 특칙으로 하지 아니하고 양자 모두 무과실책임의 원칙으로
　하면서 특별히 제617조는 매수인이 이 두 가지 중 선택할 수 있는 것으로 하여 책임
　의 경합을 인정한다. 이러한 점은 崔建遠, 앞의 책, 286면 등. 이러한 양자의 차이를

액, 손해배상 등의 계약위반책임의 구제방법(제582조-제584조)이 적용된
다(제617조).

이와 반대로 매매계약이 성립하면 매수인은 대금을 지급할 의무(제
626조-제628조, 제510조, 제511조), 검사의무(제620조-제624조), 보관의무(제
629조), 즉시수령의무와 대금지급의무나 부수의무 위반으로 인한 계약위
반책임(제612조, 제613조, 제614조)을 부담한다.

우선 매수인은 약정한 액수와 지급방법에 따라 대금을 지급하여야
한다(제626조). 다음으로 매수인은 목적물을 수령할 때에는 약정한 검사
기간 내에 검사를 하여야 한다(제620조). 민법은 이에 관한 여러 규정을
둔다.

또한 목적물의 멸실, 훼손의 경우의 위험부담(제604조-제611조)과 관
하여도 여러 규정을 둔다.

우선 다른 정함이 없으면 목적물의 멸실, 훼손의 위험은 목적물 인
도 전은 매도인이 부담하고, 인도 후는 매수인이 부담한다(제604조 본
문). 이는 동산이나 부동산 모두 소유자부담주의가 아니라 인도주의를
취한 것이다.[71] 이와 달리 매수인의 원인으로 인하여 목적물이 약정한
기간에 따라 인도하지 않은 경우에는 매수인은 약정을 위반한 때로부터
그 위험을 부담하여야 한다(제605조). 다음으로 매도인은 약정에 따라
목적물을 매수인이 지정한 곳으로 운송하고 운송인에게 인도한 후에는
목적물의 멸실, 훼손의 위험은 매수인이 부담한다(제607조). 그 외에 당
사자가 인도할 곳에 대하여 약정이 없는 등의 사정이 있지만 목적물의
운송이 필요한 경우에 대한 위험부담 등과 이에 관련된 규정도 규정한
다(제608조-제609조).

---

인정하는 견해를 상대적 독립설(相对独立说) 또는 이원설(双軌制)이라고 하고 이와 달
리 계약위반책임이 계약법에서 계약위반책임으로 완전히 통합되었다고 하는 설도 있
고 이를 통합설(统合说) 또는 일원설(单軌制)이라고 한다.

[71] 이에 대하여는 崔建远主编, 앞의 책, 293면.

마지막으로 과실의 귀속과 관련하여 다른 약정이 없으면 목적물 인도 전 산출된 과실은 매도인의 소유로 하고 인도 후 산출된 과실은 매수인의 소유로 한다(제630조).

매매계약은 계약소멸의 일반원칙으로 소멸하는데 민법전은 매매계약의 특수성에 따라 해제에 관한 몇 가지 특별규정을 둔다(제631조 이하).

마지막으로 특수한 매매계약으로 할부매매(分期付款买卖)(제634조), 견본매매(商品买卖)(제635조-제636조), 시험매매(试用买卖)(제637조-제640조)를 각각 규정한다.

## 3. 전기, 수도, 가스, 열에너지 공급사용 계약(제10장)

전기, 수도, 가스, 열에너지 공급사용 계약(供用电, 水, 气, 热力合同)(제648조-제656조)은 일방이 전기, 수도, 가스, 열 에너지를 상대방에게 이용하도록 제공하고 다른 일방은 보수를 지급하는 계약을 말한다(제648조, 제656조). 이 계약은 개인의 기초생활을 위하여 필수적인 자원을 제공하고 공공이 이용한다는 공용성, 공익성이 있는 계속적 공급계약의 하나로 중요한 역할을 하여 민법전은 이에 대하여 명문규정을 두면서 이를 계약체결이 강제되는 계약으로 한다(제648조 제2항). 또한 민법전은 전기공급사용계약의 내용, 이행장소와 공급자의 전기공급의무, 공급중단의 경우의 사전통지의무, 긴급수리의무와 사용자의 요금지급의무, 절전의무를 각각 규정한다. 민법전은 전기공급계약에 관하여 자세한 규정을 두고 그밖의 수도, 가스, 열에너지의 공급계약에 이를 참조적용한다(제656조).

## 4. 증여계약(제11장)

증여계약(赠与合同)(제657조-제666조)은 증여자가 자기의 재산을 무상으로 수증자에게 수여하고 수증자가 증여의 수령을 표시하는 계약을 말한다(제657조).

증여한 재산에 하자가 있는 경우에 증여자는 하자담보책임은 없지만 부담부 증여(제661조)에서는 증여한 재산에 하자가 있으면 증여자는 의무가 붙은 한도에서 매도인과 동일한 책임이 있다(제662조 제1항). 또한 증여자가 고의로 하자를 고지하지 않거나 하자 없음을 보증하여 수증자에게 손해를 가한 경우에도 배상책임을 부담한다(제662조 제2항). 또한 증여자의 증여재산의 권리이전의 임의취소와 공익, 도의적 성질이 있는 증여계약의 취소제한(제658조), 부양의무 등의 사유로 인한 증여취소(제663조), 증여취소로 인한 재산의 반환청구(제665조), 경제사정의 현저한 악화로 인한 증여계약의 해제(제663조) 등도 규정한다.

## 5. 금전대차계약(제12장)

금전대차계약(借款合同)(제667조-제680조)은 차주가 대주에게 금전을 차용하고 기간이 도래하면 차용금을 반환하고 이자를 지급하는 계약을 말한다(제667조). 민법전 계약편이나 계약법에서는 대차계약을 임대차, 소비대차, 사용대차로 구분하지 않고 금전대차계약(제12장), 임대차(제14장)만 규정한다. 자연인 사이의 금전대차계약은 서면의 방식을 취하여야 하고(제668조 제1항), 대주가 차용한 금전을 제공한 때부터 성립하는 요물계약으로 한다(제679조). 민법전은 금전대차의 이자에 관한 규정도 두고 있다(제670조, 제674조). 특히 민법전은 고금리의 금전대차는 금지되고 그 이율은 국가의 관련규정을 위반할 수 없다는 내용을 신설하였다(제680조 제1항).[72]

---

72) 이에 대하여는 梁慧星, "民法典解释与适用中的十个问题", 温州大学学报(社科版)(2021년 제1기); 刘勇, "《民法典》第680条评注(借款利息规制)", 法学家, 제1기(2021년); 崔建远主编, 앞의 책, 314면; 고금리의 상한이율의 기준은 관련규정, 특히 사법해석이 이를

## 6. 보증계약(제13장)

보증계약(保证合同)(제681조-제702조)(22개 조)은 보증계약에 관한 일반 규정(제1절)과 보증책임(제2절)으로 나누어 규정한다. 보증계약은 종래 담보의 하나로 하여 담보법(1995년)(제2장)(제6조-제32조)(27개 조)에서 보증과 보증인(제1절), 보증계약과 보증방식(제2절)과 보증책임(제3절)로 나누어 규정하였고 그후의 계약법(1999년)에서는 이에 관하여 규정을 두지는 아니하였다. 민법전에서는 보증의 체계를 담보(인적담보)로 하지 아니하고 전형계약의 하나(제13장)로 하여 계약편에 이를 신설하였고 물권편에는 더 이상 규정을 두지 아니한다.

우선 일반규정(제1절)에서는 보증계약의 개념(제681조), 보증계약의 부종성(제682조 제1항), 보증인의 자격(제683조), 보증계약의 내용(제684조), 보증계약의 방식(제685조)을 각각 규정한다. 보증방법(제686조)은 일반보증(一般保证)(제687조 제1항)과 연대책임보증(连带责任保证)(제688조)이 있고 보증인은 원칙적으로 재판 등을 거치지 않은 강제집행에 대하여 선소의 항변권(先诉抗辩权)(검색의 항변권)을 가진다(제687조 제2항). 또한 보증인은 채무자에 대한 구상담보(反担保)(제689조), 근보증(제690조)에 대하여도 규정한다.

다음으로 보증책임(제2절)과 관련하여 보증의 범위(제691조), 보증기간(제692조), 보증기간과 보증채무의 소멸시효의 관계(제694조), 주된 계약의 변경과 보증책임과 보증기간(제695조), 채권양도나 채무인수의 보증인에 대한 효력(제696조-제697조) 및 보증인의 항변과 항변포기(제701조), 상계권과 취소권과 보증책임(제702조)도 규정한다.

---

정하였다(연 36%). 민법전 제정 후 이는 개정되었다: 最高人民法院关于修改〈关于审理民间借贷案件适用法律若干问题的规定〉的决定)(2020년)(제26조).

## 7. 임대차계약(제14장)

임대차계약(租赁合同)(제703조-제734조)은 임대인이 임차물을 임차인에게 인도하여 사용, 수익하고 임차인이 차임을 지급하는 계약을 말한다(제703조). 임대차기간은 20년을 넘지 못하고(제705조) 6개월 이상이면 서면의 방식을 취한다(제707조). 이외에 임대인의 임차물 인도의무와 임차물의 하자에 대한 담보책임과 임차인의 용도에 따른 사용의무와 그 책임(제708조, 제709조), 임대인과 임차인의 수선의무(제712조, 제713조), 임차인의 선량한 관리자의 보관의무(제714조), 임대인의 동의를 받은 임차인의 전대차(재임대)(转租)(제716조-제718조), 전차인의 대상청구권과 구상권(제719조), 임대차기간의 임차물로 인한 수익의 귀속(제720조), 임차인의 차임지급(제721조-제724조), 임차건물의 매도의 경우의 임차인의 우선매수권(제726조-제728조), 차임의 감면청구권(제729조), 임차물의 반환(제733조)과 법정갱신(제734조) 등도 각각 규정한다.

## 8. 파이낸스 리스계약(제15장)

파이낸스 리스계약(融资租赁合同)(제735조-제760조)(26개 조)은 임대인이 임차인의 매도인, 임차물에 대한 선택에 근거하여 매도인에게 임차물을 구입하여 임차인의 사용에 제공하고, 임차인은 차임을 지급하는 계약을 말한다(제735조). 민법전의 파이낸스 리스계약은 계약법에 개별 조문만 있던 것을 장을 새로 두고 파이낸스 리스계약에 관한 사법해석(2014년)에 따라 자세한 조문 내용을 신설한 것이다.

## 9. 팩토링 계약(제16장)

팩토링 계약(保理合同)(제761조-제769조)(9개 조)은 미회수 금전채권의

채권자가 현재 가지고 있거나 장래 가지게 될 미회수 금전채권을 팩토
링업자에게 양도하고 팩토링업자가 자금융통을 제공하고, 미회수 금전
채권의 관리나 추심최고를 제공하고, 미회수 금전채권의 채무자가 대금
지급의 담보 등의 서비스를 제공하는 계약을 말한다(제761조). 이는 경
제사회의 발전에 따라 계약법이나 관련 사법해석이 없던 것을 민법전이
새로 전형계약으로 신설한 것이다.[73]

## 10. 도급계약(제17장)

도급계약(承揽合同)(제770조-제787조)(18개 조)은 수급인이 도급인의 요
청에 따라 일의 완성, 일의 결과를 인도하고 도급인이 보수를 지급하는
계약을 말한다(제770조 제1항).

도급계약이 성립하면 수급인에 대하여는 도급인이 제공한 재료를
수령, 적절한 보관과 합리적 이용을 할 의무(제775조), 도급인이 제공한
재료 등이나 요구에 대한 문제의 통지의무(제775조 제1항 후문, 제776조
전문), 수급인 자신의 재료제공의무, 법률이나 약정에 의한 도급업무의
완성의무(제772조 제1항), 도급인의 검사, 감독을 받을 의무(제779조), 수
급인이 업무결과의 인도 및 필요한 기술자료, 품질을 증명할 의무(제780
조), 남은 재료의 반환, 비밀유지의무(제785조), 물건의 하자담보책임(제
781조), 공동수급인의 연대책임(제786조), 수급인의 유치권(783조) 등이
발생된다. 이에 대하여 도급인에 대한 효력으로는 수급인에 대한 보수
지급의무(제782조, 제510조, 제511조), 도급인의 협조의무(제778조, 제775조
제1항 등), 도급결과의 수령의무, 도급인의 배상책임(제777조) 등이 발생
된다.

도급계약에서 일의 결과가 유체물인 경우에 그 소유권의 귀속과 이

---

73) 2019년 1월「민법전 계약편(초안)(제2차 심의초안)」(民法典合同編(草案)(二次审议稿)에
서 신설되었다.

전에 관하여 민법전은 규정을 두지 않는다. 학설에 따르면 당사자의 약정이 있으면 그 약정에 의한다. 그밖의 경우에 도급인이 수급인에게 보수 등 대금을 지급하지 않는 경우에는 다른 정함이 없으면 수급인은 완성한 일의 결과에 대하여 유치권을 행사하거나 인도를 거절할 수 있다(제783조).[74]

## 11. 건설공사계약(제18장)

건설공사계약(建设工程合同)(제788조-제808조)(21개 조)은 공사수급인이 공사건설을 하고 공사도급인이 대가를 지급하는 계약을 말한다(제788조 제1항). 이 계약은 서면의 방식을 취하여야 한다(제789조). 건설공사계약이 성립하면 그 효력으로는 건설공사의 도급인(제803조, 제804조), 수급인(제802조) 또는 시공자(제801조)는 그 재료제공, 검수, 대금지급, 일의 결과의 인도 등의 의무에 따라 계약책임이나 불법행위책임을 부담한다. 특히 도급인의 건설공사 대금지급의무와 관련하여 우선변제권(优先受偿权)(제807조)이 인정된다.[75] 민법전은 건설공사의 입찰의 원칙과 발주자(도급인)(发包人)와 전체 수주자(수급인)(总承包人)의 건설공사계약 및 발주자와 수주자의 권리의무 등에 대하여 자세한 규정을 두기도 한다(제790조 이하).

---

74) 이런 점에서 도급인에 귀속되는 것이 포함된다고 보는 것으로는 崔建远主编, 앞의 책, 820면. 이와 달리 도급인이 재료를 제공하면 일의 결과의 소유권은 도급인에게 귀속(원시취득)하고 수급인은 일의 결과의 소유권을 이전할 의무가 없다고 하는 견해도 있다. 수급인이 재료를 제공한 경우에는 수급인이 완성한 일의 결과는 수급인 소유이고 당사자 사이에서 소유권을 이전하여야 한다는 견해와 이 경우에도 원시적으로 도급인에게 소유권이 있다는 견해도 있다. 이러한 논의는 王利明, 杨立新, 王轶, 程啸, 앞의 책, 819면 주3의 본문; 崔建远主编, 앞의 책, 376면 등.

75) 이 건설공사 수급인이 가지는 우선변제권의 법적 성질에 대하여는 종래 학설의 대립이 있다. 예를 들어 유치권설, 법정우선권설(특별우선권설)과 법정저당권설(다수설)이 그것이다. 이에 대하여는 王婷婷, "建设工程价款优先受偿权法律问题研究", 经济法论坛, 第9卷(2012).

## 12. 운송계약(제19장)

운송계약(运输合同)(제809조-제842조)(34개 조)은 운송인이 여객이나 화물을 출발지부터 약정된 장소로 운송하고 여객, 송하인이나 수하인이 운임이나 운송비를 지급하는 계약을 말한다(제809조). 이러한 운송계약은 공익성과 사회성이 있어 공공운송에 종사하는 운송인은 여객, 송하인의 통상적이고 합리적인 운송요구를 거절할 수 없는 계약체결이 강제된다(제810조).

민법전은 운송계약의 종류에 따라 일반규정(제1절), 여객운송계약(제2절), 화물운송계약(제3절)과 복합운송계약(多式联运合同)(제4절)으로 나누어 규정한다. 민법전은 운송계약의 일반법으로 민상사통일주의에 따라 상법전이 없어 민법전에 운송계약 일반에 관하여 규정한다.

여객운송계약은 운송인이 여객에게 승차권을 발행한 때에 성립한다(제814조 본문). 운송인은 여객과 그의 짐을 안전하게 목적지로 운송하여야 하고, 특히 여객의 인신에 대하여 안전을 보장할 의무가 있고 여객의 고의나 중과실 또는 여객 자신의 건강상의 원인 외에는 면책이 인정되지 않는 무과실책임을 부담한다(제823조). 그 외에 화물운송과 복합운송에 대한 여러 규정을 둔다.

## 13. 기술계약(제20장)

기술계약(技术合同)(제843조-제887조)(제45개 조)은 당사자가 기술의 개발, 양도, 허가, 자문이나 서비스 체결을 서로 사이에 권리와 의무로 확정하는 계약을 말한다(제843조). 특히 기술계약의 개념이나 내용 및 특허, 대금 등 사용료, 기술성과와 직무기술성과의 재산권 귀속 등에 관하여 자세한 규정을 두고 있다(제845조 이하). 민법전은 이를 일반규정(제1절), 기술개발계약(제2절), 기술양도계약과 기술허가계약(제3절) 및 기술

자문계약과 기술서비스계약(제4절)로 나누어 규정한다. 이러한 계약은
서면의 방식으로 하여야 한다.

## 14. 임치계약(제21장)

임치계약(保管合同)(제888조-제903조)(16개 조)은 임치인이 인도한 임치
물을 수치인이 임치(보관)하고 해당 물건을 반환하는 계약을 말한다(제
888조 제1항). 임치계약은 다른 정함이 없으면 임치물을 인도한 때로부터
성립하는 요물계약이다(제890조). 수치인은 선량한 관리자의 주의로 임
치물을 임치하여야 한다(제892조 제1항). 임치계약에서는 이러한 임치에
관한 당사자의 권리의무에 관하여 자세한 규정을 둔다. 예를 들어 임치
인의 보관료 지급의무(제889조)와 유치권(제903조), 임치의 보관(제891조),
특수한 보관조치와 고지 및 그 책임(제893조), 수치인의 자신의 보관의
무의 원칙(제894조)과 배상책임(제899조), 임치인의 임치물의 회수(제899
조)가 그러하다.

## 15. 창고임치계약(제22장)

창고임치계약(倉儲合同)(제904조-제918조)(15개 조)은 임치인이 인도한
것을 창고업자가 보관하고 임치인이 창고임치료를 지급하는 계약을 말
한다(제904조). 창고임치계약은 창고업자와 임치인의 의사표시가 일치된
때에 성립한다(제905조). 창고임치인은 선관주의의무(제892조 제1항, 제
907조)를 부담한다. 이외에 민법전은 임차인과 창고업자의 권리의무에
관한 여러 규정을 두고 있다.

## 16. 위임계약(제23장)

위임계약(委託合同)(제919조-제936조)(18개 조)은 위임인과 수임인의 약
정으로 수임인이 위임인의 사무를 처리하는 계약을 말한다(제919조). 위
임계약이 성립하면 위임인은 보수지급의무 등이 있고 수임인은 위임사
무를 처리할 의무 등이 발생한다.

민법전은 위임인이나 수임인의 권리의무를 자세하게 규정한다. 예를
들어 당사자의 임의해제와 책임(제933조), 복위임(제923조), 공동위임의
연대책임(제932조), 보수지급의무(제928조), 유상위임과 무상위임의 배상
책임(제929조-제930조), 위임계약의 소멸사유(제934조) 등을 규정한다. 이
외에도 수임인의 간접대리(익명대리)(隱名代理)로 인한 위임인에 의한 책
임으로서의 자동개입(제925조)과 위임인의 개입권과 제3자 선택권(제926
조)도 규정한다. 이는 총칙편의 직접대리(현명대리) 외에 영미법 제도를
참조하여 간접대리를 인정한 것이다.76)

## 17. 집합건물 관리계약(제24장)

집합건물 관리계약(物業服務合同)(제938조-제950조)(13개 조)은 집합건
물 위탁관리인(物業服務人)이 집합건물 관리구역 내에서 구분소유자(業
主)를 위하여 건물과 그 부속시설의 유지보수, 환경위생과 관련 질서의
관리유지 등의 집합건물 관리를 제공하고 구분소유자가 집합건물 관리
비를 지급하는 계약을 말한다(제937조). 민법전의 집합건물 관리계약이
라는 전형계약은 사회경제의 발전으로 증가하는 집합건물 관리 분쟁에
대응하기 위하여 계약법에 없는 것을 신설한 것으로 집합건물 관리조례
(物業管理条例)(2003년)와 관련 사법해석을 참조한 것이다.

---

76) 이에 대하여는 崔建远主编, 앞의 책, 458면; 胡东海, "<合同法>第402条(隐名代理)评
    注", 法学家, 제6기(2019년) 등.

이러한 집합건물 관리계약은 서면의 방식을 하여야 하고(제938조 제3
항) 적법하게 체결된 사전 집합건물 관리계약과 통상의 집합건물 관리
계약은 구분소유자에 대하여 법적 구속력이 있다(제939조). 민법전은 집
합건물 위탁관리인의 전담 관리사항의 복위임(转委托)(제941조), 집합건
물 위탁관리인의 의무(제942조-제943조), 집합건물 관리계약의 해제(제946
조, 제948조) 등도 규정한다.

## 18. 위탁매매계약(제25장)

위탁매매계약(行纪合同)(제951조-제960조)(10개 조)은 위탁매매인이 자
기 명의로 위탁인을 위하여 영업활동을 하고 위탁인이 보수를 지급하는
계약을 말한다(제951조). 민법전은 위탁매매인의 위탁사무 처리비용(제
952조), 선량한 관리자의 주의로 하는 보관의무(제953조), 위탁매매인과
제3자의 계약체결에 의한 권리의무(제958조), 위탁매매인이 위탁사무의
완성과 보수 및 유치권(제959조), 위탁인이 지정한 가격(제955조) 등을 규
정한다.

## 19. 중개계약(제26장)

중개계약(中介合同)(제961조-제966조)(6개 조)은 중개인이 위탁인에 대
하여 계약체결의 기회를 보고하거나 계약체결의 매개중개 서비스를 제
공하고 위탁인이 보수를 지급하는 계약을 말한다(제961조). 이는 계약법
의 조문을 기초로 하면서 우회적으로 중개인 없이 하는 직접 중개계약
체결의 금지(跳单)와 위임계약의 준용에 관한 2개의 조문(제965조-제966
조)을 신설하였다. 그 외에 민법전은 중개인의 보고의무와 보수지급 및
중개활동 비용 등에 관한 조문을 규정한다.

## 20. 조합계약(제27장)

조합계약(合伙合同)(제967조-제978조)(12개 조)은 2인 이상의 조합원이 공동의 사업목적을 위하여 이익의 공동보유, 위험의 공동부담을 하는 것으로 체결한 합의(协议)를 말한다(제967조). 조합계약은 계약법에 조합계약의 개념(제430조)만 두던 것을 조합기업법(合伙企业法), 민법통칙의 개인조합과 관련 사법해석 등을 참조하여 장으로 신설한 것이다.77)

조합이 성립되면 조합원은 약정한 출자방법, 액수와 지급기간에 따라 출자의무를 이행하여야 한다(제968조). 민법전은 조합재산과 분할청구(제969조), 조합사무의 집행(제970조), 조합의 이윤분배와 손해부담(제972조), 조합원의 조합채무에 대한 연대책임과 구상(제973조), 기간의 정함이 없는 조합(제976조) 등을 규정한다.

## Ⅲ. 준계약(准合同)(제3분편)

### 1. 준계약 일반

민법전 계약편은 계약의 총칙과 각칙에 이어 준계약(제3분편)을 두고 사무관리와 부당이득을 규정한다. 준계약은 민법전에서 새로 신설한 것이다. 준계약 분편에서는 2개 장 12개 조문을 두고 일반규정(총칙) 없이 사무관리와 부당이득을 각각 독립된 장으로 열거하고 있다. 민법전 이전에는 민법통칙의 민사권리(제5장) 중 채권(제2절)에서 부당이득(제92조)과 사무관리(제93조)를 간단히 규정하였으나 계약법에서는 이에 관하여 규정을 두지 아니하였다. 민법전을 제정하면서 민법전 각칙편에 채권편을 두지 않고 종래의 계약법을 그대로 편입한 계약편을 두는 것으로 하면서 각칙에서의 부당이득과 사무관리의 체계적 위치에 대한 비판이 있

---

77) 이외에 민법전 총칙편에서는 비법인조직으로 조합기업(제102조 제2항)을 예시한다.

없는데 이러한 점을 감안하여 '준계약'으로 분편을 설정하고 이를 규정한 것이다.

## 2. 사무관리(제28장)

사무관리(无因管理)는 사무관리자가 법정의무나 약정의무가 없이 다른 사람의 이익에 대한 손해를 면하기 위하여 그 다른 사람의 사무에 대하여 하는 관리를 말한다(제121조). 사무를 관리하고 그것이 수익자의 진정한 의사에 적합한 경우에는 지출한 필요비의 상환을 청구할 수 있다(제979조 제1항 제1문). 총칙편은 사무관리를 채권발생원인의 하나(민사권리)로 하면서(제118조 제2항) 사무관리에 관한 일반규정으로 요건과 효과를 두었다(제121조). 계약편에서는 사무관리의 요건과 효과(제979조), 사무관리는 아니지만 수익자가 관리에 대한 이익을 가지는 경우의 사무관리(제980조), 관리자의 적절한 관리의무와 계속적 관리의무(제981조), 관리자의 통지의무(제982조), 관리 완료 후 보고와 재산인도의무(제983조), 추인 있는 경우에 위임계약의 규정 적용(제984조)을 각각 규정한다.

## 3. 부당이득(제29장)

부당이득은 이득자가 법률적 근거 없이 타인에게 손실을 가하고 이로 인하여 취득한 부당한 이득을 말한다(제985조 본문). 민법통칙은 1개 조문(제92조)만 두었으나 총칙편에서 이를 채권발생원인의 하나(제118조 제2항)로 하면서 부당이득의 일반규정(제122조)을 둔다. 계약편에서는 부당이득의 요건과 효과 및 그 반환을 청구할 수 없는 경우를 정하고(제985조), 그 효과로 선의(제986조)와 악의(제987조)의 수익자 및 무상양도받은 제3자의 반환(제98조)을 각각 규정한다. 민법전의 조문은 부당이득에 관한 일반규정(제985조) 이외에는 종래 규정이나 사법해석에 없는 것을 신설한 것이다.

부당이득으로 손실을 입은 사람은 이득자에게 취득한 이익의 반환을 청구할 수 있다(제985조 본문). 부당이득자는 이익반환을 청구할 수 있는 것이 원칙이지만 반환을 청구할 수 없는 예외로 도의적 의무의 이행을 위하여 한 급부(제985조 단서 제1호), 채무 이행기 전의 변제(제2호)와 급부의무 없는 것을 명확하게 알고 한 채무변제(비채변제)(제3항)의 3가지를 인정한다. 그러나 불법원인급여는 이를 규정하지는 아니한다.[78]

부당이득의 효과로는 선의의 수익자는 그 이득의 반환의무가 없고(제986조) 악의의 수익자는 이익을 반환하고 손해도 배상하여야 한다(제987조). 이외에 제3자에게 무상으로 양도한 경우의 반환의무(제988조)도 규정한다.

---

[78] 민법전 제정과정에서 신설이 제안되기도 하였으나 최종적으로 이를 두지 않았다. 불법원인급여에서 불법 개념에 강행규정 위반과 선량한 풍속 위반을 모두 포함하는가 후자만 포함하는가 견해가 대립한다. 그 효과도 무효이지만 반환청구는 할 수 없다고 하는 것이 다수설이지만 쌍방 과실이나 일방 과실의 경우를 나누어 고찰해야 한다는 견해도 있다. 그외에 반환청구할 수 없는 경우에 다시 상대방이나 국가에 귀속하는가 등 여러 논의가 있다. 이에 대하여는 崔建远, 陈进, 『債法总论』, 法律出版社(2021), 346면; 崔建远, "不当得利规则的细化及其解释", 現代法学, 제3기(2020년); 판례의 태도는 우선 高凡, "论不法原因给付的返还规则-以92个案例的实证研究为切入点", 西南政法大学学报, 제24권 제1기(2022.2). 49면 이하 등.

제5절

# 인격권(제4편)

## Ⅰ. 인격권편 일반

인격권편(제4편)은 인격권의 보유와 보호로 발생된 민사관계를 규율한다(제989조). 인격권편은 그 편별체계가 6개 장 61개 조(제989조-제1039조)로 되어 있다. 각각의 장은 인격권 총칙에 해당하는 일반규정(제1장)과 인격권 각칙에 해당하는 개별적인 인격권으로 생명권, 신체권과 건강권(제2장), 성명권과 명칭권(제3장), 초상권(제4장), 명예권과 영예권(제5장) 및 사생활권과 개인정보보호(제6장)이다.

이러한 인격권편(제4편)의 편별구성은 다음과 같다.

| 목차 | 目录 | 조문수 | |
|---|---|---|---|
| 제4편 인격권 | 第四编 人格权 | 제989조-제1039조 | 61개 |
| 제1장 일반규정 | 第一章 一般规定 | 제989조-제1001조 | 13개 |
| 제2장 생명권, 신체권과 건강권 | 第二章 生命权, 身体权和健康权 | 제1002조-제1011조 | 10개 |
| 제3장 성명권과 명칭권 | 第三章 姓名权和名称权 | 제1012조-제1017조 | 6개 |
| 제4장 초상권 | 第四章 肖像权 | 제1018조-제1023조 | 6개 |
| 제5장 명예권과 영예권 | 第五章 名誉权和荣誉权 | 제1024조-제1031조 | 8개 |

| 제6장 사생활권과<br>개인정보보호 | 第六章<br>隐私权和个人信息保护 | 제1032조-제1039조 | 8개 |
|---|---|---|---|

민법전 인격권(제4편)은 종래 민법통칙이 민사권리(제5장) 중 인신권 (人身权)(제4절)(제98조-제105조)에서 인격권의 종류만 신분권과 함께 몇 개를 열거하던 것에 그쳤던 것을 민법전에서는 이를 독립된 편으로 하고 인신권에서 같이 다루던 신분권과도 독립적으로 하여 신설한 것이다.

민법전 제정과정에서 민법전의 편별체계와 관련하여 가장 논쟁이 격렬하였던 것이 인격권편의 독립된 편구성이었다. 입법자는 인격권을 독립된 편으로 하였고 이러한 편별 체계는 다른 입법례에서는 거의 찾아볼 수 없는 중국 민법전의 특징 중 하나이다. 인격권편에서는 구체적 인격권의 열거와 함께 일반적 인격권으로서 지위도 인정하여 그에 대한 개념과 구체적인 규율(권리의 내용과 권리의 보호)도 일반규정(제1절)에서 규정하여 체계와 내용에서 만전을 기하고 있다.

## II. 일반규정(제1장)

민사주체의 인격권으로는 구체적으로 자연인에게는 생명권, 신체권, 건강권, 성명권, 명칭권, 초상권, 명예권, 영예권, 사생활권 등이 있고(제990조 제1항) 법인이나 비법인조직에게는 명칭권, 명예권과 영예권을 인정된다. 이러한 민사주체의 인격권은 법적으로 보호되고 어떤 조직이나 개인도 이를 침해할 수 없다(제991조). 또한 인격권은 포기, 양도 또는 상속될 수 없다(제992조). 그러나 민사주체는 자기의 성명, 명칭, 초상 등을 법률규정이나 그 성질에 의하여 할 수 없는 경우를 제외하고는 다른 사람의 사용을 허락할 수 있다(제993조).

민법전은 일반규정(제989조-제1001조)(13개 조)에서 인격권편의 규율 대상(제989조), 구체적 인격권과 일반적 인격권(제990조), 인격권의 법적

보호(제991조), 인격권의 포기, 양도나 상속의 제한(제992조), 인격권의
허락사용(제993조), 사자(死者)의 인격적 이익보호(제994조), 인격권의 침
해에서 일반적 보호의 원칙과 인격권에 의한 청구권(人格的請求权)의 소
멸시효(제995조), 책임경합에서 계약위반의 정신적 손해배상책임(제996
조), 인격권침해에 대한 법원의 금지명령(제997조), 인격권 침해로 인한
민사책임의 인정에 대한 참고요소(제998조), 신문보도, 여론감독의 합리
적 사용(제999조), 인격권 침해의 민사책임 중 결과제거, 명예회복, 사죄
표시 등 비재산적 민사책임(제1000조), 혼인가족관계 중 신분권의 보호
에 대한 인격권 보호 규정의 적용(제1001조)을 각각 규정한다.

## Ⅲ. 생명권, 신체권과 건강권(제2장)

　자연인은 생명권, 신체권과 건강권을 가진다. 생명의 안전과 생명의
존엄은 법이 보호하고 누구도 다른 사람의 생명권을 침해하지 못한다
(제1002조). 또한 그 신체의 완전성과 행동의 자유는 법이 보호하고 누구
도 다른 사람의 신체권을 침해하지 못한다(제1003조). 아울러 그 심신의
건강은 법이 보호하고 누구도 그 건강권을 침해하지 못한다(제1004조).
　인격권편은 생명권, 신체권과 건강권(제1002조-제1011조)(10개 조)에서
자연인의 생명권(제1002조), 자연인의 신체권의 보호(제1003조), 자연인의
건강권(제1004조), 법정 구조의무(제1005조), 인체기증(제1006조), 인체세
포, 인체조직, 인체장기, 사체의 매매의 금지(제1007조), 인체의 임상실험
(제1008조), 인체 유전자, 인체 배아 등 의학과 과학 연구활동(제1009조)
및 특히 최근 문제가 많이 늘고 있는 성희롱(性骚扰)의 금지(제1010조)를
각각 규정한다.

## Ⅳ. 성명권과 명칭권(제3장)

자연인은 성명권을 가지고 자기의 성명을 결정, 사용, 변경 또는 다른 사람의 사용을 허락할 수 있다(제1012조). 법인이나 비법인조직은 명칭권을 가지고 자기의 명칭을 결정, 사용, 변경, 양도하거나 다른 사람의 사용을 허락할 수 있다(제1013조).

인격권편은 성명권과 명칭권(제1012조-제1017조)(6개 조)에서 자연인의 성명권(제1012조), 법인, 비법인조직의 명칭권(제1013조), 성명권이나 명칭권의 침해금지(제1014조), 자연인의 성명의 취득과 선택권(제1015조), 자연인의 성명의 결정, 변경과 법인, 비법인조직의 명칭의 결정, 변경, 양도(제1016조) 및 사회의 지명도가 있는 필명, 예명, 인터넷명, 역자명, 가게명, 성명과 명칭의 약칭 등의 보호(제1017조)를 각각 규정한다.

## Ⅴ. 초상권(제4장)

자연인은 초상권을 가지고 자기의 초상의 제작, 사용, 공개 또는 다른 사람의 사용을 허락할 수 있다(제1018조). 인격권편은 초상권(제1018조-제1023조)(6개 조)에서 초상권의 내용(제1018조), 초상권의 보호(제1019조), 초상권의 합리적 사용(제1020조), 초상의 사용허락계약의 해석방법(제1022조), 초상의 사용허락계약의 해제(제1023조), 성명의 사용허락과 음성보호(제1023조)를 각각 규정한다.

## Ⅵ. 명예권과 영예권(제5장)

민사주체는 명예권이 있고 누구도 모욕, 비방 등의 방법으로 다른 사람의 명예권을 침해할 수 없다(제1024조 제1항). 인격권편은 명예권과 영예권(제1024조-제1031조)에서 명예권에 대한 일반규정과 명예의 개념

(제1024조), 신문보도, 여론감독의 명예침해와 민사책임(제1025조), 신문
보도 등의 주체의 합리적 사실확인의무(제1026조), 문학, 예술작품의 명
예권 침해(제1027조), 사실과 다른 매체보도내용에 의한 명예권의 침해
에 대한 보충구제조치(제1028조), 부당한 신용평가에 대한 구제조치(제
1029조), 신용정보의 법적 보호(제1030조) 및 민사주체의 영예권(제1031
조)을 각각 규정한다.

## Ⅶ. 사생활권과 개인정보 보호(제6장)

자연인은 사생활권(隐私权)이 있고 어느 조직이나 개인도 불법정탐,
침탈, 교란, 누설, 공개 등의 방법으로 다른 사람의 사생활을 침해할 수
없다(제1032조). 인격권편은 사생활권과 개인정보 보호(제1032조-제1039
조)에서 자연인의 사생활권의 보호(제1032조), 사생활권 침해행위의 주요
한 유형(제1033조), 자연인의 개인정보 보호(제1034조), 개인정보 처리의
원칙과 개인정보 처리의 내용과 범위(제1035조), 자연인의 개인정보 처
리의 면책사유(제1036조), 개인의 그 정보에 대한 열람, 복제권과 정정,
삭제권(제1037조), 정보처리자의 의무(제1038조), 국가기관과 그 공무원의
개인정보의 비밀유지의무(제1039조)를 각각 규정한다.

제6절

# 혼인가족(제5편)

## Ⅰ. 혼인가족편 일반

민법전 혼인가족편(제5편)은 혼인가족으로 인하여 발생된 민사관계를 규율한다(제1040조). 혼인가족편(제5편)은 5개 장 179개 조(제1040조-제1118조)로 되어 있다. 각각의 장은 일반규정(제1장), 혼인(제2장), 가족관계(제3장), 이혼(제4장)과 입양(제5장)이다. 이 중 가족관계(제3장)는 다시 부부관계(제1절)와 부모자녀관계와 그 밖의 근친관계(제2절)의 2개 절로 되어 있다. 입양(제5장)도 입양관계의 성립(제1절), 입양의 효력(제2절), 파양(제3절)의 3개 절로 하고 있다.

이러한 혼인가족편의 편별체계는 다음과 같다.

| 목차 | 目录 | 조문수 | |
|---|---|---|---|
| 제5편 혼인가족 | 第五编 婚姻家庭 | 제1040조-제1118조 | 179개 |
| 제1장 일반규정 | 第一章 一般規定 | 제1040조-제1045조 | 16개 |
| 제2장 혼인 | 第二章 结婚 | 제1046조-제1054조 | 9개 |
| 제3장 가족관계 | 第三章 家庭关系 | 제1055조-제1075조 | 21개 |
| 제1절 부부관계 | 第一节 夫妻关系 | 제1055조-제1066조 | 12개 |
| 제2절 부모자녀관계와 그 밖의 근친관계 | 第二节 父母子女关系和其他近亲属关系 | 제1067조-제1075조 | 9개 |

| 제4장 이혼 | 第四章 离婚 | 제1076조-제1092조 | 17개 |
| 제5장 입양 | 第五章 收养 | 제1093조-제1118조 | 26개 |
| 제1절 입양관계의 성립 | 第一节 收养关系的成立 | 제1093조-제1110조 | 18개 |
| 제2절 입양의 효력 | 第二节 收养的效力 | 제1111조-제1113조 | 3개 |
| 제3절 파양 | 第三节 收养关系的解除 | 제1114조-제1118조 | 5개 |

민법전 혼인가족편(제5편)의 장절체계와 조문순서 및 조문내용은 체계상으로 혼인법과 입양법을 통합한 것이다. 우선 종래의 혼인 관련 민사단행법인 혼인법(中华人民共和国婚姻法)(1980년 제정, 2001년 개정)의 것을 기초로 하여 혼인가족편으로 편입하면서 장의 제목을 수정하고 일부 조문을 신설, 삭제 또는 수정하였다. 다음으로 종래의 입양 관련 민사단행법인 입양법(中华人民共和国收养法)(1991년 제정, 1998년 개정)을 혼인가족편으로 편입하여 하나의 장으로 한 것이다. 구체적으로 혼인법에서 원칙(제1장)으로 하던 것을 민법전은 일반규정(제1장)으로 하고, 혼인법에서 부부 사이의 권리와 의무(제3장)로 하던 것을 민법전은 가족관계(제3장)로 하면서 이를 다시 부부관계(제1절)와 부모자녀관계와 그 밖의 근친관계(제2절)의 2개 절로 신설하였다. 그 외에 혼인법의 구조조치와 법적 책임(제5장)과 부칙(제6장)은 필요한 경우에는 혼인가족편의 다른 장에 추가하면서 이를 삭제하였다.79)

혼인가족편에 대하여는 민법전 제정 후 사법해석(2020년)이 새로 제정되어 시행되고 있다.

79) 민법전 이전의 혼인법에 관한 종래의 국내 선행연구로는 김지수, 『중국의 혼인법과 계승법』, 전남대학교 출판부(2003.12) 등.

## Ⅱ. 일반규정(제1장)

혼인가족편의 일반규정(제1040조-제1045조)(16개 조)은 혼인가족편의
규율대상(제1040조), 혼인가족의 기본원칙(제1041조), 혼인가족편의 금지
행위(제1042조), 혼인가족 중 도덕에 의한 규율에 관한 규정의 선언규정
의 성질부여(제1043조), 입양의 기본원칙(제1044조), 친족과 근친 및 가족
의 범위(제1045조)를 각각 규정한다.

혼인가족의 기본원칙으로는 혼인의 자유, 1부1처, 남녀평등과 여성,
아동과 노인의 적법한 권익의 보호를 규정하고(제1041조) 혼인가족은 도
덕에 의하여 규율된다는 선언규정(倡导性規定)(제1043조)도 규정한다. 또
한 입양의 기본원칙(제1044조)으로 입양은 피입양자에게 가장 유리한 것
으로 한다는 원칙에 따라야 하고 피입양자와 입양자의 적법한 권익을
보장하여야 한다고 규정한다.

이외에도 친족과 근친 및 가족의 범위(제1045조)를 각각 명시한다.
우선 친족은 배우자, 혈족과 인척을 포함한다. 다음으로 근친은 배우자,
부모, 자녀, 형제자매, 조부모, 외조부모, 손자 손녀, 외손자 외손녀를 말
한다. 마지막으로 가족은 배우자, 부모, 자녀와 그밖의 공동생활하는 근
친으로 한다.

## Ⅲ. 혼인(제2장)

혼인은 남녀 쌍방이 서로 배우자가 되는 결합(계약)으로 국가가 이를
확인하는 것이다. 민법전의 혼인(제1046조-제1054조)(9개 조)은 혼인의 요
건으로 의사자치(제1046조), 혼인연령(제1047조), 혼인금지(제1048조), 혼
인등기(제1049조), 혼인 후 가족(제1050조), 혼인 무효(제1051조), 혼인 취
소(제1052조), 부부 일방이 앓고 있는 중대한 질병의 혼전고지의무(제
1053조), 혼인무효 또는 취소의 효과(제1054조)를 각각 규정한다.

혼인이 성립하기 위한 실질적 요건으로는 우선 혼인은 남녀 쌍방이 완전히 자원하여 하여야 하고 어느 일방이 상대방에게 강박하거나 어느 조직, 개인이 간섭하는 것은 금지한다(제1046조). 다음으로 법정 혼인연령은 남자는 22세 미만이 될 수 없고 여자는 20세 미만이 될 수 없다(제1047조). 또한 직계혈족이나 3대 이내의 방계혈족은 혼인이 금지된다(제1048조). 또한 혼인의 형식적 요건으로 혼인등기가 있어야 한다(제1049조).

다음으로 혼인의 무효(제1051조)와 관련하여 중혼, 혼인이 금지된 친족관계가 있는 경우, 혼인연령의 미도달이 있는 경우에 이를 무효로 한다. 혼인의 취소와 관련하여 우선 강박[80]으로 인하여 혼인한 경우(제1052조)에는 강박을 당한 당사자 일방은 혼인등기기관이나 법원에 해당 혼인의 취소를 청구할 수 있다. 다음으로 일방이 중대한 질병을 가지고 있는 경우(제1053조)에는 혼인등기 전에 사실대로 상대방에게 고지하여야 하고 이를 사실대로 고지하지 않은 경우에 상대방이 혼인등기기관이나 법원에 혼인의 취소를 청구할 수 있다. 또한 혼인의 무효 또는 취소의 효과는 소급효(제1054조)를 규정한다.

## Ⅳ. 가족관계(제3장)

혼인가족편의 가족관계(家庭关系)(제1055조-제1075조)(21개 조)는 이를 부부관계(제1절)과 부모자녀관계와 그 밖의 근친관계(제2절)로 나누어 규정한다.

부부관계(제1절)(제1055조-제1066조)(12개 조)에 대하여 부부의 혼인가족관계 중 법적 지위 평등(제1055조), 부부의 성명권 평등(제1056조), 부부 각자의 인신의 자유(제1057조), 미성년자녀의 부양, 교육과 보호에서

---

80) 사기에 의한 혼인을 취소사유로 명시하지 아니한다. 실무에서는 이를 혼인등기기관에 대한 등기취소(행정소송), 이혼(민사소송) 등의 다양한 방법으로 처리한다.

의 부부 평등(제1058조), 부부 상호의 부양의무(제1059조), 부부 사이의 일상가사대리(제1060조), 부부 상호의 상속재산의 상속권(제1061조), 부부의 공동재산(제1062조), 부부 개인재산(별산)제(제1063조), 부부의 공동채무(제1064조), 부부의 약정재산제(제1065조), 혼인관계 존속기간의 부부의 공동재산 분할(제1066조)을 각각 규정한다.

다음으로 가족관계 중 부모자녀관계와 그 밖의 근친관계(제2절)에 대하여 부모의 자녀에 대한 부양의무와 자녀의 부모에 대한 부양의무(제1067조), 부모의 미성년자녀의 교육, 보호의 권리와 의무(제1068조), 자녀의 부모의 혼인권의 존중의무(제1069조), 부모와 자녀 상호간의 상속권(제1070조), 혼외자의 법적 지위(제1071조), 계부모와 계자녀 사이의 권리자의무(제1072조), 친자관계 이의의 소와 확인의 소(제1073조), 조부모와 손자녀 사이의 자녀부양의무, 부모부양의무(제1074조) 및 형제자매 사이의 부양의무(제1075조)를 각각 규정한다.

## V. 이혼(제4장)

민법전 혼인가족편(제5편)은 이혼(제1076조-제1092조)(17개 조)에서 이혼등기의 절차와 요건(제1076조), 이혼숙려기간(离婚冷静期)(제1077조), 이혼등기의 심사와 등기(제1078조), 재판 외 이혼의 조정과 재판상 이혼(제1079조), 혼인관계의 해소시기(제1080조), 현역군인의 배우자의 이혼청구권의 제한(제1081조), 남자의 이혼청구권 행사기간의 제한(제1082조), 이혼 후 남녀쌍방이 자원한 혼인관계의 회복으로 인한 혼인등기의 절차(제1083조), 이혼 후 부모자녀관계, 부모의 자녀에 대한 권리의무와 자녀부양권(제1084조), 부부 쌍방의 이혼 후 자녀부양비용(제1085조), 부부 쌍방 이혼의 자녀 면접교섭권(제1086조), 부부 이혼 후 부부 공동재산의 처리(제1087조), 가사노동(제1088조), 이혼 후 원래의 혼인관계 존속기간에 형성된 부부공동채무(제1089조), 이혼할 때의 경제적 도움(제1090조), 이

혼으로 인한 손해배상청구권(제1091조), 부부 일방의 부부 공동재산의
은닉 등이나 위조로 상대방의 재산의 횡령시도를 한 경우에 부부 공동
재산처리와 이혼 후 구제(제1092조)를 각각 규정한다.

## Ⅵ. 입양(제5장)

민법전 혼인가족편의 입양(제5장)(제1093조-제1118조)(26개 조)은 입양
관계의 성립(제1절), 입양의 효력(제2절)과 파양(제3절)로 나누어 규정한
다. 종래에는 입양법(1998년)에서 규정하였다.

입양관계의 성립(제1절)(제1093조-제1110조)(18개 조)에서는 양자의 대
상(제1093조), 입양을 보내는 사람(送养人)(제1094조), 부모의 미성년자에
대한 중대한 위해의 경우 후견인의 입양동의(제1095조), 고아에 대한 후
견인의 동의(제1096조), 생부모의 공동입양동의(제1097조), 양자요건(제
1098조), 친족 사이의 입양(제1099조), 입양할 수 있는 자녀의 수(제1100
조), 부부의 공동입양(제1101조), 다른 성별의 입양(제1102조), 계부모의
계자녀의 입양(제1103조), 자기의사에 의한 입양의 원칙(제1104조), 입양
절차(제1105조), 양자의 호적등록(제1106조), 생부모의 친족, 친구의 부양
(제1107조), 우선부양권(제1108조), 외국인의 중국에서 하는 입양(제1109
조) 및 입양의 비밀유지(제1110조)를 규정한다.

다음으로 입양의 효력(제2절)(제1111조-제1113조)(3개 조)에서는 입양의
기본적 효력(제1111조), 양자의 성명(제1112조)과 입양의 무효(제1113조)
를 각각 규정한다.

마지막으로 파양(收养关系的解除)(제3절)(제1114조-제1118조)(5개 조)에
서는 양자의 성년 전 파양(제1114조), 양자의 성년 후 파양(제1115조), 파
양등기(제1116조), 파양의 신분적 효과(제1117조) 및 파양의 재산적 효과
(제1118조)를 각각 규정한다.

# 상속(제6편)

## Ⅰ. 상속편 일반

민법전 상속편(제6편)은 상속으로 인하여 발생된 민사관계를 규율한다(제1119조). 상속편(제6편)은 4개 장 57개 조(제1119조-제1163조)로 되어 있다. 각각의 장은 일반규정(제1장), 법정상속(제2장), 유언상속과 유증(제3장) 및 상속재산의 처리(제4장)이다.

이러한 상속편의 편별체계는 다음과 같다.

| 목차 | 目录 | 조문수 | |
|---|---|---|---|
| 제6편 상속 | 第六編 继承 | 제1119조-제1163조(45개) | |
| 제1장 일반규정 | 第一章 一般规定 | 제1119조-제1125조 | 7개 |
| 제2장 법정상속 | 第二章 法定继承 | 제1126조-제1132조 | 7개 |
| 제3장 유언상속과 유증 | 第三章 遗嘱继承和遗赠 | 제1133조-제1144조 | 12개 |
| 제4장 상속재산의 처리 | 第四章 遗产的处理 | 제1145조-제1163조 | 19개 |

민법전 상속편(제6편)의 장의 체계와 조문순서는 종래의 민사단행법인 상속법(中华人民共和国继承法)(1985년)(5장 37개 조)의 것을 따르면서 부칙(제5장)을 삭제하고 나머지 장(제1장-제4장)의 장의 제목을 다른 편의

용어례에 맞추어 수정한 것이다. 조문내용은 상속법 이후에 나온 상속법에 관한 사법해석 등을 반영하여 일부 내용을 신설, 삭제 또는 수정된 것이다. 민법전 상속편은 다른 편에 비하여 조문도 많지 아니하고 그 변동, 특히 신설된 조문은 많지 아니하다.[81]

민법전 제정과 함께 상속편에 대한 새로운 사법해석(2020년)이 제정되어 시행되고 있다.

## Ⅱ. 일반규정(제1장)

상속편의 일반규정(제1장)(제1119조-제1125조)(7개 조)은 상속편의 규율범위(제1119조), 상속편의 입법목적(제1120조), 상속개시(제1121조), 상속재산의 범위(제1122조), 상속방법과 그 상호관계(제1123조), 상속, 유증의 승인이나 포기(제1124조), 상속권의 상실(제1125조)을 각각 규정한다.

상속에 적용되는 기본원칙으로는 자연인의 상속권 보호의 원칙(제124조, 제1120조), 상속권 평등의 원칙(제1126조, 제1129조, 제1130조, 제1071조 제1항), 양로양육 상호부조의 원칙(제1125조, 제1128조, 제1129조, 제1130조, 제1131조, 제1141조, 제1158조), 권리의무 상호 일치의 원칙, 유언자유의 원칙(제1133조) 등이 인정된다.[82]

다음으로 상속시기와 관련하여 상속은 피상속인이 사망한 때에 개시된다(제1121소 제1항). 이어서 상속재산의 범위(제1122조)와 관련하여 상속재산은 자연인이 사망할 때에 남긴 개인재산으로 한다. 또한 상속방법(제1123조)으로는 법정상속, 유언상속이나 유증 등이 있다.

이어서 상속, 유증의 승인이나 포기(제1124조)와 관련하여, 상속개시

81) 민법전 이전의 상속법에 관한 종래의 국내 선행연구로는 오용규, 『한국과 중국의 상속법 비교연구』, 민속원(2019.2); 김지수, 앞의 책, 전남대학교 출판부(2003.12) 등.

82) 예를 들어 杨立新, 앞의 책, 190면; 房绍坤, 范李瑛, 张洪波编, 『婚姻家庭継承法』(第7版), 中国人民大学出版社(2021.5), 158면 이하; 夏吟兰主编, 『婚姻家庭継承法』(第3版), 中国政法大学出版社(2021), 228면 이하 등.

후 상속인이 상속을 포기한 경우에는 상속재산의 처리 전에 서면의 방식으로 상속포기의 의사표시를 하여야 한다. 상속의 승인은 한정승인(限定承认)과 단순승인(单純承认)으로 나누어 볼 수 있는데 중국에서는 규정은 없지만 상속인은 유한책임을 부담하므로 한정상속을 원칙으로 하며 (제1161조) 단순승인은 인정되지 아니한다.[83] 상속인이 상속을 포기한 경우에는 피상속인이 법에 의하여 납부하여야 할 조세공과와 채무에 대하여 변제책임을 부담하지 않을 수 있다(제1161조 제2항). 또한 상속인은 고의로 한 피상속인의 살해, 상속재산의 탈취를 위하여 한 그 밖의 상속인의 살해, 피상속인을 유기하거나 피상속인을 학대한 중대한 사정, 유언을 위조, 변조, 은닉하거나 훼손하고 사정이 중대, 사기, 강박수단으로 피상속인의 유언의 작성(设立), 변경 또는 철회를 강제(迫使)하거나 방해하는 중대한 사정이 있는 행위를 한 경우에 그 상속권이 상실된다(제1125조). 그러나 상속인이 이러한 사정 중에서 유기나 학대, 위조나 변조 등, 사기나 강박 등의 중대한 사정이 있는 행위를 하였으나 확실하게 반성의 표시가 있고, 피상속인이 용서(宽宥)를 표시하거나 사후에 유언에 그를 상속인으로 열거한 경우에는 해당 상속인은 상실한 상속권을 회복한다. 또한 상속권이 침해된 경우에 진정한 상속권자가 법원에 소송을 통하여 보호를 청구하여 자기의 상속재산에 대한 권리를 회복할 수 있는 상속(권) 회복청구권(继承[权]恢复请求权, 继承回复请求权)에 대하여 이를 규정하지 아니한다. 상속법(제8조)은 상속권 분쟁에 대한 소멸시효규정을 두었으나 민법전은 규정이 없다.[84]

---

83) 이러한 점은 杨立新, 앞의 책, 211면 참조.

84) 상속법 제8조 상속권 분쟁의 소제기기간은 2년으로 하고 상속인이 그 권리가 침해된 것을 알았거나 알 수 있었던 날로부터 계산한다. 그러나 상속개시한 날로부터 20년을 넘은 경우에는 소송을 제기할 수 없다. 상속편에서는 이 규정을 삭제하였고 총칙에도 특별규정을 두지 아니하고 이 경우 시효는 총칙편의 시효(제188조)(3년)가 적용된다. 문제는 이 삭제로 상속회복청구권에 대한 규정 자체가 없어져 버렸고, 학설은 이에 대한 신설을 주장하기도 한다. 房绍坤, "继承制度的立法完善-以《民法典继承编草案》

## Ⅲ. 법정상속(제2장)

　　민법전의 법정상속(제2장)(제1126조-제1132조)(7개 조)은 상속권의 남녀
평등의 원칙(제1126조), 법정상속의 기본내용과 상속순위(제1127조), 대습
상속(제1128조), 남편을 잃은 며느리와 처를 잃은 사위의 시부모, 장인장
모에 대한 상속권의 특별규정(제1129조), 법정상속인 사이의 상속재산에
대한 상속분(応継分额)의 분배원칙(제1130조), 상속인 이외의 사람의 상속
재산의 분급(酌情分得)(제1131조) 및 상속재산액의 확정원칙과 절차(제
1132조)를 각각 규정한다.

　　상속인의 상속분과 상속순위와 관련하여 상속권은 남녀가 평등하다
(제1126조). 법정상속인 사이의 상속재산에 대한 상속분은 평등하다(균분
상속)(제1130조). 법정상속인의 상속순위(제1127조)는 근친 중 배우자, 자
녀, 부모를 1순위로 하고, 형제자매, 조부모, 외조부모를 제2순위로 하여
상속된다. 이러한 상속할 사람이 없거나 유증을 받을 사람이 없는 상속
재산(제1160조)은 국가소유로 귀속되고 공익사업에 사용된다.

　　또한 피상속인의 자녀가 피상속인보다 먼저 사망한 경우에는 피상
속인의 자녀의 직계혈족비속이 대습상속(代位继承)한다(제1128조). 이외
에 상속인 이외에 피상속인에 의거하여 부양된 사람 또는 상속인 이외
에 피상속인에 대하여 상대적으로 부양이 많은 사람에 대하여는 사정을
감안하여 상속재산을 분급(酌情分得)할 수 있다(제1131조).

## Ⅳ. 유언상속과 유증(제3장)

　　민법전의 유언상속과 유증(제1133조-제1144조)(12개 조)은 일반규정(제
1133조), 자필유언(제1134조), 대필증서유언(제1135조), 출력유언(제1136조),

---

　　为分析对象", 东方法学, 제6기(2019년), 7면 이하; 王利明, "继承法修改的若干问题",
社会科学战线, 제7기(2013년), 176면.

녹음녹화유언(제1137조), 구두유언(제1138조), 공증증서유언(제1139조), 유언의 증인의 자격의 제한(제1140조), 필수유류분(必留分)(제1141조), 유언의 철회, 변경과 유언의 효력순위(제1142조), 유언의 실질적 요건(제1143조) 및 부담부 유증(제1144조)을 각각 규정한다. 민법전은 유언의 방식으로 출력유언(打印遺囑)(제1136조)을 신설하였다.

자연인은 법에 의하여 유언신탁(遺嘱信托)을 설정할 수도 있다(제1133조 제4항). 유언신탁은 유언을 통하여 설정된 신탁으로 신탁법(2002년)에 있던 것을 민법전이 이를 신설한 것이다. 또한 부담부증여를 할 수도 있다(제1144조). 이외에 유언상속과 관련하여 규정은 없으나 후순위상속(后位继承)이나 보충대위상속(替补继承)이 논의되기도 한다.[85] 후순위상속은 유언에서 정한 조건이 성취되거나 기한이 도래하면 유언상속인이 상속한 재산이 다시 그밖의 상속인에게 상속되는 것을 말한다. 보충대위상속은 유언상속에서 유언자가 미리 지정한 상속인이 상속포기, 상속권 상실이나 유언자보다 먼저 사망한 때에 그 상속되어야 할 상속재산의 이익을 다른 사람에게 상속하는 유언상속을 말한다.

유언의 방식은 유언자가 자기가 그 재산을 처분한다는 의사를 표시하는 방식을 말한다. 중국 민법전은 유언의 방식으로 자필증서유언(제1134조), 대필증서유언(제1135조), 출력유언(제1136조), 녹음녹화유언(제1137조), 구두유언(제1138조)과 공정증서유언(제1139조)의 6가지를 인정한다. 특히 출력유언은 민법전이 신설한 방식으로 2인 이상의 증인의 현장증언이 있어야 하고, 유언자와 증인은 유언의 각 장마다 서명하고 연월일을 기재하여야 한다.

이외에 유언에는 노동능력이 없거나 생활할 자력이 없는 상속인에 대하여 필요한 재산상속분인 필수유류분(必留份)을 유보하여야 한다(제1141조). 필수유류분이 유언자의 유언의 자유를 제한하고 노동능력이 없

---

85) 이에 대하여는 杨立新, 앞의 책, 265면 이하.

거나 생활자력이 없는 상속인의 권익을 보호하지는 하지만 그 주체로 정한 범위가 과도하게 협소하고 그 규정이 명백하지 아니하여 실무에서 실제 운용하기에 쉽지 아니한 단점이 있다. 학설은 유류분(特留份)의 도입을 주장하기도 한다.[86]

　민법전은 유언과 관련하여 유언적격(제1140조), 유언의 무효(제1143조) 및 유언의 변경과 취소(제1142조)도 규정한다.

## Ⅴ. 상속재산의 처리(제4장)

　상속은 피상속인이 사망한 때 개시된다(제1151조). 민법전은 상속재산의 처리(제1145조-제1163조)(19개 조)에 관하여 상속재산관리인의 확정(제1145조), 상속재산관리인의 분쟁해결의 절차(제1146조), 상속재산관리인의 직무(제1147조), 상속재산관리인의 직무불이행으로 인한 민사책임(제1148조), 상속재산관리인의 보수(제1149조), 상속개시 후의 통지(제1150조), 선량한 관리자의 주의의무에 의한 상속재산의 보관(제1151조), 상속재산의 상속인에 대한 전환상속(转继承)(제1152조), 부부의 공유재산, 가족의 공유재산의 분할(제1153조), 법정상속의 적용범위(제1154조), 상속재산 분할과 태아의 상속분(제1155조), 상속재산 분할의 원칙과 방법(제1156조), 재혼의 경우 상속된 상속재산의 처분권(제1157조), 유증부양협의(세1158조), 상속재산의 상속 중 채무변제(제1159조), 상속인이 없는 상속재산의 국유(제1160조), 한정상속의 원칙과 그 예외(제1161조), 유증과 채무변제의 순서(제1162조), 여러 상속방식과 상속재산의 채무변제 순위(제1163조)를 각각 규정한다. 상속편 중에서 가장 신설이 많은 부분이다.

　우선 상속개시 후 피상속인의 사망을 안 상속인은 적시에 그 밖의 상속인과 유언집행자에게 통지하여야 한다(제1150조). 상속개시 후 유언

---

86) 예를 들어 杨立新, 앞의 책, 274면.

집행자가 상속재산 관리인이 된다(제1145조). 다음으로 공동상속인 사이
에서 각각의 상속인이 그 상속분에 따라 상속재산을 분배하여 그 상속
재산의 공동소유를 소멸하게 하는 상속재산의 분할을 하는데 이에는 상
속재산 분할의 자유, 상호 양보와 협의분할(제1132조), 상속재산의 효용
의 침해금지(제1156조 제1항) 등의 원칙이 적용된다. 이외에 상속재산을
분할할 때에 태아의 상속분을 유보하여야 한다(제1155조).

특수한 상속으로는 이전성속과 유증부양합의가 있다.

우선 상속인에 대한 상속재산의 이전상속(转继承)(제1152조)은 상속개
시 후 상속인이 상속재산 분할 전 사망하거나 상속포기가 없는 경우에
유언에 다른 정함이 없으면, 그 상속인은 상속할 상속재산을 자기 상속
인에게 이전하여야 한다. 이 경우에는 상속인이 사망하더라도 그 상속
분은 피상속인의 다른 상속인이 아니라 자기의 상속인에게 귀속한다.
이는 상속인이 피상속인보다 먼저 사망한 경우에 인정되는 대습상속(代
位继承)(제1128조)과 구별된다. 다음으로 자연인은 상속인 이외의 조직이
나 개인과 유증부양의 합의(遗赠抚养协议)를 체결할 수 있다(제1158조 제1
문). 이는 자연인과 부양자 사이에 부양자가 피부양자를 부양하고 피부
양자가 재산을 부양자에게 유증하는 협의를 말한다. 이는 상속법(제31
조)의 독창적인 제도로서 사회보장이 부족한 중국이 노인부양을 자기
재산으로 해결하기 위한 제도이다.

제8절

# 불법행위책임(제7편)

## Ⅰ. 불법행위책임편 일반

　민법전 불법행위책임편(제7편)은 민사권익의 침해로 발생된 민사관계를 규율한다(제1164조). 불법행위책임편(제7편)은 10개 장 95개 조(제1164조-제1258조)로 되어 있다. 불법행위책임편은 불법행위책임의 일반규정(제1장)에 이어 불법행위책임과 관련된 손해배상(제2장)을 규정하고 이어서 특수한 불법행위책임으로 13가지 유형을 규정한다(제3장 내지 제10장). 이는 다시 책임주체가 특수한 것(제3장)으로 후견인책임, 사용자책임, 네트워크 불법행위책임, 학생의 학교사고책임 등 6가지를 규정한다. 마지막으로 그 외의 특수한 불법행위 유형으로 제조물책임(제4장), 자동차 교통사고 책임(제5장), 의료손해 책임(제6장), 환경오염 및 생태환경 파괴책임(제7장), 고위험책임(제8장), 사육동물로 손해책임(제9장), 건축물과 물건 손해 책임(제10장)의 7가지를 규정한다.

　이러한 불법행위책임편의 편별구성은 다음과 같다.

| 목차 | 目录 | 조문수 | |
|---|---|---|---|
| 제6편 불법행위책임 | 第六編 侵权责任 | 제1164조-제1258조(95개) | |
| 제1장 일반규정 | 第一章 一般規定 | 제1164조-제1178조 | 15개 |
| 제2장 손해배상 | 第二章 損害賠償 | 제1179조-제1187조 | 9개 |

| 제3장 책임주체의 특별규정 | 第三章 责任主体的特殊规定 | 제1188조-제1201조 | 14개 |
|---|---|---|---|
| 제4장 제조물책임 | 第四章 产品责任 | 제1202조-제1207조 | 6개 |
| 제5장 자동차 교통사고책임 | 第五章 机动车交通事故责任 | 제1208조-제1217조 | 10개 |
| 제6장 의료손해책임 | 第六章 医疗损害责任 | 제1218조-제1228조 | 11개 |
| 제7장 환경오염과 생태환경 파괴책임 | 第七章 环境污染和生态环境破坏责任 | 제1229조-제1235조 | 7개 |
| 제8장 고위험책임 | 第八章 高度危险责任 | 제1236조-제1244조 | 9개 |
| 제9장 사육동물 손해책임 | 第九章 饲养动物损害责任 | 제1245조-제1251조 | 7개 |
| 제10장 건물과 물건손해책임 | 第十章 建筑物和物件损害责任 | 제1252조-제1258조 | 7개 |

　　민법전 불법행위책임편은 중국 민법전이 채권편을 두지 않고 계약
편을 두고 있으므로 이를 채권편의 일부로 하지 못하고 채권발생원인인
불법행위는 민사책임의 하나로 하면서 불법행위책임편(제7편)으로 하여
독립한 편으로 민법전의 마지막에 두고 있다.

　　민법전 제정과정에서 채권편 신설에 대하여 입법자는 이를 받아들
이지 않고 종래 민법통칙(1986년)의 민사권리(계약과 사무관리, 부당이득)
와 민사책임(계약위반책임) 및 각칙으로 계약법(1999년)과 불법행위책임
법(2009년)을 두던 편별체계를 따른 것이다. 이에 따라 불법행위도 종래
민법통칙의 민사권리(불법행위책임)와 민사책임을 두고 각칙으로 불법행
위책임법(2009년)을 두던 체계를 따라 이를 별도의 편으로 하면서 그 법
적 성질을 민사권리의 구제법(민사책임)으로 하여 우선 물권, 채권(계약),
인격권, 친족권(혼인가족권)과 상속권이라는 민법전의 민사권리에 따른
각칙편을 두고 그 마지막에 이를 두고 있다. 이는 불법행위책임이 민법
의 권리의무의 침해에 대한 구제방법(민사책임)을 정하는 것으로 「총칙-

개별적 권리의무로서의 물권, 채권(계약), 인격권, 혼인가정(권)과 상속-
구제방법」이라는 체계를 관철한 것이다. 또한 이러한 체계는 채권편을
대신하여 민법통칙이 정하는 민사책임을 구체화한 것이다. 즉, 민법통칙
에서는 민사단행법이 나오기 전에 이를 민사책임의 총칙과 각칙을 같이
규정하였으나 그 후 계약법과 불법행위책임이 제정되었고 이에 따라 민
법전에서는 총칙편에 민사책임(제6장)의 일반규정만을 두고 계약편과 불
법행위책임편을 각칙으로 두고 계약책임은 계약편에 불법행위책임은 불
법행위책임법으로 한 것이다. 따라서 중국 민법전은 채권편 대신에 총
칙편의 민사책임 일반과 계약편(제3편)의 계약위반책임(违约责任)(제8장)
과 불법행위책임편(제6편)으로 구성하고 있다. 따라서 불법행위책임 중
종래 손해배상이나 민사책임부담방법 등 민사책임에 관한 일반규정(제1
장, 제2장과 제3장)의 책임관련 부분은 불법행위책임편에 두지 아니하고
이를 총칙편의 민사책임에서 이를 규율한다.

　민법전의 불법행위책임편의 편별체계는 중화인민공화국 불법행위책
임법」(2009년)의 것을 따르면서 일부 장의 명칭을 수정하였다. 불법행위
책임법에서 책임성립과 책임방법(제2장)이던 것을 민법전은 손해배상(제
2장)으로 하고, 불법행위책임법의 면책과 책임감경사유(제3장)은 이를 삭
제하고 해당 내용은 총칙편이나 불법행위책임편의 일반규정(제1장)에 편
입하였다. 또한 불법행위책임법에서 환경오염책임(제8장)으로 하던 것을
최근에 문제가 많이 대두되는 것을 고려하여 환경오염과 생태환경책임
(제7장)으로 수정하였다. 환경오염책임을 넘어 최근의 생태환경사회로
나아가는 경향에서 환경책임에 중요한 화두인 생태환경침해로 인한 손
해배상책임도 이를 규정하고 있다. 조문순서와 조문내용은 전체적으로
불법행위책임법(2010년)(12개 장 92개 조)을 따르면서 총칙편의 민사책임
의 규정을 고려하여 재조정하고 있다.[87]

---

87) 민법전 이전의 불법행위책임법의 내용과 입법론에 대하여는 김성수, 『중국의 불법행
　　위책임법(1)』, 진원사(2013) 참조.

## Ⅱ. 일반규정(제1장)

민법전 불법행위책임편(제6편)의 일반규정(제1164조-제1178조)(15개 조)
은 적용범위(제1164조), 과실책임과 과실추정책임(제1165조), 무과실책임
의 원칙(제1166조), 예방적 민사책임(제1167조), 공동불법행위(제1168조),
교사와 방조의 불법행위(제1169조), 공동위험행위(제1170조), 각자의 독립
적 불법행위의 연대책임(제1171조), 독립적 불법행위의 분할책임(제1172
조), 과실상계(제1173조), 피해자의 고의로 인한 면책사유(제1174조), 제3
자의 행위로 가한 손해에 대한 해당 제3자의 책임부담(제1175조), 위험
인수(제1176조), 자조행위(제1177조) 및 책임감경사유와 면책사유(제1178
조)를 각각 규정한다. 민법전의 조문순서와 내용은 불법행위책임법(제1
장 일반규정, 제2장 책임성립과 책임방법, 제3장 면책사유와 책임감경사유)을
참조하면서 일부 조문을 신설(제1176조-제1178조), 삭제하거나 수정한 것
이다.[88]

구체적 내용으로 우선 불법행위책임의 책임귀속원칙[89]으로는 과실
책임(제1165조 제1항), 과실추정책임(제1165조 제2항)과 무과실책임(제1166
조)의 3가지를 모두 일반규정으로 규정한다.[90] 이에 따르면 행위자가 과
실로 다른 사람의 권익에 손해를 가한 경우에는 불법행위책임이 있다.

---

88) 특히 책임성립과 책임방법(제2장)(제6조-제25조)(20개 조)을 중심으로 하면서 면책사유
와 책임감경사유(제3장)(제26조-제31조)(6개 조)를 편입하기도 하였고 원래의 일반규정
(제1장)(제1조-제5조)(5개 조)은 제2조를 제외한 대부분 조문은 삭제하였다.

89) 이에 대하여는 필자, "중국 불법행위의 책임귀속원칙에 관한 연구-불법행위책임법
(2009년)의 내용을 중심으로", 중국법연구, 제14호(2010), 7면 이하.

90) 이외에 민법전은 공평책임(제1186조)도 인정한다. 이에 따르면 피해자와 행위자가 손
해의 발생에 모두 과실이 없는 경우에는 법률규정에 의하여 쌍방이 손해를 분담한다.
중국 민법의 책임귀속원칙과 관련하여 과실추정이나 공평책임이 독립된 원칙인지는
학설이 대립한다; 이러한 공평책임에 대하여는 필자, "중국 불법행위법의 공평책임",
경희법학, 제50권 제3호(2015.9), 223면 이하; 최길자·박영인, 중국민법에 있어서 불법
행위책임에 관한 귀책원칙-공평책임을 중심으로, 중국법연구, 제48집(2022.3), 123면
이하.

또한 법률규정으로 행위자가 과실 있는 것으로 추정되고 그가 자기에게 과실이 없다는 것을 증명하지 못하는 경우와 행위자가 다른 사람의 권익에 손해를 가하고 행위자의 과실 유무를 묻지 아니하고 불법행위책임이 있다고 법률이 정하는 경우에도 불법행위책임이 있다. 민법전에서는 후견인책임(제1188조), 후견위탁책임(제1189조), 일시적 심신상실책임(제1190조), 사용자책임(제1192조), 도급인의 과실있는 지시책임(제1193조), 행위무능력의 학생이 교육기관에서 입은 손해배상책임(제1199조), 자동차와 비자동차 운행자 또는 보행자의 교통사고책임(제1208조), 의료기관의 설명의무책임(제1219조), 동물원의 동물책임(제1219조), 공중 투기물 이외의 건축물과 물건책임(제10장)(제1252조-제1258조)이 과실추정책임을 인정한다. 또한 민법전은 무과실책임을 제조물책임(제1202조-제1207조), 의료제조물로 인한 책임(제1223조), 환경오염과 생태파괴책임(제1229조-제1235조), 고위험책임(제1236조-제1244조), 사육동물책임(제1245조-제1247조, 제1249조-제1250조), 공상(工伤)사고로 인한 책임(제1192조 제외)에서 인정한다.

다음으로 불법행위의 책임부담방법은 종래 민법통칙이나 민법총칙 외에도 불법행위책임법(제15조)에서 규정하였지만 민법전은 이를 총칙편의 민사책임(제179조)에서 규정하고 불법행위책임편에서는 더 이상 이를 규정하지 아니한다. 다만 불법행위자의 침해의 정지, 방해의 배제, 방해의 예방 등의 예방적 불법행위책임의 부담을 특별히 규정한다(제1167조).

또한 불법행위의 면책사유로 피해자의 고의(제1174조), 제3자의 과실(제1175조), 위험인수(自甘冒险)(제1176조)와 자조행위(제1177조)를 규정하고, 총칙편(민사책임)에서는 불가항력(제180조), 정당방위(제181조), 긴급피난(제182조)을 규정한다. 책임감경사유로는 과실상계(제1173조)를 인정하여 피해자가 동일한 손해의 발생 또는 확대에 대하여 과실이 있는 경우에는 불법행위자의 책임을 감경할 수 있다.

또한 수인의 행위자에 의한 불법행위로서 민법전은 공동불법행위, 교사와 방조의 불법행위와 공동위험행위(共同危险行为)의 유형과 그 효과로서의 연대책임을 규정한다.

우선 2인 이상이 공동으로 불법행위를 하여 다른 사람에게 손해를 가한 경우에는 연대책임을 부담한다(제1169조).[91] 다음으로 다른 사람이 불법행위를 할 것을 교사, 방조한 경우에는 행위자와 연대책임을 부담한다(제1169조 제1항). 또한 2인 이상이 다른 사람의 인신, 재산의 안전을 위험하게 하는 행위를 하고 그중 1인 또는 수인의 행위가 다른 사람에게 손해를 가하고 구체적 행위자를 확정할 수 있는 경우에는 불법행위자가 책임을 부담하고, 구체적인 불법행위자를 확정할 수 없는 경우에는 행위자는 연대책임이 있다(제1170조). 다음으로 학설에 의하여 인정된 것으로 독립적 불법행위(分别侵权行为)로서 당사자가 의사 연락 없이 분할책임을 부담하는 것으로 고유한 독립적 불법행위와 연대책임을 부담하는 중첩(叠加)적인 독립적 불법행위를 규정한다. 이에 따르면 2인 이상이 각자 불법행위를 하여 동일한 손해를 가하고 각각의 개인의 불법행위가 모두 손해 전부의 발생에 충분한 경우에는 행위자는 연대책임을 부담한다(제1171조). 다음으로 2인 이상이 각자 불법행위를 하여 동일한 손해를 가하고 책임의 크기를 확정할 수 있는 경우에는 각자는 상당한 책임을 부담하고 책임의 크기를 확정하기 어려운 경우에는 평균하여 책임이 있다(제1172조).

## Ⅲ. 손해배상(제2장)

손해배상은 민사책임(총칙)의 책임부담방법의 하나(제179조 제7호)이

---

[91] 이에 관하여는 배덕현, "중국 불법행위책임법(2010년)의 공동불법행위에 관한 연구", 중국법연구, 제13집(2010.6), 71면 이하; 김성균, "중국 「불법행위책임법」의 '연대책임' 과 '부진정연대책임'", 인권과 정의(2015.8), 6면 이하.

지만 그 특별한 내용은 이를 계약편의 계약위반의 책임과 불법행위책임편 등에서 각각 규정한다.

불법행위책임편에서는 불법행위책임의 부담방법으로 손해배상(제2장)(제1179조-제1187조)(9개 조)과 관련하여 인신손해의 배상범위(제1179조), 동일한 불법행위로 인한 수인의 사망에서 사망배상금의 확정(제1180조), 피해자 외 근친 등 청구권(제1181조), 다른 사람의 인신권의 침해로 가한 재산적 손해의 배상(제1182조), 정신적 손해배상(제1183조), 재산적 손해의 계산방법(제1184조), 지식재산권 침해의 징벌적 배상(제1185조), 손해의 공평분담(제1186조), 손해배상액의 지급방법(제1187조)을 각각 규정한다.

신설된 조항으로는 다음의 것이 있다. 우선 자연인의 정신적 배상으로 고의 또는 중대한 과실로 자연인에게 인신의 의미가 있는 특정한 물건을 침해하여 중대한 정신적 손해를 가한 경우에 피해자는 정신적 손해배상을 청구할 수 있다(제1183조 제1항). 다음으로 징벌적 배상으로 고의로 다른 사람의 지식재산권을 침해하고 사정이 중대한 경우에는 피해자는 상당한 징벌적 배상을 청구할 수 있다(제1185조).

## IV. 책임주체에 관한 특별규정(제3장)

책임주체에 관한 특별규정(제3장)(제1188조-제1201조)(14개 조)에서는 특수불법행위로서 후견인책임, 일시적 의식을 상실한 경우의 책임, 사용자책임, 네트워크 불법행위책임, 안전보장의무 위반책임, 학생 상해사고 책임의 6가지 유형을 인정한다.

민법전은 무능력자나 제한능력자의 불법행위에 대한 후견인책임(제1188조), 후견위탁(제1189조), 행위능력자의 일시적 심신능력 상실(제1190조), 사용자책임, 사람을 사용하는 기관의 책임 및 노무파견기관, 노무사용기관의 책임(제1191조), 개인 사이에서 한 노무제공(제1192조), 도급인

의 과실책임(제1193조), 무능력자, 제한능력자의 손해에 대한 교육기관의
책임(제1199조, 제1200조), 제3자의 불법행위로 인한 무능력자, 제한능력
자의 손해에 대한 교육기관의 책임(제1201조), 네트워크 이용자와 네트
워크 서비스 제공자의 불법행위책임(제1184조), 네트워크 서비스제공자
의 삭제 등 조치(제1195조), 면책표시(避风港)와 통지 및 삭제(제1196조),
네트워크 서비스제공자가 네트워크 이용자의 네트워크 서비스 불법행위
에의 악의 등에 대한 책임(제1197조), 영업장 등 운영자의 안전보장의무
(제1198조)를 각각 규정한다.

## V. 제조물책임(产品责任)(제4장)

제조물에 결함이 있어 다른 사람에게 손해를 가한 경우에 제조자는
불법행위책임을 부담하여야 한다(제1202조). 이러한 제조물책임은 민법
에서 이를 규정하고 구체적인 것은 제조물책임법(中华人民共和国产品质量
法)(1993년 제정, 2018년 제2차 개정)이 이를 규정한다.

불법행위책임편(제6편)의 제조물책임(제1202조-제1207조)(6개 조)은 제
조자의 제조물책임의 내용(제1202조), 제조물책임 중 피해자의 손해배상
청구권과 제조자, 판매자의 구상권(제1203조), 제조자, 판매자의 제3자에
대한 대위책임(제1204조), 제조자, 판매자의 예방적 민사책임(제1205조),
제조자, 판매자의 판매정지 등 추적관찰의 보완조치의무(제1206조), 제조
물책임의 징벌적 배상(제1207조)을 각각 규정한다.

제조물책임의 책임귀속원칙은 무과실책임이다. 따라서 피해자는 제
조물에 결함이 있다는 것을 증명하면 책임이 인정되고 상대방은 과실이
없다는 것으로 면책될 수 없다. 또한 제조물로 인한 피해자의 손해배상
청구권과 책임주체로는 제조자, 판매자의 연대책임과 그 구상이 인정된
다(제1203조). 또한 제조자, 판매자의 제3자에 대한 대위책임(제1204조)을
인정한다.

다음으로 제조물책임의 특별규정으로 제조자, 판매자의 예방적 민사책임(제1205조)과 생산자, 판매자의 판매정지 등 보완조치를 할 의무인 추적관찰(跟踪) 의무(제1206조)와 제조물책임의 징벌적 배상(제1207조)이 인정된다.

## Ⅵ. 자동차 교통사고(제5장)

자동차로 교통사고가 발생하여 손해를 가한 경우에 가해자는 도로교통안전법(中华人民共和国道路交通安全法)(2003년)과 이 법의 관련규정에 의하여 배상책임이 있다(제1208조).

불법행위책임편의 자동차 교통사고의 불법행위책임(제1208조-제1217조)(9개 조)은 자동차로 인한 교통사고책임의 법원(法源)(제1208조), 자동차 임차로 인한 교통사고(제1209조), 자동차의 양도 및 인도 후 등기 전에 발생한 교통사고(제1210조), 자동차 지입으로 한 운송 중 교통사고와 연대책임(제1211조), 허락 없는 자동차 운행으로 인한 교통사고(제1212조), 교통사고로 인한 손해배상 순위(제1213조), 조립되었거나 폐차 수준인 자동차 양도 후 발생한 교통사고(제1214조), 절취 자동차로 인한 교통사고(제1215조), 운행자 도주와 보험 등 배상(제1216조), 호의동승으로 인한 교통사고(제1217조)를 각각 규정한다.

특히 호의동승(제1216조)을 규정하여 영업용이 아닌 자동차가 교통사고가 발생하여 무상동승한 사람에게 손해를 가하고 해당 자동차 일방의 책임으로 귀속된 경우에는 그 배상책임을 감경하여야 한다(제1217조). 그러나 자동차 사용자가 고의 또는 중대한 과실이 있는 경우에는 그러하지 아니하다. 이러한 호의동승은 조력자의 책임을 감면하여 조력하는 행위를 권장하기 위한 것이다.

## Ⅶ. 의료사고(제6장)

환자가 진료활동 중에 손해를 입고, 의료기관이나 그 의료진이 과실이 있는 경우에는 의료기관이 배상책임을 부담한다(제1218조). 민법전은 의료사고로 인한 불법행위책임(제1218조-제1228조)(11개 조)에 대하여 진료과실책임(제1218조), 의료기관의 설명의무와 그 효과(제1219조), 긴급한 구조조치(제1220조), 진료의무의 판단기준(제1221조), 의료기관의 과실추정(제1222조), 의료용품으로 인한 책임(제1223조), 의료기관의 면책사유(제1224조), 의료기관의 병력자료의 보관의무와 환자의 열람, 복제권(제1225조), 환자의 사생활과 개인정보의 보호-비밀유지의무(제1226조), 불필요한 검사의 금지의무(제1227조)와 의료기관과 의료진의 적법한 권익의 보장(제1228조)을 각각 규정한다.


## Ⅷ. 환경오염과 생태환경의 파괴(제7장)

환경오염, 생태환경 파괴로 다른 사람에게 손해를 가한 경우에 불법행위자는 불법행위책임을 부담하여야 한다(제1229조). 파괴로 인한 책임은 민법전(제1229조-제1235조)(7개 조)은 환경오염, 생태파괴로 인한 불법행위책임에 관한 일반규정(제1229조), 불법행위자의 증명책임(제1230조), 수인의 불법행위책임액 확정(제1231조), 징벌적 배상(제1232조), 제3자 과실로 인한 환경오염, 생태파괴의 불법행위책임(제1233조), 생태환경손해의 회복책임(제1234조), 생태환경손해의 배상책임 범위(제1235조)를 각각 규정한다.

민법전에서는 특히 생태환경이라는 것을 추가하였다. 이와 관련하여 환경오염, 생태파괴 행위자의 증명책임(제1230조)에 관하여 환경오염, 생태파괴로 분쟁이 발생하고 행위자가 법률이 규정한 책임면제 또는 책임감경사유 및 그 행위와 손해 사이의 인과관계의 부존재에 대한 증명책임을 부담하여야 한다. 또한 2인 이상의 불법행위자가 생태환경, 생태파괴를 한 경우에 부담할 책임의 크기는 오염물의 종류, 농도, 배출량과 생태훼손방법, 범위, 정도 및 행위가 손해의 결과에 대하여 야기한 작용 등의 요소에 근거하여 확정한다(제1231조). 특히 민법전은 불법행위자가 고의로 법률규정을 위반한 경우에 대하여 징벌적 배상을 신설한다(제1232조). 또한 회복할 수 있는 생태환경의 파괴에 대한 회복책임(제1234조)과 관련하여 규정에 위반하여 생태환경에 손해를 가하고 생태환경이 회복될 수 있는 경우에는 국가규정의 관련 기관이나 법률규정의 조직은 불법행위자에게 합리적 기간 내에 회복책임의 부담을 청구할 수 있다.

## IX. 고위험의 불법행위책임(제8장)

고도로 위험한 작업에 종사하여 다른 사람에게 손해를 가한 경우에 불법행위책임을 부담하여야 한다(제1236조). 민법전(제1236조-제1244조)(9개 조)은 고위험 위험책임의 일반조항(제1236조), 민용 핵시설 등으로 인한 핵사고에 관한 불법행위책임(제1237조), 민용항공기로 인한 불법행위책임(제1238조), 고위험물의 점유 또는 사용으로 인한 불법행위책임(제1239조), 고위험작업으로 인한 불법행위책임(제1240조), 고위험물의 유실, 포기의 불법행위책임(제1241조), 고위험물의 불법점유로 인한 불법행위의 연대책임(제1242조), 허가 없이 고위험 활동구역이나 고위험물 보관구역의 진입으로 인한 불법행위책임(제1243조), 고위험책임의 배상한도(제1244조)를 각각 규정한다.

## X. 사육하는 동물의 책임(제9장)

사육하는 동물이 다른 사람에게 손해를 가한 경우에는 동물 사육자 또는 관리인은 불법행위책임을 부담하고 손해가 피해자의 고의나 중대한 과실로 발생된 것이라는 것을 증명할 수 있으면 책임이 면제되거나 감경될 수 있다(제1245조).

불법행위책임편은 사육하는 동물의 불법행위책임(제1245조-제1251조)(7개 조)은 사육동물로 인한 손해배상책임의 일반규정(제1245조), 동물사육자나 관리인의 안전조치와 손해(제1246조), 사육이 금지된 동물로 다른 사람에게 손해(제1247조), 동물원의 동물로 인한 손해(제1248조), 유기, 도주한 동물로 인한 손해(제1249조), 제3자의 과실로 동물이 다른 사람에게 손해를 가한 손해(제1250조), 동물사육의 행위준칙(제1251조)을 각각 규정한다.

## XI. 건물과 물건으로 인한 불법행위책임(제10장)

불법행위책임편의 건물과 물건으로 인한 불법행위책임(제1252조-제1258조)(7개 조)은 건물, 공작물의 붕괴, 추락으로 인한 손해배상책임(제1252조), 붕괴, 추락에 대한 소유자 등의 손해배상책임(제1253조), 공중투기의 불법행위책임(제1254조), 적치물의 붕괴 등의 손해배상책임(제1255조), 공공도로의 통행방해물에 대한 손해배상책임(제1256조), 수목 절단 등으로 인한 손해배상책임(제1257조), 지면시공, 지하시설로 인한 손해배상책임(제1258조)을 각각 규정한다.

이러한 책임의 내용으로는 우선 건물이나 공작물의 붕괴, 추락으로 인한 손해배상책임(제1252조)에 대하여 건물 등의 시설이 붕괴, 추락하여 다른 사람에게 손해를 가한 경우에 건설업체와 시공업체는 품질의 결함이 있다는 것을 증명할 수 없는 경우에는, 연대하여 책임을 부담한다(제1252조 제1항). 다음으로 건물 등의 시설과 그 거치물, 현수물이 붕괴, 추락하여 다른 사람에게 손해를 가하고 소유자, 관리자 또는 사용자가 자기에게 과실 없음을 증명할 수 없는 경우에는 불법행위책임을 부담하여야 한다(제1253조 제1문). 또한 적치물이 붕괴하거나 굴러 떨어지

거나 미끌려 떨어져 다른 사람에게 손해를 가하고 적치자가 자기가 과
실이 없다는 것을 증명할 수 없는 경우에는 불법행위책임을 부담하여야
한다(제1255조). 또한 공중에서 투기(제1254조)로 인한 불법행위와 관련
하여 건물에서 물건을 투기하는 것은 금지되고, 건물에서 물건을 투기
하거나 건물에서 추락한 물건이 다른 사람에게 손해를 가한 경우에는
불법행위자가 법에 의하여 불법행위책임을 부담한다. 조사하여 구체적
불법행위자를 확정하기 어려운 경우에는, 자기가 불법행위자가 아니라
는 것을 증명할 수 있는 경우를 제외하고는, 해를 가할 수 있는 건물 이
용자가 배상한다. 해를 가할 수 있는 건물의 이용자는 배상 후 불법행위
자에게 구상할 수 있다. 집합건물 관리업체 등 건물 관리인은 필요한 안
전보장조치를 취하여 전 항이 규정한 사정의 발생을 방지하여야 한다
(제1245조 제1항 제1문).

## 제7장

# 민사소송법

이창범(삼성전자 IP 법무팀 수석변호사)

# 민사소송법 개요

## Ⅰ. 중국 민사소송과 민사소송법의 의의

민사소송이란 사법(私法)상 법률관계에 관한 분쟁을 해결하는 재판절차를 의미한다. 사법상 법률관계를 대상으로 한다는 점에서 형사소송과 행정소송과는 구별된다. 또한 재판절차라는 점에서 재판절차에 의하지 아니하면 조정(調解)이나 중재와는 구별된다. 넓은 의미의 재판절차는 보전처분절차(가압류·가처분 절차), 판결절차, 강제집행절차로 이루어지고 있지만 통상 민사소송은 판결절차를 의미한다. 이하에서 민사소송은 판결절차만을 의미하는 것으로 사용하겠다. 통상 판결절차는 소제기, 심리, 판결의 순으로 이루어지는데, 중국의 경우에는 소제기와 심리 사이에 접수절차(受理)가 있다. 접수절차에 대하여는 후술하기로 한다.

민사소송법은 민사소송에 관한 법을 말하는데, 형식적 의미의 민사소송법과 실질적 의미의 민사소송법으로 나눌 수 있다. 형식적 의미의 민사소송법이란 이름의 제정법을 의미한다. 한국은 가사소송법, 민사집행법, 비송사건절차법이 독립된 법률로서 제정되었으나, 중국은 민사소송법[1]에서 이를 모두 규율하고 있고, 나아가 사법공조 및 국제사법에 대한 규정도 두고 있다.

---

[1] 1991년 제정, 2007년, 2012년, 2017년, 2021년 개정. 2021년 개정 민사소송법은 온라인 화상심리제도, 전자송달제도를 도입하고 일부 소송 절차에 대해 개선하였다.

## Ⅱ. 중국 민사소송의 기본원칙

### 1. 평등의 원칙

평등의 원칙(민사소송법 제8조, 하동)은 다음 세 가지 내용을 포함한
다. ① 소송당사자 지위의 평등이다. 지위의 평등은 당사자 쌍방의 권리
의무가 동일하거나 유사하다는 것을 말하는 것이 아니라 소송당사자가
어떠한 사회적 지위에 있든지 모두 평등하게 민사소송법이 부여한 소송
상 권리가 있고 소송상 의무를 부담한다는 것을 말한다.2) ② 소송상 공
격·방어 방법의 평등이다. 당사자는 소송에서 소송상 공격과 방어에 있
어서 평등하다. 소송에서 일방이 소송상 공격을 진행할 때 상대방은 방
어할 권리가 있다. 즉, 일방이 주장을 제기하면 상대방은 그 주장을 반
박할 권리가 있고 그 주장에 관한 증거를 제출할 때 상대방은 반박 증
거를 제출할 권리가 있다. ③ 소송당사자 평등의 원칙은 외국인 및 무
국적자에게도 적용된다(제5조 제1항). 다만, 당사자 소재지 국가가 중국
당사자에 대해 소송상 권리를 제한하지 않아야 중국 법원은 상응하게
평등의 원칙을 적용한다(제5조 제2항).

### 2. 변론의 원칙

당사자는 민사소송에서 변론할 권리(변론권)가 있는데(제12조), 변론
권은 다음 5가지로 이해할 수 있다.3) ① 제3자를 포함하여 당사자는 소
송청구에 대해 사실 및 이유를 진술할 권리가 있고, 이에 상응하게 상대
방도 사실 및 이유에 대해 반박하고 답변할 권리가 있다. 상응하게 상대
방도 사실 및 이유에 대해 반박하고 답변할 권리가 있다. ② 변론권의
범위는 사건의 사실 문제 외에 법률적용 문제 및 소송 절차상 문제를

---

2) 张卫平, 民事诉讼法(第五版), 法律出版社(2019) 43면.
3) 张卫平, 民事诉讼法(第五版), 法律出版社(2019) 44-45면.

포함한다. ③ 변론의 형식은 구두와 서면 두 가지 형식을 포함한다. 구두변론은 주요하게 법정심리 단계에서 진행하고 서면변론은 그 외의 절차에서 진행한다. ④ 변론권은 소송 전반에서 허용된다. 상대방이 없는 특별절차제도[4]를 제외하고 일반적으로 제1심절차, 제2심절차, 심판감독절차에서 당사자는 변론권을 행사할 수 있다. ⑤ 법원은 소송에서 당사자가 충분히 변론권을 행사할 수 있도록 보장해야 한다.

## 3. 처분의 원칙

처분의 원칙은 한국에서는 처분권주의라고 하는데, 민사소송의 시작, 내용과 범위, 종료를 당사자에게 일임하는 원칙을 말한다(제13조 제2항). 구체적으로 말하면 ① 소송은 원고가 소를 제기하면서 시작된다. ② 소송상 청구의 범위는 원고가 결정하고, 원고가 청구하지 않은 사항에 대하여 법원은 재판할 수 없다. ③ 당사자는 소송 중 소송상 청구를 변경, 취하하거나 추가할 수 있다. ④ 원고는 이미 제기한 소송상 청구를 포기할 수 있고, 피고는 원고의 소송상 청구를 인락할 수 있으며, 소송 중 쌍방이 화해하거나 조정함으로써 소송을 종료시킬 수 있다.

## 4. 신의성실의 원칙

중국은 2012년 민사소송법을 개정하면서 '신의성실의 원칙'을 명문화하였다. 즉, '민사소송은 신의성실의 원칙을 준수해야 한다'는 조항이 추가되었다(제13조 제1항). '신의성실의 원칙'은 프랑스 1804년 민법전, 독일 1900년 민법전, 스위스 1912년 민법전, 일본 1947년 민법전 등 많은 대륙법계 국가들이 도입한 중요한 원칙이다. '신의성실의 원칙'은 허위 소송,

---

4) 특별절차란 선거자격사건, 실종선고사건, 사망선고사건 등 일반 소송 절차가 적용되지 않는 특별한 절차를 말한다.

소송 중 허위 진술, 소송 지연, 증거 위조 등 소송상 권리의 남용행위를
규제하기 위한 수단으로 이용될 수 있다.

## Ⅲ. 중국 민사소송법 기본제도

### 1. 합의제도

합의제도란, 3명 이상으로 구성된 재판부가 소송을 진행하는 제도를
말한다(제10조). 3명 이상의 판사가 구성하는 재판부를 합의정(合議庭)이
라 부른다. 한국의 경우 지방법원과, 고등법원은 판사 3명으로 합의부를
구성하지만(법원조직법 제7조 제3항, 제5항), 중국의 경우 2심 절차에서는
판사로 합의정을 구성하지만(제40조 제1항), 1심 절차에서는 판사와 배심
원으로 구성할 수 있다(제39조 제1항). 다만, 판사 없이 배심원만으로 합
의정을 구성할 수 없다. 배심원을 포함해서 심판에 참여하는 자를 심판
인원(審判人員)이라 한다(제43조, 인민법원조직법 제40조). 또한 중국의 경
우 합의정의 구성원을 홀수이기만 하면 되므로(제39조 제1항, 인민법원조
직법 제30조 제1항), 5명으로 구성될 수 있다. 배심원은 재판권을 행사함
에 있어서 판사와 동등한 권리의무가 있다(제39조 제3항).

### 2. 회피제도

회피제도란, 판사의 공정한 심리에 영향을 줄 수 있는 사유가 있는
경우 재판에서 배제하는 제도를 말한다(제10조).[5] 판사는 다음 중의 하나
에 해당되는 경우 회피하여야 하고, 당사자는 구술 또는 서면의 방식으
로 그들의 회피를 신청할 수 있다(제44조 제1항). 즉, ① 당해 사건의 당

---

5) 한국의 경우 법정사유가 있을 때 당연히 재판에서 배제되는 경우를 제척이라고 하고,
   당사자의 신청에 의하여 배제되는 경우를 기피라 하며, 법관이 스스로 해당사건의 재
   판으로부터 물러나는 것을 회피라 한다(한국 민사소송법 제41조~제50조).

사자 또는 당사자나 소송대리인의 근친속인 경우, ② 당해 사건과 이해
관계가 있는 경우, ③ 당해 사건의 당사자나 소송대리인과 기타의 관계
가 있어 사건의 공정한 심리에 영향을 미칠 가능성이 있는 경우이다. 이
러한 회피제도는 서기, 통역인, 감정인, 검증인에 적용된다(제44조 제3항).

법원장이 회피신청의 대상인 경우 심판위원회가 결정하고, 법원장
이외의 판사의 경우 법원장이 결정하며, 판사 이외의 배심원 등의 경우
재판장이 결정한다(제46조 제1항). 신청일로부터 3일내에 구두 또는 서면
의 형식으로 결정하는데, 당사자는 회피 결정에 불복 시 기각결정에 대
해 1회 재심의(复议)를 신청할 수 있다. 재심의 기간 동안 회피 대상은
소송에 계속 참여할 수 있다(제47조).

## 3. 공개심판제도

공개심판제도란 법원이 민사사건을 심리할 때 사회에 심판활동을
공개하는 제도를 말한다(제10조, 인민법원조직법 제7조). 즉, 법원이 민사
사건을 심리하는 경우, 국가기밀과 개인의 사생활에 관련되는 것 또는
법률이 별도로 규정하는 것을 제외하고는 공개하여야 한다(제134조 제1
항). 또한 이혼사건과 상업상 비밀에 관련되는 사건은 당사자가 비공개
를 신청하는 경우, 심리를 공개하지 않을 수 있다(제134조 제2항).

법원이 심판을 비공개하더라도 당사자의 변론권은 보장되어야 한다.
즉 법원이 민사사건을 심리하는 경우, 개정 3일 전에 이를 당사자와 기
타 소송참여인에게 통지하여야 한다(제136조). 또한 법원이 비공개로 심
리하는 사건에 대하여 판결을 선고하는 경우, 일률적으로 공개하여야
한다(제148조 제1항).

## 4. 2심종심제도

중국은 1949년 건국이전에 3심종심제도를 시행한적 있지만 건국이
후 국토면적이 넓고 교통이 불편하며 심판감독절차가 도입되는 상황을
고려하여 중국만의 2심종심제도를 도입하였다(제10조). 2심종심제도란
민사사건(행정사건, 형사사건도 동일함)에서 2급 법원의 심리 및 판결을 거
쳐 재판을 종결하는 제도를 말한다. 즉 당사자가 제1심 법원의 재판에
불복하여 상소한 후 제2심법원이 재판하는 경우 사건의 심리는 종결되
며 즉시 법적 효력을 가진다.

당사자는 2심 판결에 불복하더라도 더 이상 상소는 불가하고 심판감
독절차를 통해 잘못된 판결 정정을 신청할 수 있지만 법적 효력이 있는
2심 판결의 집행에는 영향이 없다. 소액사건, 특별절차사건의 경우 1심
종심제도를 시행하며 당사자는 상소할 수 없다.

제2절

# 중국 법원과 관할제도

## I. 중국 법원의 구조

### 1. 중국 법원의 체계

인민법원은 국가 재판권을 행사하는 사법기관이다(인민법원조직법 제2조 제1항). 인민법원은 최고법원, 각급 지방인민법원, 전문인민법원으로 나눌 수 있고, 각급 지방인민법원은 다시 고급인민법원, 중급인민법원, 기층인민법원으로 나뉜다(인민법원조직법 제12조, 제13조). 전문인민법원에는 군사법원, 해사법원, 지식재산권법원 등이 있는데, 전국인민대표대회 상무위원회에서 설치, 조직, 직권 등을 정한다(인민법원조직법 제15조). 이하 인민법원을 법원으로 호칭하겠다.

### 2. 보통법원

전문법원을 제외한 보통법원은 '4급제'를 채택하고 있다. 즉, 최고법원, 고급법원, 중급법원, 기층법원이 그것이다.

#### 가. 최고법원

최고법원은 중국 북경에 위치하고 있으며, 재판권을 행사하는 최고 심판기관으로, 각급 법원의 심판업무에 대한 감독권을 갖고 있다(인민법원조직법 제10조). 또한 직접 재판권을 행사하는 외에 재판과정에 어떻게 법률, 법령을 적용해야 하는지에 대해 해석권을 가진다(입법법 제104조).

최고법원은 당사자가 최고법원 소재지 북경에 방문하여 소송에 참여해야 하는 불편함을 해소하기 위하여 순회법정(巡回法庭)을 설치할 수 있는데, 순회법정의 판결은 최고법원의 판결로 본다(인민법원조직법 19조). 현재 전국에 6개의 순회법정이 신설되었다.

| | |
|---|---|
| 제1순회법정 | 선전(深圳)에 설립하여 광둥(广东), 광시(广西), 하이난(海南)의 3개 성을 관할 |
| 제2순회법정 | 선양(沈阳)에 설립하여 랴오닝(辽宁), 지린(吉林), 헤이룽장(黑龙江)의 3개 성을 관할 |
| 제3순회법정 | 난징(南京)에 설립하여 장쑤(江苏), 저장(浙江), 푸젠(福建), 장시(江西)의 4개 성과 상하이(上海) 직할시를 관할 |
| 제4순회법정 | 정저우(郑州)에 설립하여 허난(河南), 산시(山西), 후베이(湖北), 안후이(安徽)의 4개 성을 관할 |
| 제5순회법정 | 충징(重庆)에 설립하여 쓰촨(四川), 윈난(云南), 구이저우(贵州)의 3개의 성과 티벳(西藏) 자치구와 충칭(重庆) 직할시를 관할 |
| 제6순회법정 | 시안(西安)에 설립하여 산시(陕西), 간쑤(甘肃), 칭하이(青海)의 3개의 성과 닝샤(宁夏), 신장(新疆) 2개의 자치구를 관할 |

### 나. 고급법원

고급법원은 1급 행정구인 성급행정구에 설치한다. 성급행정구에는 성, 직할시, 자치구, 특별행정구가 있는데, 특별행정구인 홍콩과 마카오에는 '일국양제'에 따라 고급법원을 설치하지 않고 있다. 현재 중국은 22개의 성, 4개의 직할시, 5개의 자치구가 있다.

〈중국 31개 행정구역 지도〉

## 다. 중급법원

중급법원은 2급 행정구인 지급행정구(地级行政区)에 설치한다. 지급행정구에는 부성급시(副省级市), 지급시(地级市), 지구(地区), 자치주(自治州), 맹(盟) 등이 있다. 현재 15개 부성급시,6) 294개 지급시, 8개 지구,7) 30개 자치주, 3개 맹8)이 있다. 지급행정구 중국 법원 체계에서 중급법

---

6) 10개의 성도(省会)와 2개의 경제특구인 사면(厦门)시와 선전(深圳)시가 있고, 3개의 국가급 경제기술개발구인 닝보(宁波)시, 다롄(大连)시, 칭다오(青岛)시가 있다.

7) 헤이룽장성의 다싱안링(大兴安岭) 지구가 있고, 신장위구르 자치구의 허톈(和田)지구, 아커쑤(阿克苏)지구, 카스(喀什)지구, 타청(塔城)지구, 아러타이(阿勒泰)지구가 있으며, 티베트 자치구의 나취(那曲)지구와 아리(阿里地区)지구가 있다.

8) 아라산 (阿拉善)맹, 시린궈(锡林郭勒)맹, 싱안(兴安)맹이 있다.

원은 매우 중요한 위치를 차지한다. 중급법원은 중요하고 복잡한 수많은 1심 사건을 심리하는 법원이며 동시에 기층법원의 상급심법원이다.

### 라. 기층법원과 인민법정

기층법원은 3급 행정구인 현급행정구(县级行政区)에 설치한다. 현급행정구애는 현급시(县级市), 현(县), 자치현(自治县), 시할구(市辖区), 기(旗), 자치기(自治旗), 특구(特区), 임구(林区) 등이 있다. 기층법원은 매우 많은 수량이 사건을 심리하는데 전국 1심 사건 중 95%를 차지한다. 기층법원은 행정구역, 인구, 사건 수량에 따라 여러 개의 인민법정(人民法庭)을 신설할 수 있으며(인민법원조직법 제26조 제1항) 통상 농촌지역에 많이 신설한다. 인민법정은 기층법원의 일부로서 인민법정의 판결과 결정은 기층법원의 판결과 결정이 된다(인민법원조직법 제26조 제2항).

## 3. 전문법원

전문법원은 특정 사건을 관할대상으로 하며 별도의 인사제도와 심급제도를 적용하는 법원인데, 전국인민대표대회 상무위원회에서 전문법원의 설치, 조직, 직권 등을 정한다(인민법원조직법 제15조). 현재 중국에서 전문법원으로 군사법원, 철도운송법원, 해사법원, 지식재산권법원이 있다.

### 가. 군사법원

군사법원은 현역 군인, 군대내 직원에 대한 형사사건 및 법이 정한 기타 사건을 관할한다. 군사법원은 성질상 형사 전문 법원이며 3급 군사법원체계를 갖고 있고 지방법원과 다른 완전히 독립적 사법체계를 갖고 있는데 그 특징은 최고 군사법원에 해당하는 중국인민해방군 군사법원은 중국인민해방군 중앙군사위원회와 총정치부 관리감독을 받으며 최고법원의 관리와 업무지도를 받지 않는다.

## 나. 철로운송법원

철로운송법원은 1954년에 처음 신설되었지만 국가 사법체계에 포함
되어 있지 않았다. 2012년 전국 철로운송법원에 대한 개혁이 진행되면
서 국가 사법체계에 포함되었고 철로운송 관련 민사사건, 형사사건을
관할한다. 철로운송법원은 철로운송 중급법원과 철로운송 기층법원으로
구성되며 철로운송 중급법원이 심리한 1심 판결 및 결정의 상급심 법원
은 고급법원이다.

## 다. 해사법원

중국 해사소송특별절차법에 의거해 해사법원은 해사침해, 해상계약
및 법이 정한 기타 해사 관련 소송을 관할할 수 있다. 해사법원은 모두
중급법원과 동급이며 상급심 법원은 고급법원이다.

## 라. 지식재산권법원

2014년 전국인대상무위원회 결정에 의거해 지식재산권법원이 신설
되었는데, 현재 베이징, 상하이, 광저우, 하이난에 지식재산권법원이 각
1개씩 있다.

중국이 주요 지역에 지식재산권법원을 설립한 주요 원인은 현행 중
국 법원체계상 형사, 민사, 행정 분쟁에 대해 형사소송, 민사소송, 행정
소송을 통해 해결하는데 지식재산권 분쟁은 형사소송뿐만 아니라 민사
와 행정소송이 상호 관련되는 경우가 많아 현행 체계대로 나누어 각자
심판하는 경우 재판의 효율과 통일성에 영향을 줄 수 있기 때문이다. 또
한 지식재산권 사건은 다양한 전문 지식과 관련 있어 재판부에 상당한
수준의 지식과 노하우가 요구되며 지식재산권 분쟁 해결과 지식재산권
보호에 더 높은 차원의 효율을 요구한다. 따라서 전문적인 지식재산권법

원을 신설해 통일적으로 지식재산권 관련 분쟁을 집중 심리하고 있다.

현재 지식재산권법원은 통상 관할 지역내 민사사건과 행정사건을 심사한다. 구체적으로 (1) 특허, 식품 신품종, 집적회로설계, 기술비밀, 컴퓨터 소프트웨어 관련 1심 민사 및 행정사건 (2) 정부가 결정한 저작권, 상표, 부정경쟁 등 행정행위로 제기된 행정사건 (3) 저명상표 인정에 관한 민사사건을 심사한다.

또한 지식재산권법원은 당사자가 지식재산권법원 소재지 기층법원에 제소한 1심 저작권, 상표, 기술계약, 부정경쟁 등 지식재산권에 관한 민사사건과 행정사건 판결 또는 결정에 불복하여 제기한 상급심 사건을 심리한다.

베이징(북경) 지식재산권법원은 다른 지식재산권법원과 달리 (1) 특허, 상표, 식품 신품종, 직접회로 설계 등 국무원 주무부처가 결정한 무효심판에 불복한 사건 (2) 특허, 상표, 집적회로에 대한 국무원 주무부처의 강제 라이선스 결정 및 강제 로열티율 또는 보수에 대한 결정에 불복한 사건 (3) 국무원 주무부처가 지식재산권에 대한 기타 결정에 대해 불복한 사건을 관할한다.

## 4. 특별법원–인터넷법원

인터넷 시대의 사회적 요구를 반영하고 인터넷 사건의 특수성에 기반하여 인터넷사건이 집중적으로 발생하는 항저우, 베이징, 광저우에 인터넷과 관련된 민사 및 상사 사건을 전문 관할하는 인터넷법원을 신설하였다.

최고법원은 2018년에 인터넷 분쟁을 전담하여 심리하는 인터넷법원을 설립하는 근거법인 '최고법원의 인터넷법원 사건 심리에 관한 규정'을 발표하고9) 온라인 방식으로 사건의 수리, 조정, 증거교환, 심리, 재판, 송달 등을 진행하는 법적 기준을 마련하여 새로운 유형의 인터넷 법원에 대한 중국의 고민과 새로운 시도를 보여주었다.

중국 인터넷법원의 관할 범위는 하기와 같다(동 규정 제2조). ① 전자 상거래 플랫폼 구매계약 분쟁, ② 온라인 서비스 계약 분쟁, ③ 온라인 금융계약 분쟁, ④ 인터넷에 최초로 작품을 발표한 저작권 관련 분쟁, ⑤ 인터넷 도메인 네임 소유권, 계약 및 침해 등 분쟁을 포함한다.

인터넷법원이 심리한 사건 판결에 불복하여 상소한 사건에 대해 상소심 법원은 온라인 방식으로 심리하는 것을 원칙으로 한다(동 규정 제22조).

## Ⅱ. 관할제도

### 1. 개요

#### 가. 관할의 개념

관할이란 각급 법원 또는 동급 법원이 1심 민사사건 접수에 대한 배분과 권한을 말한다.[10]

관할제도는 민사소송 실무에서 중요한 이슈로 법원간 관할권을 쟁탈하거나 서로 관할하려 하지 않는 문제를 해결하는 제도이다.

중국 법원은 전술한 바와 같이 4급의 법원 체계를 갖추고 있다

중국에는 최고법원 제외하고 횡적으로 수많은 동급 법원이 존재한다.

#### 나. 관할항정의 원칙

관할항정(管轄恒定)은 관할고정이라고도 부르는데 제소 후 소송 과정에 적법하게 관할이 결정된 상황에서 관할 근거에 변화가 발생하더라도 이미 확정된 관할에는 영향을 줄 수 없다는 원칙이다. 이 원칙은 진행 중인 소송의 안전성을 유지하고 당사자의 소송 피로도와 사법 자원의

---

9) 《最高人民法院关于互联网法院审理案件若干问题的规定》于2018年9月3日由最高人民法院审判委员会第1747次会议通过，自2018年9月7日起施行.
10) 张卫平, 民事诉讼法(第五版), 法律出版社(2019) 102면.

불필요한 낭비를 방지하려는 취지를 갖고 있다.

### 다. 관할의 종류

중국 민사소송법은 심급관할, 지역관할, 이송관할, 지정관할의 4개로 분류한다. 지역관할은 다시 일반 지역관할 특별 지역관할, 전속관할, 선택관할, 협의관할 등으로 구분된다.

## 2. 심급관할

### 가. 심급관할의 의의와 기준

심급(級別)관할이란 4급 2심제를 채택하고 있는 중국의 법원 체계에서 제1심법원과 제2심법원의 심급의 분장에 따른 관할을 의미한다.

심급관할은 통상 사건의 난이도, 복잡성, 사회적 영향 범위, 소가 등 기준에 따라 결정한다.

#### 1) 사건의 성질

사건의 성질에 있어서 중대한 섭외(외국 관련) 사건은 심리는 일반 섭외 사건에 비해 난이도가 크기에 상대적으로 높은 법원이 심리하고 특허 사건, 해사 및 해상 사건은 전문기술을 필요로 하기에 상대적으로 직급이 높은 법원이 심리한다.

#### 2) 사건의 복잡성

사건의 복잡성 정도는 심급관할을 결정하는 또 하나의 중요한 요소이다. 통상 복잡한 사건은 상대적으로 직급이 높은 법원이 심리한다.

#### 3) 사회적 영향 범위

사건마다 사회적 영향이 다르다. 일부 사건은 기층법원 관할구역내 일정한 영향을 주지만 일부 사건은 하나의 성, 일부 사건은 전국적으로 영향을 줄 수 있다. 소송 결과가 사회적으로 일으킬 영향 범위가 큰 사건은 심리에 대한 요구도 높기에 직급이 높은 법원이 심리할 필요가 있다.

### 4) 소가

중국 민사소송법은 소가 금액을 심급관할을 구분하는 기준으로 규정하지 않았지만 실질적으로 소가는 심급관할을 결정하는 기준이 된다. 전국 지역별 경제상황에 비교적 큰 차이가 존재하기에 각 고급법원이 사건을 관할하는 최저 금액 규정도 다르다. 통상 경제발달지역의 기층법원이 관할하는 재산류 분쟁사건 금액이 다른 지역에 비해 더 크다.

## 나. 심급관할의 내용

### 1) 최고법원의 심급관할

최고법원은 다음 사건에 대해 재판권을 행사한다(제21조, 인민법원조직법 제16조). 즉, ① 법률의 규정에 의하여 관할권이 있는 사건 또는 스스로 재판하기로 결정한 사건, ② 고급법원의 판결 및 결정에 대하여 불복한 사건, ③ 전국인민대표대회 상무위원회의 규정에 따라 제기된 상소 또는 항소 사건, ④ 심판감독절차에 따라 제기된 사건, ⑤ 고급법원이 승인을 신청한 사형사건이다.

### 2) 고급법원의 심급관할

고급법원은 관할지역내 중대한 영향이 있는 사건을 관할한다(제20조). 통상 최고법원은 각 고급법원이 수리할 수 있는 1심 민사사건 소가를 결정하는데 규정한 소가가 매우 커(기준: 50억 위안 이상) 고급법원이 심리하는 1심 사건의 수량은 매우 제한적이다. 이렇게 엄격히 규정하는 취지는 고급법원의 주요 기능이 중급법원 1심 판결에 대한 상소사건에 대한 재판 외에 관할구역내 중급법원과 기층법원의 재판 업무에 대해 지도하고 감독하는 기능에 집중해야 하기 때문이다.

### 3) 중급법원의 심급관할

중급법원의 심급관할은 하기와 같다(제19조). ① 중대한 섭외(외국 관련) 사건: 통상 소가가 크거나 사건이 복잡하거나 당사자 일방의 수가 많고 사회적으로 중대한 영향이 있는 외국인 또는 외국에 있는 자산 관련 사건을 말한다. ② 관할구역내 중대한 영향이 있는 사건: 통상 기층법원 관할구역을 초월하여 중급법원 관할구역내에 중대한 영향이 있는 사건을 말한다. ③ 최고법원이 정한 중급법원이 관할해야 하는 사건.

### 4) 기층법원이 관할하는 1심 민사사건

기층법원이 1심 민사사건을 관할한다(제18조). 다만 민사소송법에 별도의 규정이 있는 사건은 예외로 한다. 다시 말해서 법이 정한 최고법원, 고급법원, 중급법원이 관할하는 1심 민사사건을 제외하고 모두 기층법원이 관할해야 한다는 것이다. 수량을 보면 최고법원과 고급법원이 수리하는 1심 민사사건은 매우 적고 95% 이상 1심 민사사건은 기층법원이 관할한다.


## 3. 지역관할

### 가. 일반 지역관할과 특별 지역관할

지역관할이란 소재지를 달리하는 1심법원 간의 관할권의 배분에 따라 정해진 관할을 의미하는데, 지역관할은 모든 사건에 일반적으로 적용되는지 여부에 따라 일반 지역관할과 특별 지역관할로 나눌 수 있다.

일반지역관할은 피고의 주소지와 법원과의 연결관계를 기준으로 결정되는 관할이다(제22조). 특별 지역관할이란 소송목적물 또는 법적 사실과 법원의 연결관계를 기준하여 결정하는 관할이다. 통상 계약분쟁은 피고 주소지 또는 계약이행지 법원이 관할하고(제24조), 보험계약상의 분쟁은 피고 주소지 또는 보험목적물 소재지의 법원이 관할한다(제25조). 또한 회사 분쟁은 회사 주소지의 법원이 관할하며(제27조), 불법행위로 인하여 제기되는 소송은 불법행위지 또는 피고 주소지의 법원이 관할할 수 있으며(제29조), 교통사고 배상분쟁은 사고 발생지 또는 차량 선박 최초 도착지 또는 피고 주소지의 법원이 관할할 수 있다(제30조).

### 가. 전속관할

전속관할이란 법이 정한 사건에 대해 특정 법원이 관할하는 사건을 말한다(제34조). ① 부동산 분쟁으로 제기되는 소송은 부동산 소재지 법원이 관할한다. ② 항구 작업 중 발생한 분쟁으로 인하여 제기되는 소송은 항구 소재지 법원이 관할한다. ③ 상속재산의 분쟁으로 인하여 제기되는 소송은 피상속자 사망 시의 주소지 또는 주요 상속재산의 소재지 법원이 관할한다.

### 나. 관할의 경합과 선택관할

지역관할이 전속관할이 아닌 경우, 관할의 경합을 인정된다. 이에 따라 동일한 사건에 2개 이상 법원이 관할권을 경우, 원고는 그중 하나의 법원을 선택하여 제소할 수 있다(제36조). 이로 인하여 정해진 관할을 '선택관할'이라 한다.

### 라. 협의관할

쌍방 당사자가 분쟁 발생 이후 서면 방식으로 협의하여 약정한 관할 법원을 말한다. 협의 관할은 당사자 처분권에 대한 존중을 보여준다. 다만 협의 관할은 1심 재산 분쟁소송에 한정되며 심급관할과 전속관할의 규정을 위반할 수 없다. 관할합의는 ① 서면에 의하여야 하고, ② 피고 주소지, 계약 이행지, 계약 체결지, 원고 주소지, 목적물 소재지 등 분쟁과 실제적 관련이 있는 곳의 법원이어야 한다(제35조).

## 4. 이송관할

　　이송관할이란 법원이 사건 수리 이후 자신이 해당 사건에 대해 관할권이 없음을 발견한 경우 해당 사건을 관할권이 있는 법원에 이송하는 결정을 말한다. 이송관할은 법원이 잘못 수리한 사건에 대한 구제조치로 통상 동급법원 사이에 발생한다.

　　사건을 이송받은 법원은 이를 수리하여야 한다. 이송받은 법원은 해당 사건이 규정에 비추어 자기의 관할에 속하지 않는다고 인정하는 경우, 상급법원에 보고하여 관할 지정을 신청하여야 하고 스스로 다시 이송할 수 없다(제37조)

## 5. 지정관할

　　지정관할이란 상급법원이 관할 구역내 특정 법원이 관할하도록 지정하는 결정을 한 경우 발생되는 관할을 의미한다. ① 관할권 있는 법원이 특별한 원인으로 인하여 관할권을 행사할 수 없는 경우 또는 법원 사이에 관할권으로 인하여 다툼이 발생하고 당사자의 협의로 해결되지 않는 경우, 그들 공통의 상급법원에 보고하여 관할의 지정을 신청한다(제38조). ② 상급법원은 자기의 관할의 제1심 민사사건을 하급법원에 넘겨 심리하도록 해야 할 확실한 필요가 있는 경우, 그 상급법원에 보고하여 비준을 신청해야 한다. 하급법원은 그 관할의 제1심 민사사건이 상급법원의 심리가 필요하다고 인정하는 경우, 상급법원에 보고하여 그 심리를 신청할 수 있다(제39조).

## 6. 관할권이의제도

### 가. 관할권이의 정의

관할권이의(管轄權異議)란 민사소송 중 피고가 사건을 수리한 법원에 관할권이 없다고 주장하면서 이의를 제기하는 제도이다(제130조).[11] 피고의 관할권이의 주장에 대해 법원은 심사를 진행해야 한다. 만약 이의가 성립하는 경우 피고가 주장하는 법원에 사건을 이송하고 이의가 성립하지 않는 경우 기각해야 한다. 피고는 관할권 결정에 대해 불복하는 경우 상소할 수 있다.

### 나. 요건 및 절차

관할권이의는 ① 본안 피고만 제기할 수 있고, ② 소장을 수리한 이후 15일내에 ③ 제1심 법원에 제기해야 한다.

당사자가 관할권이의를 제기하지 않고 답변장을 제출한 경우 사건을 수리한 법원에 관할권이 있는 것으로 간주한다. 다만 심급관할, 전속관할 규정을 위반한 경우는 예외로 한다.

### 다. 관할권이의 결정 절차

당사자의 관할권이의가 정당한 경우 해당 사건을 관할권이 있는 법원에 이송해야 하고, 정당한 이유가 없는 경우 이의를 기각한다.

---

11) 江伟, 肖建国, 民事诉讼法(第八版), 中国人民大学出版社(2018), 110면.

## 제3절
# 민사소송 증거제도

## I. 민사증거

### 1. 민사증거의 개요

#### 가. 민사증거의 정의

민사증거란 민사소송 중 사건의 진실한 상황을 증명할 수 있는 자료를 말한다. 민사증거는 민사소송에서 법원이 사건의 진실을 판단하는 근거이다.[12]

증거는 2가지 내용을 포함하고 있다. 하나는 증거 정보의 물질적 매개체를 말하는 것으로 통상 증거자료라고 부르고 다른 하나는 물체 또는 기타 방식으로 사건의 사실을 증명하는 방법으로 통상 증명방법이라 부른다.

#### 나. 민사소송 중 증거의 합법성

합법성은 유효한 증거의 기본특징 중 하나이다. 민사소송 중 증거의 합법성이란 민사소송 중 사람들이 특정 증거를 사용하여 사건의 진실을 판단할 때 법률 규정에 부합해야 하며 법률이 금지한 규정을 위반하지 않은 것을 말한다. 합법성을 구비하지 않은 경우 증거효력이 없는 것으

---

12) 张卫平, 民事诉讼法(第五版), 法律出版社(2019) 211면.

로 본다.

증거의 합법성을 고려하는 목적은 증거의 진실성을 보장하고 타인의 합법적 권리를 보호하려는 것에 있다. 증거의 합법성은 증거의 주체, 증거의 형식, 증거의 취득방법, 증거의 대질 절차 등 4가지 요건 모두 합법성을 구비해야 증거의 합법성이 있는 것으로 본다.

### 다. 증거능력

증거능력이란 특정 증거자료가 구비한 사실을 판단하는 자격을 말한다. 모든 증거는 상응한 증거능력을 요구한다. 예를 들면 증인증언의 경우 민사소송법은 정확히 자신의 의사를 표현하지 못하는 사람은 증인이 될 수 없다고 규정하였고, 감정의견서의 경우 감정자격을 갖추지 못한 기관이 발급한 감정의견서는 증거능력이 없다.

### 라. 증거의 증명력

증거의 증명력이란 증거가 사실의 진실을 증명하는 정도를 말한다. 모든 증거는 사건의 사실을 증명하는 작용을 할 수 있다. 다만 증거에 따라 증명 작용력에 차이가 있으며 이것이 증거 증명력의 차이가 된다. 예를 들면 직접증거와 간접증거의 증명력을 비교하면 직접증거의 증명력은 통상 간접증거의 증명력보다 크다.

증명력의 강약은 통상 대립되거나 모순되는 증거 사이에서 비교할 때 그 효력을 발휘하고 증명력 유무 및 크기는 첫 번째는 법률 규정에 근거하고 두 번째는 판사의 판단에 의거한다.

## 2. 증거의 종류

민사소송법에 의하면 증거는 당사자의 진술, 서증, 물증, 영상자료, 전자데이터, 증인증언, 감정의견, 검사기록 등 8가지를 포함한다(제66

조). ① 당사자 진술이란 당사자가 소송 중 법원에 본안의 사실에 대해 진행한 진술을 말한다. ② 서증이란 문자, 부호, 도형 등 형식으로 기재된 내용 또는 사상을 표현하여 사건의 사실을 증명하는 증거를 말한다. 서증은 서면자료를 포함하지만 매개체가 서면에 제한되지 않는다. 예를 들면 나무, 돌, 금속 등도 서증에 포함될 수 있다. 소송 중 입증자의 신청에 따라 서증을 보유한 당사자가 특정상황에서 법원에 해당 서증을 제출할 의무가 있다. ③ 물증이란 물체의 외형, 성질, 위치, 규격 등으로 사건의 쟁점 사실을 증명하는 증거를 말한다. ④ 영상자료(視聽資料)란 녹음, 녹화 등 기술수단을 활용하여 소리, 사진, 동영상 및 전자컴퓨터에 저장한 데이터로 사건의 사실을 증명하는 증거를 말한다. 예를 들면 USB에 저장한 동영상이 영상자료에 속한다. 영상자료는 쉽게 수정할 수 있다. 재판 중 수정의 우려가 있는 영상자료는 사건을 판단하는 증거가 될 수 없지만 우려를 해소한 경우에는 사건을 판단하는 증거가 될 수 있다. ⑤ 전자 데이터(電子數據)는 이메일, 전자데이터 교환, 온라인 채팅기록, 블로그, 휴대폰 메시지, 전자서명 등 전자 매개체 내에 저장되어 있는 데이터 정보를 말한다. ⑥ 증인증언(證人證言)이란 알고 있는 사건 상황을 법원 또는 당사자에게 증언한 사람을 말한다. ⑦ 감정의견(鑑定意見)이란 소송 중 당사자의 신청에 의해 법원이 직접 전문 감정업체를 지정하거나 위임하여 전문 지식을 가진 자가 쟁점이 되는 전문적 문제에 대해 감정을 진행하는 것을 말한다. 소송 외 감정이란 법원이 지정하거나 위임하지 않고 당사자의 의뢰를 받고 진행된 감정을 말한다. ⑧ 검사기록(勘驗記錄)이란 검사관이 사건 관련 현장에 대해 조사하고 검사한 결과를 기재한 기록을 말한다. 소송 과정의 검사기록은 통상 법원이 직원을 현장에 파견하여 검사기록을 작성한다.

## 3. 증거의 보전

### 가. 증거보전의 정의

증거보전이란 증거가 소멸되거나 향후 취득하기 어려운 상황에서 법원이 신청인의 신청에 의하거나 직권으로 증거를 고정시키고 보호하는 제도를 말한다.

### 나. 증거보전의 조건

① 증거가 소멸되거나 향후 취득하기 어렵다. ② 증거보전은 제소전 또는 소송과정에 신청해야 한다(제84조 제1항, 제2항).

### 다. 증거보전의 방법

법원이 증거보전 조치를 할 때 증거의 특징에 따라 다른 방법을 취해야 한다. 증인증언에 대해 기록을 하거나 녹음 방법을 선택하고 서면 증거에 대해 사진을 찍거나 복사하는 방법을 취하며 물증의 보전에 대해 현장검사 방법을 취하거나 기록을 남기거나 도면을 만들고 사진, 동영상, 원물 보존 등 방법을 취해야 한다.

## 4. 법원의 증거조사

### 가. 법원이 직권으로 증거를 수집하고 조사하는 경우

민사소송법은 법원이 사건 심리의 필요하다고 판단한 증거에 대해 조사하고 수집할 수 있다고 규정하였다(제67조 제2항). 다만 법원이 조사하고 수집한 증거는 당사자의 평등의 원칙, 처분의 원칙, 변론의 원칙과 위배될 우려가 있으므로 법이 정한 심리에 필요한 증거를 제외하고 당사자 신청이 있는 경우에만 진행되어야 한다.

최고법원은 심리에 필요한 증거에 대해 하기와 같이 해석하였다. ①

국가이익, 사회공공이익을 침해할 우려가 있는 경우, ② 신분관계, ③ 환경오염, 소비자 등 집단소송, ④ 악의적으로 공모하여 타인의 합법적 권리를 침해할 우려가 있는 경우, ⑤ 직권으로 결정하는 당사자 추가, 소송 중지, 소송 종결, 회피 등 절차적 사항(민사소송법 해석 제96조).

### 나. 당사자의 신청에 의거해 증거를 조사하고 수집하는 경우

민사소송법은 당사자 또는 소송대리인이 객관적 원인으로 증거를 수집할 수 없는 경우 법원에 해당 증거에 대한 조사 및 수집할 수 있다고 규정하였다. 최고법원의 민사소송법 해석은 당사자가 법원에 증거에 대한 조사와 수집을 요청하는 요건을 다음가 같이 규정하였다(민사소송법 해석 제94조).

#### 1) 실질적 요건

① 증거를 국가기관이 보관하고 있고 당사자 및 소송대리인이 기록 조회를 할 수 없는 경우, ② 국가비밀, 영업비밀, 개인 프라이버시와 관련된 경우, ③ 당사자 또는 소송대리인이 객관적 원인으로 증거를 수집할 수 없는 기타의 경우.

#### 2) 형식적 요건

① 당사자 또는 소송대리인이 신청해야 한다. ② 증거제출기한 내에 신청해야 한다. ③ 신청서를 서면으로 제출해야 한다.

## Ⅱ. 민사증명제도

### 1. 증거제출기한 및 증거교환

#### 가. 증거제출기한

증거제출기한이란 소송 중 법이 정하거나 법원이 지정한 당사자가 증거를 제출하는 기한을 말한다.[13] 만약 당사자가 법이 정하거나 법원이 지정한 기한내에 법원에 증거를 제출하지 않은 경우 당사자에게 이유를 설명할 기회를 주고 이유를 설명하지 않거나 이유가 성립하지 않는 경우 해당 증거를 채택하지 않을 수 있다(제68조 제2항). 당사자가 기한을 초과하여 제출한 증거에 대해 법원은 심리 중 질증(質證, 증거대질)을 진행하지 않는다. 질증을 거치지 않은 증거는 판결 근거가 될 수 없다.

최고법원은 2002년에 '민사소송 증거규정'을 제정하고 증거제출기한 제도를 처음으로 도입하였다. 이 제도는 소송이 시작된 후 법원이 지정하거나 당사자간 협의로 당사자가 증거를 제출하는 기한을 결정한다. 만약 기한 내에 증거 제출이 어려운 경우 법원에 기한연장을 신청할 수 있다. 증거제출기한 경과 후 당사자가 반박 증거를 제출하거나 이미 제출한 증거의 출처, 형식 등 하자를 보정시 증거제출기한을 재지정할 수 있으며 이 경우는 증거제출기한제도의 예외로 한다(민사소송 증거규정 제51조).

### 나. 증거교환

증거교환이란 소송 답변기간 만료 후 심리전에 법원이 당사자간 상호 자신이 보유한 증거를 공개하는 행위 또는 과정을 말한다(제71조). 복잡한 민사사건에 대해 심리의 효율을 제고하기 위해 통상 심리전 절차를 진행한다. 심리전 절차에서 주요 사항 중 하나가 당사자가 증거를 제출하고 증거 정보를 상호 교환하여 소송 쟁점을 명확히 하는 것이다.

중국의 증거교환제도는 미국의 증거공개제도(디스커버리제도) 등을 벤치마킹하였다. 다만 차이점은 중국의 경우 반드시 재판부 주최 하에 진행되어야 하고 증거공개 시 강제적 공개를 요구하지 않는다는 차이점이 있다.

---

13) 张卫平, 民事诉讼法(第五版), 法律出版社(2019) 234면.

## 2. 증명대상

'재판 3단론'은 중국 법원이 소송 중 재판에 적용하는 기본방법이다. '재판 3단론'이란 법원이 사건 심리 중 법률을 대전제로 하고 사건 사실을 소전제로 하여 추론을 거쳐 재판 결론을 얻는 과정을 말한다.

민사소송 중 증명 대상은 주요하게 사실이고 개별적으로 법률 규정과 경험법칙이 대상이 되는 경우도 있다. 여기서 경험법칙이란 사람들이 생활 경험 중 알게 된 사물 인과관계 또는 속성상태의 법칙 또는 지식을 말한다. 여기에는 과학, 기술, 예술, 상업무역 등 분야의 전문적 지식을 포함한다. 일반인들이 모두 알고 있는 경험에 대해서는 증명 대상이 아니지만 일반인들이 모두 알고 있지 않는 전문지식분야의 경험에 대해서는 증명 대상이 될 수 있다.

## 3. 증명과 소명

### 가. 증명

증명에는 두 가지가 있다. 광범한 의미에서의 증명이란 당사자가 해당 사실의 진위 여부에 대해 실증하는 것을 말한다. 통상의 의미에서 증명이란 당사자가 법원 재판의 기초가 되는 사실에 대해 증거로 실증하여 판사가 해당 사실의 진위 여부에 대해 확신하는 상태에 도달하도록 하는 소송행위를 말한다. 증명은 당사자가 기대하는 승소 판결을 받기 위한 가장 중요한 소송행위이다.

### 나. 소명

소명이란 판사가 이해하고 대략적으로 믿는 정도로 설명하는 것을 소송행위를 말한다. 소명은 증명처럼 판사가 확신하는 상태에 도달하도록 실증할 필요가 없다.

## 4. 증명책임

### 가. 증명책임의 정의

증명책임이란 재판의 기초가 되는 법적 사실이 소송 중 진실여부가 불확실한 상태에 처한 경우 당사자 일방이 소송 중 불리한 결과에 대해 책임을 부담하는 것을 말한다. 법원이 사건의 쟁점에 대해 재판할 때 우선 재판의 기초가 되는 사실관계의 진위 여부에 대해 판단한 후 관련 법규정을 적용하여 재판을 한다. 이때 당사자가 주장한 사실이 증거가 없거나 불충분하여 해당 사실의 진위 여부를 증명하지 못한 경우 이때 법원이 어떻게 판단해야 하는지가 매우 중요하다. 민사소송법은 사건 사실의 진위 여부가 불명확할 때에도 법원이 재판을 하도록 요구하고 있다. 그 결과는 항상 한쪽 당사자에게는 불리할 수 있다.[14]

### 나. 증명책임의 배분

증명책임의 배분이란 법원이 소송 과정에 일정한 규칙 또는 기준에 따라 사실의 진위 여부가 불명확할 때 쌍방 당사자 중에 누가 불리한 결과를 부담해야 하는지에 대해 배분하는 것을 말한다. 2015년 최고법원은 '민사소송법 해석'을 개정하면서 독일의 규범설 이론을 받아들여 증명책임의 배분의 원칙을 하기와 같이 규정하였다.

법원은 하기의 원칙에 따라 증명책임의 부담자를 결정한다. 다만 법률에 별도의 규정이 있는 경우를 제외한다. ① 법률관계가 존재한다고 주장한 당사자는 해당 법률관계가 발생한 기본사실에 대해 증거로 증명할 책임을 부담한다. ② 법률관계의 변경, 소명 또는 권리가 침해 받았음을 주장하는 당사자는 해당 법률관계가 변경, 소멸 또는 권리가 침해받은 기본사실에 대해 증거로 증명할 책임을 부담한다(민사소송법 해석

---

14) 张卫平, 民事诉讼法(第五版), 法律出版社(2019) 246면.

제91조).

증명책임의 역 배분이란 증명책임의 일반적 원칙의 결함을 보완하기 위해 특수한 사건에 대해 주장한 당사자가 증명책임을 지는 것을 상대방 당사자가 증명책임을 지도록 한 특별 규정이다(특허법 제66조).

여기서 주의할 점은 증명책임의 역배분은 일반적 증명책임 배분 원칙하에서 당사자에게 배분한 모든 증명책임을 상대방에게 이전한 것이 아니라 특정 사실에 대한 증명책임만을 대상으로 역배분한 것이며 특히 손해 발생의 사실에 대해는 역배분이 되지 않았으므로 여전히 피해자가 증명해야 한다.

## 5. 질증과 인증

### 가. 질증

질증(質證, 증거대질)이란 당사자, 소송대리인 및 제3자가 법정에서 당사자 및 제3자가 제출한 증거의 진실성, 합법성, 관련성 및 증거력 유무, 크기에 대해 설명하거나 대질하는 행위 또는 과정을 말한다. 질증제도의 의미는 질증 절차를 통해 심리가 더욱 공개되고 법원이 더 정확하게 증거를 판단하고 당사자의 절차적 권리를 보장하는 것에 있다. 증거는 모두 법정에서 공개되어야 하고 당사자는 질증을 해야 하며 질증을 거치지 않은 증거는 사실을 판단하는 근거가 될 수 없다(민사소송법 해석 제103조 제1항).[15]

### 나. 인증

인증(認證)이란 재판부가 질증을 거쳤거나 당사자가 증거교환 과정에 제출한 증거자료에 대해 심사하고 사건 사실을 판단하는 근거로 사

---

15) 张卫平, 民事诉讼法(第五版), 法律出版社(2019) 256면.

용할지 여부를 결정하는 과정을 말한다.

　판사는 단일 증거에 대해 하기의 방법으로 심사 및 인증한다. ① 증거의 원본 또는 원물 여부, 복사본 또는 복제품이 원본 또는 원물과 동일한지, ② 증거가 본안 사실과 관련이 있는지, ③ 증거의 형식, 출처가 법률 규정에 부합하는지, ④ 증거 내용이 진실한지, ⑤ 증인 또는 증거를 제공한 자가 당사자와 이해관계가 없는지(민사소송 증거규정, 제87조).

# 제4절
# 민사보전과 선집행제도

## Ⅰ. 보전제도

### 1. 재산보전

재산보전(財産保全)이란 법원이 이해관계자 또는 당사자의 신청 또는 법원이 직권으로 당사자의 재산에 대해 처분 또는 양도를 제한하는 강제조치를 말한다.[16]

재산보전에는 소전(訴前) 재산보전과 소송 재산보전이 있다.

### 가. 소전 재산보전

소전 재산보전이란 제소 이전에 법원이 이해관계자의 신청에 근거해 피신청인의 재산에 대해 결정하는 강제보호조치를 말한다.

민사소송법은 소전 재산보전에 대해 하기의 조건을 규정하고 있다 (제104조).

첫째, 반드시 상황이 긴급해야 하며 만약 즉시 재산보전조치를 취하지 않으면 신청인의 합법적 권리에 회복하기 어려운 손실이 발생하는 경우이다.

둘째, 이해관계자가 신청해야 한다. 즉 소전 재산보전조치는 법원이

---

16) 张卫平, 民事诉讼法(第五版), 法律出版社(2019) 277면.

직권으로 결정할 수 없다. 이것은 소전 재산보전과 소송 재산보전의 차이점이다.

셋째, 신청인이 담보를 제공해야 한다. 신청인에게 담보를 제공하라고 하는 목적은 신청인과 피신청인 사이의 민사 권리의무 관계와 책임문제가 명확하지 않은 상황에서 잘못된 재산보전으로 피신청인에게 손해를 초래하는 경우에 대비하기 위함이다. 만약 신청인이 담보 제공을거절하는 경우 법원은 신청을 기각한다.

넷째, 보전 대상 재산 소재지 또는 피신청인 소재지 법원에 신청해야 한다. 법원이 소전 재산보전을 결정한 후 신청인은 30일 내에 보전을 결정한 법원 또는 관할권이 있는 다른 법원에 제소해야 한다. 만약신청인이 30일 내에 제소하지 않은 경우 법원은 재산보전을 해제해야한다.

## 나. 소송 재산보전

소송 재산보전이란 법원이 사건 심리 중에 일방 당사자의 행위 또는기타 사유로 확정판결의 집행이 어렵거나 불가한 상황에 대비하여 당사자의 신청 또는 직권으로 당사자의 재산 또는 소송 목적물에 대해 결정하는 강제보호조치이다(제103조). ① 소송 재산보전의 목적은 일방 당사자가 소송 과정에 악의적으로 재산을 양도, 처분, 훼손시켜 향후 확정판결 집행이 어렵거나 불가한 경우를 방지하려는 것에 있다. ② 재산보전은 소가와 상당해야 하며 분쟁과 관련이 있어야 한다. ③ 소전 재산보전은 신청 후 48시간 내에 결정해야 하며 소송 재산보전도 상황이 긴급한 경우 48시간 내에 결정해야 한다. ④ 당사자가 재산보전 재정에 대해 불복이 있는 경우 재심의를 1회 신청할 수 있지만 재심의를 신청하더라도 결정의 집행에 영향을 주지 않는다.

## 2. 행위보전

### 가. 행위보전의 정의

민사소송 행위보전(行爲保全)이란 당사자의 합법적 권리를 보호하고 확정판결의 집행을 보장하며 지속적 침해행위를 단절하여 손해의 확대를 방지하기 위해 법원은 당사자에게 일정한 행위를 실시하거나 일정한 행위의 금지를 명령하는 민사소송제도이다.[17]

### 나. 행위보전의 심사

행위보전 심사 및 결정시 하기의 사항에 유의해야 한다(지식재산권분쟁 행위보전 규정 제4조).

첫째, 법원이 의무자에게 일정한 행위를 실시하거나 일정한 행위의 금지를 명령하는 법정 방식은 결정(裁定, 이하 결정이라 함)이다. 통상 행위보전 결정이라 부른다. 신청자는 의무자에게 요구하는 일정한 행위 또는 금지하는 행위의 사유에 대해 설명해야 한다.

둘째, 의무자가 재정 의무를 이행하지 않은 경우 민사소송 방해행위에 해당하며 상응한 법적 책임을 부담하게 된다.

셋째, 행위보전은 의무자에게 일정한 행위를 실시하거나 일정한 행위의 금지를 요구하는 명령이다. 행위보전에는 담보가 존재하지 않으며 담보를 제공한다고 하여 행위보전 의무를 면제받을 수 없다.

### 다. 행위보전의 결정

행위보전 결정에 대해 불복이 있는 경우 결정한 법원에 재심의 1회 신청할 수 있다. 다만 재심의를 신청하더라도 결정의 집행에 영향을 주지 않는다(제111조).

---

17) 张卫平, 民事诉讼法(第五版), 法律出版社(2019) 281면.

## Ⅱ. 선집행제도

### 1. 선집행의 정의

선집행(先予執行)이란 법원이 사건 수리 이후 종심판결(확정판결) 전
까지 당사자의 생활 어려움, 생산 어려움 또는 권리 유지를 위한 긴박한
상황에서 당사자의 신청에 근거해 상대방에게 일정한 금액 또는 재산을
지불하거나 특정 행위의 실시 또는 금지를 결정하고 즉시 집행하는 제
도를 말한다.[18]

### 2. 선집행의 적용범위

법원이 하기의 사건에 대해 당사자의 신청이 있는 경우 선집행을 결
정할 수 있다. ① 양육비, 부양비, 의료비의 독촉, ② 근로보수의 독촉,
③ 즉시 판매금지하고 방해행위 제거가 필요한 경우, ④ 즉시 특정 행
위에 대한 제지가 필요한 경우, ⑤ 즉시 생산경영에 필요한 보험금 지
급 독촉이 필요한 경우, ⑥ 즉시 사회보험금, 사회구제자금 독촉이 필요
한 경우, ⑦ 즉시 반환금을 지불하지 않으며 권리자의 생활과 생산경영
에 심각한 영향을 초래하는 경우(제109조, 민사소송법 해석 제170조).

### 3. 선집행의 적용요건

선집행의 적용요건은 하기와 같다. ① 당사자간의 권리의무가 명확
해야 한다. ② 선집행하지 않으면 신청인의 생활과 생산경영에 심각한
영향을 초래할 수 있다. ③ 피신청인에게 이행능력이 있다.

---

18) 张卫平, 民事诉讼法(第五版), 法律出版社(2019) 284면.

# 민사소송의 심리절차

## Ⅰ. 일반절차

### 1. 제소 및 수리

#### 가. 제소

제소(起訴)란 원고가 법원이 심판 절차를 개시하고 자신이 제기한 특정 소송청구에 대해 심리 및 재판할 것을 요구하는 소송행위이다.[19] 제소는 통상 당사자가 소권을 행사하는 구체적 행위이다. 제소는 소송행위이므로 법이 정한 요건을 구비해야 한다.

민사소송법은 제소의 요건을 하기와 같이 규정하고 있다. ① 원고는 본안과 직접적 이해관계가 있어야 한다. ② 명확한 피고가 있어야 한다. ③ 구체적 소송청구 및 사실과 사유가 있어야 한다. ④ 법원이 수리하는 민사소송 범위이고 사건을 접수한 법원에 관할권이 있어야 한다(제122조).

#### 나. 수리

수리(受理)란 법원이 당사자 제소에 대해 심사하고 제소 요건에 부합하는 사건에 입안하는 과정을 말한다(제126조).

---

19) 张卫平, 民事诉讼法(第五版), 法律出版社(2019) 302면.

제소에 대한 심사업무는 통상 법원의 입안정에서 진행한다. 법원은 당사자의 소장을 받은 후 제소의 법적 요건 구비 여부를 심사하며 요건에 부합하는 경우 수리하고 요건에 부합하지 않는 경우 수리를 거절한다. 제소의 일부 요건을 구비하지 않은 경우 당사자에게 보완할 것을 요구할 수 있다.

## 2. 심리전 준비

심리전 준비(審理前準備) 단계에서 법원은 소송문서를 송달하고(제128조), 당사자에게 소송권리의무 및 합의정(재판부) 구성원을 고지하며 원피고 증거교환을 통해 쟁점을 정리한다(제136조 제4항).

심리전 회의란 심리의 효율을 제고하기 위해 심리 전에 법원 주최하에 당사자가 참여하여 심리에 필요한 준비를 하는 회의를 말한다.

심리전 회의 주요내용은 하기와 같다. ① 원고의 소송청구, 피고의 답변의견 확인, ② 당사자가 소송청구를 증가하거나 변경하는지, 반소를 제기하는지 확인, ③ 당사자가 제기하는 증거조사, 감정위임, 증거보전에 대해 결정, ④ 쌍방 증거에 대해 교환, ⑤ 소송 쟁점 정리, ⑥ 조정 진행(민사소송법 해석 제225조).

## 3. 심리

### 가. 심리의 정의

심리란 법원이 당사자 및 기타 참여자가 참가한 상화에서 법정 절차 및 형식에 의거해 법정에서 당사자간의 민사분쟁에 대해 심리하는 절차를 말한다.

심리는 민사소송에서 핵심 절차이며 일반절차에서 가장 기본적이고 가장 중요한 소송 절차이다.

### 나. 심리의 주요 절차

심리시 주요 절차는 하기와 같다. ① 심리의 준비. 구체적으로 당사자 및 기타 소송 참여자의 출정 여부를 확인하고 법정규칙을 고지한 후 재판장이 심리의 시작을 선포한다. ② 법정 조사. 법정 조사란 법원이 법정 절차에 따라 법정에서 사실을 확인하고 증거에 대해 심사하고 질증하는 절차를 말한다. ③ 법정 변론. 법정 변론이란 쌍방 당사자 및 소송대리인이 법정에서 쟁의가 있는 사실 및 법률 문제에 대해 변론과 논증을 진행하는 절차를 말한다. ④ 사건 평의 및 판결 선고. 사건 평의(合議)란 법정 변론 절차가 끝난 후 합의정 구성원은 사건에 대해 결론을 도출하는 절차를 말한다.

판결 선고란 법원이 합의를 통해 결정된 민사판결을 당사자, 소송참여자 및 사회에 공개하는 절차를 말한다. 판결 선고는 심리 후 즉시 판결을 선고하는 경우와 별도의 날짜를 정해 판결을 선고하는 경우 두 가지가 있다(제140조~제145조).

## 4. 심리 연기

심리 연기란 법정 사유가 발생하여 예정대로 심리를 할 수 없거나 계속하여 심리할 수 없는 상황에서 법원이 다른 날짜를 지정하여 심리를 연기하는 상황을 말한다.

민사소송법은 하기의 사유 발생시 법원은 심리를 연기할 수 있다. ① 반드시 출정해야 하는 당사자 또는 소송참여자가 정당한 사유로 출정하지 않은 경우, ② 당사자가 회피신청을 제기한 경우, ③ 새로운 증인출정을 통지해야 하거나 신증거를 조사하거나 사실에 대한 보충조사가 필요한 경우(제149조).

## 5. 심리 기한

심리 기한이란 법이 정한 법원이 사건을 심사하는 기한을 말한다.

통상 일반절차로 심리하는 사건은 통상 입안일부터 6개월 내에 심사를 종결해야 하고 특별한 사유로 심리를 연기해야 하는 경우 법원장의 허가를 받아 6개월 연기할 수 있다(제152조).

## 6. 반소

반소(反訴)란 진행 중인 소송에서 본소의 피고가 본사의 원고를 피고로 제기한 소송을 말한다. 반소제도는 반소와 본소에 대해 병합심리를 진행함으로써 당사자의 소송 불편함을 해소하고 소송비용을 절감하며 판결집행 편의를 위한 절차이다.

반소는 본소 진행 중 변론 절차 종결전에 제기해야 하며 본안 소송 법원이 관할권이 있어야 하며 본안소송과 동일한 절차로 심리할 수 있어야 한다(민사소송법 해석 제232조, 제233조).

## 7. 소송 종결

소송 종결이란 소송 진행 중 법정 사유가 발생하여 더 이상 소송을 진행할 수 없거나 진행할 필요가 없어 소송 절차를 종결하는 것을 말한다(제154조).

# Ⅱ. 간이절차

## 1. 간이절차

간이절차란 기층법원 및 그 파견한 법정이 간단한 민사사건 심리시

적용하는 절차를 말한다. 간이절차는 일반절차와 비교하여 사실이 명확하고 권리의무관계가 명확하며 쟁의가 크지 않는 민사사건을 말한다(제160조).

당사자가 간이절차로 사건을 심리하는 것에 이의를 제기하는 경우 법원은 심사해야 하며 이의가 성립하면 사건을 일반절차로 전환해야 한다(제169조 제2항).

## 2. 소액사건

중국은 2012년 민사소송법을 개정하면서 소액사건 특별규정을 신설하였다. 소액사건 특별규정을 신설한 배경에는 간이절차로 소액사건을 심리할 수 있지만 여전히 2심종심제도가 적용되어 효율적이지 않다는 문제점이 존재하였다. 중국은 외국 민사소송법의 소액사건제도를 참조하여 소액사건 특별규정을 신설하고 소액사건에 대해 1심종심제도를 적용하도록 규정하였다(제166조).

중국은 동부 지역과 기타 지역간 소득차이가 크므로 소액사건의 기준을 구체적 금액으로 정하지 않고 지역별 상대적 금액 기준을 정하고 있다. 즉, 해당 성급 행정구역 전년도 취업인력 연평균 급여의 50% 이하 민사사건에 대해 소액소송절차를 적용한다. 다만 당사자간 약정이 있을 때 기층법원은 해당 성급 행정구역 전년도 취업인력 연평균 급여의 50%에서 200% 이하의 민사사건에 대해 소액소송절차를 적용할 수 있다(165조 제1항, 제2항).

소액사건은 간이소송에 속하므로 간이절차를 적용하며 간이절차에 규정이 없는 경우 일반절차 규정을 적용한다.

소액소송 절차가 적용되지 않는 사건은 하기와 같다. ① 재산 확인 분쟁, ② 섭외(외국 관련) 민사 분쟁, ③ 지식재산권 분쟁, ④ 평가, 감정이 필요한 분쟁, ⑤ 사실관계 및 법률관계가 복잡한 사건.

## Ⅲ. 공익소송

### 1. 공익소송의 정의

공익소송이란 특정 기관, 단체 또는 개인의 민사권리 보호가 아닌 사회공공이익 보호를 목적으로 하는 소송을 말한다. 중국은 환경오염, 다수의 소비자 권리침해 이슈가 사회적 이슈로 부각되면서 2012년 개정 민사소송법에서 공익소송제도를 신설하였다.

공공이익은 개인의 권리와 관련되는 사익(私益)소송과 대응되는 개념이다. 무엇이 공익인지는 매우 모호한 개념이나 사익과는 명확히 구분해야 한다.

### 2. 공익소송의 대상

민사소송법은 공익소송의 대상을 환경오염과 불특정 소비자의 합법적 권리 등 사회공공이익을 침해한 행위이며 법이 정한 정부기관 및 단체는 법원에 소송을 제기할 수 있다고 규정하였다. 즉 공익소송의 대상은 특별한 규정이 없는 한 환경오염과 불특정 소비자 권리침해 행위이고 개인이 공익소송의 원고가 될 수 없음을 명시하였다.

2017년 개정 민사소송법은 검찰공익소송제도를 도입하였다. 검찰공익소송이란 검찰청이 직무 이행 과정에 생태환경과 자원을 파괴하거나 식품의 약품 안전 분야에서 불특정 소비자의 합법적 권리를 침해하는 등 사회공공이익에 손해를 초래하는 행위를 발견한 경우 법원에 소송을 제기할 수 있는 제도이다(제58조 제2항).

## Ⅳ. 제2심절차

제2심절차란 당사자가 제1심 법원의 판결과 결정에 불복하여 법정

절차 및 기한에 의거해 상1급 법원에 사건에 대한 심리를 제기하는 절차를 말한다. 제2심절차는 상소사건을 심리할 때 적용하는 절차이며 중국은 2심종심제도를 시행하기에 제2심절차를 종심절차라고도 한다.[20]

## 1. 상소의 정의

상소란 당사자가 제1심 법적 효력이 없는 판결, 결정에 대해 법정 기한내에 불복을 선언하고 상급 법원이 심리를 진행하고 전 판결, 결정을 취소할 것을 요구하는 소송행위이다.

## 2. 상소요건

상소요건은 하기와 같다. ① 상소는 반드시 일반절차 또는 간이절차로 심리한 제1심 판결, 결정이 있어야 한다. 최고법원의 판결, 결정 또는 중급 이상 법원의 제2심 판결, 결정에 대해 당사자는 상소할 수 없다. ② 상소는 반드시 상소인과 피상소인이 있어야 한다. 쌍방 당사자 및 제3자 모두 상소인이 될 수 있다. ③ 상소는 반드시 상소기한내에 제기해야 한다. 판결에 대한 상소기한은 15일이고 결정에 대한 상소기한은 10일이다. 기한은 재판문서 송달한 다음날부터 계산한다. ④ 상소는 반드시 서면으로 제출해야 한다. 당사자가 상소를 제기할 때 서면이 아닌 구두로 제기하는 것은 상소로 간주하지 않는다(제171조~제173조).

## 3. 상소사건의 심리대상과 범위

상급심의 심리대상은 상소인의 상소청구가 성립되거나 적절한지 여

---

20) 张卫平, 民事诉讼法(第五版), 法律出版社(2019) 377면.

부이다. 상소청구가 제1심 재판 결과에 대한 불복이기에 상급심은 실질적으로 제1심 재판의 적절 여부를 중심으로 진행된다(제175조).

상급심의 심리범위는 상소청구에 포함된 관련 사실과 법률 적용 문제에 대해 심사하며 상소청구에 포함되지 않은 사실적 문제와 법률적 문제는 원칙적으로 제2심 심리의 내용에 포함되지 않는다. 다만 이 원칙은 절대적이지 않으며 법원이 상급심 심리 과정에 상소청구에 포함되지 않았지만 제1심 판결에 잘못이 있음을 발견한 경우 법에 따라 정정해야 하며 이때에는 상소범위의 제한을 받지 않는다.

## 4. 상소사건의 심리방식

상소사건은 심리를 통한 재판을 원칙으로 하고 심리 없이 재판하는 경우를 예외로 한다. 심리를 진행하지 않는 상소사건의 경우 새로운 사실, 증거가 없는 경우로 한정하고 있다.

제2심 법원이 하기의 상급심 사건에 대해 심리하지 않아도 된다고 규정하고 있다. ① 수리 거절, 관할권이의, 소 각하 결정 사건, ② 당사자가 제기한 상소청구가 명백히 성립하지 않는 사건, ③ 제1심 판결, 결정이 인정한 사실이 명확하지만 법률적용에 오류가 있는 사건, ④ 제1심 판결이 엄중하게 법적 절차를 위반하여 파기환송이 필요한 사건(민사소송법 해석 제331조).

## 5. 상소사건의 재판

제2심 법원은 상소사건에 대해 경우에 따라 다르게 처리한다.

첫째, 원심판결 유지(維持原判)

상급심 심리를 거쳐 제1심 법원이 인정한 사실이 명확하고 법률 적용이 적절하며 증거가 충분하고 확실한 경우 당사자의 상소를 기각하고 원심판결을 유지해야 한다.

둘째, 파기자판(改判)

제2심 심리를 거쳐 제1심 법원이 인정한 사실이 명확하고 증거가 충분하지만 법률 적용상 오류가 있는 경우 제1심 판결에 대해 파기자판해야 한다.

셋째, 파기환송(發回重審)

민사소송법 제170조 제1항 규정에 따라 하기의 1에 해당하는 경우 파기환송해야 한다. ① 제1심 판결이 인정한 사실이 명확하지 않은 경우 제1심 판결을 취소하고 원심법원에 파기환송하거나 사실을 명확히 조사한 후 파기자판해야 한다. ② 제1심 판결이 당사자를 누락하거나 불법적으로 결석판결하는 등 엄중한 법적절차 위반이 있는 경우 제1심 판결을 취소하고 원심법원에 파기환송해야 한다. ③ 당사자의 소송청구에 대해 원심법원이 심리에서 누락하고 판결하지 않은 경우 제2심 법원은 조정을 진행할 수 있으며 조정이 성사되지 않은 경우에는 파기환송해야 한다.

# V. 재심절차

재심절차란 법원이 이미 법적 효력이 있는 확정 판결, 결정에 대해 법정 재심사유가 있을 때 법정 절차에 따라 원심 사건에 대해 재차 심리를 진행하여 재판하는 특별구제절차를 말한다.[21]

## 1. 재심의 개시

### 가. 법원이 재심을 개시하는 경우

민사소송법 규정에 의하면 법원이 재심을 결정하는 조건은 법정 재

---

21) 张卫平, 民事诉讼法(第五版), 法律出版社(2019) 390면.

심 사유가 있어야 하고 이미 법적 효력을 있는 확정 판결, 결정에 오류가 있어야 한다. 이 오류는 사실 인정에 있어서 존재하는 오류, 또는 법률 적용에 있어서 존재하는 오류를 포함한다.

재심사건은 확정 판결을 한 법원이 재심을 결정하거나 최고법원 또는 상급 법원이 재심을 결정한다.

각급 법원장은 이미 법적 효력이 있는 판결, 결정, 조정서에 오류를 발견하고 재심의 필요가 있다고 판단한 경우 심판위원회에 본안에 대한 재심을 제기하고 심판위원회가 논의하여 결정한다. 최고법원은 각급 지방법원의 이미 법적 효력이 있는 확정 판결, 결정, 조성서에 대해, 상급 법원은 하급 법원의 이미 법적 효력이 있는 확정 판결, 결정, 조정서에 대해 오류를 발견한 경우 본안에 대한 재심을 결정하거나 하급 법원이 본안에 대해 재심할 것을 명령할 수 있다(제205조).

## 나. 당사자가 재심을 개시하는 경우

### 1) 재심신청의 정의

재심신청이란 당사자가 이미 법적 효력이 있는 판결·결정·조정서에 오류가 있다고 생각하는 경우 법원에 사건에 대한 재차 심리를 진행하여 파기자판을 청구하는 소송행위를 말한다(제206조).

### 2) 재심신청 조건

재심신청 조건은 하기와 같다. ① 재심신청 대상은 이미 법적 효력이 있는 판결·결정·조정서. ② 법정 재심사유가 있어야 한다. ③ 관할권이 있는 법원에 재심을 신청해야 한다. ④ 재심신청서를 제출해야 한다. ⑤ 법정 재심기한내에 신청해야 한다.(제207조).

### 3) 재심신청 사건의 처리

법원은 재심신청사건을 수리한 후 3개월내에 심사하여 재심 규정에

부합하는 경우 재심을 결정하고, 규정에 부합하지 않는 경우 신청을 기
각해야 한다.

### 다. 검찰청이 재심을 개시하는 경우

#### 1) 민사 항소의 정의

민사 소송 중 항소는 민사 항소라고도 하는데 검찰청이 법원의 이미
법적 효력이 있는 민사 판결, 결정, 조정에 오류가 있다고 판단하는 경
우 법에 따라 법원에 사건의 재 심리를 요청하는 소송행위를 말한다.[22)

#### 2) 민사 항소의 절차

민사소송법 규정에 의하면 최고검찰청은 각급 법원의 이미 법적 효
력이 있는 판결, 결정에 대해, 상급 검찰청은 하급 법원의 이미 법적 효
력이 있는 판결, 재정에 항소사유가 존재함을 발견한 경우 항소를 제기
해야 한다. 다만 각급 검찰청은 동급 법원의 이미 법적 효력이 있는 판
결, 재정에 대해 직접 항소를 제기할 수는 없고 상급 검찰청에 요청하여
항소를 제기해야 한다(제215조).

민사 항소의 특징은 민사 항소를 수리한 법원은 30일 내에 재심 여
부를 결정해야 하는데 항소 사유의 성립 여부에 대해 심사할 수 없으므
로 재심절차는 개시하게 된다(제218조).

#### 3) 재심 건의

검찰청은 동급 법원의 이미 법적 효력이 있는 판결, 결정에 대해 재
심건의를 제기할 수 있다. 다만 재심건의에 대해 법원은 성립 여부를 심
사할 수 있고 재심 개시 여부를 결정할 수 있다(민사소송법 해석 제417조).

---

22) 张卫平, 民事诉讼法(第五版), 法律出版社(2019) 396면.

## 2. 재심의 심리

확정판결의 절차가 제1심절차인 경우 재심절차는 제1심절차 규정에 따라 진행되고 확정판결의 절차가 제2심절차인 경우 재심절차도 제2심 절차 규정에 따라 진행된다.

법원은 재심사건을 심리할 때 사실인정 및 법률 적용, 심리 절차 등 모든 사항에 대해 전면적으로 심사해야 한다. 재심사건 심리를 거쳐 ① 전 확정 판결, 결정이 인정한 사실이 명확하고 법률 적용이 정확하며 심리 절차가 합법적인 경우 전 확정 판결, 결정을 유지한다. ② 전 판결, 결정이 인정한 사실, 법률 적용, 판시한 사유에 비록 하자가 있지만 재판 결과가 정확한 경우 법원은 재심 판결, 결정 중에 하자를 정정한 후 유지 판결을 한다. ③ 만약 전 판결, 결정에 사실 또는 법률 적용에 오류가 존재함을 확인하거나 절차상 오류로 판결, 결정상 오류를 초래한 경우 전 판결, 결정을 취소하고 법에 따라 정확한 판결, 결정을 해야 한다. ④ 법원이 제2심절차에 따라 재심사건을 심사하고 법적 절차상 오류를 발견한 경우 법원 수리 조건에 부합하지 않는 사건은 1심, 2심 판결을 취소하고 소를 각하하고, 전 제1심절차가 당사자를 누락한 경우 당사자를 참여시킨 후 심리하여 재판하고 제2심 판결이 당사자를 누락한 경우 우선 조정을 진행하고 조정이 안 되면 제2심 판결을 취소하고 제1심 법원에 파기환송한다(민사소송법 해석 제405조).

## 3. 재심의 형식

재심(再審)에는 3가지 형식이 있다.

제심(提審)이란, 상급 법원이 심사를 거쳐 재심사유가 성립한다고 판단하고 본원이 재심사건에 대해 심사를 진행할 것을 결정하는 것을 말한다.

재심지정(指定再審)이란, 최고법원 또는 고급 법원이 원심 법원 이외의 다른 법원이 본안 소송에 대해 재심하도록 지정하는 것을 말한다.

재심명령(指令再審)이란, 상급 법원이 원심법원에게 본안의 재심을 심리하도록 명령하는 것을 말한다.

# Ⅵ. 섭외절차

## 1. 섭외 민사소송의 정의

섭외 민사소송이란 섭외(외국인 또는 외국에 있는 재산 관련) 민사분쟁 당사자가 법원에 소송청구를 제기하여 법원이 쌍방 당사자와 기타 소송 참여자가 참가한 상황에서 법에 따라 섭외민사분쟁을 심리 및 재판하는 절차와 제도를 말한다. 다시 말해서 섭외 민사소송은 섭외 요소가 포함된 민사소송을 말한다.23)

최고법원의 사법해석에 의하면 하기의 1에 해당하는 경우 섭외 요소가 포함 민사소송은 섭외 민사소송에 해당한다. ① 당사자 중 일방 또는 쌍방이 외국인, 무국적자, 외국기업, 외국 단체인 경우, ② 당사자 중 일방 또는 쌍방의 상시 거주지가 중국 영역밖에 있는 경우, ③ 당사자 간 민사법률관계의 설립, 변경, 종결이 중국 영역밖에서 발생한 경우, ④ 소송 목적물이 외국에 있는 경우(민사소송법 해석 제520조).

## 2. 섭외 민사소송의 일반 원칙

섭외 민사소송의 일반 원칙은 하기와 같다. ① 중국 민사소송법을 적용해야 한다. ② 중국이 체결하거나 참가한 국제조약이 적용된다. ③ 중국에서 통용되는 언어와 문자를 사용해야 한다. ④ 중국 변호사를 대리인으

---

23) 张卫平, 民事诉讼法(第五版), 法律出版社(2019) 423면.

로 선임해야 한다(제266조~제270조).

## 3. 섭외 민사소송기간 및 송달제도

법원이 중국 영역내에 주소가 없는 피고에게 소장을 송달하는 경우 피고는 소장 수리일부터 30일내에 답변장을 제출해야 한다(제275조).

중국 영역내에 주소가 없는 당사자가 제1심 판결에 불복하여 상소하는 경우 판결, 결정서 수리일부터 30일내에 상소해야 하며 피상소인은 상소장을 받은 날부터 30일내에 답변장을 제출해야 한다(제276조).

섭외 민사소송은 제1심절차, 제2심절차상 심리기한의 제한을 받지 않는다(제277조).

법원이 중국 영역내에 주소가 없는 당사자에게 소송문서를 송달하는 경우 하기의 방식으로 송달한다. ① 피송달인 거주국과 중국이 공동으로 참가한 국제협약 규정에 따라 송달한다. ② 외교경로를 통해 송달한다. 다만 절차가 복잡하고 기한이 길다. ③ 중국 주재 해당국가 영사관을 통해 송달한다. ④ 피송달자가 선임한 중국내 대리인에게 송달한다. ⑤ 피송달자가 중국에 설립한 대표기구 또는 송달 받을 권한이 있는 업무담당자에게 송달한다. ⑥ 피송달자 거주국의 법률이 우편송달을 허용하는 경우 우편 송달할 수 있다. 다만 6개월 경과 후에도 송달회증(送達回證)이 반환되지 않은 경우 6개월 기간만료일에 송달된 것으로 간주한다. ⑦ 위의 방식으로 송달이 불가한 경우 공고 송달하며 6개월이 만료되면 송달된 것으로 간주한다(제274조).

## 4. 사법공조

사법공조란 서로 다른 국가의 법원 간에 본국이 체결하거나 참가한 국제조약에 근거하거나 상호혜택의 원칙에 근거해 대리하여 진행하는

소송행위에 관한 제도를 말한다.[24]

　사법공조는 통상 외국법원의 위임을 받아 대리하여 소송문서의 송달, 증거의 수집하거나 특수한 경우 외국법원의 확정판결 또는 중재결정을 집행하거나 외국법원에 중국 법원의 확정 판결집행을 요청하는 것을 말한다(제284조).

---

24) 张卫平, 民事诉讼法(第五版), 法律出版社(2019) 431면.

# 민사소송의 집행절차

## Ⅰ. 집행절차의 일반적 규정

민사집행이란 민사 강제집행이라고도 하며 법원의 집행부서가 법률이 정한 절차와 방식에 따라 국가 강제력을 활용하여 의무가 있는 일방 당사자가 의무를 이행하지 않을 때 강제로 의무를 이행하게 하여 법적 효력이 있는 법률문서의 내용을 실현하는 소송활동을 말한다.[25]

### 1. 민사집행의 개시

집행의 개시에는 두 가지 유형이 있다. 하나는 당사자의 집행 신청이고 다른 하나는 이송 집행이다.

#### 가. 집행 신청

집행 신청이란 채권자가 재판문서가 결정한 의무의 이행을 거절하는 채무자에 대해 법원에 채무의 강제이행을 청구하는 행위이다. 집행을 신청하려면 집행이 가능한 집행 근거가 있어야 하고 채무자가 법정 이행기간내에 이행하지 않은 사실이 있어야 하며 신청인은 법정 신청기

---

25) 张卫平, 民事诉讼法(第五版), 法律出版社(2019) 539면.

한내에 신청해야 한다. 민사소송법은 집행 신청기한을 2년으로 규정하고 있다(제246조).

집행 근거란 집행기관이 민사집행조치를 취할 수 있는 근거가 되는 판결서 등 각종 법률문서를 말한다. 집행 근거는 집행절차를 개시하는 법적 근거이다.

### 나. 이송 집행

이송 집행이란, 판사가 직권으로 법적 효력이 있는 법률문서의 일부 내용을 직접 집행부서에 이송하여 집행을 진행하는 행위를 말한다(제243조).

이송 집행은 주로 3가지 유형이 있다. ① 법적 효력이 있는 부양비, 양육비 내용이 포함된 법률문서, ② 민사제재결정서, ③ 형사사건 부(附) 민사 판결서 · 결정서 · 조정서

## 2. 집행의 담보

집행의 담보란 집행 과정에 피집행인이 의무의 이행에 어려움이 있는 경우 법원에 담보를 제공하는 방식으로 진행하고 집행 신청인이 동의하는 경우 법원이 집행을 연기하는 제도를 말한다.

민사소송법에 의하면 법원에 집행담보를 제공하는 경우 피집행인 또는 타인의 재산을 담보로 제공하거나 타인이 보증을 제공할 수 있다(제238조). 담보기간은 집행연기만료일부터 계산하며 담보서에 담보기한이 명확하지 않는 경우 담보기간은 1년으로 간주한다.

## 3. 집행의 합의

집행 합의란 집행 과정에 권리자와 의무자가 협의하여 재판문서가

결정한 의무, 이행기한, 이행방식에 대해 변경하여 이행하는 행위를 말한다. 집행 합의 과정에 법원은 참여하지 않으며 쌍방 당사자간 협의로 진행된다. 만약 쌍방 당사자가 집행의 합의 이후 합의대로 진행하지 않는 경우 법원은 집행절차를 회복하고 강제집행을 진행한다(제237조).

## Ⅱ. 민사집행조치 및 집행제도

민사집행조치란 법원이 법에 따라 채무자가 집행근거가 결정한 의무의 이행을 강제하는 방법과 수단을 말한다.

집행조치는 집행 대상에 따라 재산에 대한 집행조치와 행위에 대한 집행조치로 나눌 수 있다.

### 1. 재산에 대한 집행조치

#### 가. 금전채권의 정의 및 범위

금전채권은 금전지급 청구권이라고도 하는데 일정한 금액의 금전지급을 내용으로 하는 청구권을 말한다.

금전채권에 대한 집행이란 채권자의 금전채권을 실현하기 위해 진행하는 집행을 말하는데 다시 말하면 피집행인이 금전을 지급하도록 강제하여 권리자의 금전채권을 실현하는 것이다.

금전채권의 범위는 금전에 대한 집행 외에 집행 비용, 제3자 집행 대행으로 발생한 비용, 채무자가 의무의 이행을 지연하여 발생하는 지연이자 및 지연이행금이 포함될 수 있다.

#### 나. 피집행인 재산보고 의무

피집행인이 집행통지에 기재된 법률문서가 확정한 의무를 이행하지 않은 경우 현재 및 집행통지일부터 1년 이내의 재산정보에 대해 보고해

야 한다. 피집행인이 보고하지 않거나 허위로 보고하는 경우 피집행인
에 대해 벌금을 부과하거나 구속할 수 있다(제248조).

### 다. 금융자산에 대한 집행조치

피집행인이 집행통지에 기재된 법률문서가 확정한 의무를 이행하지
않은 경우 법원은 피집행인의 예금, 채권, 주식, 기금 지분 등 재산정보
를 조회할 수 있고 상황에 따라 피집행인의 재산을 압류하고 이전할 수
있다(제249조).

이전(划拨)이란 법원이 은행, 신용합작사(信用合作社) 및 기타 예금업
무 기능이 있는 금융기관을 통하여 피집행인의 계좌에 있는 예금을 권
리자의 계좌에 이체하는 조치를 말한다.

### 라. 소득에 대한 집행조치

피집행인이 집행통지에 기재된 법률문서가 확정한 의무를 이행하지
않은 경우 법원은 피집행인의 소득을 압류하고 인출할 수 있다. 다만 피
집행인 및 부양자의 필수 생활비용은 남겨야 한다(제250조).

### 마. 비금융재산에 대한 집행조치

피집행인이 집행통지에 기재된 법률문서가 확정한 의무를 이행하지
않은 경우 법원은 피집행인의 재산을 압류, 경매할 수 있다. 다만 피집
행인 및 부양자의 필수 생활비용은 남겨야 한다(제251조).

집행과정에 재산권 등록증 명의 양도가 필요한 경우 법원은 관련 기관
에 집행협조통지서를 발급할 수 있으며 관련 기관은 반드시 협조해야 한다.

## 2. 행위에 대한 집행조치

민사소송법 제252조 규정에 의하면 피집행인이 집행통지서에 기재

된 판결, 결정 및 기타 법률문서가 지정한 행위를 이행하지 않은 경우 법원은 강제집행하거나 관련 기관 또는 다른 자에게 위임하여 이행할 수 있으며 비용은 피집행인이 부담한다(제259조).

이행대행이 불가한 법적 의무에 대해 피집행인이 이행을 거절하는 경우 법원은 집행행위방해규정에 따라 처리하며 집행 신청인에게 발생한 손실에 대해 피집행인은 배상해야 한다.

## 3. 법원의 집행제도

### 가. 위임집행

위임집행이란 집행사건을 수리한 법원이 피집행인 또는 피집행 재산이 다른 곳에 있는 사건에 대해 현지 법원에 집행대행을 위임하는 제도를 말한다(제236조).

### 나. 협조집행

협조집행이란 집행사건을 수리한 법원이 집행과 관련되는 기업, 개인 또는 다른 법원에 법적 효력이 있는 법률문서가 결정한 내용의 집행에 대해 협조를 통보하거나 요청하는 법률제도를 말한다(제258조).

### 다. 집행명령

집행명령이란 집행 과정에 집행법원이 집행 신청을 수리한 후 일정한 기간이 경과했음에도 집행을 하지 않은 경우 상1급 법원이 절차에 따라 집행법원이 집행할 것을 명령하는 조치를 말한다(민사소송법 집행절차 해석 제10조).

### 라. 변경집행

변경집행이란 집행 과정에 집행법원이 집행 신청을 수리한 후 일정한 기간이 경과했음에도 집행을 하지 않은 경우 상1급 법원이 직권으로 집행법원을 본원집행으로 변경하거나 다른 법원이 집행하도록 결정하는 조치를 말한다(민사소송법 집행절차 해석 제10조).

## Ⅲ. 집행절차의 종결 및 검찰감독제도

### 1. 집행절차의 종결

집행절차의 종결이란 집행 과정에 법정 사유가 발생하여 더 이상 집행을 진행할 수 없어 법에 따라 집행절차를 종결하는 제도를 말한다.

하기의 1에 해당하는 경우 집행종결을 결정해야 한다. ① 신청인이 집행 신청을 취소한 경우, ② 집행 근거인 법률문서가 취소된 경우, ③ 피집행인 개인이 사망하고 집행 가능한 재산이 없고 의무책임자도 없는 경우, ④ 부양비, 양육비 사건 권리자가 사망한 경우, ⑤ 피집행인 개인이 생활난으로 채무 이행할 수 없고 소득도 없고 근로능력을 상실한 경우(제264조).

### 2. 민사집행 검찰감독제도

민사집행 검찰감독권은 민사검찰감독권에서 유래된 것으로 민사집행 감독이란 검찰청이 법원의 민사집행과정 중 집행행위에 대해 감독권을 행사하는 것을 말한다.

검찰청은 민사집행행위에 대해 법적 감독을 실시할 권리가 있다(제242조). 다만 검찰청은 당사자 또는 이해관계자의 신청 또는 직권에 의해 법원의 민사집행행위에 대해 법원에 사건집행현황 설명을 요청하고 법적 사유 발견시 검찰건의(檢察建議)를 제기할 수 있다.

검찰건의 결정시 반드시 검찰장 또는 검찰위원회의 결정을 거쳐야 한다(검찰청 민사소송감독규칙 제105조~제108조).

## 제8장

# 기업법

정영진(인하대학교 법학전문대학원 원장)

# 제1절
# 중국기업법 총설

## Ⅰ. 중국기업법의 역사

### 1. 개설

중국은 1978년 12월 공산당 "11기 3중전회"(十一届三中全會)[1]에서 개혁개방을 결정하고, 전국인민대표대회에서 1993년 헌법을 개정하면서 "사회주의 시장경제'를 채택하였다. 중국은 현재 계획경제에서 시장경제로서의 체제전환을 시도하는 국가에 속하지만 사회주의 법제의 기초 위에서 시장경제에 필요한 법을 제정 또는 개정하고 있어, 중국 기업법을 이해하기 위해서는 사회주의 기업법에 대한 이해가 필요하다.

중국 인민은 중국 공산당의 영도 하에 1949년 10월 1일 사회주의 혁명에 성공하고 중화인민공화국을 성립시켰는데, 1956년 9월 중국공산당 제8차 전국대표대회에서 채택한 「정치보고에 관한 결의」[2]에 따르면 "우리는 농업·수공업과 자본주의 공상업(工商业)에 대한 사회주의 개조(改造)는, 자산계급 소유제, 즉 자본주의를 생산하는 권원인 개인소유제(小私有制)를 변혁하는 것이다. 현재 이러한 사회주의 개조는 이미 결정적인 승리를 취득하였다."고 밝히고 있다. 1956년 사회주의 개조가 완성된 이후 도시의 주민은 ① 정부의 기관(机关) 또는 위원회, ② 문화·교

---

1) 중국 공산당 '제11기 제3차 중앙위원회 전체회의'의 약칭이다.
2) 中国共产党第八次全国代表大会关于政治报告的决议(1956년 제정).

육·의료 등 비영리적 사회공익사업에 종사하는 사업단위(事業單位), ③ 전민3)소유제기업, ④ 도시의 집체4)소유제기업 등에 소속되었는데, 이들을 단위(單位)라 불렀다. 모든 자원을 독점하고 있는 국가는 도시에서 단위를 통해서 단위 구성원에게 자원을 분배함으로써 사회를 전면적으로 통제할 수 있었다. 단위는 도시지역에서 일종의 국가의 하부조직이라고 할 수 있다. 중국의 사회주의를 러시아의 국가사회주의에 대비하여 단위사회주의라고 하는 이유가 여기에 있다.

농민의 경우 1953년부터 1956년까지 농업합작화(農業合作化)운동의 결과 발생한 사회주의 경제조직인 집체경제조직에 소속되었다. 즉, 농민들이 농지, 농기구, 가축 등 생산수단(生產資料)을 현물출자하여 집체경제조직을 설립하고, 그 집체경제조직이 농업생산을 하여 그 결과물을 각 농민에게 분배하여 주는 구조였다. 이러한 농촌의 집체경제조직은 1958년 이후 인민공사5)로 발전하였다. 즉, 1958년 농촌에서 인민공사가 설립된 후 농촌지역에서는 인민공사-생단대대(生產大队)-생산대(生產队)의 3단계(三級) 집체경제조직이 형성되었다. 이때 인민공사가 운영했던 집체소유제기업이 사(社)기업이고, 생산대대와 생산대가 운영했던 집체소유제기업이 대(队)기업인데, 이를 합쳐서 사대기업(社队企业)이라고 불

---

3) 전민이란 전체 인민을 의미한다. 인민이란 정치적인 개념으로, 중국 국적인 가진 자연인을 의미하는 공민(公民)과 구별된다. 현행 헌법 전문에 따르면 전체 사회주의 노동자·사회주의 사업의 건설자·사회주의를 옹호하는 애국자와 조국통일을 옹호하는 애국자가 인민이다.

4) 집체(集體)란 집단을 의미하는데, 농촌(乡村)에서 집체는 일정한 지역을 기반으로 조직되었고, 도시(城鎮)에서 집체는 일정한 직업(수공업, 건축업, 운송업, 상업, 서비스업 등)을 기반으로 조직되었다. 도시 토지의 소유권은 국가가 갖고 있고, 농촌 토지의 소유권은 집체가 갖고 있다. 성진(城鎮)이란 성(城)이 있고 군대(鎮)가 주둔한 장소라는 의미이다. 전통적으로 성 안쪽이 중심지이고, 성 바깥쪽을 교외(城郊)라 하며, 교외가 끝나는 곳에 농촌이 있다. 중국 국가통계국에 따르면 2021년 현재 중국의 도시화률(城鎮化率)은 64.72%이다.

5) 1958년 중국 공산당 중앙위원회의 "농촌에서 인민공사건립문제에 관한 결의"(关于在农村建立人民公社问题的决议)를 통해서 본격적으로 설립되었다.

렀다. 이 사대기업이 전형적인 농촌이 집체소유제기업이다. 인민공사는 최상위의 농촌집체경제조직이면서 한편으로는 농촌사회의 기층(基層)정권6)이기도 한 정사합일(政社合一) 조직이었다.

## 2. 외상투자기업 관련 법제

개혁개방을 결정한 1978년, 공유제 기업이 공업 총생산액의 100%를 생산하고 있었다. 즉 전민소유제공업기업이 78%, 집체소유제기업이 22%를 각 생산하고 있었다.7) 개혁개방 이후 기업법의 발전은 크게 세 가지 방향으로 이루어졌다. (1) 외상투자기업의 유치 관련 법령과 (2) 공유제 기업의 개혁 관련 법령, (3) 비공유제 기업의 도입 관련 법령이다.

1949년 신중국 성립 이후 기업에 관한 최초의 법률은 외자를 도입하기 위하여 1979년 제정된 「중외합자경영기업법」8)이다. 그 후 1986년에 「외자기업법」9)과 1988년에 「중외합작경영기업법」10)이 각 제정되어, 소위 "3자기업법"(三資企業法) 체제가 확립되었다. 3자기업법은 외상투자기업에 대한 기본법인데, 외상투자기업이란 외상투자자(外商投資者)가 중국 경내(境內)에 설립한 기업을 말한다. 외상투자자에는 외국투자자 외에 홍콩·마카오,11) 대만의 투자자도 포함된다. 그리고 경내란 홍콩·마

---

6) 중국에서 기층정권은 지방제도 중 가장 기본적인 정권단위로서, 중국의 현행제도에 의하면 기층이란 구를 설치하지 않는 시, 시 관할의 구, 현(县), 향(乡), 진(镇) 등을 말하며, 이들에 모두 인민대표대회와 인민정부가 있다(헌법 제30조).

7) 전신욱, "중국 국유기업의 개혁과정과 운영방향," 「한국동북아논총」 (한국동북아학회), 제50권(2009), 160면.

8) 中外合資經營企業法(1979년 제정, 2001년·2016년 개정, 2020년 폐지).

9) 外資企業法(1986년 제정, 2000년·2016년 개정, 2020년 폐지). 외자기업이란 외상투자자의 지분이 100%인 기업을 의미한다. 통상 "외상독자기업"이라고 한다.

10) 中外合作經營企業法(1988년 제정, 2000년·2017년 개정, 2020년 폐지).

11) 홍콩(1997년 영국령에서 중국에 반환됨)과 마카오(1999년 포르투갈령에서 중국에 반환됨)를 특별행정구(特別行政區)라 한다(헌법 제31조).

카오를 제외한 중국 본토를 의미한다.

중국은 2001년 세계무역기구(World Trade Organization, WTO)에 가입하였는데, 그 이후 외상투자기업에 대한 내국민대우 요구와 외상투자기업의 우대에 따른 내자기업의 역차별 문제 등이 제기되자, 2019년 「외상투자법」12)을 제정하여 2020년 1월 1일부터 시행하면서 위 3자기업법을 폐지하였다. 이에 따라 2020년 이후 외상투자기업도 내자기업에 적용되는 기업법에 따라 설립하여야 하고, 기존의 외상투자기업은 시행일로부터 5년, 즉 2024년 12월 31일까지 원래의 기업조직형식 등을 유지할 수 있다(제42조).

## 3. 공유제 기업 관련 법제

공유제 기업은 경제적 목표뿐 아니라 정치적, 사회적 목표도 아울러 추구하였다. 즉, 공유제 기업은 상품이나 서비스를 생산하고 종업원에게 임금을 지급하는 경제적 기능에 머물지 않고 종업원과 그 가족의 주거, 의료, 자녀교육 등의 서비스를 제공하는 정치 및 사회적 기능까지 겸했다. 이러한 공유제 기업은 경제적 효율성의 측면에서 좋은 실적을 기대하기는 어렵다. 그리하여 개혁개방 후 공유제 기업의 개혁은 크게 두 가지 방향으로 이루어졌는데, 첫째는 정치와 경제의 분리이고 둘째는 책임 경영을 위하여 공장장 책임제(厂长负责制)의 채택이다.

1979년부터 인민공사의 정치적 부분을 분리하여 향정부(乡政府)를 건립하기 시작하였는데, 1982년 헌법에서 인민공사를 단순히 집체경제 조직으로 후퇴시켰다(제8조).13) 중국 공산당 중앙위원회는 1983년 「정치

---

12) 外商投資法(2019년 제정).

13) 헌법 제8조: 농촌인민공사, 농업생산합작사와 기타 생산, 공급, 신용, 소비 등 각종 형식의 합작경제는 사회주의 노동군중의 집체소유제 경제이다(农村人民公社、农业生产合作社和其他生产、供销、信用、消费等各种形式的合作经济, 是社会主义劳动群众集体所有制经济).

와 경제의 분리 및 향정부 건립에 과한 통지」[14]를 통하여 인민공사를
해체시키고, 1984년 「사대기업의 신국면을 여는 것에 관한 보고」[15]에서
전술한 사대기업을 향진기업(乡镇企业)으로 명칭을 변경했다. 향진기업
에 대하여는 「향진기업법」[16]이 적용되는데, 향진기업은 농촌집체경제조
직 또는 농민이 주로 투자하여, 향(乡) 또는 진(镇){촌(村)포함}에서 세운
농업을 지원하는 의무를 맡은 각종 기업이다(제2조). 여기서 주로 투자
하였다는 것은 농촌집체경제조직 또는 농민의 투자가 50%를 초과하거
나 50% 이하라도 지배적인 지분 등을 갖거나 실질적으로 지배력을 행
사하는 경우를 말한다. 농촌의 집체경제조직이 100% 출자할 필요가 없
고, 농민도 설립할 수 있다는 점에서 기존의 집체소유제기업과 구별된
다. ① 농촌집체경제조직이 100% 투자하여 향진기업을 설립하는 경우
향진기업의 재산권(财产权)은 전체농민의 집체경제조직(全体农民集体)이
소유하고, ② 농촌집체경제조직과 다른 기업, 조직 또는 개인이 공동으
로 투자하여 향진기업을 설립하는 경우 향진기업의 재산권은 투자자(投
资者)가 출자액(出资份额)에 비례하여 소유하며, ③ 농민이 조합 또는 단
독으로 투자하여 설립한 경우 향진기업의 재산권은 투자자가 소유한다
(제10조).

　　또한 전민소유제기업에 대하여는 1988년 「전민소유제공업기업법」[17]
을 제정하였고, 집체기업에 대하여는 1990년 「향촌 집체소유제기업조
례」[18]를, 1991년 「도시 집체소유제기업조례」[19]를 각 제정하면서, 각 공
장장 책임제를 명문화하였다. 공장장 책임제란 공장장이 최종적으로 결

---

14) 中共中央·国务院关于实行政社分开建立乡政府的通知(1983년 제정).

15) 中共中央·国务院转发农牧渔业部和部党组关于开创社队企业新局面的报告的通知(1984년 제정).
　　통상 4호 문건이라고 한다.

16) 乡镇企业法(1996년 제정).

17) 全民所有制工业企业法(1998년 제정, 2009년 개정).

18) 乡村集体所有制企业条例(1990년 제정, 2011년 개정).

19) 城镇集体所有制企业条例(1991년 제정, 2011년·2016년 개정).

정을 하고 책임을 지는 제도를 말하는데, 1986년 「전민소유제공업기업
공장장 업무조례」20)에서 처음으로 인정되었다. 「전민소유제공업기업법」
에 따르면, 전민소유제기업의 재산은 전체인민의 소유(全民所有)인데(제2
조 제2항). 직공대표대회(職工代表大会)에서 정부주관기관의 결정에 근거
하여 공장장의 선출(选举) 한다(제52조 5호). 「도시 집체소유제기업조례」
에 따르면 집체기업의 재산에 대한 소유권은 노동군중의 집체(劳动群众
集体)가 가지고, 공동으로 노동을 하며 노동에 따라 분배(按劳分配)한다
(제4조). 직공대표대회에서 공장장을 선임 및 파면한다(제9조). 「향촌 집
체소유제기업조례」에 따르면, 집체기업의 재산에 대한 소유권은 향(乡)
또는 촌(村) 내 전체농민의 집체(全体农民集体)가 소유하는데(제18조 제1
항),21) 집체기업은 세후 수익의 60% 이상을 기업에 보류하고, 나머지는
기업소유자에게 배분하게 되는데(제32조 제1항), 이 경우 전체농민에게
배분하는 것이 아니라 농업기본건설, 농업기술서비스, 농촌공익사업 등
에 주로 사용된다(제32조 제2항). 농민대표회의(农民代表会议) 또는 전체농
민을 대표하는 집체경제조직(代表全体农民的集体经济组织)이 공장장을 선
임 또는 파면한다(제18조, 제19조)

## 4. 비공유제 기업 관련 법제

비공유제 기업 관련 법령으로는 1988년 제정된 「사영기업 잠행조
례」22)가 있다. 이에 따르면, 사영기업에는 독자기업(独资企业), 조합기업
(合伙企业), 유한회사(有限责任公司)가 있다(제6조). 이 중 독자기업과 조합

---

20) 全民所有制工业企业厂长工作条例(1986년 제정, 2011년 개정).
21) 농촌집체기업은 세후 수익의 60% 이상을 기업에 보류하고, 나머지는 기업소유자에게
    배분하게 되는데(제32조 제1항), 이 경우 전체농민에게 배분하는 것이 아니라 지방정
    부에 의하여 농업기본건설, 농업기술서비스, 농촌공익사업 등에 주로 사용된다(제32조
    제2항).
22) 私营企业暂行条例(1988년 제정, 2018년 실효).

기업은 법인격이 없고, 유한회사는 법인격이 있다. 사영기업 중 독자기업은 1999년 「개인독자기업법」[23)에 의한 개인독자기업으로, 조합기업은 1997년 「조합기업법」[24)에 의한 조합기업으로, 유한회사는 1993년 회사법[25)에 의한 유한회사로 대부분 전환되었다. 회사법상 회사에는 유한회사(有限責任會社)[26)와 주식회사(股份有限會社)의 2종이 있다(제2조). 그 외 기업으로는 민법전에 규정한 개체상공호(个体工商户)가 있다. 이에 대하여 후술하기로 한다.

## II. 민사주체와 시장주체

### 1. 민사주체

2020년에 제정되어 2021년부터 시행되고 있는 민법전[27)은 자연인, 법인, 비법인조직에 대하여 규정하고 있다. ① 자연인에는 개체상공호(个体工商户)와 농촌승포경영호(农村承包经营户)가 있고(제54~제56조), ② 법인에는 영리법인, 비영리법인, 특별법인이 있으며, ③ 비법인조직에는 개인독자기업(个人独资企业), 조합기업(合伙企业), 전문서비스기구(专业服务机构)[28) 등이 있다(제102조 제2항). 비법인조직도 법률에 의하여 등기를 하여야 한다(민법전 제103조 제1항). 즉, 등기 여부와 법인격 유무는 관계가 없다. 법인의 경우 출자자는 유한책임을 부담하지만(제83조),[29) 비법

---

23) 个人独资企业法(1999년 제정).

24) 合伙企业法(1997년 제정, 2006년 개정). 한국의 경우 조합은 조합계약으로 규율한다.

25) 會社法(1993년 제정, 1999년·2004년·2005년·2013년·2018년 개정).

26) 有限責任會社는 직역하면 유한책임회사이다. 한국 상법에는 유한책임회사와 유한회사가 있는데, 중국의 유한책임회사는 유한회사와 유사하므로 유한회사로 번역하기로 한다. 참고로 한국 상법상 유한책임회사에는 이사 대신에 업무집행자를 선임한다.

27) 民法典(2020년 제정).

28) 중국 법률사무소가 이에 해당한다.

29) 한국 상법에 따르면 법인격과 유한책임은 논리적 연관이 없다. 즉 합명회사는 법인격이 있지만 합명회사의 사원은 회사의 채권자에 대하여 회사가 채무를 완제할 수 없을

인조직의 출자자(出资人)와 설립인(设立人)은 비법인조직의 채무에 대하여 무한책임을 진다(제104조).

영리법인에는 회사법상 회사(유한회사와 주식회사)와 기타 기업법인이 있고(제76조 제2항). 비영리법인에는 사업단위(事业单位), 사회단체(社会团体),[30] 기금회(基金会), 사회서비스기구(社会服务机构) 등이 있다(제87조 제2항). 특별법인에는 기관법인(机关法人),[31] 농촌집체경제조직법인(农村集体经济组织法人),[32] 도시농촌의 합작경제조직법인(城镇农村的合作经济组织法人), 기층군중성 자치조직법인(基层群众性自治组织法人)[33] 등이 있다(제96조). 이상을 표로 정리하면 다음과 같다.

| 구 분 | | 내 용 | 영업집조 |
|---|---|---|---|
| 자연인 | | 개체상공호(个体工商户) | 필요 |
| | | 농촌승포경영호(农村承包经营户) | 불요 |
| 법인 | 영리법인 | 유한회사(有限责任公司) | 필요 |
| | | 주식회사(股份有限公司) | |
| | | 기타 기업법인 | |
| | 비영리법인 | 사업단위(事业单位) | 불요 |
| | | 사회단체(社会团体) | |
| | | 기금회(基金会) | |
| | | 사회서비스기구(社会服务机构) | |

---

때 보충적으로 책임을 부담한다(제212조).

30) 문화예술, 종교 등의 활동에 종사하는 비영리단체를 가리킨다. 예를 들면 협회, 학회 등이다.

31) 독립된 경비가 있는 기관(机关)과 행정직능(行政职能)을 담당하는 법정기구(法定机构)는 성립한 날로부터 기관법인의 자격을 취득한다(민법전 제97조).

32) 후술하는 농민전업합작사(农民专业合作社)가 이에 해당한다.

33) 도시주민위원회(城市居民委员会)와 농촌의 촌민위원회(村民委员会)를 말한다. 헌법 제111조는 "도시와 농촌의 주민거주지에 설립되는 주민위원회 또는 촌민위원회는 기층군중 자치조직이다"라고 규정하고 있다. 관련 법률로는 도시주민위원회조직법(城市居民委员会组织法, 1989년 제정, 2018년 개정)과 촌민위원회조직법(村民委员会组织法, 1998년 제정, 2010년·2018년 개정)이 있다.

| | | | |
|---|---|---|---|
| 특별법인 | 기관법인(机关法人) | 불요 |
| | 농촌집체경제조직법인(农村集体经济组织法人) | 필요 |
| | 도시농촌의 합작경제조직법인(城镇农村的合作经济组织法人) | 필요 |
| | 기층 군중성 자치조직 법인(基层群众性自治组织法人) | 불요 |
| 비법인조직 | 개인독자기업(个人独资企业) | 필요 |
| | 조합기업(合伙企业) | 필요 |
| | 전문 서비스기구(专业服务机构) | 불요 |

위 민사주체 중 영업집조(营业执照)가 필요한 것은 개체공상호, 영리법인, 개인독자기업과 조합기업이다. 사업단위는 비영리법인이지만 목적사업 수행을 위하여 영리활동을 하기 위해서는 독립채산(独立核算)을 실시하는 경영조직을 설립하여 법에 따라 등기하여야 한다(「사업단위등기관리임시조례」[34] 제2조). 영업집조에 대하여는 후술하기로 한다.

## 2. 시장주체(市場主體)

한국의 경우 헌법상 보장된 직업의 자유의 한 내용으로 영업의 자유와 기업의 자유가 인정되므로,[35] 상행위를 함에 있어서 원칙적으로 영업허가가 필요하지 않다. 그러나 보건·위생·풍속영업 등의 경우 사회질서와 공공복리의 필요에 의하여 예외적으로 상행위를 금지하고, 일정한 조건을 충족하는 경우 그 금지를 해제하는 것이 영업허가이다.[36]

---

34) 事业单位登记管理暂行条例(1998년 제정, 2004년 개정).

35) 직업의 자유는 영업의 자유와 기업의 자유를 포함하고, 이러한 영업 및 기업의 자유를 근거로 원칙적으로 누구나가 자유롭게 경쟁에 참여할 수 있다. 경쟁의 자유는 기본권의 주체가 직업의 자유를 실제로 행사하는 데에서 나오는 결과이므로 당연히 직업의 자유에 의하여 보장되고, 다른 기업과의 경쟁에서 국가의 간섭이나 방해를 받지 않고 기업활동을 할 수 있는 자유를 의미한다(헌법재판소 1996.12.26. 선고 96헌가18 결정).

36) 최영규, "영업허가의 개념과 범위," 『공법연구』 (한국공법학회), 제21권(1993), 177면; 손진상·이원, "영업규제제도에 관한 연구," 『경영연구』 (안동대학교 경영연구소), 제2

    사회주의 시장경제를 채택한 중국에서 영리(营利)를 목적으로 경영
활동(经营活动)에 종사하는 기업을 시장주체라 한다(「시장주체등기관리조
례」37) 제2조). 「시장주체등기관리조례」는 시장주체를 다음 6가지로 분류
하고 있다(제2조). ① 회사와 회사 아닌 기업법인(非公司企业法人) 및 그
분사무소(分支机构), ② 개인독자기업과 조합기업 및 그 분사무소(分支机
构), ③ 농민전업합작사(农民专业合作社) 및 그 분사무소(分支机构), ④ 개
체공상호, ⑤ 외국회사의 분사무소(外国公司分支机构), ⑥ 법률, 행정법규
가 규정한 기타 시장주체 등이다. 시장주체가 되기 위해서는 반드시 법
령에 근거가 있어야 한다. 즉, 민법전, 회사법, 「개인독자기업법」, 「조합
기업법」, 「농민전업합작사법」38) 등이 근거법령이다.

    등기기관이 시장주체 설립등기를 한 후 영업집조를 발급(签发)한 경우
그 발급일(签发日期)이 시장주체의 성립일이다(위 조례 제21조). 민법전과
회사법에도 같은 규정이 있다. 즉, 중국 민법전에 따르면 영리법인의 경
우 등기기관이 성립등기를 한 후 영업집조를 발급하면 그 발급일에 법인
이 성립한다(제78조). 회사법에 따르면 등기기관이 설립등기를 한 후 영업
집조를 발급하면 그 발급일에 회사가 성립한다(제7조 제1항). 시장주체의
설립등기(设立登记)를 하지 않고도 시장주체의 명의로 경영활동에 종사할
수 없는데(제3조), 이를 위반한 경우 등기기관39)은 시정(改正)을 명하고
위법소득을 몰수한다(제43조). 위 시정을 거부하는 경우 1만 원(元) 이상
10만 원(元) 이하의 과태료(罚款)를 부과하고, 정황이 엄중한 경우 폐업(关
闭停业)을 명하고, 10만 원(元) 이상 50만 원(元) 이하의 과태료를 부과한
다(제43조).

---

    권 제1호(1998), 185면.

37) 中华人民共和国市场主体登记管理条例(2021년 제정).

38) 农民专业合作社法(2006년 제정, 2017년 개정).

39) 국무원 직속기관인 국가시장감독관리총국(国家市场监督管理总局)에서 등기 업무를 담
    당한다(「시장주체등기관리조례 실시세칙」 제2조).

## 3. 영업집조(营业执照)

영업집조에 대하여, (i) 북경대학교에서 운영하고 있는 북대법보(北大法宝) 사이트의 중국 회사법 영문 번역본에서는 영업집조를 영어로 business license로 변역하고 있고, (ii) 일본무역진흥기구 상해사무소의 사이트의 중국 회사법 일본어 번역본에서는 영업집조를 일본어로 营業許可証(영업허가증)으로 번역하고 있다. (iii) 한국에서는 영업집조를 영업허가증,40) 영업허가서,41) 영업인가증,42) 사업자등록증43) 등으로 번역하고 있다.

그런데, ① 영업집조를 영업허가증으로 보기 어렵다. 중국 행정허가법44)에 따르면 행정허가란 행정기관이 공민,45) 법인 또는 기타 조직의 신청에 대하여 심사하여 특정활동에 종사하는 것을 허락(准予)하는 행위를 말한다(제2조). 예를 들면, 중국에서 보험회사를 설립하기 위해서는 중국은행보험감독관리위원회46)(中国银行保险监督管理委员会)의 허가(批准)47)을 받아야 하는데(보험법 제67조, 제71조), 신청인은 위 감독관리위원회가

---

40) 이정표,『중국회사법』, 박영사, 2008, 53면, 57면, 59면 등; 정이근, "중국의 영업허가제도와 법적 문제점,"『영산법률논총』(영산대학교 법률연구소), 제10권 제1호(2013년), 6면.

41) 사법연수원,『중국법』, 사법연수원출판부, 2011, 209면.

42) 소삼영, "중국의 상업등기제도,"『법학논집』(청주대학교 법학연구소), 제32권 제1호(2010), 135면.

43) 허운학,『중국진출기업을 위한 중국법 실무해설』, ㈜로앤비, 2004, 31면 주 37.

44) 行政许可法(2003년 제정, 2019년 개정).

45) 중국에서는 공민과 자연인을 구별한다. 공민이란 중국 국적을 가진 사람을 말한다. 이에 대하여 자연인은 공민뿐만 아니라 중국에 있는 외국인과 무국적자도 포함한다(민법통칙 제8조 제2항).

46) 국무원의 직속 사업단위(事业单位)이다(보험법 제134조).

47) 중국의 경우 조약 체결의 경우 비준이라는 용어를 사용하고 있다. 즉, 조약체결절차법(締結条約程序法, 1990년 제정)에 따르면 전국인민대표대회 상무위원회가 조약과 중요한 협정(重要协定)에 대한 비준(批准)을 결정한다(제7조 제1항). 그런데 중국은 조약 등에 대한 비준 외에 상급행정기관이 하급행정기관 또는 민간부문의 의견, 건의 또는 신청에 대한 동의라는 의미로 광범위하게 사용하고 있다.

발급한 보험업영업허가증(经营保险业务许可证)을 가지고 설립등기를 하고
영업집조를 받는다(보험법 제77조).48) 위와 같이 중국법에서도 영업허가
증과 영업집조를 구별하고 있다. 한편 중국 회사법상 주식회사 설립에
대해 준칙주의를 취하고 있는데(제6조), 등기기관이 설립등기를 한 후
영업집조를 발급하면 그 발급일에 회사가 성립한다(제7조 제1항). 만약
영업집조를 영업허가증으로 번역한다면 마치 회사설립에 대해 허가주의
를 취한 것으로 오해할 우려가 있다. 결국 영업집조를 영업허가증으로
번역하는 것은 타당하지 않다. 또한, ② 영업집조를 영업인가증으로 번
역하기도 어렵다. 인가는 사인간의 법률행위를 보충해서 그 법적 효력을
완성시켜주는 행정행위인데, 영업집조는 기업의 특정한 상행위를 유효하
게 하기 위하여 필요한 것이 아니라 기업이 성립하기 위하여 필요하다.
그리고 영업집조의 효과로서 기업이 성립되는 것이 아니라 관련 법령에
따라 기업이 성립되고, 다만 기업의 성립시기를 영업집조 발급일로 규정
한 것이다. 나아가, ③ 영업집조를 사업자등록증으로 보기도 어렵다. 한
국의 경우 매입세액 공제 등을 위해 부가가치세법에서 요구되는 것인데
(제8조),49) 중국 국세징수관리법50)에 따르면 기업은 영업집조를 발급받
은 날로부터 30일 이내에 세무기관에 세무등록(税务登记)을 신청하여야
하고, 세무기관은 신청일로부터 30일 이내에 세무등록증서(税务登记证件)
를 발급한다(제15조 제1항). 위 세무등록증서가 한국법상 사업자등록증에
해당하므로 영업집조를 사업자등록증으로 번역할 수 없다.

　생각건대, 국가기관이 독점적으로 영위하던 사업에 대한 독점권을
포기하고 국가 외의 자에게 개방하는 방식으로 면허(특허)영업, 허가영
업, 등록영업, 신고영업 등 다양한 방식이 있는데,51) 중국의 경우 민사

---

48) 보험업영업허가증은 발급일로부터 6개월 내에 설립등기를 하지 않으면 실효된다(보험
　　법 제78조).
49) 부가가치세법에 따르면 사업자란 사업 목적이 "영리이든 비영리이든 관계 없이" 사업
　　상 독립적으로 재화 또는 용역을 공급하는 자를 말한다(제2조 제3호).
50) 国税收征收管理法(1992년 제정, 1995년 · 2001년 · 2013년 · 2015년 개정).

주체와 구별된 '시장주체'로 하여금 상행위를 할 수 있도록 하고 있다. 이러한 시장주체는 후술하는 바와 같이 한국법상 성안과는 다른 개념이다. 중국법상 영업집조의 발급기관은 등기기관인데, 등기기관은 설립등기를 한 후 영업집조의 발급을 위한 별도의 심사 없이 자동적으로 영업집조를 발급한다. 따라서 영업집조는 '기업등기필증'과 유사하다. 다만, 한국의 등기필증과 달리 시장주체는 영업집조를 영업소의 눈에 잘 띄는 곳에 게시하여야 한다. 시장주체가 이를 위반한 경우 등기기관은 시정을 명하고, 그 시정을 거부하는 경우 3만 원(元) 이하의 과태료를 부과한다(제48조). 결국 영업집조는 중국 특유의 제도라 할 수 있다.

## Ⅲ. 중국기업의 구체적 내용

### 1. 회사와 기업과의 관계

한국의 경우 기업(enterprise)이란 실질적 의의의 상법의 대상이 되고 있는 상기업(商企業)만을 의미하고, 상기업이란 "상인적 설비와 방법에 의하여 영리를 목적으로 경영활동을 하는 경제적 생활체"를 뜻한다.[52] 그리고 경제적 개념인 기업과 법률적 개념인 상인을 엄격하게 구별하여, 기업과 관련된 생활관계에서 발생하는 권리의무를 귀속시키기 위한 법적 주체로서 상인이란 개념을 사용하고 있다.[53] 상법은 상인 대신에 영업주를 기업의 법적 주체의 의미로 사용하는 경우도 있고(제11조 제1항), 회사는 기업인 동시에 상인이다.

중국에서는 기업과 상인을 명확하게 구별하지 않고, 영업집조를 발급받아서 영업행위를 하는 조직을 기업이라고 하였다. 이에 따르면 기

---

51) 손진상·이원, "영업규제제도에 관한 연구," 『경영연구』(안동대학교 경영연구소), 제2권 제1호(1998), 10-11면.

52) 정찬형, 「상법강의(상)(제16판)」(박영사, 2013), 8면.

53) 정찬형, 전게서, 52면.

업은 단순히 경제적인 개념이 아니라, 법적인 개념이다. 즉, 기업은 시장주체로서 상대방과 직접 계약을 체결하고, 권리의무를 부담한다. 이러한 기업은 법인격 유무에 따라 기업법인과 비법인기업으로 나눌 수 있는데, 개체공상호와 농민전업합작사의 경우 비법인기업이지만 기업이라는 용어를 사용하지 않고 있다. 그리고 회사는 기업법인 중 회사법에 의하여 설립된 유한회사와 주식회사만을 지칭한다(제3조). 즉, 회사는 기업이지만 기업이 회사인 것은 아니다.

독일의 토마스 라이저(Rasier) 교수는 상법이 상인법에서 기업법으로 발전되고 있다는 전제에서 상법상 상인개념을 기업개념으로 대체하고 나아가 기업 자체에 권리주체성을 인정할 것을 주장한 바 있다.[54] 그런데 중국은 2021년 「시장주체등기관리조례」를 제정하면서, 기존의 「기업법인등기관리조례」[55] 「회사등기관리조례」,[56] 「개체공상호등가관리방법」[57] 「농민전업합작사등기관리조례」[58] 등은 모두 폐지하였다. 한국법상 상인은 기업활동의 법률상 귀속주체로서 자연인 또는 법인인 것을 전제하고 있지만, 중국법상 시장주체에는 비법인기업도 포함된다는 점에서, 시장주체와 기업은 실질적으로 동일한 대상을 지칭한다고 볼 수 있다.

## 2. 개인독자기업(个人独资企业)과 개체공상호(个体工商户)의 관계

「개인독자기업법」에 따르면 개인독자기업의 설립요건은 투자자가 자연인이고, 합법적인 기업명칭(企業的名稱)을 가져야 하며, 투자자가 신

---

54) 이영종, "기업과 경영," 『비교사법』(한국비교사법학회), 제15권 제4호(2008), 287면.
55) 企業法人登記管理条例(1988년 제정, 2011년·2014년·2016년 개정·2019년 개정, 2021년 폐지).
56) 公司登記管理条例(1994년 제정, 2005년·2014년·2016년 개정, 2021년 폐지).
57) 个体工商户登記管理办法(2011년 제정, 2014년·2019년 개정, 2021년 폐지).
58) 農民专业合作社登記管理条例(2007년 제정, 2014년 개정, 2021년 폐지).

고한 출자가 있어야 하고, 고정된 생산경영장소와 필요한 생산경영조건 (生产经营条件)이 있어야 하며, 필요한 종업원(从业人员)이 있어야 한다(동 법 제8조), 개인독자기업이 직공을 고용하는 경우 노동계약을 체결하여 야 하며(제22조), 개인독자기업의 직공(职工)은 공회(工会)를 건립할 수 있다(제6조). 직공과 공회에 대하여 후술하기로 한다. 개인독자기업의 경 우, 투자자인 자연인이 아니라 개인독자기업이 법령상 권리를 취득하지 만(제24조), 법인격이 없으므로 투자자가 개인독자기업의 채무에 대하여 무한책임을 부담한다(제2조). 개인독자기업의 경우 해산 및 청산 절차가 있다(제26조~제32조).

「개체공상호조례」59)에 따르면, 개체공상호는 개인 또는 가족이 경영 하는 것을 말한다(제2조 제2항). 개인공상호라 번역하지 않는 이유는 개체 에는 개인뿐만 아니라 가족도 포함되기 때문이다. 민법전에 따르면 자연 인은 개체공상호 등기를 하면 개체공상호가 되는데(제54조), 공상업에 종 사하기 위해서는 영업집조를 발급받아야 한다(「개체공상호등기방법」60) 제2 조). 개인이 경영하는 경우 개인재산으로 책임을 지고, 가족이 경영하는 경우 가족 재산으로 책임을 지는데, 양자를 구분할 수 없는 경우에는 가 족 재산으로 책임을 진다(민법전 제56조 제1항). 개체공상호는 영업집조에 등기(登记)된 업주(业主)가 당사자능력이 있지만, 영업집조에 기재된 업 주와 실제경영자(实际经营者)가 불일치할 경우 양자를 공동피고로 할 수 있다(「최고인민법원의 민사소송법 적용에 있어서 약간의 문제에 관한 의견」61) 제46조). 개체공상호가 종업원(从业人员)을 고용하는 경우 고용계약을 체 결하여야 하고(개체공상호조례 제22조), 종업원이 업무상 타인에게 손해를 입힌 경우 개체공상호가 책임을 진다(위 의견 제45조).

---

59) 个体工商户条例(2011년 제정, 2014년·2016년 개정).

60) 个体工商户登记管理办法(2011년 제정, 2014년·2019년 개정).

61) 最高人民法院印发《关于适用＜中华人民共和国民事诉讼法＞若干问题的意见》的通知(2008 调整).

## 3. 국유기업과 전민소유제기업의 관계

1993년 헌법을 개정하면서 기존의 국영기업을 국유기업으로 명칭을
변경하였다(제16조). 이는 "국가가 소유와 경영을 하는 기업"(국영기업)이
라는 의미에서, "국가는 소유는 하되 경영은 기업 자신이 자주적으로
하는 기업"(국유기업)이라는 의미도 전환되는 것을 의미한다.[62] 한편 헌
법에서는 "국유경제, 즉 사회주의전민소유제경제는 국민경제를 주도하
는 역량이다"라고 규정히고 있는데(제7조), 이에 따라 전민소유제기업을
국유기업과 같은 개념으로 이해하는 견해[63]가 다수설이다.

「기업국유자산법」[64]에 따르면 국가출자기업(国家出资企业)에는 ① 국
유독자기업(国有独资企业), 국유독자회사(国有独资公司), ② 국유자본지배
회사(国有资本控股公司), ③ 국유자본참가회사(国有资本参股公司)가 있다(제
5조). 위 ①의 국유독자회사는 회사법 제65조에서 제71조에서 규정하고
있는 국유독자회사를 의미하므로, 「전민소유제공업기업법」의 적용을 받
고 있는 전민소유제기업은 위 ①의 국유독자기업에 해당한다. 위 ②의
국유자본지배회사는 (i) 국유자본이 50% 초과하여 투자하거나 (ii) 50%
이하라도 지배적인 지분 등을 갖거나 실질적으로 지배력을 행사하는 경
우에 해당한다.[65] 위 ③의 국유자본참가회사에는 국가가 1주라고 소유
하고 있는 회사도 포함되는데, 국가가 투자한 재산권을 보호를 위한 것
으로 보인다. 그런데 위 ②와 ③에 따르면 국유자본지배기업과 국유자
본참가기업은 국가출자기업에 포함되지 않게 되는데 타당하지 않다. 위

---

62) 전신욱, 전게논문, 158면.

63) 오일환, "중국 기업법의 최근 발전동향,"「법조」(법조협회), 제51권 제5호(2002), 137~
138면; 전신욱, 전게논문, 158면; 김정식, "중국의 국유기업개혁에 관한 연구,"「동북아
경제연구」(한국동북아경제학회), 제17권 제2호(2005), 85면.

64) 企业国有资产法(2008년 제정).

65) 향진기업은 농촌집체경제조직 또는 농민이 50% 초과하여 투자하거나, 50% 이하라도
지배적인 지분 등을 갖거나 실질적으로 지배력을 행사하는 경우에 해당한다(향진기업
법 제2조 제2항).

다수설에 따르면 국유기업=국유독자기업=전민소유제기업이 되는데, 위와 같이 해석할 근거가 명확하지 않다. 국유기업을 국가출자기업으로 보는 것이 타당하다. 「기업국유자산법」에 따르면, 국유자산은 국가소유, 즉 전민소유(全民所有)에 속하고, 국무원이 국가를 대표하여 국유자산소유권을 행사한다(제3조).

## 4. 농촌승포경영호와 농민전업합작사(农民专业合作社)의 관계

1993년 회사법 제정 이후 상당수의 공유제 기업이 회사로 전환되었으나 공유제 기업이 모두 회사로 전환된 것이 아니므로 여전히 전민소유제공업기업과 도시와 농촌의 집체소유제기업은 독자적인 시장주체로서 그 역사적 사명을 수행하고 있다. 그 외 농촌지역에는 향진기업(乡镇企业)과 농민전업합작사(农民专业合作社) 등이 있다. 향진기업의 경우 전술한 바와 같이 농민집체경제조직이 투자한 경우에는 공유제 기업에 해당한다고 볼 수 있지만, 농민이 투자하여 설립한 경우에는 공유제 기업이라 보기 어렵다.

농촌집체경제조직은, 가정승포경영(家庭承包经营)의 기초 위에서, 통분결합(统分结合)의 쌍층경제체제(双层经营体制)를 실시한다(헌법 제8조, 민법전 제330조 제1항). 과거에는 농촌집체경제조직이 농촌토지를 통합하여 공동으로 생산하였는데, 개혁개방 이후 가정승포경영 제도를 도입하여 농촌토지의 일부를 분리하여 농촌가정에게 장기간 빌려주어 경영하도록 하였는데, 위 양 제도를 결합한 것이 쌍층경제체제이다. 가정승포경영이란, 농촌토지의 소유권과 경영권을 분리하여, 농촌토지의 소유자인 농촌집체경제조직이 승포계약(承包合同)을 통하여 그 구성원의 가정에게 농촌토지의 경영권을 부여하는 것을 말한다.

농촌승포경영호에 대하여는 민법전의 총칙편에서 규정하고 있고(제54조~제56조), "토지승포경영권"에 대하여는 용익물권의 하나로 규정하고

있다(제330조~제341조). 민법전에 대한 특별법으로 「농촌토지승포법」66)이
있다. 농촌집체경제조직의 구성원은 법에 따라 농촌토지승포경영권(农村
土地承包经营权)을 취득하여, 가정승포경영(家庭承包经营)에 종사하는 경
우, 농촌승포경영호가 된다(민법전 제55조). 농촌승포경영인이라고 하지
않고 농촌승포경영호라 한 이유는 개체공상호와 마찬가지로 가족이 경
영할 수 있기 때문이다. 이에 따라 농촌승포경영호의 채무는 농촌토지
승포경영에 종사하는 농가(农户)의 재산으로 부담하고, 사실상 농가의
일부 구성원이 경영하는 경우에는 그 구성원의 재산으로 부담한다(제56
조 제2항). 또한 승포기간(承包期限)은 경지(耕地)는 30년, 초지(草地)는 35
년에서 50년, 임지(林地)는 30년에서 70년이고, 연장이 가능하다(「농촌토
지승포법」 제21조, 민법전 제332조). 토지승포경영권은 승포계약의 효력 발
생시에 발생하는데(민법전 제333조 제1항), 등기기관은 승포인(承包方)에게
'토지승포경영권 증서'(土地承包经营权证) 또는 '임야권 증서'(林权证) 등
증서를 교부하고 등기부에 편철하여야 하는데(민법전 제333조 제2항), 위
증서에는 가정구성원 전원을 포함시켜야 한다(「농촌토지승포법」 제24조
제2항). 중국법상 농촌승포경영호는 토지승포경영권에 대하여 등기를 하
지만 시장주체에 대한 등기가 아니므로 시장주체가 아니다.

　　승포를 도급67) 또는 청부68)라고 번역하는 경우가 많다. 일본에서 승
포를 청부라고 번역하고 있는데, 일본 민법에서 청부란 한국 민법의 도
급에 해당한다. 도급이란 당사자 일방이 일정한 일을 완성할 것을 약정
하고, 상대방이 그 일의 결과에 대하여 보수를 지급할 것을 약정함으로

66) 农村土地承包法(2002년 제정, 2009년·2018년 개정).
67) 전신욱, 전게논문, 163면; 박장재, "중국의 국유기업 개혁," 「중국연구」 (한국외국어대
　　학교 중국연구소), 제22권(1998), 45면.
68) 유무재, "중국 국유기업 개혁과 사회환경," 「중소연구」 (한양대학교 아태지역연구센터),
　　제22권 제4호(1998), 81면; 유세희·허흥호, "중국 국유기업의 개혁환경," 「중소연구」
　　(한양대학교 아태지역연구센터), 제22권 제4호(1998), 26~27면; 노철화, "중국의 국유기
　　업 개혁," 「경제연구」 (한국국민경제학회), 제5권 1호(1996), 50면.

써 성립하는 계약을 말하는데,[69] 승포의 경우에는 토지경영에 대한 보수를 지급다는 것이 아니므로 도급으로 보기도 어렵다. 토지승포는 실질적으로 물권적 농지임대차에 가까운데, 여기에서는 이를 중국 특유의 법률제도로 보아 승포로 직역하기로 하겠다.[70]

「농민전업합작사법」에 따르면, 농민전업합작사(農民专业合作社)는, 농촌가정승포경영(农村家庭承包经营)의 기초 위에서, 농산품의 생산경영자(生产经营者) 또는 농업생산경영서비스의 제공자(提供者), 이용자(利用者)가 연합(联合)하여 민주적으로 관리하는 상호부조성의 경제조직(互助性经济组织)이다(제2조). 농민전업합작사는 구성원인 농민과의 거래(원료구입·가공·운송·저장 등)를 주된 목적으로 하고 있고, 구성원과의 관계에서는 영리를 추구하지 않는다는 점에서 일반 기업과 구별된다(제19조 제1항). 적합한 구성원이 5명 이상이어야 하고(제12조 제1호, 제19조, 제20조), 그중 농민이 구성원 총수의 80% 이상이어야 한다(제20조 제1항). 구성원은 유한책임을 지고(제6조), 구성원대회(成员大会)에서 1인 1표제를 실시한다(제22조 제1항). 다만 정관으로 차등의결권을 채택할 수 있다(제22조 제2항). 법에 의하여 등기함으로써 법인자격을 취득하는데(제5조 제1항), 등기기관에 등기하고 영업집조를 취득하면 시장주체의 자격을 취득한다(「시장주체등기관리조례」 제21조). 그 구성원이 변경되면 그 날로부터 90일 이내에 변경등기를 하여야 한다(제29조).

---

69) 지원림, 민법강의 제9판, 홍문사(2011), 1536면. 참고로, 중국민법전의 건설공사계약(建设工程合同)의 장(章)에 따르면, 도급인(发包人)은 총수급인(总承包人)과 건설공사계약(建设工程合同)을 체결할 수 있지만 감리인(勘察人). 설계인(设计人), 시공인(施工人)과 감리, 설계, 시공에 관한 승포계약(承包合同)을 체결할 수 있다고 규정하고 있다(제791조).

70) 참고로, 조선시대에 농지의 소작과 관련하여 도지법(賭地法)이 있었다. 도지법은 소작료율 또는 소작료액을 미리 정하여 소작료를 징수하는 방법인데, 다시 두 가지 방법이 있었다. 첫째는 소작료율을 미리 정한 후, 매년 작물의 수확 전에 지주가 간평인(看評人)을 파견하여 소작인 입회하에 작황을 조사하여 미리 정한 소작료율을 적용하여 소작료를 정하는 방법이다. 일제강점기에는 집조법(執租法)이라고 했다. 둘째는 소작료액을 미리 정하여, 작물의 풍흉에 관계없이 일정한 소작료를 징수하는 방법이다. 일제강점기에는 정조법(定租法)이라고 했다.

# 제2절
# 중국회사법 개론

## Ⅰ. 회사법 총론

### 1. 회사법의 목적

회사법 제1조는 "회사의 조직 및 행위를 규범화(規范)하고, 회사와 사원·주주 및 채권자의 합법적 권익을 보호(保护)하며, 사회경제질서를 수호(维护)하고 '사회주의 시장경제' 발전을 촉진(促进)하기 위하여, 본법을 제정한다"고 규정하고 있다. 회사의 이해관계자 중 사원·주주 및 채권자에 대하여 규정하고 있고 직공(职工)71)에 대하여는 제17조에서, 공산당 조직에 대해서는 제19조에서 규정하고 있다. 이에 대하여는 후술하기로 하겠다. 회사 이해관계자의 권익보호뿐만 아니라 사회경제질서의 수호와 사회주의 시장경제의 발전을 회사법의 목적으로 하고 있다는 점에 중국회사법의 특색이 있다. 사회경제질서는 민법전의 규정을 보면72) 사회의 경제질서가 아니라 사회질서와 경제질서를 의미한다. 또한 사회주의 시장경제는 자본주의 시장경제와 구별되는데, 1993년 개정헌법에서 명시적으로 규정되었다. 사회주의 시장경제의 이론적 배경은 '사회주

---

71) 직공과 노동자는 동일한 개념으로 보는 것이 일반적이나, 통상 중국 회사법에서는 직공이란 용어를 사용한다.

72) 민법전 1조는 "민사주체의 합법적 권익을 보호(保护)하고, 민사관계를 조정(调整)하며, 사회와 경제질서를 수호(维护)하고, 중국 특색의 사회주의 발전요구에 순응(适应)하며, 사회주의 핵심가치관을 선양(弘扬)하기 위하여, 본법을 제정한다"고 규정하고 있다.

의 초급단계이론'이다.

## 2. 법인격과 유한책임

주식회사의 주주는 그 인수한 주식을 한도로 회사에 대하여 책임을 부담하고, 유한회사의 사원은 인수한 출자액을 한도로 회사에 대하여 책임을 부담하는데(제3조 제2항), 이를 주주(사원)의 유한책임이라 한다. 주주(사원)의 유한책임은 법인격에서 당연히 도출되는 것이 아니고, 19세기에 걸쳐서 점차적으로 제도화되었다. 후술하는 바와 같이 주식회사 발기설립의 경우 발기인은 정관에 규정한 출자기일까지 주금을 납입하거나 출자를 이행하면 되고(제81조 제5호), 반드시 회사설립 전에 출자를 모두 이행할 필요가 없다. 유한회사의 경우에도 회사설립 전에 출자를 모두 이행할 필요가 없다(제25조 제1항 제5호, 제26조 제1항). 이에 따라 주주(사원)는 회사 설립 이후에도 회사에 대하여 출자계약에 따른 의무를 부담하지만, 회사의 제3자에 대한 채무를 부담하는 것은 아니므로, 위 출자의무는 유한책임의 원칙에 반하지 않는다.

중국은 2005년 회사법을 개정하여 명문으로 법인격 부인에 대하여 규정하고 있다. 즉, 회사의 주주(사원)가 회사법인의 독립적 지위와 주주(사원)의 유한책임제도를 남용하여, 채무를 회피하거나 회사채권자의 이익에 중대한 손해를 끼쳤을 경우, 회사채무에 대해 연대책임을 진다(20조 3항).[73] 법인격 부인은 당해 회사의 법인격을 일반적으로 부인하는 것이 아니라 특정 회사채권자와의 관계에서 예외적으로 부인하여 주주(사원)

---

[73] 회사법 제23조에는 "사원·주주는 자신들의 권리를 남용하여 회사 또는 다른 사원·주주의 이익을 침해하여서는 인되고, 사원·주주가 자신들의 권리를 남용하여 회사와 다른 사원·주주에게 손해를 입힌 경우에는 법에 따라 배상책임을 부담한다"라고 규정하고 있는데, 이는 법인격부인에 관한 규정이 아니라 사원·주주가 자신이 권리남용에 따른 손해배상책임을 규정한 조항이다. 즉, 당해 사원·주주가 회사채권자에 대하여 연대책임을 부담하는 것이 아니다.

에게 책임을 추궁하는 제도이다. 한국을 포함한 대부분의 국가에서는
판례에 의하여 인정되고 있다. 1인유한회사의 경우 법인격 부인에 대한
특별규정을 두고 있다. 즉, 1인유한회사에서 사원이 자산의 재산이 회사
의 재산과 분리된 사실(독립성)을 증명하지 못하면, 회사채무에 대해 연
대책임을 진다(63조). 이에 따라 일반적으로 법인격 부인의 경우 원고가
재산혼용 등 법인격 부인의 요건을 증명하여야 하는데, 1인유한회사의
경우 피고인 사원이 재산의 독립성을 증명하여야 한다.[74]

　　법인격 부인은 원래 회사의 채권자가 주주(사원)의 유한책임을 부정
하고 그들에게 책임을 추궁하기 위한 이론으로 발전하였는데, 반대로
주주(사원)의 채권자가 회사의 법인격을 부인하여 회사에게 책임을 추궁
하는 경우에도 주장되고 있다. 후자를 "법인격의 역부인"[75]이라고 하는
데, 특정 주주(사원)의 채권자가 그 주주(사원)가 지배하는 회사에 책임
을 묻게 되면 그 회사의 다른 주주(사원)도 책임을 부담하는 결과가 된
다, 중국에서 법인격 부인의 유형으로 종적부인(纵向人格混同)[76]과 횡적
부인(横向人格混同)이 있다.[77] 전자는 회사의 채권자가 법인의 실체를 부
정하고 사원·주주에게 책임을 묻는 경우[78]이고, 후자는 회사가 채무를
면탈하기 위하여 관련관계(关联关系)에 있는 다른 회사를 활용하는 경우
그 다른 회사에 책임을 추궁하는 경우이다. 한국의 경우 종적부인을 법
인격 형해화라 하고, 횡적 부인과 같이 채무면탈 목적으로 기존 회사를
활용하거나 새로이 법인을 설립하는 경우를 법인격 남용이라고 한다.

---

74) 郎咸平与上海馨源文化传播有限公司等买卖合同纠纷上诉案((2015)沪二中民一(民)终字
    第1347号).
75) 미국에서 역부인의 전형적인 판례로는 Cargil, Inc v. Hedge 375N.W.2d 477(Minn. 1985)
    가 있다.
76) 사원이 100% 모회사인 경우, 모회사의 사원이 책임지는 경우가 있는데, 이를 중층적
    법인격부인(双层揭开公司面纱)라 한다.
77) 王军, 中国公司法(第2版), 高等教育出版社(2017), 51면.
78) "종적 부인"은 "한 쌍의 말과 기수, 두개의 간판"(一套人马, 两块牌子)라 한다.

## 3. 영리성과 사회적 책임

민법전에 따르면, 영리법인이란 이윤취득과 출자자(出资人)에게 분배할 것을 목적으로 설립된 법인을 말하는데, 영리법인에는 주식회사, 유한회사와 기타 기업법인이 있다(76조). 회사법에 따르면 회사는 ① 경영활동에 종사함에 있어 반드시 법률과 행정법규를 준수하고, ② 사회공중도덕(社会公德)과 상업도덕을 준수하는 한편 성실하게 신용을 지켜야하며(诚实守信),79) ③ 정부와 사회 공중(公众)의 감독을 받고, ④ 사회적책임을 져야 한다(5조).

개혁개방(1978년) 초기에는 과거 계획경제 시기의 기업의 사회적 역할(企业办社会)에 대한 부정적인 인식과 기업의 사회적 책임(최근 ESG로발전함)은 선진국의 무역장벽이고, 선진국이 개도국에 대한 무역장벽으로 주장된 것이라는 인식하에, 중국 기업은 사회적 책임보다는 부의 창출과 이윤극대화에 매진하였다. 그러나 경제발전으로 야기된 빈부격차, 환경오염 등의 사회적 문제를 해결하기 위하여, 2003년 중국공산당 제16기 제3중전회에서 후진타오는 "사람을 근본으로 삼는다(以人为本)"는과학적발전관과 조화사회(和谐社会)를 제시하였는데, 회사법에서는 사회적 책임으로 나타났다. 중국의 경우, 회사의 이익은 주주의 이익과 기타이해관계자 이익의 결합체로 보는 견해가 일반적이다(1조).

## 4. 공회 및 직공대표

회사 직공(职工)은 공회법80)에 따라 공회를 조직하고 공회활동을 전개하여 직공의 합법적 권익을 보호할 수 있다(회사법 제18조 제1항). 공회

---

79) 민법전에서는 공서양속(不得违背公序良俗, 8조)과 신의성실의 원칙(遵循诚信原则, 秉持诚实, 恪守承诺, 7조)을 규정하고 있다. 그리고 생태환경의 보호를 규정하고 있다(9조).
80) 工会法(1992년 제정, 2001년 · 2009년 · 2021년 개정).

법에 따르면, 중국 경내(境內)의 기업, 사업단위, 기관, 사회조직(社会組织){이하 총칭하여 고용단위(用人單位)라 한다}에서 임금수입(工资收入)을 주된 생활의 원천으로 하는 노동자는 민족, 인종(种族), 성별, 직업, 종교신앙, 교육정도를 불문하고 모두 법에 따라 공회에 참가하거나 공회를 결성할 권한이 있다(제3조). 25명 이상의 노동자가 있는 고용단위(用人單位)에는 "기층공회위원회"(基层工会委员会)를 두어야 하며, 노동자가 25명 미만일 경우 기층공회위원회를 단독으로 구성하거나 2개 이상 단위의 노동자들이 연합하여 기층공회위원회를 설립하거나 또는 조직원(组织员) 1명을 선출할 수 있다(제11조 제1항). 중국에 전국총공회(全国总工会)를 설립하고(제11조 제5항), 현급 이상의 지방에는 지방각급총공회(地方各级总工会)를, 산업별로는 산업공회(产业工会)를 설치하며(제11조 제3항, 제4항), 각 공회는 모두 사회단체(社会团体) 법인이다(제15조). 지방총공회나 산업공회를 설립하고자 하는 경우 상급공회의 승인을 받아야 한다(제12조).

공회이 경비는 ① 공회 회원이 납입한 회비(会费), ② 고용단위가 지급하는 매월 직공 임금의 2% 상당의 경비(经费), ③ 공회 소속 기업 또는 사업단위가 상납한 수입(收入), ④ 인민정부의 보조금(补助) 등으로 구성된다(제43조). 공회는 직공이 고용단위와 노동계약을 체결하는 것을 돕거나(帮助) 지도(指导)하고, 직공을 대표하여 고용단위와 법에 따라 단체계약(集体合同)을 체결할 수 있다(제21조). 고용단위가 직공을 징계(处分职工)하고자 하는 경우, 공회가 부적당하다고 판단하는 경우에는 의견을 제출할 권리가 있다(제22조 제1항). 고용단위가 직공을 해고(解除)하고자 하는 경우 사전에 그 이유를 공회에 통지하여야 한다. 공회는 고용단위가 법률, 법규 및 관련 계약을 위반하였다고 판단하는 경우 재검토를 요구할 수 있으며, 고용단위는 공회의 의견을 검토한 후 처리결과를 공회에 통지하여야 한다(제22조 제2항).

공회는 법률의 규정에 따라 직공대표대회(职工代表大会) 또는 기타 형식을 통하여 직공을 조직화하여 본 단위의 민주적 정책결정, 민주적 관리 및 민주적 감독에 참여(参与)한다(제6조 제3항). 「기업민주관리규정」[81]
에 따르면, 회사는 직공대표대회를 구성할 지 또는 직공대회를 구성할
지를 선택할 수 있고, 직공대표대회를 구성할 경우 전체 직공 수의 5%
보다 적거나, 30인 보다 적어서는 안 된다(제8조). 회사법에 따르면 이사
회 구성원 중 직공대표를 둘 수 있다(제44조 제2항, 제108조 제2항). 다음
의 경우에는 반드시 두어야 한다. ① 둘 이상의 국유기업 또는 둘 이상
의 국유투자 주체가 투자하여 설립한 유한회사에는 그 이사회 구성원
중 반드시 직공대표가 있어야 한다(44조 2항). ② 국유독자회사의 경우
이사회의 구성원 중 반드시 직공대표가 포함되어야 한다(67조 1항). 또한
감사회는 사원·주주 대표와 적당한 비율의 직공대표를 반드시 포함하
여야 하고, 그중 직공대표의 비율은 3분의 1에 미달해서는 안 되며, 구
체적 비율은 회사정관으로 정한다(제51조 제2항, 제117조 제2항).

## 5. 공산당조직

회사법에 따르면, 회사 내에 중국공산당 당헌(章程)에 따라 중국공산
당 조직을 설립하여, 당의 활동을 전개할 수 있다. 회사는 당조직 활동
에 필요한 조건을 제공하여야 한다(제19조). 공산당 당헌에 의하면, 기
업, 농촌, 기관, 학교, 과학연구기관(科研院所), 도시기층지역(街道社区),
사회조직, 인민해방군의 연대(人民解放军连队)와 기타 기층단위는 무릇
정식 당원 3인 이상으로 당의 기층조직을 성립한다(제30조).

회사에서 공산당 조직과 공회의 관계는 다음과 같다. 우선, 헌법에서
중국공산당의 영도는 중국 특색의 사회주의의 가장 본질적인 특징이라고
규정하고 있다(제1조 제2항). 이에 따라 회사도 공산당의 영도 역할을 수
용하여야 하므로, 당조직 활동에 필요한 조건을 제공하여야 한다(회사법

---

81) 企业民主管理规定(2012년 제정).

제19조). 둘째, 공회법에 이하면 공회는 공산당의 영도를 견지하여야 한다(제4조).

따라서 회사내의 공산당원들은 당의 지시를 받아 공회의 활동을 영도할 수 있다. 위에서 서술한 공산당 조직과 공회의 법적 구조를 분석하면 다음과 같은 결론을 내릴 수 있다. 즉, 회사법은 공산당 조직에 회사운영에 참여할 권한을 부여하지는 않았지만 공산당은 회사에 공산당 조직을 둘 수 있다. 공산당 조직은 공회를 통하여 회사의 경영에 참여할 수 있다.

## Ⅱ. 회사의 자본제도

### 1. 자본금과 등록자본금

자본금이란 회사가 채권자보호 등을 위하여 확보하여야 하는 규범적 금액으로, 시시각각으로 변화하는 회계학적인 개념인 자본(순자산)과는 구별되는 개념이다. 중국의 경우 자본금은 등기기관에 등기되어야 하는데(「시장주체관리조례 실시세칙」[82] 제6조 제1호), 이에 따라 자본금을 "등록자본금"(注冊資本)이라고 한다. 한국의 경우에도 자본금은 상업등기에 의하여 공시된다(상법 317조 제1항 제2호, 제549조 제2항 제2호).

중국의 경우 회사 정관에 등록자본금이 기재되어야 하는데(회사법 제25조 제1항 제3호, 제81조 제4호). 주식회사의 경우 발기설립(发起设立)인지 모집설립(募集设立)인지에 따라 등록자본금의 내용이 다르다. ① 발기설립의 경우 등록자본금은 전체 발기인(发起人)이 인수한 주식의 액면총액(认购[83]的股本总额[84])이고(제80조 1항), ② 모집설립의 경우 발기인 및 주

---

82) 中华人民共和国市场主体登记管理条例实施细则(2022년 제정).

83) 认购에는 주식을 매수한다는 의미가 포함되어 있다. 유한회사의 경우에는 认购 대신에 认缴(지분인수)라는 용어를 사용하고 있다.

84) 股本는 股份资本의 약칭으로 주식자본으로 직역할 수 있고, 주식을 발행한 대가로 취득한 자산, 즉 자본금을 의미한다. 즉, 股本总额란 발행주식에 대한 액면총액을 의미

식인수인(认股人)이 실제 납입한 주식의 액면총액(实收股本总额)이다(제80조 제2항). 즉, 발기설립의 경우 인수한 주식에 대하여 납입이 완료되지 않더라도 회사성립 등기 시에 주식이 발행된 것으로 간주하여 등록자본금에 포함시킨다. 한편, 중국 주식회사 정관에 1주의 금액을 기재하여야 하므로(81조 4호) 액면주식만 허용되고 무액면주식은 허용되지 않는다.[85] 액면금(票面金额)을 초과하여 주식을 발행한 경우 그 초과금(溢价款)은 자본준비금(资本公积金)으로 계상하여야 한다(167조).

유한회사의 경우 등록자본금은 주식회사의 발기설립의 경우와 동일하다. 즉, 총 사원의 출자인수액(认缴的出资额)이 등록자본금이다(회사법 제26조). 정관에 등록자본금과 사원의 출자액만 기재하면 되고, 출자 1좌의 금액을 기재할 필요가 없다(제25조 제1항 제3호, 제5호). 한국 상법에 따르면 유한회사의 정관에 자본금의 총액과 출자 1좌의 금액, 각 사원의 출자좌수를 기재하여야 하고(제543조 제2항 제2호, 제3호, 제4호),

## 2. 확정자본금제와 수권자본금제

회사성립 시에 정관에 기재된 자본금이 전부 발행되고 인수되어야 하는지와 관련하여 확정자본금제(确定资本制)와 수권자본금제(授权资本制)가 있다. 확정자본금제란 정관에 자본금을 기재하고, 회사성립 시에 자본금 전부가 인수되어야 하는 입법례를 말한다. 중국에서는 확정자본금제 대신에 자본금의 인수가 강제된다는 의미에서 법정자본금제(法定资本制)라는 말을 더 많이 사용하고 있다. 확정자본금제의 경우 인수된 자본금에 대하여 인수자가 납입의무를 부담하면 되고, 인수된 자본금

---

한다. 한편, 「시장주체관리조례 실시세칙」에서는 인수한 출자총액(认缴的出资数额)이라는 표현을 사용하고 있다(제7조 제1항 제1호).

85) 한국 상법에 따르면, 자본금은 액면주식을 발행할 경우 발행주식의 액면총액을, 무액면주식을 발행할 경우 발행가액의 2분의 1 이상의 금액으로서 이사회에서 자본금으로 계상하기로 하는 금액의 총액이다(451조 1항, 2항, 한국 「일반기업회계기준」 15.3조).

전부에 대한 납입이 필요한 것은 아니다. 회사성립 후 신주를 발행하는 경우 정관에 기재된 자본금이 증가되기 때문에 정관변경절차를 거쳐야 하므로, 자금조달의 기동성이 떨어진다는 단점이 있다.

　수권자본금제란 정관에 회사가 발행할 주식의 총수, 즉 수권주식수를 기재하고, 회사성립 시에 수권주식 중 일부에 대한 발행을 결의하고 그 나머지는 이사회에서 주식발행을 결의할 수 있는 입법례를 말한다. 자금조달의 기동성이 보장되지만 이사회가 제3자에게 신주를 발행하는 경우 주주의 구성이 달라질 수 있는 위험이 있다.

　중국의 경우 주식회사와 유한회사의 정관에 등록자본금을 기재하고 (제25조 제1항 제3호, 제81조 제4호), 등록자본금이 모두 인수되어야 하므로(제26조, 제80조), 확정자본금제를 채택하고 있다. 한국 주식회사의 경우 정관에 회사가 발행할 주식의 총수만 기재하고 그중 일부만 발행한 후, 이사회가 수권주식수의 범위 내에서 신주를 발행할 수 있으므로 수권자본금제를 채택하고 있다(상법 제299조 제1항 제3호, 제416조). 유한회사의 경우 정관에 자본금의 총액을 기재하도록 하고 있으므로 확정자본금제를 채택하고 있다(제543조 제2항 제2호).

## 3. 전액납입제와 분할납입제(납입자본금등기제와 인수자본금등기제)

　중국은 전술한 바와 같이 확정자본금제를 채택하고 있는데, 확정자본금제는 다시 설립등기 시에 인수된 주식 전부에 대한 납입을 완료하여야 하는 전액납입제(全部繳納制)와 설립등기 후에도 납입이 가능한 분할납입제(分期繳納制)로 나눌 수 있다. 회사설립 시에 정관에 기재되어 인수가 확정된 주식의 액면총액을 "인수자본금"이라 하고, 인수된 주식 중 실제로 납입된 금액의 총액을 "납입자본금"이라고 한다. 전액납입제의 경우 인수자본금과 납입자본금이 동일하지만, 분할납입제의 경우에는 인수자본금이 납입자본금보다 클 수 있다. 중국의 경우 주식회사의 모집설립의 경우 전액납입제를 채택하고 있고, 주식회사의 발기설립과 유한회사의 경우 분할납입제를 채택하고 있다.

또한 분할납입제는 다시 회사설립등기 시 실제납입한 자본금을 등기하는 납입자본금등기제(注册資本实缴登记制)와 인수한 자본금을 등기하는 인수자본금등기제(注册資本认缴登记制)로 나눌 수 있는데, 전술한 바와 같이 중국 회사법은 후자를 채택하였다(제26조, 제80조 제1항, 제26조), 이에 따라 후술하는 바와 같이, 「국가기업정보 공시시스템」(国家企業信用信息公示系统)에서 실제 납입한 금액을 공시하도록 하였다.

## 4. 분할납입제와 주주 또는 사원의 지위

주식회사의 발기설립과 유한회사의 경우 주주(사원)가 주식(지분)을 인수하였으나 회사 성립 후 납입기일이 도래하지 않은 경우 회사 성립과 동시에 주주(사원)의 지위를 취득하는지가 문제된다. 통설은 실제 납입과 관계없이 주주(사원)이 된다고 한다. 왜냐하면 회사 성립과 동시에 법정자본금이 확정되고 이에 따라 주주(사원)의 지위도 확정되기 때문이다. 즉 출자의 납입과 주주(사원)의 지위의 취득이 동시이행관계에 있는 것이 아니라. 다만, 유한회사의 경우 사원은 실제 납입한 출자비율에 따라 배당을 받는다(제34조).

## 5. 국가기업정보 공시시스템(国家企業信用信息公示系统)

국무원은 2014년 「사회신용체계 건설계획 강요(2014-2020년)」[86]」를 공표하여 2020년까지 정부신뢰, 비즈니스 신용, 사회신용, 사법공신력의 강화를 위한 신용체계를 구축하기로 하였는데, 2014년 3월 「국가의 기

---

86) 社会信用体系建设规划纲要(2014-2020年)(2014년 제정).

업정보 공시시스템」(www.gsxt.gov.cn)을 구축하여 운영하고 있으며, 위 사이트에서 기업의 명칭을 입력하면 기본적인 정보를 알 수 있다.

주식회사 발기설립과 유한회사 설립의 경우 전술한 바와 같이 "분할 납입제"와 "인수자본금등기제"를 채택하면서, 실제 납입한 자본금은 등기 사항이 아니다(「시장추체등기관리조례 실시세칙」제6조). 이에 따라 2014년 8 월 「기업정보공시 임시조례」[87]를 제정하면서 실제납입액을 위 공시 시스 템을 통하여 공시하도록 하고 있다. 즉, 회사는 매년 1월 1일부터 6월 30 일 사이에 발기인 또는 주주(주식인수인)가 인수하거나 실제 납입한 출자 액을 위 공시시스템을 통하여 공시하여야 하고(제8조, 제9조), 인수 및 실 제납입액에 변동이 발생한 경우 그로부터 20일 이내에 이를 공시하여야 한다(제10조).

## Ⅲ. 회사의 지배구조

### 1. 개설

회사는 독립된 권리주체로서 그 설립 목적을 수행하기 위해서 일정 한 조직이 필요한데, 이러한 조직 중 대내외적으로 구속력 있는 의사표 시를 할 수 있는 조직을 기관(机构)이라 한다. 중국 회사의 필수기관으 로 주식회사의 경우 주주총회(股东大会), 이사회(董事会)와 경리(经理), 감 사회(监事会)가 있고, 유한회사의 경우 사원총회(股东会), 이사회와 감사 회가 있다. 다만, 사원이 비교적 적고 규모가 작은 유한회사의 경우, 이 사회 대신 집행이사(執行董事)를 1명을 두거나 감사회 대신 감사 1-2명 을 둘 수 있다(회사법 제50조 제1항). 경리는 유한회사에서는 임의기관이 다. 경리는 이사의 자격을 요하지 않고 이사회에서 선임된다는 점에서 한국의 집행임원과 유사하다. 다만, 한국의 경우 대표집행임원은 대표권

---

87) 企业信息公示暂行条例(2014 제정).

을 갖지만(상법 제408조의5), 중국의 경우 경리가 반드시 대표권을 갖는
것은 아니다. 즉, 회사의 법정대표자는 정관 규정에 따라 이사장(董事
長), 집행이사 또는 경리가 담당한다(회사법 제13조).

　　중국 회사 지배구조에서 주주총회(사원총회), 이사회, 경리 순으로 상
하의 위계관계에 있다. 경리는 이사회에 책임을 지고, 이사회는 주주총회
(사원총회)에 책임을 지는 구조이다. 상급기관은 하급기관에 대하여 감독
권을 갖는데, 특히 회사지배구조에서 이사회 및 이사의 업무집행기관인
경리에 대한 감독권과 감독의무가 중요하다. 감사회[88]는 이사회와 경리
를 감사한다.

　　중국 회사법에서, 유한회사의 경우 1인유한회사와 국유독자회사에
대한 특별규정을 두고 있고, 주식회사의 경우 상장회사의 지배구조에
관한 특별규정을 두고 있다. 중국 회사법의 경우 주주총회, 이사회, 경
리, 감사회의 권한에 대하여는 유한회사에서 먼저 규정한 후 주식회사
에 준용하고 있고, 실무적으로도 유한회사의 수가 주식회사에 비하여
압도적으로 많다. 각국의 회사 제도는 전형적인 물적회사인 주식회사를
기준으로 인적요소를 반영 정도에 따라 그 스펙트럼이 다양하게 전개되
고 있으므로, 이론적으로 유한회사의 기배구조는 주식회사의 기배구조
를 전제로 하고 있다고 볼 수 있다. 이에 따라 주식회사의 지배구조를
중심으로 소개하기로 하겠다.

## 2. 주주총회

### 가. 지위

　　회사법에 따르면 주주총회는 회사의 권력기관(权力机构)이다(제98조).[89]

---

88) 감사회는 이사회와 마찬가지로 회의체 기관이다. 따라서 감사가 회의체를 구성하지
　　않고 복수인 경우와 구별된다.
89) 사원총회의 경우에도 유한회사의 권력기관이다(제36조).

여기에서 권력기관이란 최고의사결정기관을 의미한다. 중국 회사법에 따르면, 이사회는 주주총회에 책임을 지며(제108조 제4항, 제46조), 주주총회의 결의(決议)를 집행(执行)하고 주주총회에 업무를 보고할 의무가 있다(제46조 제1호, 제2호). 이에 따르면 이사회는 주주총회의 하위기관으로, 주주총회가 명실공히 회사의 최고의사결정기관이다. 한국의 경우 주주총회의 권한 사항이 제한되어 있을 뿐 아니라(제361조 제1항), 이사회에 지시할 수 없고, 이사회가 일단 결의한 사항을 번복할 수 없다는 점에서 주주총회의 최고기관성에는 한계가 있다.

주주총회는 전체주주(全体股东)로 구성된다(제98조). 주주총회에는 회사의 기관이라는 의미(기관으로서의 주주총회)와 주주총회의 권한 행사를 위하여 개최한 구체적인 회의라는 의미(회의로서의 주주총회)를 아울러 갖고 있다.[90] 중국 회사법에 따르면 「회의로서의 주주총회」에 이사장(董事长)이 참석하여야 하고(제101조 제1항), 감사(监事)도 출석할 수 있지만(제118조 제1항, 제54조 제1항), 이들이 주주총회의 구성원이 되는 것은 아니다. 한국의 경우 의결권 없는 주주가 「회의로서의 주주총회」의 구성원이 되는지에 대하여 대립이 있으나, 의결권 없는 주주는 소집통지 대상에서 제외하는 상법규정(상법 제363조 제7항)과 원만한 총회진행의 필요성을 고려하여 부정하는 견해와 의결권 없는 주주도 주주총회결의 하자를 다투는 소의 원고적격이 있다는 이유로 긍정하는 견해가 대립[91]한다.

### 나. 권한

중국 회사법에서는 주주총회의 권한은 유한회사의 사원총회의 권한을 준용하고 있는데(제99조, 제37조 제1항), 이에 따르면 주주총회는 다음의 권한을 행사한다.

---

90) 중국에서는 전자를 股东大会라 하고, 후자를 股东大会会议라 한다.
91) 김건식 등(제4판), 전게서, 283면.

1. 회사의 경영방침(经营方针)과 투자계획(投资计划)을 결정
2. 직공대표(职工代表)92)가 아닌 이사·감사를 선임(选举), 경질(更换)하고, 이사·감사의 보수(报酬) 관련 사항을 결정
3. 이사회 보고를 심의비준(审议批准)
4. 감사회 또는 감사의 보고를 심의비준(审议批准)
5. 회계연도의 재무예산안(财务预算方案)과 결산안(决算方案)을 심의비준(审议批准)
6. 이익배당안(利润分配方案)과 결손금보전안(弥补亏损方案)을 심의비준(审议批准)
7. 등록자본금의 증자 또는 감자를 결의
8. 회사채(公司债券) 발행을 결의
9. 회사의 합병(合并)과 분할(分立), 해산(解散), 청산(清算) 또는 조직변경(公司形式变更)에 관하여 결의
10. 정관의 개정(修改)
11. 정관에서 규정한 기타 직권(职权)

한국 주주총회는 상법 또는 정관에 정하는 사항에 한하여 결의할 수 있다(상법 361조). 상법에서 규정한 주주총회의 권한사항으로는 ① 이사와 감사의 선임(382조 1항, 409조 1항)과 해임(385조 1항, 415조), 그들에 대한 보수의 결정(388조, 415조), ② 결산재무제표의 승인(449조 1항), ③ 회사의 근본적 변경에 관한 사항(중요한 영업의 양도, 합병 및 분할, 정관변경 등) 등이 있다. 한국 주주총회의 권한과 비교해보면, 위 제1호, 제5호(재무예산안), 제7호, 제8호의 사항을 주주총회의 권한으로 한 것이 특징이다. 특히, 전술한 바와 같이 중국 회사법은 확정자본금제를 채택하여 신주발행의 경우에도 정관 변경을 위한 주주총회의 결의가 필요한데(제7호), 정관 변경을 위해서는 과반수 주주가 주주총회에 출석하여야 하고, 출석한 주주의 3분의 2 이상이 의안에 찬성하여야 한다(제102조 제2항).

회사가 다른 회사에 투자하거나 타인에게 담보를 제공할 경우, 정관이 정하는 바에 따라 이사회 또는 주주총회의 결의를 거쳐야 한다(제16조

---

92) 주주총회에서 선임된 대표를 주주대표(股东代表)라 하고, 직공대회 또는 직공대표대회에서 선임된 대표를 직공대표(职工代表)라 한다.

제1항 제1문). 따라서 정관에서 위 사항에 대한 의결기관을 정하여야 한다.93) 또한 회사가 주주 또는 실제지배인(实际控制人)에게 담보를 제공하는 경우, 반드시 주주총회의 결의를 거쳐야 한다(제16조 제2항). 이 경우 주주 또는 실제지배인은 위 결의에 의결권(表決权)을 행사할 수 없다(제16조 제3항). 한국 상법에 따르면, 자기거래의 경우 이사 3분의 2 이상의 수로써 이사회의 승인을 받아야 한다(398조, 542조의9), 자기거래에는 담보제공 외에도 객관적으로 이해상충이 있는 거래도 포함되고, 자기거래의 상대방이 이사인 경우뿐만 아니라 의결권 없는 주식을 제외한 발행주식총수의 10% 이상의 주식을 소유하거나 이사·집행임원·감사의 선임과 해임 등 회사의 주요 경영사항에 대하여 사실상의 영향력을 행사하는 주주 및 그의 배우자와 직계 존속·비속인 경우도 자기거래에 해당한다.

회사의 회계감사(审计) 업무를 수행하는 회계사사무소(会计师事务所)를 선임 또는 해임하는 경우, 정관의 규정에 따라 주주총회 또는 이사회 결의에 의해야 한다(제169조 제1항). 한국의 경우 정관에 특별한 규정이 없는 경우 대표이사가 선임하나, 상장회사의 경우 감사위원회가 선정하거나 감사위원회가 없는 경우 감사인선임위원회의 승인을 받아 감사를 선정한다(「주식회사 등의 외부감사에 관한 법률」제10조).

## 3. 이사회

### 가. 지위

중국 주식회사의 경우 주주총회에서 회사의 기본적인 사항을 결정하고 이사회가 주주총회의 결정한 범의 내에서 업무를 결정한다는 측면에서 주주총회 중심주의를 채택하였다고 볼 수 있다. 중국 회사법이 여

---

93) 회사법과 정관에서 회사가 중대한 자산을 양도·양수하거나 외부에 담보를 제공하는 등의 사안에 대하여 주주총회의 결의를 거치도록 규정한 경우, 이사회는 적시에 주주총회를 소집하여 주주총회가 위 사항에 대해 결의하여여 한다(제104조).

전히 "주주총회 중심주의"를 취하고 있는 이유는 1993년 헌법에서 사회주의 시장경제를 채택하고, 같은 해 회사법을 제정하면서 국유기업을 회사법상 회사로 조직을 변경하는 과정에서 국유지분(国有股权)을 보호하기 위한 것으로 보인다.

중국에서 이사회는 회사의 일상적인 업무에 대하여 결정하며, 이사회의 소집이 주주총회 보다 빈번하다는 이유에서, 주주총회는 비상설기관이지만 이사회는 상설기관으로 설명하는 견해가 있다. 특히, 상장회사의 경우 이사회 비서(秘书)가 있어서(123조) 이사회의 일상적인 사무를 처리한다. 그러나 회사의 일상적인 업무를 처리하는 기관은 이사회가 아니라 경리이므로 상설기관으로 보기는 어렵다.

## 나. 권한

중국 회사법에서는 주식회사의 이사회의 권한은 유한회사의 이사회의 권한을 준용하고 있는데(108조 4항, 46조), 이에 따르면 이사회는 다음의 권한을 행사한다.

---

1. 주주총회를 소집하고, 주주총회에 업무(工作)를 보고(报告)
2. 주주총회의 결의를 집행(执行)
3. 경영계획(经营计划)과 투자방안(投资方案)을 결정(决定)
4. 1년(年度) 재무예산안(财务预算方案)과 결산안(决算方案)을 작성(制订)
5. 이익배당안(利润分配方案)과 결손금보전안(弥补亏损方案)을 작성(制订)
6. 등록자본금의 증자 또는 감자의 방안(方案)을 작성(制订)
7. 회사의 합병과 분할, 해산 및 조직변경(变更公司形式)의 방안(方案)을 작성(制订)
8. 회사내부관리기구(公司内部管理机构)의 설치를 결정(决定)
9. 경리(经理)의 선임·해임 및 그 보수(报酬)에 관한 사항을 결정하고, 경리의 추천(提名)에 의하여 회사 부경리, 재무책임자(财务负责人)를 선임 또는 해임하며 그 보수와 관련한 사항을 결정
10. 회사의 기본관리제도(公司的基本管理制度)를 제정(制定)
11. 정관에 규정된 기타 직권

---

이사회는 업무집행에 관한 포괄적인 의사결정권한이 있는 것이 아니라, 주주총회의 결의를 집행(執行)하기 위한 범위 내에서만 의사결정권한이 있다(제46조 제2호). 이에 따라 주주총회에서 회사의 경영방침(経営方針)과 투자계획(投資計划)에 대하여 결정하면, 이사회는 이에 근거하여 구체적인 경영계획(経営计划)과 투자방안(投资方案)을 작성하고(제108조 4항, 제46조 제3호), 경리는 이에 기초하여 업무를 집행한다. 또한 주주총회는 재무예산안(财务预算方案)을 승인하면, 이사회와 경리는 이에 구속되어 업무를 집행한다. 한국 상법에 따르면 이사회는 상법 또는 정관에서 주주총회의 권한으로 규정한 사항을 제외한 회사의 업무에 관하여 포괄적인 의사결정권한이 있다(제393조 제1항).

회사법에서는 명시적으로 규정되어 있지 않으나 이사회의 권한 중 중요한 권한의 하나가 이사회 결의에 따른 경리의 업무집행을 감독하는 권한이다. 경리의 선임 및 해임은 이를 전제로 한 것으로 볼 수 있다. 회사법에서는 이사장(董事長)이 이사회 결의의 실시상황(实施情况)을 감사(检查)한다고 규정하고 있다(제109조 제2항). 또한 회사가 다른 회사에 투자하거나 타인에게 담보를 제공할 경우, 정관이 정하는 바에 따라 이사회 또는 주주총회의 결의를 거쳐야 한다(제16조 제1항 제1문). 따라서 정관에서 이사회를 위 사항에 대한 의결기관으로 정할 수 있다. 또한 회사가 회사의 회계감사 업무를 수행하는 회계사사무소(会计师事务所)를 선임(聘用) 또는 해임(解聘)하는 경우, 정관의 규정에 따라 주주총회 또는 이사회 결의에 의한다(제169조 제1항).

## 4. 이사

### 가. 신인의무

중국 회사법은 "이사, 감사, 고급관리인원[94](이하 "임원"으로 총칭)은 법률, 행정법규 및 회사 정관을 준수하여야 하며, 회사에 대해 충실의무(忠

实义务)와 근면의무(勤勉义务)를 부담한다"고 규정하고 있다(제147조 1항). 회사법이 명시한 법령준수의무, 충실의무, 근면의무를 포괄하는 개념으로 성신의무(诚信义务)라 한다. 성신의무는 영미법상 신인의무(fiduciary duty)에 상응한다고 보는 견해가 일반적이다. 회사법은 근면의무와 충실의무를 채택하면서도 그것을 구체적으로 정의하고 있지 않다. 그러나 규정의 구체적 내용은 우리나라의 주의의무와 충실의무와 크게 다르지 않다. 즉 근면의무는 주의의무에 상응하는 것으로서 적극적으로 회사와 주주 이익의 극대화를 추진할 의무라고 한다면 충실의무는 다른 나라에서와 마찬가지로 임원이 사익을 회사이익보다 우선하지 않을 의무라고 할 수 있다.

## 나. 청산개시의무

회사가 합병 또는 분할 외의 사유로 해산하는 경우, 해산사유가 발생한 날로부터 15일 이내에 청산조(淸算組)를 구성하여 청산을 시작하여야 하는데(제183조 제1항), ① 유한회사의 청산조는 사원으로 구성되며, ② 주식회사의 청산조는 이사 또는 주주총회에서 확정한 인원으로 구성된다(제183조 제2항). 최고인민법원의 「회사법 적용에 있어서 약간의 문제에 관한 규정」(2)[95]은 유한회사의 사원과 주식회사의 이사와 지배주주에게 청산개시의무를 부과하고 있다. 즉, 유한회사의 사원이나 주식회사의 이사 또는 지배주주(控股股東)가 법정기간 내에 청산조를 결성하여 청산을 개시하지 않음으로써 회사재산의 가치하락(貶值), 유실, 훼손 또는 멸실이 발생한 경우, 채권자는 그들에게 "그로 인한 손실의 범위 내에서" 회사채무에 대한 연대책임을 주장할 수 있다(제18조 제1항). 실제지배

---

94) 고급관리인원은 회사의 경리·부경리·재무책임자·상장회사의 이사회비서와 회사정관에서 규정한 기타 인원을 말한다(회사법 제216조 제1항).
95) 最高人民法院關于適用中華人民共和國公司法若干問題的規定(二)(2008년 제정. 2014년·2022년 개정)

자(實際控制人)[96])가 위와 같은 원인을 조성한 경우, 실제지배자도 연대책임을 부담한다(제18조 제3항).

## 5. 경리

### 가. 지위

경리(經理)는 이사회의 감독하에서 회사의 일상적인 생산경영관리에 종사하는 회사의 업무집행기관이다. 경리는 이사회에 대하여 책임을 진다(제113조 제2항, 제49조 제1항). 회사법 규정만 본다면 이사회가 회사의 경영계획과 투자방안을 결정하면(제46조 제3호) 경리가 이를 집행하고(49조 1항 2호), 또한 이사회는 언제든지 경리를 해임할 수 있으므로, 경리의 권한이 이사회의 권한 보다 강하다고 할 수 없다. 즉, 경리는 이사회의 통제를 받는 하위 집행기관이다.[97]) 이사는 경리를 겸임할 수 있는데(114조), 현재 상당수의 주식회사가 이사장과 경리가 겸임하는 경우가 많다고 한다. 이에 다라 대규모 회사의 경우 실질적으로 "경리 중심주의" 현상이 발생하는 경우가 많다.

### 나. 권한

주식회사의 경리의 권한은 유한회사의 경리의 권한을 준용하고 있다(113조 2항, 49조 1항).

---

1. 회사의 생산경영관리업무(生产经营管理)를 주관(主持)하며, 이사회 결의를 집행(组织实施)

---

96) 실제지배자란 회사의 주주가 아니지만, 투자관계, 계약 또는 기타 방법으로 실질적으로 회사를 지배하는 자를 말한다(회사법 제216조 제3호).
97) 경리와 관리조직을 총칭하여 "집행조직"이라고 하는 경우, 경리는 집행조직의 정점에 위치한다. 그리고 이사회와 집행조직을 총칭하여 경영조직이라 할 수 있다.

2. 회사의 1년(年度) 경영계획(经营计划)과 투자방안(投资方案)을 집행(组织实施)
3. 회사의 내부관리기구(内部管理机构) 설치방안에 대한 초안작성(拟订)
4. 회사의 기본관리제도(基本管理制度)에 대한 초안작성(拟订)
5. 회사의 구체적 규정(具体规章)을 제정(制定)
6. 회사의 부경리, 재무책임자(财务负责人)를 선임(聘任) 또는 해임(解聘)할 것을 건의(提请)
7. 이사회가 선임 또는 해임하여야 할 인원을 제외한 기타 관리책임자(负责管理人员)를 선임(聘任) 또는 해임(解聘)에 대한 결정(决定)
8. 이사회가 부여(授予)한 기타 직권(职权)을 행사

경리는 이사회의 결의를 집행(组织实施)하여야 하는데(제1호), 특히 이사회가 결의한 경영계획과 투자방안(46조 3호)을 집행(组织实施)하여야 한다(제2호). 이사회는 결의를 하면서 경리에게 권한을 위임할 수 있는데, 경리는 이에 따른 권한을 행사할 있다(제8호). 그러나 이사회는 자신의 권한을 경리에게 포괄적으로 위임할 수 없다.

## 6. 회사의 대표기관

2005년 개정 전 회사법에는 이사장이 회사의 법정대표자(法定代表人)였지만(제113조 제3항), 현행 회사법에서는 정관에서 이사장 또는 경리[98] 중에서 정한다(제13조). 법정대표자는 법에 따라 이를 등기(登记)하여야 한다(제13조). 만약 이사장이 법정대표자가 되는 경우 대내적 업무집행(对内执行)과 대외적 대표(对外代表)가 분리되는 현상이 발생한다. 이 경우 경리가 직접 대외적 행위를 하기 위해서는 이사장으로 권한을 위임받아서 이사장 명의(대행)로 또는 대리의 형식으로 대외적 행위를 하여야 할 것이다. 이 경우 미국의 임원(officer)과 유사한 지위를 갖는다. 만약 대내적 업무집행권을 갖는 경리(经理)가 법정대표자가 되는 경우는 경리는 한국의 대표집행임원의 지위와 유사하게 된다.

---

98) 유한회사의 경우 집행이사(执行董事)도 법정대표자가 될 수 있다(제13조).

## 7. 감사회

### 가. 지위

중국 회사법상 감사회(監事会)는 3명 이상의 감사로 구성되는 필수적인 회의체 기관으로, (ⅰ) 주주총회 중심주의를 반영하여 주주총회에서 선임된 주주대표(股东代表)와 (ⅱ) 사회주의 시장경제를 반영하여 회사의 직공대표대회(职工代表大会), 직공대회(职工大会) 등에서 선임된 직공대표(职工代表)로 구성된다(117조). 감사회에 노동자가 참여한다는 점에서는 독일의 공동결정제도와 닮은 점이 있다.

### 나. 권한

중국 회사법에서는 감사회의 권한은 유한회사의 감사회의 권한을 준용하고 있는데(118조 1항, 53조), 이에 따르면 감사회는 다음의 권한을 행사한다.

---

1. 회사의 재무(公司财务)를 감사(检查)
2. 이사, 고급관리인원의 직무집행(职务执行)을 감독(監督)[99]하고, 법률·행정법규 또는 정관 또는 주주총회 결의(决议)를 위반한 이사, 고급관리인원에 대해 파면(罢免)을 건의(建议)
3. 이사, 경리의 행위가 회사의 이익에 손해를 초래할 때, 이사, 경리에게 그 시정을 청구(要求予以纠正)
4. 임시주주총회의 소집을 청구(提议召开); 이사회가 본 법의 규정에 따라 주주총회를 소집하고 주재(主持)하지 않을 경우, 주주총회를 소집하고 주재
5. 주주총회에 심의사항 제출(提出提案)
6. 본 법 151조 규정에 따라, 이사 및 고급관리인원에 대한 소를 제기(提起诉讼)
7. 정관이 규정한 기타 직권(职权)을 행사

---

99) 한국의 경우 감독은 상부기관이 하부기관을 감독하는 것을 말하고, 대등기관 사이에는 감사라는 용어를 사용하지만, 중국에서는 회계의 경우에는 감사(检查), 업무의 경우에는 감독(監督)이라는 용어를 사용하고 있다.

감사회는 이사 및 고급관리인원의 직무집행을 감독(監督)한다(제2호).
여기에서 위법성 감사 외에 타당성 감사도 포함되는지가 문제된다. 1993
년 회사법에서는 이사 및 경리가 직무집행시 법령 또는 정관에 위반되는
지에 대하여 감독(監督)한다고 하여(제54조 제2호), 적법성 감사에 한정함
을 분명히 하였는데, 2005년 개정하면서 직무집행을 감독(監督)한다고
하고 있어, 타당성 감사도 포함되는지에 대하여 다툼이 있다. 상장회사
의 경우 감사회는 이사, 경리 및 기타 고급관리인원의 직무수행의 적법
성(合法合規性)에 대하여 감사한다(「상장회사 지배구조준칙」[100] 제59조). 즉,
타당성 감사는 포함되지 않는다. 한국의 경우 이사회 중심주의를 취하고
있어, 이사회가 업무집행에 대한 타당성 감독을 하고, 감사는 명문의 규
정이 있는 경우(상법 제413조,[101] 제447조의4 제2항 제5호,[102] 제8호[103])를 제
외하고는 적법성 감사에 한정된다.

　　감사회는 회사의 재무(公司財務)를 감사(檢查)할 수 있는데(제1호), 필
요한 경우 회사의 비용으로 회계사사무소(会計師事务所)를 선임(聘请)할
수 있다(제54조 제2항, 제118조). 감사회가 선임한다는 점에서, 주주총회
또는 이사회에서 회계감사(审计业务)를 위하여 선임(聘用)하는 회계사사
무소(会計師事务所)와는 그 성질이 다르다(제169조).

---

100) 上市公司治理准则(2002년 제정, 2018년 개정).

101) 감사는 이사가 주주총회에 제출할 의안 및 서류를 조사하여 법령 또는 정관에 위반
　　하거나 현저하게 부당한 사항이 있는지의 여부에 관하여 주주총회에 그 의견을 진술
　　하여야 한다.

102) 감사보고서에는 대차대조표 또는 손익계산서의 작성에 관한 회계방침의 변경이 타당
　　한지 여부와 그 이유를 적어야 한다.

103) 감사보고서에는 이익잉여금의 처분 또는 결손금의 처리가 회사의 재무상태나 그 밖
　　의 사정에 비추어 현저하게 부당한 경우에는 그 뜻을 적어야 한다.

## 제9장

# 사법해석과 지도성안례[1]

김영미(법제처 사회문화법령해석과장)

본 장에서는 중국 최고인민법원의 법령 적용의 통일성 확보 방법이
면서 중국 고유의 사법제도를 설명하는 데 있어 떼려야 뗄 수 없는 사
법해석과 지도성안례를 비교검토하고자 한다. 먼저 사법해석과 관련하
여, 우리나라의 사법해석은 법원의 법령해석으로서 재판에서 법령의 해
석 적용에 관한 법원의 판단을 의미하며 판결문으로 제시되므로, 판결
은 구체적 사안에 대한 법령해석으로서 개별 사안을 통해 이해하여야
한다.

그런데 중국의 사법해석은 최고인민법원의 법령해석으로서 일반적
으로 조문 형태로 제시되므로, 개별 구체적 사안을 반드시 전제하지는
않는다. 이러한 중국의 사법해석은 우리나라에는 존재하지 않는 중국
고유의 제도이며, 오히려 일반 추상적 법령에 대한 보충 입법과 유사하
다고 볼 수 있다. 중국의 사법해석을 입법과 유사하다고 할 수 있는 이
유는, 중국에서 사법해석에 법률적 효력을 부여하고 있기 때문이다. 따
라서 우리나라와 달리 중국에서 사법해석은 법률과 함께 주요한 법원
(法源)이다.

다음으로 지도성안례 역시 우리나라에는 존재하지 않는 중국 고유
의 사법제도다. 중국에서 안례는 우리나라의 판결과 같은 개념인데, 우
리나라에서는 판결을 전원합의체 판결과 그렇지 않은 판결로 구분하고
는 있지만, 법원 내부에서 판결에 등급을 매긴다는 점은 별론으로 하
고, 심급의 차이를 제외하고는 일반적으로 판결 사이에 우열을 따지지
않는다.

---

1) 이 장은 필자의 박사학위논문『중국 지도성안례의 지도력에 관한 연구 - 판례 관련
논의와 실증분석을 토대로 -』, 서울대학교(2021) 중 일부를 기초로 필자가 발표한『중
국 지도성안례의 지도력에 관한 연구 - 판례 관련 논의와 실증분석을 토대로 -』, 민속
원(2022) 제4장과 "중국의 안례지도제도에 관한 연구", 비교사법, 제26권 제3호(2019),
『중국법강의』, 박영사(2017) 제9장을 부분적으로 활용하여 새로운 학술적 논점을 추가
하여 분석한 것이다. 특히 제2절의 내용이 앞의 책과 대부분 중복되어 기술되어 있다
는 점을 밝혀둔다.

　　반면 지도성안례는 안례 중에서 최고인민법원이 다른 안례를 지도하는 안례로 선정한 안례로서, 영미법계의 리딩케이스에 가까운 개념이라고 할 수 있다. 이하에서는 중국 고유의 사법제도로서 최고인민법원의 사법해석과 지도성안례의 주요 내용을 소개하고, 양 제도를 비교 검토할 것이다.

## 제1절
# 중국 최고인민법원의 사법해석

## Ⅰ. 사법해석의 개념 및 효력

### 1. 사법해석의 개념

우리나라에서와 마찬가지로 중국에서 사법해석의 개념을 정면으로 정의하고 있는 법령은 없다. 다만 전국인민대표대회 상무위원회는 「법규·사법해석 보고등록심사 사무방법(法規、司法解釋备案审查工作办法)」에서 "심판2)사무에서 법률의 구체적 적용에 관한 최고인민법원의 해석(最高人民法院作出的属于审判工作中具体应用法律的解释)"을 사법해석이라고 통칭하고 있다(제2조).

해당 규정에 따르더라도, 최고인민법원은 일반적인 심판사무에서 법률의 구체적 적용에 관해 해석 권한을 갖는 것이므로, 중국의 사법해석

---

2) 중국에서는 우리의 재판에 해당하는 용어로 '심판'을 사용한다. 본 장에서 일반적으로 국내에서 사용되는 표현인 '재판'으로 표기하였으나, '심판위원회'와 같은 고유명사나 법령 등을 인용하는 경우 등에는 '심판'으로 표기하였다. 다만 우리 「대한민국헌법」에서는 '재판' 받을 권리(제27조)와 '재판' 공개(제109조) 규정을 두면서도 법관은 독립하여 '심판'한다(제103조)고 규정하고, 「법원조직법」에서는 법원의 '심판' 권한(제2조)과 '심판'권의 행사(제7조, 제14조 등)를 규정하면서 제8조에서는 '재판'의 기속력을 규정하고 있어 적어도 법률에서는 재판과 심판을 혼용하는 것으로 보인다. 우리는 통상 심판을 '행정기관이 전심(前審)으로서 쟁송을 심리·재결하는 절차(국립국어원 표준국어대사전)'로 이해하나 법률상 심판은 '심리와 재판을 아울러 이르는 말(국립국어원 표준국어대사전)'에 더 가까워 보인다. 중국은 심판을 후자의 의미로 사용하는 것으로 판단된다(百度百科).

에는 개별 구체적 사안이 반드시 전제되지는 않는다. 따라서 사법해석은
"개별 구체적 사안을 반드시 전제하지는 않는, 일반적인 심판사무에서
법률의 구체적 적용에 관한 최고인민법원의 해석"으로 이해할 수 있다.

## 2. 사법해석의 효력

일반적으로는 법원이 입법권을 가질 수 없으나, 중국 최고인민법원의
사법해석에는 법률적 구속력이 있다. 「최고인민법원 사법해석사무에 관
한 규정(最高人民法院关于司法解释工作的规定)」(이하 "사법해석규정"이라 함)에
따르면, "최고인민법원이 공포하는 사법해석에는 법률적 효력(法律效力)
이 있다(제5조)." 또한, 같은 규정 제27조는 사법해석 시행 후 인민법원
이 이를 재판근거3)로 삼으려면 재판문서에 인용해야 하고(제1관), 법률
과 사법해석을 재판근거로 동시에 인용하려면, 먼저 법률을 인용하고
나중에 사법해석을 인용해야 한다(제2관)고 규정하고 있다.

최고인민법원은 1997년 제정한 구 「최고인민법원 사법해석사무에
관한 약간의 규정(最高人民法院关于司法解释工作的若干规定)」(2007년 사법해
석규정 제정으로 폐지)에서부터 이와 같은 규정을 두어 사법해석의 법원
(法源)으로서의 효력을 명시하고 있다.

이밖에 2009년 제정한 「최고인민법원 재판문서에서 법률·법규 등
규범성 법률문건 인용에 관한 규정(最高人民法院关于裁判文书引用法律、法规
等规范性法律文件的规定)」에서도 재판문서에서 법률·법률해석 또는 사법
해석을 인용하여야 한다고 규정하고 있다(제3조부터 제5조까지). 이상의
내용을 종합해볼 때, 사법해석은 법률적 효력을 가지며, 법원(法源)으로
서 재판문서에 재판근거로 인용할 수 있다.

---

3) 재판근거는 재판의 근거가 된 법률조항 등의 법원(法源)을 말하는 것으로, 헌법, 법률,
   행정법규, 지방성 법규, 부문행정규장 및 지방행정규장, 자치조례 및 단행조례, 사법해
   석(司法解释), 국제조약과 협정 등이 이에 해당된다.

## Ⅱ. 사법해석의 법적 근거 및 형식

### 1. 사법해석의 법적 근거

최고인민법원의 사법해석권은 1954년 제정한 중국의 제1차 「헌법」[4]과 「인민법원조직법」에서 그 법적 근거를 찾을 수 있는데, 1954년의 「인민법원조직법」 제28조는 "최고인민법원은 최고의 심판기관이다. 최고인민법원은 지방의 각급인민법원과 전문인민법원의 심판사무를 감독한다"고 하고, 제10조는 "각급인민법원은 심판위원회를 설치한다. 심판위원회의 임무는 심판경험을 총괄하고, 중대하거나 해결이 곤란한 사안 및 기타 심판사무와 관련된 문제를 심의(讨论)한다"고 규정하고 있었는바, 사법해석을 공포하여 각급인민법원의 활동을 지도·감독하는 것은 당시부터 이미 최고인민법원의 숨겨진 직권 중 하나였다.[5]

이후 「인민법원조직법」에서는 "최고인민법원은 심판사무에서 법률의 구체적 적용에 속하는 문제에 대해 해석할 수 있다(제18조)"고 규정하여 최고인민법원에 사법해석 권한을 부여하고 있는데, 이러한 내용은 1979년 같은 법에 도입된 것이다.

또한 「각급인민대회상무위원회감독법(各级人民代表大会常务委员会监督法)」에서는 "심판사무에서 법률의 구체적 적용에 관한 최고인민법원의 해석은 공포일로부터 30일 이내에 전국인민대표대회 상무위원회에 보고하여 등록해야 한다(제31조)"고 규정하고 있는데, 이러한 내용은 2006년 제정으로 도입된 것으로, 이는 입법기관이 최고인민법원 사법해석의 법원(法源)으로서의 지위를 사실상 이미 승인하였다는 점을 드러낸 셈이다.[6]

---

4) 「헌법」(1954년) 제79조 최고인민법원은 최고심판기관이다. 최고인민법원은 지방각급인민법원과 전문인민법원의 심판사무를 감독하고, 상급인민법원은 하급인민법원의 심판사무를 감독한다. 중국법령명의 '중화인민공화국'은 생략하였으며, 이하 같다.
5) 朱景文 主编, 『中国法律发展报告(下册)』, 中国人民大学出版社(2011), 741면.
6) 朱景文 主编, 앞의 책, 744면.

이와 같은 법적 근거 하에서 최고인민법원은 2007년 사법해석규정을 제정하였고, "인민법원의 심판사무에서 법률을 구체적으로 적용하는 문제는 최고인민법원이 사법해석을 한다"고 규정하였는데(제2조), 해당 규정이 사법해석제도의 가장 직접적인 근거 규정이 되었고, 이밖에 앞서 살펴본 「법규·사법해석 보고등록심사 사무방법(法規、司法解釋备案审查工作办法)」에서 "심판사무에서 법률의 구체적 적용에 관한 최고인민법원의 해석"을 사법해석으로 통칭하고 있다(제2조).

아울러 2015년 개정한 「입법법」 제104조에서도 "심판사무에서 법률의 구체적 적용에 해당하는 최고인민법원의 해석은 주로 구체적인 법률 조문을 대상으로 해야 하고, 입법목적·원칙과 원뜻에 부합해야 한다(제1관)"고 하면서, "최고인민법원은 심판사무에 있어서 법률의 구체적 적용에 해당하는 해석을 한 경우, 공포일로부터 30일 이내에 전국인민대표대회 상무위원회에 보고하여 등록해야 한다(제2관)"고 규정하고 있다.

## 2. 사법해석의 형식[7]

사법해석규정에 따르면 사법해석은 '해석', '규정', '규칙', '회답(批复)'과 '결정'의 5가지 형식으로 이루어진다(제6조). 심판사무에서 일정한 법률을 어떻게 구체적으로 적용하는지 또는 일정한 사건이나 문제에서 법률을 어떻게 적용하는지에 대한 사법해석은 '해석'의 형식으로 제정한다. 입법 취지에 따라 심판사무에서 제정해야 하는 규범·의견 등의 사법해석은 '규정'의 형식으로 제정한다.

인민법원의 심판 집행활동 등을 규율하는 사법해석은 '규칙'의 형식으로 제정할 수 있다. 심판사무에서 법률을 구체적으로 적용하는 문제에 관한 고급인민법원·해방군군사법원의 제정요청에 따른 사법해석은

---

7) 최고인민법원(https://www.court.gov.cn/fabu-gengduo-16.html, 首页>权威发布>司法解释, 2022. 5. 8. 최종접속).

'회답'의 형식으로 제정한다. 사법해석의 개정이나 폐지에는 '결정'의 형식을 채택한다. 다음에서는 최근 사법해석 사례를 형식별로 살펴본다.

## 가. 해석 형식의 사법해석 사례

해석 형식의 사법해석은 조문 형태로 제시되는데, 「최고인민법원 생태 환경 권리침해 분쟁 사건의 심리에서 징벌적 배상의 적용에 관한 해석(最高人民法院矢于審理生态环境侵权纠纷案件适用惩罚性赔偿的解释)」(2022년 1월 12일 공포)에 따르면, 생태 환경 권리침해 분쟁 사건을 적절하게 심리하기 위해, 생태 환경 보호를 전면적으로 강화하고, 징벌적 배상을 명확하게 적용하며, 「민법전」, 「환경보호법」, 「민사소송법」 등 관련 법률 규정에 따라 심판 실무를 결합하여 해당 해석을 제정한다고 하고 있다.

해당 해석은 총 14조로 이루어져 있으며, 인민법원은 생태 환경 권리침해 분쟁 사건을 심리할 때 징벌적 배상을 적용한다(제1조)고 규정하고 있다. 이는 일정한 사건에서 법률을 어떻게 적용하는지에 대한 사법 해석이라고 볼 수 있다.

## 나. 규정 형식의 사법해석 사례

입법 취지에 따라 심판사무에서 제정해야 하는 규범·의견 등의 사법해석은 '규정'의 형식으로 제정한다. 규정 형식의 사법해석 또한 조문 형태로 제시되는데, 사법해석규정 및 제2절에서 다룰 「최고인민법원 안례지도사무에 관한 규정(最高人民法院矢与案例指导工作的规定)」(이하 "안례지도규정"이라 함) 역시 이 형식에 속하는 사법해석 중 하나이다.

「최고인민법원 증권시장 허위진술 권리침해 민사배상 사건 심리에 관한 약간의 규정(最高人民法院矢于審理证券市场虚假陈述侵权民事赔偿案件的若干规定)」(2022년 1월 21일 공포)에 따르면, 증권시장의 허위진술 권리침해 민사배상 사건을 명확하게 심리하고, 증권 발행 및 거래행위를 규범화하며, 투자자의 합법적인 권익을 보호하고, 공개·공평·공정한 증권시장질서를 수호하기 위하여, 「민법전」, 「증권법」, 「회사법」, 「민사소송법」 등 법률 규정에 따라 심판 실무를 결합하여 해당 규정을 제정한다고 하고 있다.

해당 규정은 총 35조로 이루어져 있으며, 정보공개의무자가 증권거 래장소에서 증권을 발행·거래하는 과정에서 허위진술을 하여 야기한 권리침해 민사배상 사건에는 해당 규정을 적용한다(제1조)고 규정하고 있다.

### 다. 규칙 형식의 사법해석 사례

인민법원의 심판 집행활동 등을 규율하는 사법해석은 '규칙'의 형식 으로 제정할 수 있다. 이 형식의 사법해석은 2021년에 새로 도입된 것 이다. 규칙 형식의 사법해석 또한 조문 형태로 제시되는데, 「인민법원 온라인 조정 규칙(人民法院在线调解规则)」(2021년 12월 30일 공포)에 따르 면, 분쟁을 제때 해결하여 당사자의 편의를 제고하고, 인민법원의 조정 플랫폼을 바탕으로 전개하는 온라인 조정 활동을 규범화하며, 다원화된 분쟁 해결의 효과를 높이기 위하여, 「민사소송법」, 「행정소송법」, 「형사 소송법」 등 법률 규정에 따라 인민법원의 실무경험을 결합하여 해당 규 칙을 제정한다고 하고 있다.

당 규칙은 총 30조로 이루어져 있으며, 입안 전이나 소송 과정에서 인민법원의 조정 플랫폼을 바탕으로 온라인 조정을 진행하는 경우 해당 규칙을 적용한다(제1조)고 규정하고 있다.

### 라. 회답 형식의 사법해석 사례

심판사무에서 법률을 구체적으로 적용하는 문제에 관한 고급인민법 원·해방군군사법원의 품의(请示)에 따른 사법해석은 '회답'의 형식으로 제정한다. 회답은 최고인민법원 사법해석의 형식으로 가장 자주 사용된 형식이다.[8] 회답 형식의 사법해석은 조문 형태로 제시되지 않고, 다음의 「지식재산권 침해 소송에서 권리를 남용한 원고가 피고에게 합리적인 비용을 배상하는 문제를 명확히 하는 최고인민법원의 회답(最高法批复明确知识产权侵权诉讼中滥用权利的原告赔偿被告合理开支问题)」(2021년 6월 3일 공포)과 같이 품의에 따른 회답의 형태로 제시된다.

귀원의 《지식재산권 침해 소송에서 피고가 원고의 권리남용을 이유로 합리적인 비용의 배상을 청구하는 문제에 관한 품의(关于知识产权侵权诉讼中被告以原告滥用权利为由请求赔偿合理开支问题的请示)》를 받아 연구를 거쳐 다음과 같이 회답하다.

상하이시 고급인민법원:

지식재산권 침해 소송에서, 피고가 증거를 제출하여 원고의 제소가 법률 규정에 따른 권리남용을 구성하고 피고의 합법적인 권익에 손해를 끼쳤음을 증명하고, 해당 소송으로 인해 지급한 합리적인 변호사비·교통비·숙식비 등의 비용을 법에 따라 원고에게 배상 청구하는 경우, 인민법원은 법에 따라 인용한다. 피고는 별도의 소를 제기하여 원고에게 상술한 합리적인 비용의 배상을 청구할 수도 있다.

## 마. 결정 형식의 사법해석 사례

사법해석의 개정이나 폐지에는 '결정'의 형식을 채택한다. 결정 형식의 사법해석 중 개정의 경우에는 개정내용과 개정전문의 순서로 제시되는데, 「최고인민법원의 〈상하이 금융법원의 사건관할에 관한 규정〉 개정에 관한 결정(最高人民法院关于修改〈关于上海金融法院案件管辖的规定〉的决定)」(2021년 4월 21일 공포)에 따르면, 먼저 12개 항목의 조문별 개정내용을 서술한 후에 총 12조로 구성된 해당 규정의 개정전문을 공포하고

---

8) 정철, 『중국의 사법제도』, 경인문화사(2009), 221면.

있다.

결정 형식의 사법해석 중 폐지의 경우에는 폐지되는 사법해석의 제목, 공포일자와 번호가 제시되는데,「일부 사법해석 및 관련 규범성문건의 폐지에 관한 최고인민법원의 결정(最高人民法院关于废止部分司法解释及相关规范性文件的决定)」(2020년 12월 29일 공포)에 따르면, 민법전을 적절하게(切实) 실시하고, 국가법률의 통일적이고 정확한 적용을 보장하기 위하여,「민법전」등 법률 규정에 따라 심판 실무를 결합하여,「〈민법총칙〉의 소송시효 제도 적용에 있어 약간의 문제에 관한 최고인민법원의 해석(最高人民法院关于适用〈中华人民共和国民法总则〉诉讼时效制度若干问题的解释)」등 116건의 사법해석 및 관련 규범성문건을 폐지하기로 결정한다고 하면서, 폐지되는 사법해석 등의 목록을 붙이고 있다.

## Ⅲ. 사법해석의 제정 절차

사법해석 입안, 심사, 조정 등의 사무는 최고인민법원 연구실에서 일괄적으로 담당한다(사법해석규정 제8조). 사법해석은 크게 '입안', '기초 및 심사·보고', '토론', '공포·시행 및 보고등록'이라는 4가지 단계를 거쳐 제정된다.

### 1. 입안

사법해석을 제정하려면 입안(立项)을 해야 한다.(사법해석규정 제9조).

#### 가. 입안의 출처(来源)

사법해석제정을 위한 입안의 출처는 다음과 같다. 최고인민법원 심판위원회는 사법해석제정요구를 제출하며, 최고인민법원 각 심판사무부문은 사법해석제정건의를 제출한다. 각 고급인민법원·해방군군사법원은 사법해석제정건의나 법률적용문제에 대한 품의를 제출한다.

전국인민대표대회 대표·전국정협위원은 사법해석제정 의안·제안을 제출한다. 관련 국가기관·사회단체 또는 기타조직 및 공민은 사법해석 제정건의를 제출한다. 그밖에 최고인민법원이 사법해석제정이 필요하다고 판단하는 경우 최고인민법원은 사법해석을 입안한다.

기층인민법원과 중급인민법은 사법해석제정이 필요하다고 판단하는 경우 단계별로 고급인민법원에 보고해야 하고, 고급인민법원은 최고인민법원에 사법해석제정건의나 법률적용문제에 대한 품의를 제출할지 여부를 심사결정한다(사법해석규정 제10조).

최고인민법원 심판위원회가 사법해석제정을 요구하는 경우에는 연구실에서 직접 입안한다. 기타 사법해석제정을 위한 입안의 출처에 대하여는 연구실에서 입안여부를 심사한다(사법해석규정 제11조).

## 나. 입안계획

최고인민법원 각 심판사무부문이 "해석" 및 "규정"류의 사법해석을 제정하려면 매년 연말 이전에 다음 연도의 입안건의를 제출하여 연구실에 보내야 한다. 연구실에서는 입안건의를 취합하여 사법해석 연간입안계획을 기초하고, 분관원장(分管院领导)의 심사비준을 거쳐 심판위원회에 상정하여 토론 결정한다.

특별한 사정으로 인해 사법해석 입안을 늘리거나 조정할 필요가 있는 경우에는 관련부문에서 건의를 제출하고, 연구실에서 분관원장에게 보고하여 심사비준을 받은 후 상임(常务)부원장이나 원장에게 보고하여 결정한다(사법해석규정 제12조).

최고인민회의 각 심판사무부문이 고급인민법원·해방군군사법원의 품의에 대해 회답을 제정하려는 경우에는 제때 입안건의를 제출하여 연구실에 보내어 입안을 심사하도록 해야 한다(사법해석규정 제13조).

사법해석입안계획에는 입안출처, 입안의 필요성, 해석을 요하는 주

요사항, 사법해석기초계획, 담당부문, 기타 필요한 사항이 포함되어야
한다(사법해석규정 제14조).

사법해석은 심판위원회가 토론하여 통과시킨 입안계획에 따라 완성
해야 한다. 입안계획에 따라 완성하지 못한 경우, 이를 기안한 부문은
제때 서면을 작성하여 설명하고, 연구실에서 분관원장에게 보고하여 심
사비준을 받은 후 심판위원회에 상정하여 계속입안 여부를 결정해야 한
다(사법해석규정 제15조).

## 2. 기초 및 심사 · 보고(연구실의 사전심사)

### 가. 기초

사법해석의 기초사무는 최고인민법원 각 심판사무부문에서 담당한
다. 각기 다른 심판사무부문의 기능범위에 관한 종합적인 사법해석은
최고인민법원 연구실에서 기초하거나 관련 부문을 조직 · 조정하여 기초
한다(사법해석규정 제16조).

사법해석을 기초하려면, 깊이 조사 연구하고, 심판실무경험을 면밀
하게 총괄하며, 광범위하게 의견을 수렴해야 한다. 인민의 직접적인 이
익이나 중대 난제에 관한 사법해석은 분관원장의 심사 비준을 거쳐 상
임부원장이나 원장에게 보고하여 결정한 경우, 사회에서 공개적으로 의
견을 수렴할 수 있다(사법해석규정 제17조).

### 나. 심사 · 보고(연구실의 사전심사)

사법해석심사원고(送審稿)는 전국인민대표대회 관련 전문위원회 또
는 전국인민대표대회 상무위원회 관련 사무부문에 보내어 의견을 구해
야 한다(사법해석규정 제18조).

사법해석심사원고를 심판위원회에 회부하기 전에, 기초부문은 사법
해석심사원고와 그 설명을 연구실에 보내어 심사를 받아야 한다. 사법

해석심사원고와 그 설명에는 입안계획, 조사·연구 상황 보고, 의견수렴 현황, 심사보고(送審) 여부에 대한 분관부원장의 심사의견, 주요 쟁점과 관련법률·법규·사법해석 및 기타 관련 자료가 포함된다(사법해석규정 제19조).

　연구실에서는 주로 헌법·법률 규정에 합치하는지 여부, 사법해석 권한을 초과하는지 여부, 관련 사법해석과의 중복·충돌 여부, 규정된 절차에 따라 진행되었는지 여부, 제출된 자료가 요구에 적합한지 여부, 관련 분야의 주요 의견이 충분하고 객관적으로 반영되었는지 여부, 주요 쟁점과 해결방안이 명확한지 여부, 기타 심사해야 하는 내용을 심사한다. 연구실은 1개월 이내에 심사의견을 제출하여야 한다(사법해석규정 제20조).

　연구실은 사법해석심사원고에 수정·논증 또는 조정이 필요하다고 판단하는 경우에는 기초부문과 함께 수정·논증 또는 조정을 하여야 한다(사법해석규정 제21조).

　연구실에서 사법해석심사원고에 대해 초안을 작성한 후에는, 기초부문이 분관원장과 상무부원장에게 보고하여 심사비준을 받은 후 심판위원회에 제출하여 토론한다(사법해석규정 제22조).

## 3. 토론

　최고인민법원 심판위원회는 사법해석 초안을 보고받은 다음 날로부터 3개월 이내에 토론을 진행해야 한다. 기한을 넘겨 토론하지 않은 경우 심판위원회 사무처는 상임부원장에게 보고하여 비준을 받아 연장할 수 있다(사법해석규정 제23조).

　사법해석 초안이 심판위원회의 토론을 거쳐 통과된 경우, 원장 또는 상임부원장이 발급한다(签发). 사법해석 초안이 심판위원회의 토론을 거쳐 원칙적으로 통과된 경우, 기초부문과 연구실이 함께 심판위원회의 토론 결정에 따라 수정을 진행하고, 분관원장에게 보고하여 심사를 받은 후, 원장 또는 상임부원장이 발급한다. 심판위원회의 토론에서 사법해석의 제정 여건이 미성숙하다고 판단하는 경우, 추가 논증·토론유예 또는 입안 취소 결정을 할 수 있다(사법해석규정 제24조).

## 4. 공포 · 시행 및 보고등록(备案)

### 가. 공포 · 시행

사법해석은 최고인민법원 공고의 형식으로 공포한다. 사법해석은 반드시 「최고인민법원공보」와 「인민법원보」에 게재해야 한다. 사법해석은 공고를 공포한 날부터 시행하되, 사법해석에 별도의 규정이 있는 경우에는 예외로 한다(사법해석규정 제25조).

### 나. 보고등록(备案)

사법해석은 공포한 날로부터 30일 이내에 전국인민대표대회 상무위원회에 보고등록하여야 한다. 보고등록사무는 사무처에서 담당하고, 기타 관련 사무는 연구실에서 담당한다(사법해석규정 제26조).

사법해석 시행 후 인민법원이 이를 재판근거로 삼으려면 재판문서에 인용해야 하고, 법률과 사법해석을 재판근거로 동시에 인용하려면, 먼저 법률을 인용하고 나중에 사법해석을 인용해야 한다(사법해석규정 제27조).

최고인민법원은 지방 각급 인민법원과 전문인민법원이 심판사무에서 사법해석을 적용하는 상황을 감독한다. 상급인민법원은 하급인민법원이 심판사무에서 사법해석을 적용하는 상황을 감독한다(사법해석규정 제28조).

## 5. 사법해석의 편찬 · 개정 · 폐지

사법해석의 편찬은 심판위원회에서 결정하고, 구체적인 사무는 연구
실에서 담당하며, 각 심판사무부문에서 참여한다(사법해석규정 제29조).

사법해석의 개정 · 폐지가 필요한 경우에는 사법해석 제정절차의 관
련 규정을 참조해 처리하고, 심판위원회에서 토론 결정한다(사법해석규
정 제30조).

## Ⅳ. 사법해석에 대한 비판

사법해석에 대한 비판은 바로 사법의 입법화에 대한 비판으로 요약
할 수 있다. 사법해석이 사법의 입법화라는 비판을 받는 가장 큰 이유는
결국 사법해석에 법률적 효력이 부여되기 때문이다.

중화인민공화국 전국인민대표대회에 의해 권한을 부여받은9) 사법해
석이 법적 권한을 인정받고 있다고 하더라도, 법관들이 법을 제정할 수
는 없다. 사법권은 법 적용에 한해서만 남겨져 있다는 것이 여전한 중론
이다.10) 이는 법관이 사법해석의 형태로 법을 제정한다고 하더라도, 법
관은 특정한 법조문의 적용을 위해 필요한 경우에만 그러한 법을 제정
할 수 있다는 것을 의미한다.11)

중국의 사법해석은 '법 제정'이 아닌 '법 적용을 위한 법 제정'이라
는 의미인데, 전자와 후자에 유의미한 차이가 있는지 여부는 개별법령

---

9) 「전국인민대표대회 상무위원회 법률해석사무 강화에 관한 결의(全国人民代表大会常
   务委员会关于加强法律解释工作的决议)」(1981년)에 따르면, 법원의 심판사무에서 법률
   · 법령의 구체적 적용에 속하는 모든 문제는 최고인민법원이 해석한다.

10) 「인민법원조직법」 제18조 전단은 최고인민법원은 심판사무에서 '법률의 구체적 응용'
    에 속하는 문제에 대해 해석을 진행할 수 있다고 규정하고 있다.

11) Jinting Deng, "The Guiding case system in Mainland China", Frontiers of Law in China,
    Vol. 10 NO. 3(September 2015), pp.456-457.

및 사법해석의 내용에 따라 판단해야 할 것이다.

　이러한 중국의 사법해석 개념은 일반 추상적 법령에 대한 보충 입법과 유사한 개념으로서, 개별 구체적 사건의 재판에서 판결문의 형태로 제시되는 법령의 해석 적용에 관한 법원의 판단을 사법해석으로 이해하는 우리의 관점에서는 성립할 수 없는 개념이다. 다만, 우리 법제에서 상정할 수 없는 제도라는 이유로 중국의 사법해석제도를 평가절하하기보다는, 오히려 우리나라에 존재하지 않는 고유의 제도로서 이해할 필요가 있다.

　그런데 해석, 규정, 규칙 형식의 사법해석은 아예 조문 형태로 이루어져 있다. 해석 형식의 사법해석이 법률의 적용방법을 규정하고 있기는 하지만, 규정 형식의 사법해석을 보게 되면 사법해석이 과연 '법 제정'이 아닌 '법 적용을 위한 법 제정'인지 의아해진다. 규정 형식의 사법해석은 그야말로 일반 추상적 법령에 대한 보충 입법으로 보이며, 규칙 형식의 사법해석 또한 마찬가지다.

　심판사무에서 법률을 구체적으로 적용하는 문제에 관한 품의에 따른 사법해석인 회답 형식의 사법해석이 그나마 개별 구체적 사안에서 법령의 해석 적용에 관한 법원의 판단을 사법해석으로 이해하는 우리 법제에서 생각하는 사법해석과 가장 가깝다고 할 수 있다. 사법해석의 개정이나 폐지 시에 채택하는 결정 형식의 사법해석 또한 법령의 개정·폐지와의 차이를 찾아보기 어렵다.

# 중국 최고인민법원의 지도성안례

## I. 지도성안례의 개념 및 효력

### 1. 지도성안례의 개념

#### 가. 지도성안례의 개념

'안례'란 '사법기관의 사건처리 결과물12)'을 말하는 것으로, 법원의 구체적인 사건에 대한 판결을 말한다고 정의할 수 있다. 안례로서의 판결이 법적 효력을 발생하면 당사자에 한해 법적 효력을 발생하게 되지만 기타 사건에 대해서는 법률적 구속력이 없는 것이다.

한편 상급심법원의 하급심법원에 대한 업무지도방식은 주로 지도층 연설(领导讲话), 안례지도, 조문식의 회의기록(会议纪要) 등의 세 가지로 구분할 수 있는데, 안례지도의 '지도'는 업무지도와 같은 의미로 이해할 수 있다.13)

---

12) 司法机关执法办案后形成的司法产品. 胡云腾, "中国特色的案例指导制度与指导性案例", 人民司法(2014), 1면, 『案例指导制度的理论与实践探索』, 中国人民大学出版社(2013), 242면.

13) 见 江勇·马良骥 等, 『案例指导制度的理论与实践探索』, 中国人民大学出版社(2013), 242면; 안례지도로 하급심법원의 재판사무를 지도해야 한다. 기존 「인민법원 제1차 5개년 개혁 요강(人民法院第一个五年改革纲要)(1999-2003)」 제14조에서 전형안례를 '참고'하라고 했던 것과 비교하면 지도성안례의 '지도'의 효력은 '참고'의 효력과도 다르고 판례법의 '선례구속'과도 구별되는 '사실상의 구속력(필자 주: 지도력)'이다. 胡云腾 主编, 『最高人民法院指导性案例参照与适用』 人民法院出版社(2012), 114-115면. 행정지도는

  '지도성안례14)'는 사법기관에서 일정한 절차를 거쳐 확인한, 장래의
재판과정에서 일정한 지도적 역할을 할 수 있는 안례로, 선례로서 참고
가치가 있는 안례라 정의할 수 있다. 최고인민법원에서는 사법개혁의
하나로 '안례지도제도'를 신설하면서 '지도성안례'의 재판에서의 지도적
역할을 인정하고 있다.15)

  즉 최고인민법원은 안례 중에서 유사안건에 대한 재판을 지도하는
역할을 할 안례를 따로 '指導性案例(지도성안례)'라고 명명하였다. '안례'
는 중국의 일반적인 안례를 의미하는 반면 '판례'는 보편적인 효력을 가
진 안례를 의미하며, 고대 중국에 존재하였던 판례법과 영미법계 판례
를 포함하는 개념이라는 중론이 형성되고 있다.

  최고인민법원은 의도적으로 "판례"가 아니라 "지도성안례"라는 용
어를 사용하여 지도성안례를 일반적인 안례(normal cases) 및 영미법계
판례(common law cases)와 신중하게 구분한 것이다.16)

---

국가행정기관이 직권의 범위에서 원하는 행정 상태를 달성하기 위해 권고 등 비강제
적 조치로 관련 당사자에게 작위 또는 부작위를 요구하는 활동이다. 邹瑜, 『法学大辞
典』, 中国政法大学出版社(1991), 통상 행정지도에는 강제력이 없어 취소소송의 대상이
될 수 없다. 최고인민법원 2018. 3. 30. 선고 ( 2018 ) 最高法行申906号 재정.

14) '지도성안례'는 법률용어로서 다음과 같이 「인민법원조직법」에 규정되어 있다. 최고인
민법원은 지도성안례를 공포할 수 있다(「인민법원조직법」 제18조). 최고인민법원은 심
판사무 중 법률의 구체적 응용에 속하는 문제에 대해 해석을 진행하고, 심판위원회
전체회의에서 토론 통과시켜야 한다.; 지도성안례의 공포는 심판위원회 전문위원회회
의에서 토론 통과시킬 수 있다(「인민법원조직법」 제37조 제2항).

15) 盧靑錫·司英傑, "中國의 案例指導制度에 관한 연구", 저스티스, 제116호(2010), 331-
332면.

16) Jinting Deng, 위 논문, p.472; 영미법계의 판례법 제도와 대륙법계의 판례 제도는 모두
중국 특색의(中国特色) 안례지도제도의 귀감이 된다. 그러나 역사, 전통, 헌법제도, 사
법 실무 등 사회문화적 배경의 차이로 인하여, 중국 특색의 안례지도제도는 영미법계
의 판례법과 대륙법계의 판례 제도와는 운명적으로 다르다. 左卫民·陈明国 主编, 『中
国特色案例指導制度研究』, 北京大学出版社(2014), 144면; 중국법 교과서에서 아직 판례
의 의미에 관한 독자적인 서술을 찾아보기는 어렵다. 梁慧星, 『民法总论 (第4版)』, 法
律出版社(2011); 王利明等, 『民法学第 版』法律出版社(2011); 王利明, 『民法總則(數字教
材版)』, 中國人民大學出版社(2017); 王利明 主編, 『民法(第7版)』, 中國人民大學出版社
(2018).

최고인민법원은 2010년 안례지도규정에서 지도성안례는 최고인민법원에 의하여 결정되고 통일적으로 배포되며, 지도성안례에는 '지도적 역할(指導作用)'이 있다고 규정하였다. 안례지도규정의 내용은 2015년 최고인민법원이 제정한 안례지도규정 실시세칙(이하 "안례지도규정 실시세칙"이라 함)17)에서 더욱 구체화되었다.

지도성안례의 지도적 역할로 미루어볼 때, 지도성안례는 유사안건에 대한 재판을 지도하는 역할을 함으로써 '안례지도18)'를 실현하는 수단이 된다. 다시 말해서, 최고인민법원이 도입한 '안례지도제도'는 곧 유사안건에 대한 재판에서 지도성안례의 지도하에 안례를 도출하도록 한 제도이다. 안례지도제도는 하급심법원 사이에서의 판결의 일관성을 한 층 더 도모하기 위해 도입되었다.19)

대륙법계 국가인 중국에서 '안례'는 다른 안건에 대해서는 법률적 구속력이 없다. 이러한 전제에서, '지도성안례'와 '지도성안례가 아닌 안례' 사이의 중요한 차이는 ① 최고인민법원 선정 절차의 유무와 ② 지도적 역할의 수행 여부에 있다.

안례 중 '지도성안례가 아닌 안례'는 각급 법원의 사건처리 결과물로서 유사한 소송 안건에 대한 재판에서 그저 참조가 될 수 있을 뿐인 반면, 안례 중 '지도성안례'는 ① 최고인민법원이 선정하며, ② 유사한 소송 안건에 대한 재판에서 지도적 역할을 수행한다.20)

지도성안례는 다른 안건에 대해서는 법률적 구속력이 없다는 점에서 우리나라의 판례공보 및 각급 법원(제1, 2심) 판결공보21)에 수록된

---

17) 최고인민법원은 첫째, 안례지도규정을 구체적으로 실시하고, 둘째, 안례지도사무를 강화하고 규범화하며 촉진하기 위하여, 셋째, 지도성안례가 심판사무에 있어서 지도적 역할을 충분히 발휘하고, 넷째, 법률 적용의 기준을 통일하며, 마지막으로 사법공정을 수호하기 위하여 안례지도규정 실시세칙을 제정하였다(안례지도규정 실시세칙 제1조).

18) 안례를 지도함을 말한다.

19) Mark Jia, "Chinese common law? Guiding cases and judicial reform", Harvard Law Review, Vol. 129(8)(2016), p.2213.

20) 강광문 · 김영미, 『중국법강의』, 박영사(2017), 262면.

'판결'과 유사한 점이 있다. 지도성안례는 중국 최고인민법원이 공포하고, '판결'은 우리 대법원(법원도서관)이 발간하므로, 공포 주체 면에서도 유사하다. 그러나 법적 성질 면에서 지도성안례는 '절대적 참조 사항'[22)]이라는 점에서 그러한 제한이 없는 '판결'과는 결정적인 차이가 있다.

## 나. 지도성안례의 선정기준

안례지도규정에 따르면 지도성안례의 선정기준은 다음과 같다. 첫째, 사회의 광범위한 관심의 대상이 되는 안례이어야 하며, 둘째, 관련 법률규정이 비교적 원칙적인 것이어야 한다. 셋째, 너무 특수한 안례가 아닌 전형적인 안례이어야 하며, 넷째, 사안이 복잡하거나(疑难复杂) 새로운 유형의 안례이어야 한다. 마지막으로 기타 지도적인 역할을 할 수 있는 안례인 경우 지도성안례로 선정될 수 있다(안례지도규정 제2조).[23)]

안례지도규정 실시세칙에서는 지도성안례의 선정기준을 다음과 같이 더욱 구체화하였다. 이에 따르면 지도성안례는 이미 법률적 효력이 발생한 재판으로서, 인정사실이 명확하고, 적용 법률이 정확하며, 재판의 논리가 충분하고, 법률적 효과와 사회적 효과가 양호하며, 유사안건 심리에 있어서 보편적인 지도적 의의를 가진 안례이어야 한다(안례지도규정 실시세칙 제2조).

---

21) 법원도서관(https://library.scourt.go.kr/main.jsp, 법원도서관>판례판결정보>공보, 2022. 5. 8. 최종접속).

22) 안례지도규정 제7조 최고인민법원이 공포한 지도성안례들은 이후 각급 인민법원이 유사안건(案例)을 심판할 때 반드시 참조하여야 한다.
    안례지도규정 실시세칙 제11조 공소기관, 사건당사자 및 그 변호인, 소송대리인이 지도성안례를 변론이유로 삼는 경우에는, 담당판사는 반드시 재판이유에서 당해 지도성안례를 참조하였는지 여부를 석명(回应)하고 그 이유를 설명하여야 한다.

23) 안례지도규정 제2조 각 항은 쌍반점(;)으로 연결되어 용례 상 다섯 가지 요건이 모두 충족되어야만 지도성안례로 선정될 수 있는 것은 아니나 중첩 적용은 가능할 것이다.

## 다. 지도성안례의 구성

안례지도규정 실시세칙에 따르면, 지도성안례는 제목(标题), 키워드 (关键词), 재판요지(裁判要点), 관련조문(相关法条), 기본적인 사실관계(基本案情), 재판결과(裁判结果), 재판이유(裁判理由) 등으로 구성된다(안례지도규정 실시세칙 제3조). 지도성안례의 제목 밑 괄호 안에는 공포일자가 표기되며, 이어 키워드와 재판요지, 관련조문, 기본적인 사실관계, 재판결과, 재판이유 순서로 구성되고, 문서 좌측 상단에는 지도성안례 번호가, 우측 하단에는 책임 편집자[24]의 이름이 표기된다.

지도성안례는 활용을 촉진하기 위하여 구성에 있어서 키워드를 도입하였다.[25] 재판요지는 "지도성안례에서 추출하여 유사안건의 심판을 지도하는 재판규칙"이며,[26] 관련조문에서는 관련된 성문 규정들을 나열하고 있다.[27]

## 2. 지도성안례의 효력

안례지도제도를 운용하기 위한 수단이 바로 지도성안례이며, 지도성안례는 그 요건에서 알 수 있듯이 사회의 광범위한 관심의 대상이 되며 원칙적인 법률규정을 다루고, 전형적이며 복잡하거나 새로운 유형의 지도적인 역할을 할 수 있는 사안으로, 유사한 다른 사안을 지도하는 '지

---

24) 지도성안례 책임 편집자의 구체적인 직위나 역할에 대한 내용은 찾아볼 수 없었으나, 판례공보의 편찬을 맡고 있는 우리 법원도서관의 조사심의관과 비슷한 역할을 하지 않을까 추측해 본다.

25) Mark Jia, 위 논문, p.2222.

26) 胡云腾, "关于案例指导制度的几个问题", 光明日报, 2014年01月29日 16版.

27) Mark Jia, 위 논문, p.2223; 지도성안례의 운용은 영미법계 판례보다 더욱 효율적이다. 영미법계 법관은 비교와 적용 이전에 복잡한 판결문에서 관련 법령을 먼저 찾아야 한다. 그러나 현행 지도성안례에는 관련 법령이 이미 발췌되어 있어 법관은 지도성안례 적용 시 직접적으로 사실 비교만 하면 된다. Jinting Deng, 위 논문, p.457.

도적 역할'(안례지도규정 및 안례지도규정 실시세칙 제1조)을 한다.

즉, 지도성안례의 효력이란 지도성안례가 유사 사안에 대하여 지도적 역할을 수행할 수 있게 하는 효력이라고 할 수 있으며, 그 의미는 곧 '반드시 참조하여야 하는 효력(안례지도규정 제7조)'이라고 풀이할 수 있다.

그런데 판례법 국가에서는 판례에 법원성(法源性)을 부여하고 선례구속성(先例拘束性)을 인정하는데 비해, 성문법 국가에서는 판례를 법원(法源)으로 인정하지 않으며 따라서 판례에 법률적 구속력을 부여하지 않는다.

최고인민법원이 선정했다는 차이는 있지만 지도성안례도 어찌되었건 법원의 판결 중에서 선정하는 것이다. 그러므로 최고인민법원으로서도 성문법 국가인 중국에서 지도성안례에 법률적 구속력을 인정하기는 어려웠을 것이다. 이러한 여건에서 지도성안례를 일반적인 판결과 구별하기 위하여 최고인민법원이 지도성안례에 부여한 것이 '반드시 참조하여야 하는 효력'이며, 그렇게 함으로써 각급 인민법원이 유사 사안을 심판할 때 지도성안례가 지도적 역할을 수행하도록 한 것이다.

이와 같이 안례지도제도는 중국 고유의 제도이며, 지도성안례는 중국에서 성문법과 판례 사이의 지점에 위치하여 고유의 '지도적 역할'을 수행한다고 이해할 수 있다. '반드시 참조하여야 하는 효력'에는 법률적 구속력까지는 없지만, 위에서 살펴봤듯이 각급 인민법원은 유사 사안 심판 시 관련 지도성안례를 반드시 참조하여야 하고, 공소기관, 사건당사자 및 그 변호인, 소송대리인이 지도성안례를 변론이유로 삼을 경우에는, 담당판사는 반드시 재판이유에서 당해 지도성안례를 참조하였는지 여부를 석명(回應)하고 그 이유를 설명하여야 한다(안례지도규정 실시세칙 제11조). 따라서 이 '반드시 참조하여야 하는 효력'은 성문법 국가에서 기존의 판례보다는 더 강력한 힘을 발휘하는 효력인 것으로 사료된다.

　　최고인민법원은 「최고인민법원 제1차 지도성안례 공포에 관한 통지 (最高人民法院关与发布第一批指导性案例的通知)」(2011年12月20日, 司法解释)에 서 각급 인민법원의 법관은 첫째, 지도성안례를 주의 깊게 연구하고, 지 도의의를 정확하게 파악할 것을 요구하였다. 둘째, 지도성안례 활용을 활성화하기 위해 유사안건 심리 시 지도성안례를 철저히 참조하여, 사 안처리의 질과 효율을 더욱 제고하고, 안건재판의 법률적 효과와 사회 적 효과의 유기적 통일을 확보함으로써 사회 안정을 보장하도록 하였 다. 셋째, 지도성안례 사무를 고도로 중시하고, 공들여 편집하고 적극 추천하며, 적시에 보고함으로써 보고 안례의 질을 제고하고 지도성안례 사무를 견실하게 전개하도록 하였다. 넷째, 여론을 인도하는 역할을 충 분히 발휘하고, 안례지도제도의 의의와 효과를 홍보하여 사회 각계의 이해와 관심을 이끌어 내고 인민법원의 재판사무를 지지하는 우호적인 분위기를 형성할 것을 요구하였다.28)

　　그런데 지도성안례는 참조하지 않을 경우 제재하는 방법보다는 참 조하는 경우 장려하는 방법으로 정책방향이 잡혀 있다. 유사안건에서 지도성안례를 참조하지 않을 경우 법관에게 불리하게 작용하는 제도가 없다면, 지도성안례의 선정 자체가 무의미해질 수 있기 때문에, 어떠한 방법으로든 유사안건에서 반드시 지도성안례를 참조하도록 법관에 구속 력을 부여하고, 그렇지 않은 경우 법관을 제재할 수 있는 조치를 명확하 게 마련하는 것이 필요해 보인다.

　　이러한 '반드시 참조하여야 하는 효력'은 지도성안례가 가진 고유한 효력으로서 최고인민법원이 각급 인민법원을 감독하는 수단이 된다. 그 러나 지도성안례의 '반드시 참조하여야 하는 효력'은 법률적 구속력이 아니므로, 지도성안례를 결코 법원(法源)으로 볼 수 없다는 점이 지도성

---

28) 最高人民法院, "最高人民法院关于发布第一批指导性案例的通知", 2011. 12. 20., 최고인민 법원(https://www.court.gov.cn/shenpan-gengduo-77.html, 首页>审判业务>指导案例, 2022. 5. 8. 최종접속).

안례가 지닌 태생적 한계이다.

# Ⅱ. 지도성안례의 법적 근거 및 인용 방법

## 1. 지도성안례의 법적 근거

우선 중국 「헌법」 제5조 제2항은 "국가는 사회주의법제의 통일과 존엄을 수호한다"고 규정하고 있는데, 안례지도제도의 주요 목적 중 하나가 법률적용을 통일하는 것임에 비추어보아 이를 안례지도제도 근거규정의 하나로 볼 수 있다. 또한 중국 「헌법」 제33조 제2항은 "모든 중화인민공화국 공민은 법 앞에 평등하다"고 규정하고 있는데, 안례지도제도의 주요 목적 중 하나를 사법공정의 수호에 둔 근거는 바로 이 조항에서 찾을 수 있다.

최고인민법원의 안례지도제도 도입을 가능하게 한 법률적 근거는 중국 「인민법원조직법」에서 찾을 수 있다. 중국 「인민법원조직법」 제11조에서는 "각급 인민법원은 심판위원회를 설치한다. 심판위원회의 임무는 심판경험을 총괄하고, 중대하거나 해결이 곤란한 사안 및 기타 심판사무와 관련된 문제를 심의하는 것"이라고 규정하였다. 즉, 이 규정에서 최고인민법원을 포함한 각급 인민법원에 심판경험을 총괄할 권한이 부여된 것이다.

또한 「인민법원조직법」 제30조는 "최고인민법원은 최고의 심판기관이다. 최고인민법원은 지방의 각급 인민법원과 전문인민법원의 심판사무를 감독한다"고 규정하고 있다. 바로 이 규정이 직접적으로 다른 인민법원에 대한 감독권을 최고인민법원에 부여한 것이고, 이를 근거로 최고인민법원이 지도성안례의 선정 주체로서 안례지도제도를 시행하게 된 것이다.

이와 같이 안례지도제도를 시행하게 된 법적 근거는 중국의 「헌법」과 「인민법원조직법」에서 찾을 수 있다. 이러한 법률적 근거 하에서 최고인민법원은 2005년 공식문서인 「인민법원 제2차 5개년 개혁 요강(人民法院第二个五年改革纲要)(2004-2008)」을 통하여 처음으로 안례지도제도를 소개하였고, 위에서 소개한 안례지도규정과 이 규정의 세부적인 시행을 위하여 제정한 안례지도규정 실시세칙이 안례지도제도의 가장 직접적인 근거 규정이 되었다.

## 2. 지도성안례의 인용 방법

안례지도규정 실시세칙에 따르면 각급 인민법원은 사안 심리 시, 기본적인 사실관계와 법률의 적용에 있어서 당해 사안이 최고인민법원이 공포한 지도성안례와 유사한 경우, 관련 지도성안례의 '재판요지(裁判要点)'를 반드시 참조하여 재판하여야 한다(안례지도규정 실시세칙 제9조).

각급 인민법원은 유사 사안 심리 시 지도성안례를 참조하는 경우, 지도성안례를 반드시 '재판이유'에 인용하여야 하나, 이를 재판근거(裁判依据)로 인용해서는 안 된다(안례지도규정 실시세칙 제10조).

이와 같이 안례지도규정 실시세칙에서는 지도성안례의 인용방법을 구체적으로 밝히면서, 지도성안례는 '재판이유'로만 인용하여야 하고, '재판근거'로는 인용할 수 없다고 명시하였다.

지도성안례 판결문에서의 '재판이유'는 우리나라 판결문에서의 '이유' 부분에 해당한다. 우리나라 「민사소송법」 제216조 제1항에 의하면, 확정판결은 주문에 포함된 것에 한하여 기판력(旣判力)을 가진다. 즉, 우리나라 판결문의 경우 판결의 '주문' 부분에만 법률적 효력이 있고, 판결의 '이유' 부분에는 법률적 효력이 없다.

그렇다면 우리나라 판결문에는 없는 지도성안례의 '재판근거'란 무엇인가? 지도성안례에서 말하는 재판근거는 재판의 근거가 된 법률조항 등의 법원(法源)을 말하는 것으로, 헌법, 법률, 행정법규, 지방성 법규, 부문행정규장 및 지방행정규장, 자치조례 및 단행조례, 사법해석, 국제조약과 협정 등이 이에 해당된다.

따라서 성문법 국가인 중국에서 판례에는 법률적 구속력이 없으므로 판례는 법원(法源)이 될 수 없고, 지도성안례 역시 같은 이유로 법원(法源)이 될 수 없다. 그러므로 안례지도규정 실시세칙에서 지도성안례를 '재판이유'로만 인용하여야 하고, '재판근거'로는 인용할 수 없다고 한 것이며, 이는 지도성안례의 법적 성격을 고려할 때 당연한 귀결이다.

이밖에 안례지도규정 실시세칙에서는 지도성안례의 구체적인 인용방법도 함께 소개하였는데, 이는 다음과 같다. 사안의 처리 과정에서, 담당판사는 반드시 관련 지도성안례를 조회(查询)하여야 하는데, 판결문(裁判文书)에서 관련 지도성안례 인용 시, 반드시 재판이유 부분에 지도성안례의 '번호'와 '재판요지'를 인용하여야 한다.

공소기관, 사건당사자 및 그 변호인, 소송대리인이 지도성안례를 변론이유로 삼을 경우에는, 담당판사는 반드시 재판이유에서 당해 지도성안례를 참조하였는지 여부를 석명(回应)하고 그 이유를 설명하여야 한다(안례지도규정 실시세칙 제11조).

## Ⅲ. 지도성안례의 선정 절차

지도성안례의 모집, 심사, 공포 등의 사무는 최고인민법원 안례지도사무처에서 일괄적으로 담당한다(안례지도규정 제3조). 지도성안례는 크게 '모집', '심사 및 보고', '토론', '공포'라는 4가지 단계를 거쳐 선정된다.

### 1. 모집

지도성안례의 선정절차는 다음과 같다. 우선 최고인민법원 안례지도사무처에서 지도성안례를 모집하고 심사한다(안례지도규정 제3조). 최고인민법원의 각 심판사무단위는 최고인민법원 및 지방 각급 인민법원에서 이미 법률적 효력이 발생한 재판이 안례지도규정 제2조의 규정에 부합한다고 판단하는 경우 이를 안례지도사무처에 추천할 수 있다.

각 고급인민법원, 해방군군사법원은 당해법원 및 관할구역 내의 인민법원에서 이미 법률적 효력이 발생한 재판이 안례지도규정 제2조의 규정에 부합한다고 판단하는 경우 당해법원 심판위원회의 토론·결정을 거쳐 이를 최고인민법원 안례지도사무처에 추천할 수 있다.

중급인민법원 및 기층인민법원은 당해법원에서 이미 법률적 효력이 발생한 재판이 안례지도규정 제2조의 규정에 부합한다고 판단하는 경우 당해법원 심판위원회의 토론·결정을 거친 후, 이를 고급인민법원에 보고하여 최고인민법원 안례지도사무처에 추천할 것을 건의할 수 있다(안례지도규정 제4조).

이밖에 인민대표, 정협위원(政协委员), 전문가, 학자, 변호사 및 기타 인민법원의 심판, 집행사무에 관심이 있는 사회각계인사는 인민법원의 이미 법률적 효력이 발생한 재판이 지도성안례의 요건에 부합한다고 판단하는 경우, 이를 당해 재판의 효력을 발생시킨 원심인민법원에 추천할 수 있다(안례지도규정 제5조).

안례지도규정 실시세칙은 지도성안례의 선정절차 역시 다음과 같이 더욱 구체화하였다. 이에 따르면 최고인민법원 안례지도사무처에서는 지도성안례 모집, 선정, 심사, 공포, 연구와 편찬 및 전국 법원 안례지도사무에 대한 조율과 지도 등의 사무를 담당한다.

최고인민법원의 각 심판사무단위는 지도성안례의 추천, 심사 등의 사무를 담당하고, 연락사무 전담자를 지정한다. 각 고급인민법원은 관할구역 내의 지도성안례의 추천, 리서치, 감독 등의 사무를 담당한다. 각 고급인민법원이 최고인민법원에 추천하는 지도성안례후보는, 심판위원회의 토론·결정을 거치거나 심판위원회 과반수 위원의 심사·동의를 거쳐야 한다.

중급인민법원, 기층인민법원은 고급인민법원을 통하여 지도성안례후보를 추천하여야 하고, 안례지도사무 전담자를 지정하여야 한다(안례지도규정 실시세칙 제4조).

인민대표, 정협위원, 인민배심원, 전문가, 학자, 변호사 및 기타 인민법원의 심판, 집행사무에 관심이 있는 사회각계인사는 지도성안례의 요건에 부합하는 안례를 당해 재판의 효력을 발생시킨 원심인민법원에 추천할 수 있고, 안례지도사무처에 추천·건의할 수도 있다.

안례지도사무전문가위원회 위원은 지도성안례의 요건에 부합하는 안례를 안례지도사무처에 추천·건의할 수 있다(안례지도규정 실시세칙 제5조).

최고인민법원의 각 심판사무단위 및 고급인민법원은 안례지도사무처에 지도성안례후보 추천 시 다음의 자료를 제출하여야 하는데, 첫째, 「지도성안례추천표」, 둘째, 규정에 따라 서식에 맞게 편집한 안례원본 및 그 편집에 대한 설명, 셋째, 관련 재판문서이다.

이상의 자료는 같은 내용으로 서면으로 3부 제출하고, 전자문서를 동봉하여야 한다. 추천법원은 사안심리보고, 관련신문보도 및 연구자료 등을 제출할 수 있다(안례지도규정 실시세칙 제6조).

## 2. 심사 및 보고(안례지도사무처의 사전심사)

안례지도사무처는 추천받은 안례에 대하여 즉시 심사의견을 제출하여야 한다. 추천받은 안례가 안례지도규정 제2조에 부합하는 경우, 이를 최고인민법원 심판위원회에 회부하여 토론·결정을 하도록 최고인민법원장이나 주관 부원장에게 요청하여야 한다(안례지도규정 제6조).

안례지도사무처는 지도성안례후보를 한층 더 연구할 필요가 있다고 판단하는 경우, 관련 국가기관, 부문, 사회단체 및 안례지도사무전문가위원회 위원, 전문가, 학자에게 자문을 구할 수 있다(안례지도규정 실시세칙 제7조).

지도성안례후보는 안례지도사무처가 절차에 따라 상부에 보고하여 심사를 거친다(報送審核)(안례지도규정 실시세칙 제8조).

## 3. 토론

지도성안례의 후보들은 최고인민법원 심판위원회의 최종 심사에 회부되어 선정여부에 관하여 심의 및 토론을 거친다(안례지도규정 제6조).

## 4. 공포

최고인민법원 심판위원회가 토론하여 결정한 지도성안례는 통일적으로 「최고인민법원공보」, 최고인민법원 홈페이지 및 「인민법원보」에 공고의 형식으로 공포한다(안례지도규정 제6조).

지도성안례로 선정된 안례는 이렇게 대외적으로 공포하며, 최고인민법원이 공포한 지도성안례들은 이후 각급 인민법원이 유사 사안을 심판할 때 반드시 참조하여야 한다(안례지도규정 제7조).

최고인민법원 심판위원회의 토론을 통과한 지도성안례는 각 고급인민법원에 인쇄 배포하고, 「최고인민법원공보」, 「인민법원보」 및 최고인민법원 홈페이지에 공고한다(안례지도규정 실시세칙 제8조).

## 5. 지도성안례의 편찬 · 폐지

최고인민법원 안례지도사무처는 지도성안례를 매년 엮어 펴낸다(안례지도규정 제8조). 안례지도규정 시행 전에 최고인민법원이 이미 공포한 전국 법원의 심판 및 집행사무에 있어서 지도적 의의를 갖는 안례는, 안례지도규정에 따라 정리 · 편찬한 후에 지도성안례로서 공포한다(안례지도규정 제9조).

한편 다음과 같은 경우에 지도성안례는 더 이상 지도적 역할을 하지 못한다. 첫째, 새로운 법률, 행정법규 혹은 사법해석과 서로 충돌하는 경우 당해 지도성안례는 지도적 역할을 상실하게 되며, 둘째, 새로운 지도성안례로 인하여 대체되는 경우에도 기존의 지도성안례는 지도적 역할을 발휘할 수 없게 된다(안례지도규정 실시세칙 제12조).[29]

또한 최고인민법원은 지도성안례의 문서파일과 전자데이터베이스를 구축하고, 지도성안례의 참조적용, 조회, 검색 및 편찬을 위한 서비스를 제공하여야 한다(안례지도규정 실시세칙 제13조).

이밖에 안례지도규정 실시세칙에는 지도성안례의 발굴을 장려하는 조항도 포함되어 있어 눈길을 끈다. 이에 따르면 각급 인민법원은 안례지도사무에서 특출한 성과를 낸 단위와 개인을 「중화인민공화국법관법」 등의 규정에 따라 반드시 장려하여야 한다(안례지도규정 실시세칙 제14조).

## Ⅳ. 지도성안례에 대한 비판

안례지도제도에 대한 비판은 크게 안례지도제도의 절차에 대한 비판과 지도성안례의 효력에 대한 비판으로 구분할 수 있다.

### 1. 안례지도제도의 절차에 대한 비판

우선, 지도성안례의 선정 절차상 지도성안례의 선정 요건이 충실하

---

29) 2020년 《민법전》의 제정 등으로 지도성안례 9호와 20호를 더 이상 참조하지 않기로 결정한 것 외에 지도성안례의 공식적인 변경은 없었으므로, 판례의 변경이나 선례의 변경과 같이 지도성안례의 변경이 명시적으로 이루어질지, 아니면 영미법계 판례변형(transformation)이나 판례구별(distinction)과 같은 기술적인 방법으로 이루어질지는 아직 더 관찰이 필요하다. 最高人民法院, "最高人民法院关于部分指导性案例不再参照的通知", 2020. 12. 29., 최고인민법원(https://www.court.gov.cn/fabu-gengduo-22.html, 首页>权威发布>通知, 2022. 5. 8. 최종접속).

지 않다는 비판이 있다. 지도성안례로 선정되려면, 첫째, 사회의 광범위한 관심의 대상이 되는 안례이어야 하며, 둘째, 관련 법률규정이 비교적 원칙적인 것이어야 하고, 셋째, 전형적인 안례이어야 하며, 넷째, 복잡하거나 새로운 유형의 안례이어야 하고, 마지막으로 그 밖에 지도적인 역할을 할 수 있는 안례이어야 한다.

　그러나 이러한 요건에 포섭되는지 여부를 판단하기가 쉽지 않은데, 특히, 사회의 광범위한 관심의 대상인지 여부, 새로운 유형인지 여부 등의 요건이 명확하지 않다는 비판이 있다.

　다음으로, 지도성안례 추천 절차상 지도성안례의 추천 절차가 완비되어 있지 않다는 비판이 있다. 첫째, 내부추천절차가 아직 세분화되어있지 않아 기층인민법원 추천안례의 경우 같은 안례를 기층·중급·고급인민법원에 걸쳐 총 세 차례를 검토하게 되므로 이는 행정자원의 낭비라는 비판이 있다.

　둘째, 외부인사로부터의 추천절차도 완비되어 있지 않아 외부인사들이 지도성안례추천에 소극적이며, 처리절차와 관련된 규정도 없어 추천을 하더라도 추천 이후의 상황을 알기가 어렵다는 비판이 있다. 뿐만 아니라, 외부인사 및 원심인민법원(고급인민법원 제외)이 최고인민법원에 직접 지도성안례를 추천할 수 없어 최고인민법원이 제한적인 추천 의견만 듣게 된다는 비판이 있다.

　그러나 외부인사 및 원심인민법원(고급인민법원 제외)이 최고인민법원에 직접 지도성안례를 추천할 수 있게 하자는 주장에 대해서는, 최고인민법원의 업무과중과 하급인민법원의 업무해태를 우려하여 이에 반대하는 의견도 있다. 한편, 장려제도의 부족으로 지도성안례를 추천할 유인이 부족하다는 비판이 있고, 이밖에 공포 주기가 길고 수량이 적고 홍보가 부족하다는 의견이 있다.

## 2. 지도성안례의 효력에 대한 비판

지도성안례의 효력이 어떠한 효력인지 명확하지 않다는 것이 안례지도제도의 효력적인 부분에 대한 비판이다. 지도성안례에 사법해석과 같은 법률적 구속력은 없으므로, 지도성안례가 가진 '반드시 참조하여야 하는 효력'이 어떠한 효력인지 명확하게 알기 어렵다는 비판이 적지 않다.

안례지도제도 하에서는 안례에 자동적으로 보편적인 효력이 생길 수 없고, 반드시 최고사법기관의 승인을 거쳐야 지도성안례로서 효력이 생긴다. 어떤 이들은 이러한 생성방식이 지도성안례로 하여금 판례법이 아니라 성문법이 되게 한다고 주장한다. 즉 '안례'가 집대성을 거쳐 '지도성안례'가 되는 것이라는 이러한 주장에 따르면 집대성 후의 지도성안례는 당초의 판결 그대로의 모습이 아니기에 더 이상 사법재판이 아니고 도리어 제정법 체계의 일부가 된다는 견해다.[30] 그러나 중국은 대륙법계 국가이고 안례가 법이 되어서는 안 된다는 믿음이 강하기 때문에 지도성안례에 공식적인 법률효과를 즉각적으로 부여하기는 어렵다.

시진핑 주석의 집권 이후 "법치사회 구현(依法治国)"이 중국의 중요한 목표 중 하나가 되었다. 최고인민법원도 이러한 목표를 달성하기 위한 수단의 일환으로서 지도성안례의 지도적 역할을 지속적으로 강조해나갈 것으로 예상되며, 최고인민법원은 그 과정에서 지도성안례의 효력에 대한 비판을 극복하기 위해서는 그 법적 성격을 보다 구체적으로 밝혀야 할 것이다.

---

30) 邓矜婷, 『指导性案例的比较与实证』, 中国人民大学出版社(2015), 43면.

제3절
# 사법해석과 지도성안례의 비교

## Ⅰ. 공통점

사법해석과 지도성안례는 양자 모두 법률 적용의 통일이라는 동일한 목적을 갖는다. 양자의 적용범위도 유사하여, 모두 법률 규정에 탄력성이 크거나, 법률에 맹점이 있거나 적용하는 데 난점이 있을 때 적용된다. 양자 모두 최고인민법원의 실제 심판사무에 기초하여 제정된다.

## 1. 형성 주체 및 목적: 최고인민법원의 법령의 통일적 적용

사법해석의 제정 및 지도성안례의 선정 주체는 최고인민법원으로 같다. 「입법법」 제104조에서는 구체적으로 "최고인민법원 이외의 심판기관은 법률의 구체적 적용에 해당하는 해석을 해서는 안 된다(제3관)" 고 규정하고 있다.

최고인민법원의 사법해석은 법률 외에도 재판에서 중요한 근거가 된다. 최고인민법원의 사법해석은 유사사건에 있어서 중요한 법원(法源)으로서 역할을 하고 있고, 국가적으로 통일성을 유지하고 향후 예상되는 분쟁 해결의 통일적 기준을 제시한다는 점에서 중국적 제도의 특징을 보여준다. 이는 최고인민법원이 법률의 적용기준을 재판이라는 방식을 통해서뿐 아니라 사법해석이라는 별도의 형식을 운용함으로써 법 해

석의 통일성을 기하고 있다는 점에서 이해할 필요가 있다.31)

지도성안례의 도입배경은 "사법통일(司法統一), 동안동판(同案同判)" 즉, "유사한 사안에는 유사한 판결을!"이라는 구호로 요약할 수 있다. 즉, 지도성안례는 중국 각지에서 판사의 수준차 등으로 인하여 벌어지는 '유사한 사안에 대한 다른 판결(同案不同判)'의 문제를 극복하고, '유사한 사안에 대한 유사한 판결(同案同判)', 즉 공정한 판결 및 재판 수준의 상향평준화를 도모하며, 아울러 제도적 차원에서 법률의 공백을 메우기 위하여 도입한 것이다.

중국 국무원 신문판공실은 2012년 '중국의 사법개혁' 문건에서 안례지도제도의 수립에 대해 다음과 같이 평가하였다. 2010년 중국 사법조직은 안례지도제도의 수립을 위해 규정을 공표했고, 중국 특색의 안례지도제도를 수립하였다. 영미법계 판례제도와는 다르게, 대륙법계 하의 중국의 안례지도제도는, 안례를 이용하여 법조문을 정확하게 이해하고 적절하게 적용하도록 지도한다. 최근 몇 년간 사법조직은 모든 심급의 사법조직에서 유사안건을 해결할 수 있도록 지도성안례 및 참고자료와 같은 법 적용에 전형적인 공적 판결(public cases)을 만들었다. 안례지도제도는 사법재량의 표준화된 실무를 개선하고, 법 적용의 일관성을 제고하였다.32)

사법해석과 지도성안례 모두 법령의 통일적 적용을 지향하므로 유사한 사안에서 유사한 해석을 지향하며, 이러한 점에서 구체적 사안을 전제로 하는 지도성안례는 일반 추상적 사법해석을 보충하는 역할을 한다.

31) 정이근, 『중국 행정법 쟁점 연구』, 오름(2011), 48-49면.

32) Information Office of the State Council of The People's Republic of China, "Judicial Reform in China", October 2012, Beijing(Updated: 2015. 7. 17.), 최고인민법원(https:// english.court.gov.cn, Home>Resources>White Papers, 2022. 5. 8. 최종접속).

## 2. 적용방식: 하향식

사법해석과 지도성안례는 모두 최고인민법원이 공포하므로, 양 제도의 적용 방향이 하향식으로서 최고인민법원이 사법해석과 지도성안례를 공포하고, 하급인민법원을 감독한다. 지도성안례는 우리 판례와 마찬가지로 다른 안건에 대한 법률적 구속력은 없으나, 다만 지도성안례가 적용되는 방식은 판례와 같이 하급심법원에서 자연스럽게 채택하는 상향식(바텀업 방식)이 아닌 법률과 같이 최고인민법원이 반드시 참조하도록 공포하는 하향식(탑다운 방식)이다. 지도성안례는 생성 기제 상 주로 최고인민법원의 사법 외의 권력에 의존하며, 사법의 등급에 따른 권위를 기초로 삼지 않는 사건선정방식을 채택하고, 효력 기제 상 각급 법원이 유사사건 재판 시 절대적으로 참조(应当参照)할 것을 요구한다.33) 일반적인 판례의 경우 하급심 법관이 인용여부를 자유롭게 결정할 수 있는데 비해 지도성안례는 하급심 법관이 유사안건에서 반드시 참조하여야 한다는 차이가 있다.

최고인민법원이 하급심법원의 안례를 지도성안례로 선정하여 공포하는 것은 사법권을 초월하는 것으로서, 그 본질은 최고인민법원이 추상적인 사법해석을 공포하는 행위와 일치한다는 견해가 있다. 지도성안례의 경우에도 후속재판에서 자연스럽게 채택되는 방식이 아니라 최고인민법원이 선정하는 방식이므로, 지도성안례와 사법해석 모두 사법 외의 방식으로 법률의 적용을 통일하고 법률을 발전시키는 방법으로, 단지 사법해석이 보다 추상적이고, 지도성안례의 선정·공포가 상대적으로 구체적인 것뿐이라는 의견이다.

이러한 관점에서 보면 지도성안례로 중국 최고인민법원의 입법 권한이 확장되는 추세에 있음을 보여주고 있다는 주장도 가능할 것이다.

---

33) 左卫民·陈明国 主编, 위의 책, 149면.

최고인민법원이 추상적인 사법해석을 제정하는 것의 합헌성에 대한 학계의 비판은, 최고인민법원이 지방법원 안례를 지도성안례로 공포하는 방식을 비판하는 데 거의 그대로 적용될 수 있다. 즉, 최고인민법원이 직접 심리하지 않은 안건을 지도성안례로 선정하는 것은 사법의 한계를 넘은 것이라는 지적이 가능하다.

사법이 아닌 권력에 의해 주도되는 사법해석과 지도성안례는 모두 사법 외의 정책제정행위다. 지도성안례는 사법해석의 기능을 일부 대체함으로써 최고인민법원의 추상적 사법해석을 공포하고자 하는 욕망을 억제할 뿐일 것이다. 물론 권력에 의해 주도된다는 점에서 사법해석과 동일한 비판을 받을 수 있겠지만, 지도성안례는 추상적인 사법해석에 비해서는 사법의 본질에 더 가깝다. 상대적으로 말하자면 일종의 진보인 것이다.34)35)

## II. 차이점

사법해석과 지도성안례는 구체적 사안의 전제 여부, 형식, 법원성(法源性), 형성 절차 등에서 본질적인 차이가 있다.

## 1. 구체적 사안의 전제 여부

지도성안례는 구체적 사안에 대한 재판결과인 안례 중에 선정하는 것이므로 구체적 사안을 전제하는 반면, 사법해석은 구체적 사안을 반

---

34) 宋曉, "判例生成与中国案例指导制度", 法学硏究, 第4期(2011), 66면.

35) 일부 학자들은 지도성안례가 아직은 계약과 관련하여 넓은 범위의 이슈를 다루고 있지는 못하나, 지금까지 공포된 지도성안례는 논리가 정연하고 사려 깊은 법학을 보여주고 있다고 평가하였다. Jocelyn E.H. Limmer, "China's new 'Common Law': using China's Guiding cases to understand how to do Business in the People's Republic of China", Willamette Journal of International Law and Dispute Resolution(2013), p.127.

드시 전제하지는 않는다. 최고인민법원은 일반적인 심판사무에서 법률의 구체적 적용에 관해 해석 권한을 갖는 것이므로, 개별 구체적 사안이 반드시 전제되지는 않는 것인데, 개별 구체적 사안을 기화로 사법해석이 제정되더라도 사법해석에서 개별 구체적 사정을 포함하는 경우는 없고, 일반적인 사법해석은 그저 조문 형태로 제시될 뿐이다.

## 2. 형식

사법해석과 지도성안례는 표현형식이 다르다. 사법해석은 일반적으로 성문법 형식, 즉 규정 형식으로 표현되고, 추상성을 가진다.[36] 지도성안례는 판결문 형식으로 제공되는데, 구체화되거나 파생된 법률 규칙을 구체적인 경위에 결부시킨다.[37] 안례지도규정을 예로 들면, 안례지도규정은 '규정' 형식의 사법해석에 해당할 것이지만, 안례지도규정에 따른 지도성안례 그 자체는 사법해석에 해당하지 않는다.

## 3. 법원성(法源性)

사법해석과 지도성안례는 법률적 효력이 다르다. 사법해석은 유권해석으로 법률적 효력이 있으나, 지도성안례는 법률적 효력이 없으므로 법원(法源)으로 여겨서는 안 되고 단지 지도 및 참조 역할로 인한 설득적 효과만 가질 뿐이어서 판사들이 법률연구를 수행하고 재판 경험을 교류하는 데 도움을 주는 유용한 도구에 지나지 않는다.[38]

---

36) 최고인민법원(https://www.court.gov.cn/fabu-gengduo-16.html, 首页>权威发布>司法解释, 2022. 5. 8. 최종접속).

37) 최고인민법원(https://www.court.gov.cn/shenpan-gengduo-77.html, 首页>审判业务>指导案例, 2022. 5. 8. 최종접속).

38) Mo Zhang, "Pushing the envelope: Application of Guiding cases in Chinese Courts and Development of Case Law in China", Washington International Law Journal, April 2017,

최고인민법원의 '사법해석'이야말로 중국적인 특색을 가장 잘 드러
내는 사법시스템으로서 사법해석의 효력은 지도성안례보다 강력하다.
사법해석은 사실상 거대한 법규체계로 발전해왔으며 "준입법(準立法)"으
로서 기능하고 있다.[39]

각각의 효력 범위와 관련하여, 지도성안례의 재판요지는 지도성안례
의 다른 부분보다 절대적 참조 효력이라는 상대적으로 강력한 효력을
가지지만, 사법해석은 전문이 동일한 효력을 갖는다.

이렇듯 지도성안례는 법률과 사법해석에 대한 구체화 혹은 보충이
다. 요약하자면 지도성안례는 법률 및 사법해석과 다르고 법원(法源)으
로서의 성질을 가지지 않는다.[40]

## 4. 형성 절차

마지막으로, 사법해석의 형식에는 지도성안례가 포함되지 않고 사법
해석의 제정 절차와 지도성안례의 선정 절차는 완전히 다르다. 또한 지
도성안례의 선정은 최고인민법원에서 하더라도 그 출처는 각급 법원이
지만, 사법해석은 오롯이 최고인민법원만이 제정한다.

사법해석은 입안, 기초 및 심사·보고, 토론, 공포·시행 및 보고등록
이라는 4단계의 제정 절차를 거치지만, 지도성안례는 모집, 심사 및 보
고, 토론, 공포라는 4단계의 선정 절차를 거친다. 특히 사법해석 심사용
원고는 전국인민대표대회 관련 전문위원회나 전국인민대표대회 상무위
원회 관련 사무부문에 보내 의견을 구해야 한다(사법해석규정 제18조). 반
면 지도성안례는 최고인민법원에서 독자적으로 선정하여 공포한다.

---

pp.283-284.

39) 전대규, "중국의 사법해석에 관한 연구", 사법, 14호(2010), 124-129면.

40) 左卫民·陈明国 主编, 위의 책, 138면.

## 5. 소결

중국의 법률체제에서 입법해석, 사법해석 등의 방식으로도 지도성안례와 유사한 역할을 발휘할 수는 있겠으나, 상대적으로 안례지도제도는 지도성안례의 시의적절한 형성, 저비용, 개방성으로 인해 끊임없이 발전·변화하는 사회에 융통성 있고 효율적으로 대응할 수 있다는 점뿐 아니라, 안례라는 표현형식을 이용함으로써 내용이 풍부하고 더 이상의 "해석"이 필요 없으며 지도력이 강하다는 등의 장점이 있어 대체 불가한 가치를 지닌다.41) 사법해석은 유사사안에 대한 서로 다른 판결의 문제를 해결하는 데 도움을 주기는 하였으나, 일반적으로 구체적인 대상이 없는 추상적이고 이론적인 해석을 사법 실무에서 법관이 다양한 사례의 재판에 적용하기에는 어려웠던 상황에서 사법해석과 성문법의 결함을 보완하기 위해 중국은 안례지도제도를 도입한 것이다.42)

## Ⅲ. 전망

최고인민법원의 사법해석은 법령에 대한 유권해석의 일종으로, 중국의 급속히 양산되는 많은 법령에 내포된 추상적이고 모호한 내용을 보다 구체적으로 보완하는 사실상의 입법기능을 수행하고 있으며,43) 2021년 「민법전」의 시행을 맞아 더욱 중요성을 지니게 되었다. 법령이 아무리 잘 정비되더라도 완벽할 수는 없기에, 잘 정비된 부분만큼은 사법해석이나 지도성안례가 역할을 발휘할 부분이 적어지겠지만, 나머지 부분에 대해서는 여전히 그 가치를 발휘할 것이라고 생각한다.

---

41) 刘克毅, "论指导性案例的效力及其体系化", 法治现代化研究, 第5期(2017), 126면.

42) Xiaoyi Jiang · Ling Shao, "The Guiding case system in China", China Legal Science, Vol. 1(2013), p.113.

43) 사법연수원, 『중국법』, 사법연수원(2010), 296면.

　최고인민법원은 2010년 안례지도규정을 공고하고, 2011년 12월 최초로 4건의 지도성안례를 선정한 이래 2021년 12월까지 총 178건의 지도성안례를 선정하였다.44) 선정된 안례의 해당 분야도 민사, 형사, 행정 분야로 다양하다. 2021년 12월까지 민사 분야 지도성안례 총 122건, 형사 분야 지도성안례 총 27건, 행정 분야 지도성안례 총 29건이 선정되었다. 지도성안례를 참조한 판결문 건수45)는 2018년 9월 기준 총 956건으로(민사 분야 지도성안례 652건, 형사 분야 지도성안례 27건, 행정 분야 지도성안례 289건), 2018년 7월 기준 선정된 총 지도성안례 건수(96건) 대비 10배 가량 참조되어 재판에 미치는 영향력을 실증하고 있으며, 참조안례건수는 해가 갈수록 늘어나는 추세고, 증가속도도 비교적 빠르다.

　2015년 6월 2일 최고인민법원은 안례지도규정 실시세칙을 공고하여, 안례지도제도를 더욱 강화해나갈 것임을 밝혔다.46) 2018년 10월에는 최고인민법원의 법률응용에 대한 해석권과 지도성안례 공포권이 「인민법원조직법」에 법률로 명시되어, 지도성안례의 영향력은 지속적으로 강화되고 있다.

　아직 만족할 만한 수준은 아니지만 지도성안례는 각급법원의 판결문에 참조되며 지도적 역할을 수행해나가고 있다.47) 다만 현재 지도성안례의 형성과정에서 사법통일을 위해 단기적으로는 안례지도제도를 강조할 필요가 있지만, 지도성안례를 너무 강조하다 보면 장기적으로는 재판 자율성의 침해 우려가 있다는 점을 경계해야 하고, 오히려 지도성안례가 너무 많아지는 것도 보통의 안례와의 차이가 모호해질 수 있으므로 경계해야 할 것이다.

---

44) 최고인민법원(https://www.court.gov.cn/shenpan-gengduo-77.html, 首页>审判业务>指导案例, 2022. 5. 8. 최종접속).

45) 중국재판문서망(中国裁判文书网), '재판이유'에서 지도성안례번호를 적시한 건수임(검색일: 2016. 8. 1.).

46) 강광문·김영미, 위의 책, 266면.

47) 강광문·김영미, 위의 책, 275면.

　　최고인민법원은 중국 특색의 제도로서 안례지도제도를 도입하였는데, 중국은 이미 사법해석제도라는 중국 특유의 새로운 제도의 도입 및 정착에 성공해본 경험이 있고, 안례지도제도도 이러한 경험과 자신감을 바탕으로 도입한 것으로도 볼 수 있다. 도입 초기에는 사법해석에도 법률적 구속력이 없었고 지금보다 더 많은 비판을 받았을 것이다. 현행 사법해석제도는 십여 년의 세월에 걸쳐 중국 고유의 제도로 정착했다고 평가할 수 있다.

　　사법해석은 일부 입법권을 사법기관이 집행함으로써 어느 정도는 현행 성문 규범에 대한 구체화 및 "통일적인 사법의 적용"이라는 역할을 하겠으나 판례가 가져야 하는 다른 기능, 특히 추상적인 규범과 구체적인 사안 사이를 연동하는 기능은 할 수 없으므로,[48] 이러한 기능을 지도성안례가 수행함으로써 사법해석과 지도성안례는 "통일적인 사법의 적용"에 있어 상호 보완적인 기능을 수행한다고 볼 수 있다.

　　사법해석이 구체적인 사안을 전제하더라도 구체적인 사안의 형태로 제시되지는 않는 데 비해 지도성안례는 구체적인 사안의 형태로 제시되는 점에서 사법해석과는 결정적인 차이가 있고, 사법해석은 법률적 효력을 갖는 반면 지도성안례는 법률적 효력이 없다. 다만 보통의 판결 및 영미법계 판례와는 구별되는 '절대적 참조' 사항으로서의 효력을 가진다는 점이 지도성안례의 고유한 특징인 것이다.

　　사법해석과 지도성안례의 법령 보충 기능과 사법해석과 지도성안례의 상호 보완기능을 더욱 발전시켜나간다면 향후 중국 법제에서 법령의 완결성과 판결의 예측가능성을 더욱 높이는 시너지효과를 낼 것으로 기대한다.

---

48) 何海波 · 刘飞, "判例在德国公权力结构中的作用分析－成文法国家中判例法的意义追问", 中国案例指导制度的构建和应用, 法律出版社(2012), 261-262면.

# 찾아보기

## 집필자 소개

**강광문**(姜光文) (제1장, 제2장)
서울대학교 법학전문대학원 교수(아시아법/헌법)
중국 변호사
동경대학 석사/박사(공법학)
중국정법대학 석사(법학)
북경대학 학사(국제정치학)

**정이근**(鄭二根) (제3장)
영산대학교 법학과 교수·법률연구소장
중국 샹탄대학 및 중난대학 법학원 부교수 및 교수
중국인민대학 법학원 박사과정(법학박사)
부산대학교 대학원 박사과정 수료

**장지화**(张智华) (제4장, 제5장)
김앤장 법률사무소 중국 변호사
숭실대학교 겸임교수
전 중국 연변조선족인민검찰원 검사
고려대학교 박사(민사소송법)
중국 화동이공대학교 석사(국제경제법)
중국 연변대학교 학사(법학)

**김성수**(金星洙) (제6장)
경찰대학 법학과 교수(민사법)
중국 인민공안대학 교환교수
서울대학교 법과대학원 법학박사(민사법)
서울대학교 법과대학원 법학석사(민사법)
경찰대학 법학과 법학사

**이창범**(李昌范) (제7장)
삼성전자 법무실 IP 법무팀 수석변호사
중국 변호사
한국 부산대학교 법과대학 박사(사법)
중국 연변대학교 법학원 석사(민사소송법)
중국 연변대학교 법학원 학사(사법)

**정영진**(丁莹镇) (제8장)
인하대학교 법학전문대학원 원장(회사법/중국기업법)
한국 및 뉴욕주 변호사
화동정법대학교 및 고려대학교 박사(상법)
미국 Northwestern Law School 석사(미국법)
서울대학교 법과대학 학사(사법)

**김영미**(金玲美) (제9장)
법제처 법령해석국 사회문화법령해석과장
변호사
서울대학교 법학전문대학원 법학전문박사(아시아법)
서울대학교 법학전문대학원 법학전문석사
고려대학교 학사(중어중문학/정치외교학)

서울대학교 아시아태평양법 총서 4
중국법 강의

초판발행       2022년 12월 20일

지은이        강광문 · 정이근 · 장지화 · 김성수 · 이창범 · 정영진 · 김영미
펴낸이        안종만 · 안상준

편 집        한두희
기획/마케팅    조성호
표지디자인     Ben Story
제 작        고철민 · 조영환

펴낸곳        (주) 박영사
             서울특별시 금천구 가산디지털2로 53, 210호(가산동, 한라시그마밸리)
             등록  1959. 3. 11. 제300-1959-1호(倫)
전 화        02)733-6771
f a x        02)736-4818
e-mail       pys@pybook.co.kr
homepage     www.pybook.co.kr
ISBN         979-11-303-4249-8   93360

정 가       29,000원